古代器物溯源

宋兆麟 著

2019年·北京

图书在版编目（CIP）数据

古代器物溯源 / 宋兆麟著. —北京：商务印书馆，2014（2019.1重印）
ISBN 978-7-100-08977-7

Ⅰ.①古⋯　Ⅱ.①宋⋯　Ⅲ.①古器物－考古－中国　Ⅳ.①K875

中国版本图书馆CIP数据核字（2012）第038206号

权利保留，侵权必究。

古代器物溯源
宋兆麟　著

商　务　印　书　馆　出　版
（北京王府井大街36号　邮政编码 100710）
商　务　印　书　馆　发　行
三河市尚艺印装有限公司印刷
ISBN 978-7-100-08977-7

2014年11月第1版　　开本 710×1000　1/16
2019年1月第4次印刷　　印张 29

定价：78.00元

目 录

前言　半月形文化带 …… 001

一、弹、弓、弩、弋 …… 007

二、带索鱼镖 …… 019

三、骨梗石刃镖枪 …… 029

四、打兔的猎槌 …… 039

五、鸬鹚捕鱼 …… 043

六、海冬青捕雁 …… 049

七、鹿笛 …… 056

八、《秋猎图》器物考 …… 064

九、尖木棒 …… 075

十、耒与耜 …… 080

十一、鹤嘴锄 …… 099

十二、木牛 …… 115

十三、铜犁铧与铜犁镜 122

十四、瓠种 127

十五、牛拖和雪橇 132

十六、原始马镫 138

十七、研磨轮 146

十八、纺轮 162

十九、机杼 175

二十、鼻环 191

廿一、金钏 194

廿二、男根 197

廿三、对鸟骨牌 209

廿四、蝶形器 220

廿五、陪嫁画 233

廿六、爱药 237

廿七、虎噬人铜杖首 243

廿八、木燧 257

廿九、火镜 267

三十、石烹法 272

卅一、针管 277

卅二、桦皮器皿 282

卅三、角杯考 293

卅四、筷子 299

卅五、胡床与胡掰 303

卅六、腰舟和皮船 310

卅七、覆面 324

卅八、五服图 334

卅九、地画 350

四十、猪埙 359

四十一、陶响球 363

四十二、舞马衔杯 374

四十三、舞蹈盆 381

四十四、鹿皮画 390

四十五、太和二年扁平铜鼓 395

四十六、大定三年扁平铜鼓 402

四十七、龙舟竞渡 407

四十八、古老的历书 417

四十九、史前萨满遗迹 433

五十、人面尖桩神像 449

前言　半月形文化带

有不少人问我："你是辽河边长大的人，怎么对西南民族文化锲而不舍？"这话说得对，但不全面，东北、内蒙古文化我也搞呀，曾出版过《最后的捕猎者》一书。而从北方到西南的半月形文化带，一直是我思索的问题，细想起来，也有一定理由。

我来自农村，种地看病是农村的大事，所以原来想学农业或医药，当时农医属于第二类，我也是这么准备的。高考体检检查出事了，宣布我是红绿色弱，这等于打了我一闷棍，欲攻农医的愿望破灭了。老师曾建议我学数学，但缺乏兴趣，而考入北京大学历史系。在分专业时，受尹达先生指点，他说："色弱不要学石窟寺和艺术考古，其他考古没问题，特别是史前考古。"说明分到考古专业，这种专业选择是身体使然，自己没话可说。

调到中国历史博物馆后，我被分配到陈列部从事史前社会研究和设计。实践中发现出土文物较少，难以复原史前社会，尤其是社会组织、家庭婚姻、民间信仰、文化艺术难以体现，使自己陷入瓶颈。怎么办呢？有些老学者有一种想法，史前研究不仅要依靠考古资料，也应大量利用民族学资料，以"活化石"追寻"死化石"。这一提法很好，可惜首倡者无暇实践，只有落到我们的肩上了，时代也允许我们去实践。作为史前的"活化石"在哪里呢？主要在我国西南，还有东北和内蒙古，这是一个半月形文化带。

经过多年的民族考古调查得知，在上述文化带中以西南地区最为重要。当地有多种多样的文化，母系制、父权制、奴隶制、农奴制，是一座天然的民族博物馆，其中的生产形态、手工工艺、衣食住行、文化艺术、民间信仰不仅各有特色，还有有机的联系，这就是费孝通先生所说的"彝藏走廊"。更为重要的是，这条文化带北端并没到甘、青停止，它又外延了，包括宁夏、内蒙古以及东北地区，正好呈半月形，几乎占据了大半个中国。其间发生过许多重大事件，如匈奴的崛起，鲜卑西迁，五胡十六国，吐蕃强盛，辽金南进，西夏立国，蒙古挺进中原，满族统治全国。这都是中国历史的大事，对中国历史进程有重大影响。这是我钟爱西南，并在当地寻找历史变迁的原因。

1996 年我曾带领冯利和两位韩国博士洪喜、申明淑去凉山进行调查研究，他们曾提出："这里的文化跟我们的文化很接近。"这话很有意义，他们来自朝鲜半岛，能发出如此肺腑之言，见景生情，有其历史原因。我当时回答说："是的，从朝鲜半岛，经过中国东北、北方、西北又转向西南，有一条文化带，有不少相近文化，这是应该梳理的。"他们表示赞同。

我国半月形文化带，有什么共性呢？至少有以下几点：

一、农牧业交错带。在半月形文化带内基本为农业区，外则为游牧区，两种经济类型则在半月形文化带接触、碰撞和交流，总的变化趋势是农业文化扩大，游牧业缩小，甚至被汉化。尽管彝族已经由牧改农，但在过春节时还要外出牧羊，耳苏人在《送魂经》中也把亡灵送到祖居地牧羊去，这是对古代曾从事游牧经济的回忆。

二、独有的手工工艺。这里的手工业比较丰富，呈多样化，既有农业的制陶、纺织，也有游牧民族的擀毡、毛纺、木作、树皮制作等。牧民使用陶、瓷器，并在陶瓮、瓷碗外还加一个碗套、瓮罩，防止在行旅或牧放中损坏。彝族从汉族地区学会木胎漆器，但他们的鹰足杯、牛足杯，却有明显的游牧民族的文化特色。

三、肉乳在饮食中占有突出地位。内蒙古猎人食肉衣皮，其他蒙古人亦然，奶酪极为重要，马奶酒也很出名，西北民族普遍重视肉食，西南民族也重视肉食，制作猪膘，流行酥油茶、酥油，彝族实行吃"砣砣肉"。这些民族重肉食，善饮奶，食物油腻性强，必以茶解之，因此不能一日无茶，苦茶、奶茶是重要的饮食内容，当地的茶马贸易正是两种经济区的交流方式。

四、特有的交通工具。这里的交通工具无所不备，有农业的车、船，还有山区的筏子、马帮、牛帮，牧区的皮船和勒勒车。交通工具的多样性是其最大特点。从西北到西南普遍使用羊皮筏子，西藏则流行牛皮船，还有牛皮船舞。半月形文化带的马帮、牛帮运输也驰名中外。

五、突出的民间信仰。在半月形文化带有突出的信仰，早期普遍信仰萨满教，至今在北方十多个民族中还信奉萨满教，西南民族也有不少萨满信仰内容，其特点是神灵附体、多神性，信仰对象多自然现象。后来发展为藏传佛教，从内蒙古到西南，以及西藏地区是藏传佛教的中心地区，留下许多珍贵的佛像、唐卡、寺院、玛尼堆等，至今崇拜不衰。

六、天神和石崇拜流行。当地有不少特殊的崇拜对象，有两点特别明显：一是天神。当地地势高，寒气重，气候比较寒冷，生活条件艰苦，对大自然赐予的太阳、温暖极其渴望，且不解其意，从而发生崇拜仪式，如满族的天坛、纳西族的祭天场就是典型例证。二是石崇拜。朝鲜半岛、辽东的石棚，内蒙古的敖包，新疆的鹿石，甘、青、川、滇的玛尼堆，都是石崇拜的反映。

七、魂归故里。藏传佛教讲究来世，人死以天葬、水葬送终，但是半月形文化对祖先崇拜并没有消失，他们还或多或少地保留了祭祖仪式。土葬比例也不断扩大。在丧葬仪式中，对遗体要装殓火葬或土葬，对灵魂则要送回祖居地，或西北，或北方和东北，这是魂归故里的反映。像彝族、普米族及部分藏区的《送魂经》就是重要证据。这条送魂路线，正是他们从北方或西北南下的迁徙路线。

类似例子还可举出一些，在半月形文化带为什么有那么多文化共性呢？这是有一定原因的。尽管在半月形文化带生活着许多民族，民族风情、语言各异，但他们在经济上基本是半农半牧，在一定程度上逐水草而居，在族源上也有一定联系，因此反映在文化上也有不少共同或相似点。这是半月形文化带所独有的。

上述文化共性是怎么形成的呢？我认为不是偶然的。

首先是两种经济文化区的交流。在地理版图上有不同的经济类型，在半月形文化带外侧基本为游牧经济，在内侧则为农业经济，其中又分两种类型：南方为稻作农业，北方为粟作农业。两种文化带并不是孤立的，早就有接触，有些牧民从农，在半月形地带往来，有些农民也迁往半月形地区，继续农耕，也吸收不少游牧文化，如重牲畜，关注皮毛加工等。经过年深日久，在半月形文化带就形成了特有的文化，即农牧融合的生活特点。他们向外缘发展吗？天气严寒，退回牧区，这已不可能，显然半月形地带较牧区为佳，而且有些地段受沙漠阻拦，反不如在半月形文化带内移动、迁徙，这是半月形地带居民流向的特点。与此同时，向内线农业发展吗？也不可能，因为农业经济比较稳定、进步，以游牧取代农业生产是不可能的。当然，在东北和北方有些原始民族在原始社会晚期和文明时代初期，军事民主制发达，曾利用强大的军事力量，尤其是闪电式的骑兵，称雄于北方，如匈奴；有些则迁进中原，建立政权，如辽、金、元；其中的蒙古大军还挺进欧洲，强大无比。但是他们打天下易，巩固政权难。他们在中原的统治历史不过百年，一个强悍的骑马民族，经过两三代的历史，就为农业文明所吞食。也就是说，蒙古民族可以凭借强大的军事力量打败腐败的南宋政权，占领中原，统治中国，但是他们不得不放弃中原不适应的游牧方式，接受稳定的农业经济和先进的文化，久而久之，自己也被农业文明所同化了，只有在原住地生活的蒙古牧民还保持着祖业——游牧生活。至于金和清朝虽然在中原建立了自己的政权，由于自己已有农业文化基础，且受汉族影响由来已久，其被汉化也很快。

其次是半月形文化带移动性强。众所周知，农业生产是稳定的，要依着于土地，农作物也有季节性生长过程，所以农业民族都"重土难迁"。而游牧民族是逐水草而居，也善于迁徙，但它受地理条件限制：必须有水草才能迁徙。半月形文化带较农业文化区更善于流动，但不受水草限制，它只要有土地就能移动。当受到某种政治压力后，更增强了上述迁徙特点。回忆我国历史，共发生了几次大的迁徙：

第一次是商周时期，中央出现了强大政权，并且对周边有所开拓，北方和西北诸民族受到压力，向西北、西南迁徙，其中氐羌就是被攻击的重要对象。

第二次是秦汉时期，北方匈奴一度强大，与汉朝多次较量，除有一支向漠北逃窜外，有些向西、向西南转移，氐羌也不断南下，汉代的牦牛羌、白狼羌就是重要的南下支系。三国末北方民族又重整旗鼓，纷纷南进，或者西迁，出现五胡十六国，他们大部分是在半月形文化带发生的。

第三次是隋唐时期，由于唐帝国强大，突厥西迁，吐谷浑名存实亡，氐羌继续南下，只有偏远地区出现了地方政权，如渤海、南诏、吐蕃等。与此同时，西方的胡人大量东渐，不断融入中土。上述事件基本是在半月形文化带发生的。

第四次是辽宋金元时期，在其前期，北方民族崛起，契丹、女真还挺进中原，先后建立政权，党项族也在西北建立西夏。当时藏族四分五裂，没有强大的统一政权。不久，蒙古族兴起，先后平定了南宋、金和西夏，建立了元帝国，藏传佛教得到较大发展。但是契丹人有的西迁建立"西辽"，有些定居云南，有些西夏人迁往四川西南。蒙古族在云南定居者也不少，泸沽湖畔的摩梭人自称为蒙古族，尽管学术界有很大争论，但摩梭人中有蒙古血统可能是存在的。这些南迁民族正是沿半月形文化带移动的。

在清代，中国民族分布基本定型，所谓半月形文化诸民族生活也比较稳定，融合加剧，所不同的是，半月形文化带北方和西北交通方便，民族联系较多，其社会发展水平与汉族持平，或接近汉族。但是在半月形文化带南端，也就是云南境内，由于交通不便，民族众多，社会经济比较落后，保留了许多古老的风俗，如钻木取火、手工制陶、原始纺织、树皮布、走婚、奴隶制、农奴制等，是一座天然的民族博物馆，保留许多"社会活化石"，是许多学者向往的地方，当地也培养了不少知名的民族学家。

半月形文化带的提出，首先，有助于宏观地分析中国历史上的重大事件，如农牧经济类型的相互影响、古代民族迁徙的流向、当地文化对我国统一多民族国家形成中的作用等。其次，也有益于研究半月形文化带内部的文化现象。过去有不少人认为纳西族是我国唯一使用象形文字的民族，其实非也。据我在西南民族地区的调查，当地许多民族都使用一种图画经书，在此基础上，又产生一种象形文字写成的历书，说明除纳西族东巴使用象形文字外，普米族的汉规、耳苏人沙巴、纳木依人帕比、摩梭人达巴、彝族毕摩等祭司都使用象形文字。他们有什么联系呢？一、他们都是祭司，都使用自己特有的象形文字；二、他们都是氐羌沿川西走廊南下后所形成的民族，都或多或少地保留了使用象形文字的传统，从而形成了一条明显的象形文字链。

我的学科归属是考古学，可是多数田野实践是民族调查，但万变不离其宗。我总是对文物、图像情有独钟，研究的特点是利用民族调查资料去补充、解释考古现象，即以"活化石"印证"死化石"，用民族学去补充考古学，从而去探索早已消失的历史文化现象。《古代器物溯源》一书，就是自己多年来所研究问题的小结，其中大部分以物命题，是与书名吻合的，有些则以动态形式命名，似乎与书名冲突，其实不然。有人说文化虽然可分为物质文化和非物质文化，但它如同人的灵魂与肉体的关系，彼此依存，缺一不可。过于强调一方而否定另一方，都是把一个完整文化撕裂开来，这对于政治需要似乎可行，但进行科学研究就不能了。所以，自己以名物为题，写了一批文物学或民族考古学比较研究的文章，以飨读者。

一、弹、弓、弩、弋

这类猎具主要以一定的工具，利用弹力将弹丸或箭头射出去，击中禽兽。主要有弹弓、吹枪、弓、弩、弋射等。

（一）弹

弹弓是利用带兜的弓弦把弹丸射出去。《说苑》："弹之状如弓，而以竹为弦。"其起源很早，在新石器时代出土不少陶弹丸，其中有不少是由弹弓发射的。《吴越春秋》中陈音对越王曰："臣闻弩生于弓，弓生于弹，弹起于古之孝子。古者人民质朴，饥食鸟兽，渴饮雾露，死则裹以白茅，投于中野。孝子不忍父母为禽兽所食，则作弹以守之，绝鸟兽之害。故歌曰：'断竹续竹，飞土逐害。'"这种猎具在甲骨文中屡见不鲜，近代傣族、布朗族、哈尼族、克木人和黎族等仍然在用，是猎鸟、护禾工具。

1. 吹筒

这是利用竹、木筒置弹丸，将弹丸吹射出去以击飞鸟。美洲玛雅人就用这种猎具。

2. 弹弩

不久前北京还有这种猎具，是弩的一种，臂上有槽，可射弹丸。徐中舒在《弋射与弩之溯原及关于此类名物之考释》一文中说："弹弩或连珠弩，直臂，臂上置一匣以盛弹或矢（如匣增大，则发弹或矢之数亦可增多）。匣近臂处留一弦道，弦道之后端向下，微凹以为衔弦之用。机牙一长方形小骨片，即置于此凹处，可自上下移动。匣与臂相连之关键，一端藉弦通过弦道之力，一端别有一柄，俗称为拐子（古当称曰枢），夹于匣与臂之两旁，两键贯之，一键在匣，一键在臂。用此弩时，先置弹或矢于匣中，然后将拐子向前转动，待弦落于弦道后端凹处，则将拐子向后转动，当转动时，匣

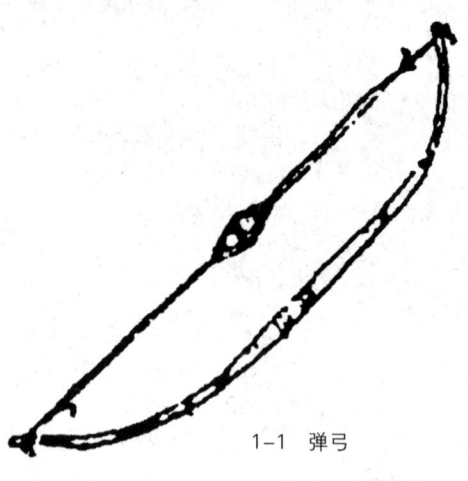

1-1 弹弓

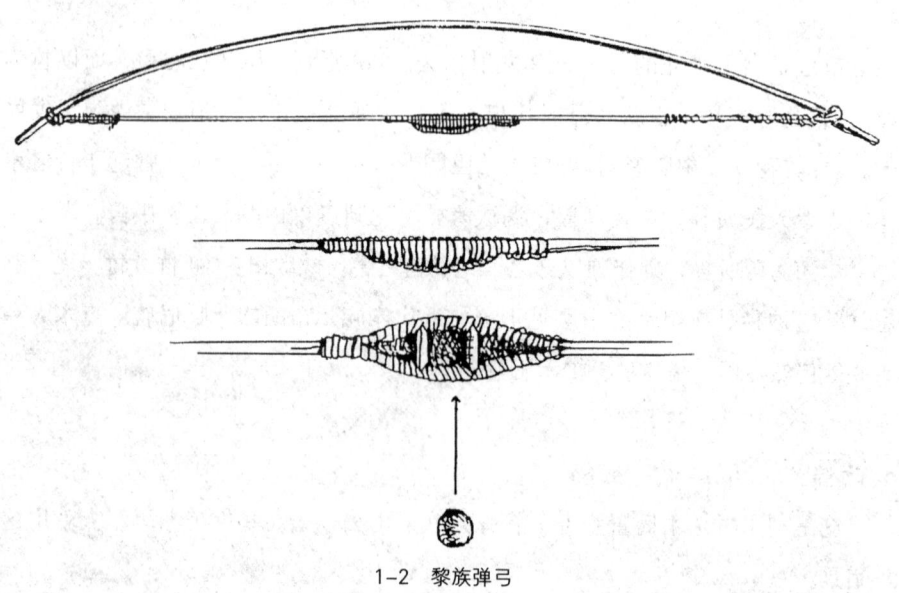

1-2 黎族弹弓

之后端与臂并不紧接，待匣与臂紧接时，则牙为臂所阻而上升，因而将弦挤出凹处以发弹或矢，如此往复转动，则弹与矢即连续发射不已。"[1]

（二）弓

弓箭产生较早，山西峙峪已有石镞出土，距今两万多年，传统认为弓箭是中石器时代的发明，看来这种说法是保守了。我国新石器时代发现箭头更多，有石、骨、角、牙质地。在新疆、内蒙古等地的岩画上，有不少以弓箭射猎的形象，这是当地民族的基本狩猎方法。民族学资料中也多有保留。

《契丹国志》："弓以皮为弦，箭削桦为杆。"满族男孩生下来，必在门上悬一弓箭，自幼习之。《建州闻见录》卷六九"妇孺皆娴于骑射"，女人执鞭驰马，不异于男子，十几岁小孩即骑马射箭。《钦定大清会典则例》卷一二二："其面傅以牛角，背加以筋胶，外饰桦皮，胎一而角两接，接处用鹿角一块，固以筋胶，加煨木皮于外……光削一面，以鹿角为方，钉于角端，曰垫弦。"这就是牛角弓。过去满族"七姓"曾脚踏滑雪板，以弓箭狩猎。入关以后，该族还保留不少狩猎传统。直至清末民初，东北的赫哲族、鄂伦春族还以弓箭狩猎，当地的桦木弓十分有名，箭也是桦木制的，但箭头多涂毒药。南方民族也普遍使用弓箭，《琼州海黎图》称黎族"其弓则以硬木为胎，柔竹为弦，矢则贯以铁镞，无羽，每猎则必挟以从，发则十有九中焉"。台湾高山族也使用弓箭，由于多用毒矢，对箭保护极为精心，都置于箭箙之中。

弓必用箭，箭头有木、竹、骨、角、牙等。也用扳指，在邳县大墩子44号墓出土一件骨扳指，在商代妇好墓出土一件玉扳指，说明此具由来已久。满族、鄂伦春族也利用骨扳指、玉扳指，其用法是把扳指套在右手大拇指上，以利保护手指。

---

[1] 徐中舒：《弋射与弩之溯原及关于此类名物之考释》，《国立中央研究院历史语言研究所集刊》第四本第四分，1934年。

1-3 狩猎图（内蒙古阴山岩画）

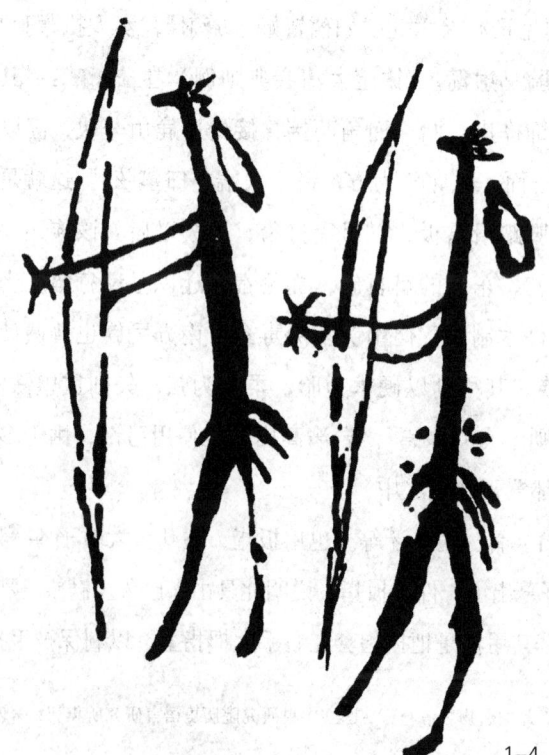

1-4 猎人持弓

（三）弩

弩起源较早，《古史考》"黄帝作弩"。后来一直占有重要地位。《武备志》卷一〇三《军资乘》："中国之利器，曰弓与弩……唯弩之用为最。"但弩起初是猎具，据民族调查有以下三种弩。

1. 地弓

在我国鄂伦春族有一种"阿兰阿"，即为地上的弓箭。它由木弓和木臂组成，木弓称"伯勒"，木臂称"那勒"，汉意为"手臂"。《楚辞·哀时命》所说的"机臂"就是这种机件。使用时，先以木楔把木臂固定在地上，弓弦卡在臂头处，再往后以阿鲁棍尾端卡住弓弦，然后将阿鲁棍竖起，并套引一根很长的伏绳，该绳头为豹撞动，地箭即刺中豹胸，行不数步即毙。这种地弓在苗、傣、壮、水、拉祜、藏、西番人地区广泛使用。我们在四川木里调查时，每家都有十多把地弩。吉林地区也应用地弩。《中华全国风俗志》下篇卷一："猎者每于冬闲，伺雪中迹以为掩捕。因虎前行，必寻旧路归，猎者辄于路张机。其法：横系一铜钱，一端曳于引满之机关，弓架入铳机。虎触之，弹发，恰中其前胸。既负伤，辄奔越，乃按血迹追寻，恒倒毙在数里外。"

2. 手持弩

手持弩又称泊箕竹弓。《蛮书校注》古代朴子蛮（德昂族）："善用泊箕竹弓，深林间射飞鼠，发无不中。"苦聪人在林中，守于树下，以手持弩射松鼠，一天可猎几十只，然后取出内脏，晒干，以备后用。

这种弩比较轻便，在黎族、壮族、哈尼族、独龙族、苦聪人、景颇族、傣族、佤族、阿昌族、布朗族、基诺族、崩龙族、怒族、拉祜族、彝族、苗族、摩梭人等均流行。以哈尼族木弩为例，为竹制，长90厘米，弦用麻绳，但中间以藤包缠。弩臂为木制，长70厘米，在臂后上方挖有弦槽，槽内挖空，装一骨悬刀（独龙族则在弦槽一侧安悬刀，较原始）。张弦时，将弦卡在弦槽内，悬刀位于弦下，发矢时，即可扳动悬刀，弦从槽出，引起弦收。各种弩所用的矢，都有两大特点，一是矢较一般弓上所用的矢短，二是多涂有毒药，否则仅能射鸟而已。过去有一种说法，认为南方、西南流行弩，不流行弓，东北流行弓而不流行弩。但是从我国各民族所保留的弓弩来看，南方既用弓也用弩，由于出没于丛林之中，又较为落后，用弩多于用弓；北方地面开阔，用弓多于用弩，即使如此，东北也习于地弩，满族妇女还用手弩行猎。

通过以上分析看出：

第一，弩来源于弓，人类在长期用弓的过程中，不断扩大弓箭的作用，一支向弋射发展，一支向弩发展。从鄂伦春族的地弓看出，它就有较多弓的特点，只是把弓固定在地上而已。《吴越春秋》："弩生于弓，弓生于弹。"这是有道理的。但弩又比弓箭进步，如射程远，杀伤力大，张弓时间长，以机械臂代替手臂，一人可用几架弩等。

第二，弩有一个演变过程，起初为竹、木弩。《墨子·备城门》："二步一木弩。"可见战国还用木弩，但铜弩机已大量发现。弩机是弩最重要的机关，也富于变化，起初仅以绳棍卡弦，进而用弦刀，再进一步为加骨廓，设悬刀，最后才发展为青铜机件。

第三，弩有一定结构，包括弩身、弩担、弩弦、弩弦扣、箭槽、扳机等。

3. 地弩

地弩是一种大型弩，因架设于地上而得名，但这种弩都前引一伏绳，野兽经过时一旦绊动伏绳，则绳动机发，箭可刺中猎物。凡是用弩的民族都有地弩。古代苗族以地弩猎虎。近代西番人、基诺族还以地弩射豹，不过在民族地区对手弩、地弩有自己的区分，乃是根据猎取不同对象发明的。手弩是猎取禽类、小兽用的，地弩是猎取猛兽用的，如独龙族就用两种弩狩猎：其手弩长90厘米，拉力90磅，射程50米；地弩长110厘米，拉力120磅，射程150米。不过，

一、弹、弓、弩、弋　　013

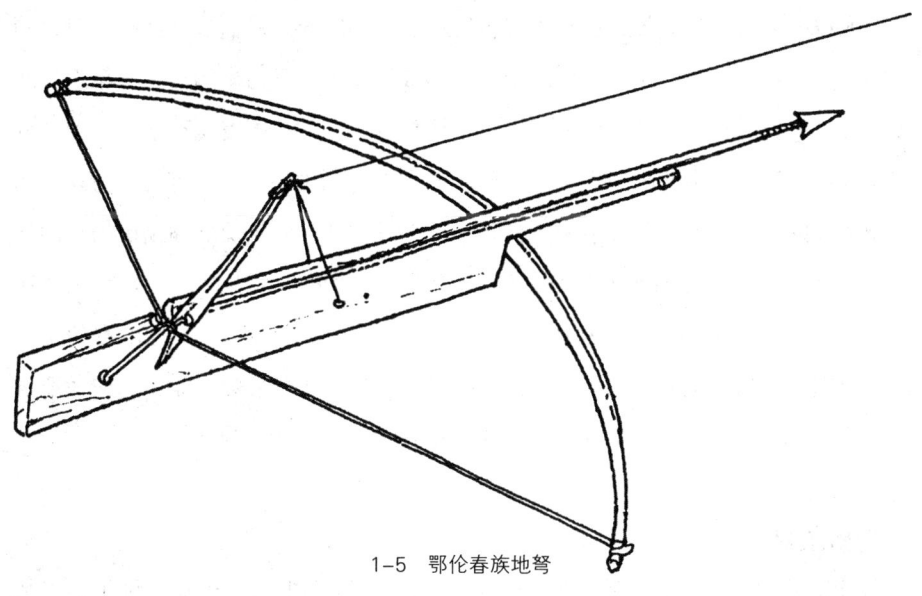

1-5　鄂伦春族地弩

这种区别也不是绝对的，如果利用毒箭，手弩也可猎猛兽，但箭必保存在箭箙内，严防中毒。射到猎物后也要马上处理，把毒汁取出来。应该指出，自清代开始，在民族地区已经使用火枪狩猎，这一技术引起狩猎的进步，也进一步破坏了生态资源。

（四）弋射

弋射，亦称缴（zhuó）射，是一种发射带绳箭矢的射术。"以缴系矰仰射飞鸟，谓之弋射。"（《汉书·司马相如传》颜氏注）弋射的对象是飞禽，主要是雁与野鸭。"将翱将翔，弋凫与雁。"（《诗·郑风·女曰鸡鸣》）"一心以为有鸿鹄将至，思援弓缴而射之。"（《孟子·告子上》）由于猎捕的对象是候鸟大雁，因此弋射是一种季节性较强的狩猎活动。

如今，弋射已经失传，但在古代曾有过流行的时候。我们从几件战国时代的文物上可以看到弋射的生动画面。湖北随县战国曾侯乙墓出土的一个衣箱上有两组图案，描绘扶桑、飞鸟及弋射者。故宫博物院有一件战国宴乐纹铜壶，图案分三层六组，第二层中部画的也正是弋射场面：上有鸿雁翱翔，下有乌龟游动，四人俯身弋射，五只大雁已被射中，拖着长缴进行挣扎。辉县琉璃阁出土的战国狩猎纹铜壶、成都百花潭出土的战国铜壶，以及上海博物馆收藏的战国宴乐纹铜杯，都有或简或繁的弋射纹样。遗风所及，战国以后的文物上也可以看到生动的弋射图。成都出土的一块汉画像砖，描绘了一幅水边弋射的景象：水中荷花盛开，凫游鱼泳，天空飞雁成行，弋射者隐蔽在树荫下，正在引弦发矢。

1. 发射工具

首先说说发射工具。徐中舒先生曾认为弋射全部用弩，实则亦可用弓。从图像上看，用弓用弩的都有，文献上也不乏以弓弋射的记载。《吕氏春秋·功名篇》："善弋者，下鸟乎百仞之上，弓良也。"《史记·楚世家》："若王之于弋诚好而不厌，则出宝弓，碆新缴……"不过，弋射所用的弓似较战弓（作为兵器的弓）为小。《列子·汤问》："蒲且子之弋也，弱弓纤缴，乘风振之，连双鹎于青云之际。"曾侯乙墓出土了一种小竹弓，制作精巧，外涂黑漆，可能为墓主生前弋射所用。

其次说箭矢。《淮南子·说山训》："好弋者，先具缴与矰。"矰者系绳之矢，缴者矢上之绳。班固《西都赋》云："矰缴相缠。"这种带绳的箭为弋射专用。不同的发射工具弓与弩所要求的矢有长短之分。《周礼》上将矢分为八种，郑注"此八矢者，弓弩各有四焉"。其中"矰矢，茀矢，用诸弋射"（《周礼·夏官》）。弩用短矢，张弓则必"箭在弦上"，因而需用长箭。

弋射之矢，箭头有倒刺，箭铤中有孔槽。前者防猎物逃脱，后者适于系绳。广东四会鸟旦山、潮安魮靴子山、江苏邳县冯庄等地出土的战国及汉代铜矢，都具有上述特征，当为弋射所用的实物。

一、弹、弓、弩、弋　015

1-6　苗族张弩

2. 缴与磻

再说缴与磻。如上所说，缴即系在矢上的绳子，可能用生丝捻成。曾侯乙墓的弋射图上缴尾分成三段，似乎有些缴是由三股合成的。在缴的下端坠有圆球状物体，应是绕缴之磻。《说文》："磻，以石著弋缴也。"亦即拴缴的石质工具，取其重量，以作坠石，射中的飞禽不致将矢缴带走。磻的作用如此，那么它必须易放缴又易收缴，形状当以亚腰长圆形为宜。比较完善的绕缴设备，应该是一种便于旋转的木轴。从成都百花潭出土铜壶的弋射图上可见到缴后有一半圆形绕缴轴，下有立木插于地。成都出土的汉画像砖上也有类似的形象，猎人身旁的木架上并排插三或四个缴轴，上有提梁。轴应套在立木上，立木插于地上或安在架上。

滑轮式的绕缴设备是磻的进一步发展。《墨子·备高临》："矢长十尺，以绳系箭矢端，如弋射，以磨鹿卷收。"根据后人的注释，所谓磨鹿当为收绳放绳的转轴。

关于弋射，《新序·杂事篇》说道："弋者选其弓弩，修其防翳，加矰缴其颈。""翳"犹屏障。"修其防翳"，就是弋射时要在适当的地形上搭一隐身的遮蔽物。《山海经·海外西经》曾说启弋射时"左手操翳"，可见，还有一种随身携带的遮蔽物。但在我们举出的几幅弋射图中，都没有见到这种固定的或活动的遮身设备，只见弋者俯身仰射或跪地仰射。大约对一般的弋者来说，草丛、树木或地形就能起到"翳"的作用。

弋射由于矢上系绳和绳端用磻，射程和速度必然受到影响，而且装备复杂，因此在经济上意义有限。后来弋射终于被淘汰，经济上的原因看来是主要的。可能在上层社会的游猎娱乐活动中，弋射还保留了一段时间。不过，在我国少数民族地区还能看到弋射的残余。1981年笔者在四川盐源县左所区泸沽湖地区进行社会调查时，曾看到当地摩梭人以弩射野鸭，其箭尾皆拴长绳，甚细，即古籍上所说的"缴"，但箭较短，属于弩射。我们曾问当地群众，为什么箭尾拴长绳呢？他们回答说："射中野鸭后，它会飞走，不会太远，多掉在泸沽湖内，冬天很冷，不便下湖捞取，但用长绳一拉就可取野鸭了。"这条民族学资料对研究弋射形制和使用方法有重要启发。

3. 弋与弓弩

弋射是在弓箭射猎的基础上，受到古老的狩猎方法和脱柄镖的启发而产生的，它甚至可能溯源于旧石器时代已经采用的飞石索。

远在旧石器时代，人们投掷带索石球，如果命中，可以缠住猎物的犄角和腿脚。在山西许家窑遗址出土了许多这类石球。旧石器时代之末的渔猎经济中出现了可以投掷的长武器。有一种带索镖，镖头前有倒刺，后有孔或结节；镖头插在镖杆上，同时在孔或结节处拴长绳。投中后，刺入动物身体的镖头从镖杆脱落，但长绳拖着镖杆，或者被猎人拉住，使动物无法逃遁。新石器时代遗址半坡等处出土的脱柄鱼镖，就是带索镖的一种。带索镖的原理运用于弓箭上，就产生了弋射。

在一些新石器时代的遗址里，发现过特殊形制的箭头。如江苏常州圩墩出土过两件柳叶形骨镞，镞身虽无倒刺，但有结节，亦可起倒刺的作用；尾端有凹槽两道，可以系缴。江苏邳县刘林出土一件"骨梭"，形制与有结节的脱柄鱼镖近似，长仅6.2厘米，应认为是镖。浙江衢县官堆出土一件有孔石镞，也应是同类器物。上述各件，显然是带索镖的派生物，都是系缴的矢镞。可见远在5000年前，弋射已经出现，它和弩的产生同样是对原始弓箭的改进。弋射所用的轴式绕线设备，也可以上溯至新石器时代。在常州圩墩不仅出土了弋射用的骨镞，还发现了一件骨质滑轮，轮径2.3厘米，中央有孔，外有两道平行的轮叶，中间可以绕线，轮叶一高一低，正适于放缴收缴。5000年前的这件滑轮，应该就是弋射所使用的绕线工具。

1-7　战国弋射

1-8 汉代弋射

弋射原是一种狩猎手段。在阶级社会里，它同围猎、骑射一样逐渐成了统治阶级的消遣方式。弋射图常作为宴乐的一种描绘出现在青铜礼器上，这是原因之一。弋射还有另一层社会含义。古代婚礼程序中有纳采、纳吉，就是男方向女方送聘礼。雁是候鸟，人们认为它有"顺阴阳往来"的特性，转而有"妇人从夫"之义，因而被作为重要的聘礼。《仪礼·士昏礼》开头就说："昏礼，下达纳采，用雁。"从商周到战国，弋射的活跃，与这一礼节不无关系。这也许是在战国文物上多见弋射图的另一原因。

二、带索鱼镖

鱼镖类似矛，由镖头和镖杆组成。

在我国各地都发现过一些古老的鱼镖，一般都是以骨、角制成，大小不一，种类不少。其中绝大部分是直接拴绑在木柄上使用的。然而也有一部分鱼镖别具特点，它们都有数量不等的倒钩，铤部穿孔、挖槽或者有突出的结节，镖尾圆尖或扁尖，而且形制规整、精致。根据历史文献和考古资料推断，上述后一种鱼镖，其带孔、凹槽和结节均为拴系绳索而设，镖头活插在镖杆前的夹銎中。使用时，将鱼镖及镖杆掷出，刺中后由于鱼或其他动物的挣扎，镖头与镖杆自行分离，但是镖头有绳索相连，人们可以通过挽引绳索把猎物捕捉回来。所以，有的称它为带索镖，也有的称脱镞镖、离头镖、活头镖等。

本章集中讨论带索镖的形制、复原和使用方法等问题。

（一）考古发现的带索镖

在田野考古中发现的鱼镖，一般都是指鱼镖的镖头。带索镖的最大特征是镖头尾部系有绳索。我们根据拴系绳索的部位特点，把带索镖分为以下三种形式。

1. 有孔鱼镖

这种鱼镖铤上皆有一孔。在江苏邳县刘林和大墩子、山东梁山县青堌堆及黑龙江昂昂溪等新石器时代遗址都有发现。

邳县刘林第一次发掘出土两件鱼镖，铤部都有一孔。一件长 10.4 厘米，镖尖较钝，有两个倒钩，铤部较长；另一件长 16.1 厘米，一侧有倒钩。[1] 刘林第二次发掘出土了四件鱼镖，以鹿角或兽骨加工而成，镖呈长条形，下端有孔。其中有两件较完好，7 号鱼镖残长 14 厘米，有一个倒钩；8 号鱼镖长 14.8 厘米，孔径 0.5 厘米，两侧共有三个倒钩。[2] 邳县大墩子出土的鱼镖是以鹿角磨成细棒，尖端锋利，一侧有两个倒钩。[3] 梁山青堌堆龙山文化遗址出土一件鱼镖，尖端已残，有一个倒钩，铤部平直，有一孔。当地还出土一件带有两个倒钩的残破鱼镖，两者形制相似。[4] 黑龙江昂昂溪出土的两件有孔鱼镖，一件梁思永先生称为单排倒钩枪头，即一侧有两个钩齿，但带孔在镖的前端，残长 14 厘米；一件原称大曲骨枪头，残长 16.4 厘米，镖身弯曲，有凹面，仅有一个倒钩，孔眼不在铤上，而在倒钩附近的突出部位上。[5]

2. 有突出结节的鱼镖

这种鱼镖没有带孔，但是在相应的位置上都有一个或两个突出的结节。在江西万年仙人洞，陕西西安半坡，江苏吴江梅堰、新沂花厅村和山东临沂援驾墩等遗址都有所发现。

万年仙人洞发现的一件鱼镖，是用动物长骨劈一半制成的，两边各有两个倒钩，但不对称。镖尖残破，铤部有两个对称的凸节。残长 15.4 厘米，宽 2.5

---

[1] 江苏省文物工作队：《江苏邳县刘林新石器时代遗址第一次发掘》图九之 5、6，《考古学报》1962 年第 1 期。
[2] 南京博物院：《江苏邳县刘林新石器时代遗址第二次发掘》图十五之 7、8，《考古学报》1965 年第 2 期。
[3] 南京博物院：《江苏邳县四户镇大墩子遗址探掘报告》图二十一之 1，《考古学报》1964 年第 2 期。
[4] 吴秉楠、高平：《对姚官庄与青堌堆两类遗存的分析》图四之 7，《考古》1978 年第 6 期。
[5] 梁思永：《梁思永考古论文集》图十六之 1、2，科学出版社 1959 年版。

厘米[1]，半坡出土很多骨鱼镖，其中有一种双倒钩式，有两件完整。一件长12.5厘米，镖尖锐利、圆尖，有两个对称的倒钩，铤部有圆突的单托；一件长14.8厘米，镖尖圆扁，铤部突然瘦削，其下有圆突的双托，即有两个结节，铤尾也为圆尖状。[2]吴江梅堰出土的鱼镖，原称有两种类型：一是两侧均有突起的三角形倒钩，镖尖锋利，后为插柄，长16.3厘米；一种是有倒钩式，扁平，铤部有突起的结节，长16.4厘米。[3]新沂花厅村的鱼镖，尖端已经残破，有两个不对称的倒钩，铤尾为插柄，其上有结节。[4]临沂援驾墩遗址出土的鱼镖，长15.3厘米，宽1.4厘米，左右各有一个倒钩，铤部有圆饼状突起。[5]

3. 有凹槽的鱼镖

在河南孟津小潘沟遗址出土一件骨鱼镖，十分精巧，端尖而利，一侧有一个倒钩。铤部无孔和结节，但是有一圈内陷的凹槽，有清晰的拴绳索痕迹。铤尾突然瘦削，后端有一个尖锥形的插柄。[6]

以上三种鱼镖，基本上都具有镖尖锋利，有数量不等的倒钩，铤上有孔、凹槽或是突起的结节，铤尾圆尖或者扁尖等特征。镖尖锋利是为了刺杀、重创野兽或鱼类，倒钩较多是利于钩牢，使动物不易逃脱。

铤上的孔、凹槽和结节虽然与绑扎有关，但不是一般地系扎在鱼镖木柄上，而是有独特的装置方法。此外，在上述鱼镖的尾部，都呈圆尖或者扁尖形状，而且相当短小，这一点更与绑扎无关了，当是一种活动式的插柄。这是应该侧重研究的。

---

[1] 江西省文物管理委员会：《江西万年大源仙人洞洞穴遗址试掘》图七之14，《考古学报》1963年第1期。
[2] 中国科学院考古研究所、陕西省西安半坡博物馆：《西安半坡》图七十一之1、2，文物出版社1963年版。
[3] 江苏省文物工作队：《江苏吴江梅堰新石器时代遗址》图版四之6、7，《考古》1963年第6期。
[4] 华东文物工作队：《四年来华东区的文物工作及其重要的发现》图八（左），《文物参考资料》1954年第8期。
[5] 刘敦愿：《山东临沂新石器时代遗址调查》图八之2，《考古》1961年第11期。
[6] 洛阳博物馆：《孟津小潘沟遗址试掘简报》图一一之9，《考古》1978年第4期。

（二）带索镖的复原和使用

带索镖是怎样安置在镖杆上的，以及其形制上的特点和使用方法，仅仅依靠考古资料是不能说明的，必须借助于历史文献和民族学资料加以具体比较、印证，才有助于问题的解决。

《宋史·琉球传》已经出现关于带索镖的记载："琉球国在泉州之东，有海岛曰澎湖……临敌用镖枪，系绳十余丈为操纵。盖惜其铁而不忍弃也。"[1] 所谓澎湖，实为台湾之误，当地居民就是我国的高山族，上述的镖枪即是带索镖，自清代以来地方志多有记载。

康熙《诸罗县志》卷八《风俗志》："镖枪杆长五尺许，疏可及三四十步，锋铦利。或枪舌为钩距，形如个字；括入杆中，用长绳并杆系之。中物则枪舌倒挂而不能出。麋鹿负痛奔逸，杆摆落，与绳俱挂草木间；番从后尾之，无得脱者。"

康熙《凤山县志》卷七《风土志》："镖枪，以竹为杆，长五六尺，枪镞铁齿，钩倒个字，括入杆中；系长绳于杆末。镖鹿中之，则钩入而难脱，鹿善逸狂奔，则杆绳绊纼于杂木，追而获之。"

同治《台湾府志》卷一四称，凤山县高山族的"镖杆长五尺许，铁镞锋铦，长二寸许，有双钩，长绳系之。用时始置箭端，遇鹿鹿一发即及，虽奔逸而绳挂于树，终就获焉"。

在乾隆《诸罗县志》和道光《彰化县志》等书中也有类似记载。说明高山族使用带索镖捕鱼由来已久，一直沿用到近代。[2] 镖杆一直是木制的，镖头过去以木、骨、角和兽牙制成，现在改为铁镖头，但镖的形制变化不大。

高山族的带索镖，用途很广，既是狩猎工具，也是捕鱼工具。捕鱼的镖杆上另加一个游镖杆。绳索以植物纤维或皮条为之。有两种拴系方法：一种绳索尾端拴在镖杆上，此种绳索较短；另一种绳索尾端握在手中，绳索很长，"系绳

---

[1] 脱脱等编：《宋史·外国·琉球》。
[2] 唐美君：《台湾高山族脱镞镖之研究》，（台湾）《民族研究所集刊》1960 年第 9 期。

二、带索鱼镖　023

2-1　叉鱼

十余丈"即指此种情况。高山族也将它用于战争。乾隆重修《凤山县志》卷七《风土志》："杀人亦伏长林丰草间，先以镖射之，中镖倒，乃近而杀之。"

　　从现有资料看，带索镖不仅为高山族所使用，在我国东北的鄂温克族、鄂伦春族、达斡尔族、赫哲族[1]，云南的独龙族[2]、永宁纳西族都使用过。世界许多地方也普遍使用这种鱼镖，北美的爱斯基摩人用带有长索的鱼镖猎取海豹、海象，南美的火地人所用的鱼镖，也拴有很长的绳索[3]。在漫长的太平洋西岸，北起白令海峡、千岛群岛[4]，经过日本[5]，南抵菲律宾[6]、马来半岛、安达曼群

[1] 凌纯声：《松花江下游的赫哲族》，中央研究院历史语言研究所，1934 年，第 93 页。
[2] 杨鹤书、陈启新：《独龙族父系氏族中的家庭公社试析》图六，《文物》1976 年第 8 期。
[3] 〔俄〕С. П. 托尔斯托夫等主编：《普通民族学概论》第一册，科学出版社 1960 年版，第 108、183 页。
[4] 〔日〕马场修：《北千岛发现之钴》，《人类学先史学讲座》第十卷，1935 年。
[5] 王仲殊：《日本古代文化简介》图七，《考古》1974 年第 4 期。
[6] 东京人类学会：《内外土俗品图集》第五辑图版，1939 年，第 68、298 页。

岛，当时居民都使用过带索镖。

这些事实说明，考古所发现的带索镖，它不是直接拴死在镖杆上的，而是利用子母口的形式，将镖头插在镖杆前端的夹銎中，两者是活动的，因此镖尾呈圆尖或扁尖形状。镖头铤上的穿孔、结节或凹槽，都是为了供系绳索的一端而设。这样，镖头、镖杆和绳索就成为带索镖的三个重要组成部分。

昂昂溪出土的两件骨镖，别具一格，各有特点，其中的大曲骨枪头，由于镖尖与铤有一定折角，曲度很大。这种鱼镖若单个安装在镖杆上，投掷时重心不稳，极易摇摆、倾斜，刺杀时容易滑脱，命中率是极其有限的。关于这类鱼镖的安装和使用，可从鄂伦春族的渔叉得到启发。

根据我们的实地调查，鄂伦春族的镖杆是用桦木做的，短者1.7米，长者2米多。渔叉有两大类：一类是一般渔叉，有双齿或三齿，均有倒钩。另一类是带索渔叉，称推钩，又可分为两种：一种渔钩式，铤较长，6厘米左右，其上有一孔，尾端瘦削；一种是有柄渔叉，长20厘米左右，在铤上安一倒钩，铤前端有一孔，后端较细，便于穿插。这两种叉头都不是单独装在镖杆上使用的，而是两三个叉头为一组，对称地插入镖杆前端的夹銎中，其中渔钩式叉头是倒插入镖杆前的夹銎中。据鄂伦春族老人回忆，上述渔叉原来是以犴骨磨制的，有单头和双头之分，都有倒钩，近代才改用铁钩叉。

由此判断，昂昂溪出土的大曲骨枪头不是单独安在镖杆上的，可能是两个为一组，共同安在一个镖杆上。该镖杆前端两侧各有一个夹銎，周围有绳子环绕，大曲骨枪头的插柄即安在上边的夹銎内。这样双镖头刺杀面积大，使用时重心平稳，能够提高命中率，对骨镖是一次重要改进。昂昂溪的单排倒钩大骨枪头，其结构与一般带索镖一样，但是现存的两个倒钩的尖端是朝前的，而带孔位于钩的前方。这种形制与鄂伦春族的有前柄的带索叉类似，唯一的区别是，它是连同绳索一起刺入鱼身的，有时刺入鱼腹后，在提拉时还能调过头来，这样刺杀力强，挂得牢固。

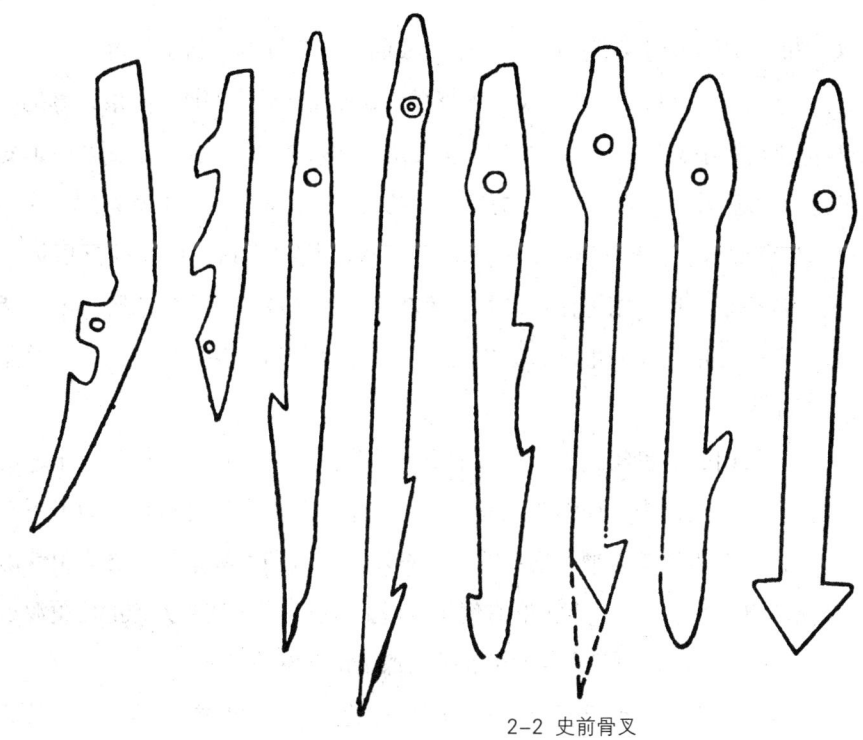

2-2 史前骨叉

（三）捕鱼技术的改进

带索镖的发明，是人类改进矛和鱼镖的重大突破，是原始文化史上的重大进步。

在欧洲，有的旧石器时代遗址里曾经发现过木矛的残件，它是以紫杉木制成的，矛头较尖，并且经过火烤；同时也发现一些带凹口的刮削器，这是加工木矛的石器之一。[1]

木矛也大量见诸民族学资料。澳大利亚的塔斯马尼亚人就使用过全木制的矛，巴布亚人也有这种木矛。新中国成立前我国云南西双版纳傣族在举行隆重的

---

[1]〔英〕K. P. 奥克莱:《石器时代文化》，科学出版社1965年版，第13—14页，图5。

剽牛祭祀时，所用的矛就是由一根竹子制成的，矛尖锋利，由于经过火烤或油炸，也十分坚硬、耐用。后来人类发现骨、角或牙比木竹更坚硬、耐磨，可是这些材料都比较短小。为了把它们当作矛头使用，必须装在木杆上，进而发明了复合工具。巴布亚人使用的比较进步的矛，就是在木杆上安一个骨质矛头。[1]

与"万能"的手斧一样，起初矛也有多种多样的用途；以其挖掘植物的根、块，就是采集用的掘土棒；以其叉鱼就演变为鱼镖；以其刺杀野兽就发展为镖枪；后来又用在农业生产和战争上，前者是播种用的尖木棒，后者是兵器之一——长矛。

人类在长期的捕鱼实践中，积累了丰富的生产经验，提高了捕鱼技术，对鱼镖也进行了一些改进，如镖头装有倒钩，刺中的鱼就不容易逃掉，为了更有效地捕鱼，还发明了带索镖。远在欧洲旧石器时代晚期的马格德林文化中就出土过类似鱼镖，镖头一侧或两侧磨有倒钩，铤上有孔。[2] 说明带索镖的历史源远流长。因此，到新石器时代出现大量的带索镖不是偶然的。

这里有两个问题值得重视。首先，带索镖的产生和推广是原始渔猎工具的重要改革。如果我们将带索镖与一般鱼镖比较一下就会发现，一般鱼镖刺中鱼类后，鱼容易带着鱼镖脱逃，往往追而不及。带索镖就不同了：第一，由于它普遍装有倒钩，投中后牢而不放，"枪舌倒挂而不能出"，"钩入而难脱"。加上镖头系有长绳，为继续追捕提供了有利条件。第二，因为绳索上多系镖杆，刺中野兽后，镖杆"与绳俱挂草木间"，"杆绳绊继于杂木"，起了一定的牵制作用。高山族的带索镖上还安有游杆，赫哲族的带索镖上拴一个槐头鱼泡，皆起鱼漂的作用，有助于观察鱼的去向，以便及时追捕。第三，带索镖向前刺杀时，镖头与镖杆连为一体，挺拔有力，不影响投掷。刺中鱼后，由于鱼的挣扎和水的阻力，使镖头与镖杆分离，但有绳索相连，人们可以在鱼疲劳不堪时再使其就范，这对捕获较大的鱼是较有效的。不难看出，带索镖的产生是原始渔猎活

---

[1] 〔俄〕С.П.托尔斯托夫等主编：《普通民族学概论》第一册，第54、76页。
[2] 石兴邦：《欧洲旧石器文化略说》图八之6、7，《考古通讯》1958年第3期。

2-3 长矛

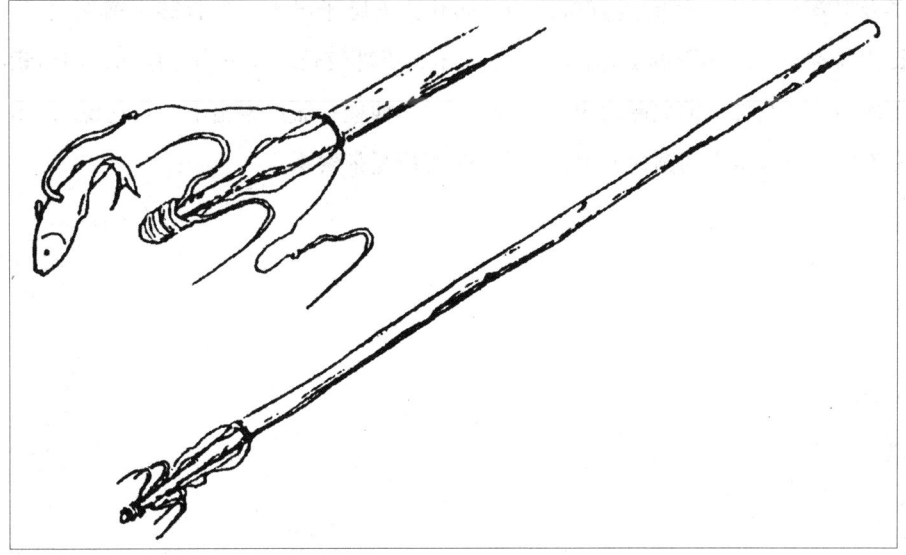

2-4 纳西族带索镖

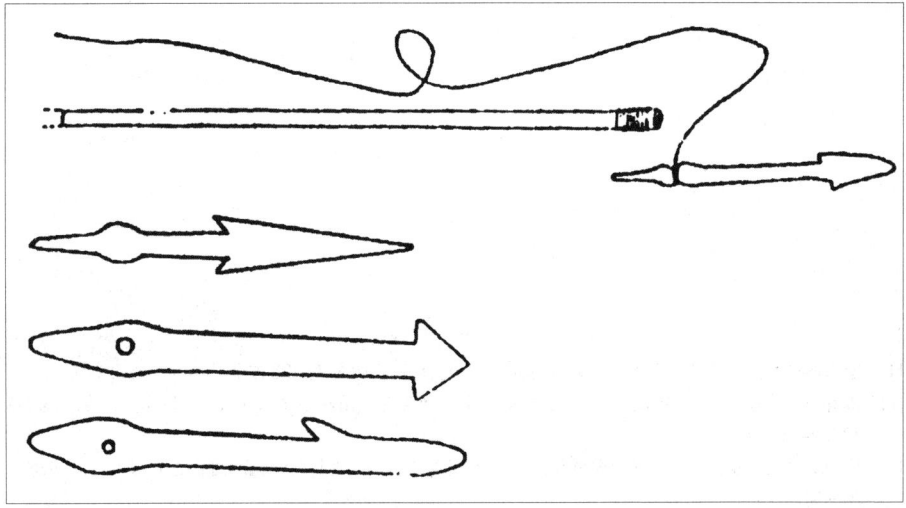

2-5 仰韶文化鱼镖

动的一件大事。其次，既然带索镖在原始文化史上占有重要地位，就应该在考古发掘中引起我们的重视，注意将带索镖与一般鱼镖分别开来，这对器物的分类及其演变规律的研究是有益处的。如邳县大墩子出土一件骨镞，前端扁平，锋尖锐利，有双翼形的倒钩，长 10.6 厘米，铤部较长，其下为三角形，与带索镖吻合。[1] 此外，河北磁山出土的骨镞[2]、广西桂林甑皮岩出土的残鱼镖[3]、山东泰安大汶口出土的圆柱形鱼镖[4] 等，都可能是带索镖。

[1] 南京博物院：《江苏邳县四户镇大墩子遗址探掘报告》图三四之 5，《考古学报》1964 年第 2 期。
[2] 邯郸市文物保管所、邯郸地区磁山考古队短训班：《河北磁山新石器遗址试掘》图十一之 4，《考古》1977 年第 6 期。
[3] 广西文物队、桂林市文物管理委员会：《广西桂林甑皮岩洞穴遗址的试掘》图五之 1，《考古》1976 年第 9 期。
[4] 山东省文物管理处、济南市博物馆：《大汶口》图三八之 4，文物出版社 1974 年版，第 46 页。

三、骨梗石刃镖枪

在北京一位骨器收藏家家里，笔者看见一件石刃骨镖，制作精美，造型规范，其上还有刻画符号，引起笔者的浓厚兴趣。据这位收藏家说，这是从赤峰市松山区收购的，属于红山文化。由于主人知道笔者从事远古物质文化研究，主动给笔者拓片，让笔者作一些研究。

（一）石刃骨器

过去，学术界把在骨器上镶嵌石叶的利器，统称为石刃骨器、骨梗石刃器、骨柄石刃刀，在我国北方多有发现。

笔者见到的这件石刃骨镖，或称骨梗石刃矛，以牛骨制成，尖锋锐利，刃后部稍宽，铤直，上有二孔，表面磨光。全器长 12.8 厘米，铤长 4.5 厘米，刃长 8.3 厘米，刃宽 2.2 厘米。两侧有槽，槽长 10—10.5 厘米，槽宽 0.1—0.3 厘米，器厚 1 厘米。正面有两个象形符号，一是箭，二是三角形，背面有三个圆圈。

内蒙古敖汉旗兴隆洼遗址出土一件石刃骨镖，尖端呈扁锥状，一侧有倒钩，且有槽，内嵌粘石叶。[1]

---

[1] 中国社科院考古研究所内蒙古工作队：《内蒙古敖汉旗兴隆洼遗址发掘简报》，《考古》1985 年第 10 期。

克什克腾旗南台子遗址出土一件兴隆洼文化的骨梗石刃刀，长 23.6 厘米，扁平，一侧有槽，嵌粘石叶。[1]

巴林右旗古日古勒台新石器时代遗址出土两件骨刀柄，其中一件为长方形，柄端一侧有对钻圆孔，下端磨刃，两侧有凹槽，原嵌粘石叶。长 15.2 厘米，宽 2.1 厘米，厚 0.7 厘米。[2]

翁牛特旗石棚山小河沿文化遗址共出土 13 件骨梗石刃器，其中有两种骨镖。[3]

乌盟察右前旗庙子沟遗址也出土两件骨梗石刃刀。[4]

赤峰大南沟后红山文化遗址出土骨器 60 件，其中有骨梗石刃刀 13 件，都相当精制，其中又分为宽柄、窄柄，但都为一面刃。另外还出土了若干骨梗石刃匕首。[5]

甘肃秦安大地湾仰韶文化遗址出土 5 件骨梗石刃器，皆一面刃。[6]

甘肃东乡县林家马家窑文化遗址出土 21 件骨梗石刃器，其中骨梗石刃刀 12 件，骨梗石刃匕首 6 件，骨梗石刃镞 3 件。[7]

兰州花寨子半山类型墓葬出土 4 件骨梗石刃器，其中刀 3 件，匕首 1 件。[8]

甘肃鸳鸯池马厂类型墓地出土骨梗石刃器 18 件，其中刀 14 件，匕首 4 件。[9]

青海西宁朱家寨马家窑文化半山类型墓地出土 1 件骨梗石刃器，长 25.4 厘米，一侧嵌刃。

---

[1] 内蒙古自治区文物考古研究所：《内蒙古文物考古文集》，中国大百科全书出版社 1994 年版，第 91 页。
[2] 巴林右旗博物馆：《巴林右旗古日古勒台新石器遗址调查简报》，《内蒙古文物考古》1992 年第 1、2 期。
[3] 《红山文化》，中国文史出版社 1993 年版，第 52 页。
[4] 赵志芳：《草原文化》，上海远东出版社 1998 年版，图 46。
[5] 辽宁省文物考古研究所：《大南沟——后红山文化墓地发掘报告》，科学出版社 1998 年版，第 20—21 页。
[6] 甘肃省博物馆文物工作队：《甘肃秦安大地湾遗址 1978 至 1982 年发掘的主要收获》，《文物》1983 年第 11 期。
[7] 甘肃省文物工作队等：《甘肃东乡林家遗址发掘报告》，《考古学集刊》1984 年第 4 集。
[8] 甘肃省博物馆等：《兰州花寨子"半山类型"墓葬》，《考古学报》1980 年第 2 期。
[9] 甘肃省博物馆文物工作队：《永昌鸳鸯池新石器时代墓地的发掘》，《考古》1974 年第 5 期。

以上所列，所谓石刃骨器，是一种泛称，是一种大概念，其中包括三种工具：

1. 石刃骨刀

这种工具各地都有出土，在石刃骨器中占最大比例，其中又分单刃和双刃骨刀两种。单刃骨刀又称一面刃骨刀，其特点是在骨刀一侧镶嵌石叶刃，出土多，数量大，如富河沟门、西宁朱家寨、大地湾、鸳鸯池、东乡林家、兴隆洼等遗址均有出土。此类工具多有柄，或以刀梗为柄，利于切割，是一种多功能工具，可剥皮、切肉等。为了便于携带，在柄端常钻孔，可系绳套。

2. 石刃骨匕

该具简称骨匕首。这种工具不多，仅在鸳鸯池出土 4 件，兰州花寨子出土 1 件，东乡出土 6 件。

对这类器物，过去笼统称为骨匕，不准确。骨匕应该是一种盛食用具，后来演变为勺；而匕首是武器，为短刀或剑形，因此，石刃骨匕，应称为匕首类，不是食具。如鸳鸯池 M92、M24 出土的石刃匕首，特点是尖锋、两侧为石刃，有供手握的柄，它与后世的青铜匕首、短剑相似。东乡出土 6 件石刃骨匕也是如此。

3. 石刃骨矛

除了前面所介绍的赤峰出土一件外，在东乡林家也有出土，原来称骨镞，"这些石刃骨镞更大的可能是镶嵌在长木柄上的骨矛，作为投掷狩猎工具使用的"[1]。这种分析是正确的，其中 H54∶49 长 8.5 厘米；H45∶3 长 11.1 厘米。由此看出，在石刃骨器中的确存在一种石刃骨矛或镖。

---

[1] 郎树德：《甘肃史前石刃骨器研究》，《内蒙古文物考古》1993 年第 1、2 期。

（二）镖枪的演变

镖枪是史前时代的重要渔猎工具，也是一种武器。进入文明时代很久，它仍存在，但它有一个发展过程，有以下几个阶段。

1. 木镖枪

人类最早曾以棍棒和手斧渔猎，这是人类手臂的延长，是后来工具的原型。当人类发现尖头棍棒更容易刺杀野兽以后，于是就由棍棒发展为木镖枪或木矛。这项发明应追溯到旧石器时代，并且一直保留下来。在常州圩墩新石器时代遗址就出土有木镖枪、竹镖枪。在我国民族地区还有类似工具，如西藏门巴族、珞巴族就以木镖枪狩猎；傣族以竹镖枪剽牛，但镖头必用油炸过，以求坚硬；泸沽湖摩梭人在少年举行成年仪式时，也要手持一支木镖枪，这些都是原始镖枪的遗制。[1]

2. 复合型镖枪

这种镖枪是在木杆上安有比较原始的枪头，有石、骨、牙、玉等质地，从而形成复合工具。从目前所掌握的考古资料看，这种工具起源于旧石器时代晚期，当时最突出的技术成就"集中表现为石器刃部的细加工和把它镶嵌装柄一系列'复合工具'的出现与发展"[2]。在辽宁海城小狐山仙人洞旧石器时代遗址出土一件由鹿骨制成的鱼镖枪，残长18.2厘米，两侧共有三个倒钩，铤部有三角形突起。[3] 说明该具是旧石器时代晚期的重大发明。进入新石器时代之后，石镖头、骨镖头普遍出现，使镖枪得到充分的发展。《建炎以来朝野杂记》乙集卷一九载："其远者谓之生鞑靼，止以射猎为生，无器甲，矢用骨镞而已，盖以地不产铁故也。"弓箭用骨镞、镖头用骨头也不足为怪。

---

[1] 见拙文《带索标——锋利的渔猎工具》，《中国考古学会第一次年会论文集》，文物出版社1979年版。
[2] 苏秉琦：《关于重建中国史前史的思考》，《考古》1991年第12期。
[3] 傅仁义：《鞍山海城仙人洞旧石器时代遗址试掘》，《人类学学报》1983年第2卷第1期。

3. 金属镖枪

这种镖枪仍以木杆为柄,但安有金属枪头,有青铜、铁等质地。这是商周以后才出现的。在西宁马坊乡小桥村出土一件青铜矛,阔叶形,有倒钩,圆骹修长,内有木柄残迹,长61.5厘米,这是我国发现的最早的青铜镖枪。[1]在这一阶段,由于金属枪头可加工为不同形式,从而出现新的变化:一种仍然是尖状头或扁尖状头,沿着矛或镖枪方向发展;另一种变为双齿或三齿叉,发展为渔叉。

镖枪的上述变化,在现代人看来是微不足道的,在当时却是一项了不起的技术变革,是时代进步的标记。马克思说:"各种经济时代的区别,不在于生产什么,而在于怎样生产,用什么劳动资料生产。劳动资料不仅是人类劳动力发展的测量器,而且是劳动借以进行的社会关系的指示器。"[2]上述石刃骨镖,是原始技术高度发展的产物,属于复合工具的性质,是当时狩猎的利器。

其实,原始镖枪有两种形制:

一种是固定木柄镖枪,其特点是在木柄上安固定的镖头,用于渔猎。这是大量的、一般性的镖枪。

另一种是活动柄镖枪,又称带索镖枪,它也在木柄上安镖枪头,但是镖头是活插在木柄上的,当刺中鱼或兽后,由于动物的挣扎、客观事物的阻拦,镖头与木柄脱离。不过,这种镖头上必系有绳索,并握于渔猎者手中,他们挽绳即可获得猎物。

带索镖起源很早,出现于旧石器时代晚期,如营口金牛山遗址就出土一件骨镖。到了新石器时代更为流行。镖头有一定特点:一是镖头上必有倒钩,可钩住猎物不放;二是镖头铤上有孔、槽或突节,以便拴系绳索。《宋史·琉球传》:"在泉州之东,有海岛曰澎湖……旁有毗舍那国……临敌用镖枪,系绳十余丈。"《诸罗县志》卷八:台湾少数民族"镖枪杆长五尺许,疏可及三四十步,

---

[1]《中国文物精华》,文物出版社1997年版,图38。
[2]《马克思恩格斯全集》第23卷,人民出版社1963年版,第204页。

锋铦利。或枪舌为钩距，形如个字；括入杆中，用长绳并杆系之。中物则枪舌倒挂而不能出。麏鹿负痛奔逸，杆摆落，与绳俱挂草木间；番从后尾之，无得脱者"。笔者在海南岛黎族进行田野调查期间，也看到不少黎族的带索镖枪，由三部分组成：一是木柄，长1.5米左右；二是镖头，尖锋，有倒钩；三是绳索。使用时，先将镖头插入木柄前端穴中，在镖头与木柄间系一长绳。当猎人发现野鹿、野猪时，将镖枪投过去，一旦刺中，由于镖头有倒钩，能牢牢钩住猎物不放，但猎物负痛奔跑，往往使镖头与木柄脱离，可是还有绳索相连，"与绳俱挂草木间"，不致远遁，猎人可追杀之。

从带索镖的镖头看，基本有两种形制：一种是直头镖，如黎族、台湾少数民族的镖头，起初以骨、木制成，后来改用金属镖头，但尖锋而有倒钩；另一种是弯头镖，又称钩形镖，鄂伦春族、摩梭人、西番人、怒族均有这种工具，通常在木柄前端有四个夹銎，分别插一个弯形或钩状镖头，钩朝外，形如四股叉，但钩尾有孔，系一长绳，仍具有带索镖的特点。这种镖头较前一种杀伤力更大。

上述两种镖枪，在我国所发现的骨镖中，都有发现，但以固定镖枪居多，带索镖枪较少。至于骨梗石刃镖枪，仅见前述几例，说明这是很珍贵的。但是当属于固定镖枪类，不见带索镖枪。

(三) 符号含义

在骨梗石刃镖枪上，还刻有若干符号，正反面均有，正面阴刻箭和三角形，背面阴刻三个圆圈。这些图案是什么意思呢？

首先看看箭和三角形。

孤立地看这些符号，是比较费解的，但是参照民族学有关资料，上述符号还是有一定意义的。纳西族东巴经中常有箭出现，解释为"矢也，箭也"。西番人《送魂经》中也有箭，也当箭解释。说明箭符号就是箭的象形字。不过箭往往被引申出一定的含义。《海槎余录》:"黎人善射好斗,积世之仇必报。每会聚亲朋,各席地而坐,饮酣,顾梁上弓矢,遂奋报仇之志,而众论称焉。其弓矢,盖其祖先有几次斗败之耻,则射箭几次,射于梁上以记之。"意思是说,黎族以实用弓箭记录血族复仇,以便实现报仇之志。后来调查发现,黎族也利用刻画骨片记事,搜集到两例:

一例发生于光绪年间,清朝派冯宫保(子材)率军到五指山镇压黎人,并在什聘村附近的岩石上刻"除苗化黎"四个大字。黎族王那黑不服,不久被杀。其子女为铭记在心,伺机复仇,取一中指大小的骨片,其上刻一支箭,一代代保存下来,传至第四代发生"文化大革命",被红卫兵抄家,在火塘上方的烘干架上有一小竹筒,其内就珍藏着记事骨片。

另一例是1948年的事,保亭县番文村程狗露,从竹筒内取出一白色骨片,上刻一枚榕树叶,据说上代头人,为官府救过命,这样可不忘恩,后人必报。[1]

从上述实例看出,骨梗石刃镖上刻的箭,肯定是一种记事符号,具有一定的意义,是一种简单的箭。是否还有更深的含义,就难以判断了。至于箭下的三角形符号,也应有某种含义。普米族流行刻画符号,以△代表山;摩梭人有一种象形卜书,以△代表毒食,认为该日为毒日,人畜容易食物中毒,忌食外人赠送的食品;西方则以△代表女阴。骨梗石刃镖上的三角形也会有一定含义。

其次,看看背面的三个圆圈,从民族学资料看,圆圈有多种象征意义。在摩梭人的占书中,以圆圈代表太阳、月亮和星星,太阳画一个大圆圈,三星画三个小圆圈;纳西族东巴经中也以三个圆圈代表三星;普米族、耳苏人则以圆圈代表太阳。这一点在考古中也发现不少资料,如大汶口文化的陶尊上,就以圆圈象征太阳,当时以此作为祭日的崇拜物。[2] 云南晋宁石寨山 M13∶67 出土一件刻纹铜片,其上刻有凤鸟、奴婢、牛头、鸟等形象。在奴婢下画一个圆圈,马下画两个圆圈,牛头下刻七个圆圈,这些圆圈是数量的标志,即有一个奴婢、

---

[1] 张应勇:《奇特的骨片——黎族氏族恩仇报答标志实录》,《黎族史料专辑》(续),1994年。
[2] 邵望平:《远古文明的火花——陶尊上的文字》,《文物》1978年第9期。

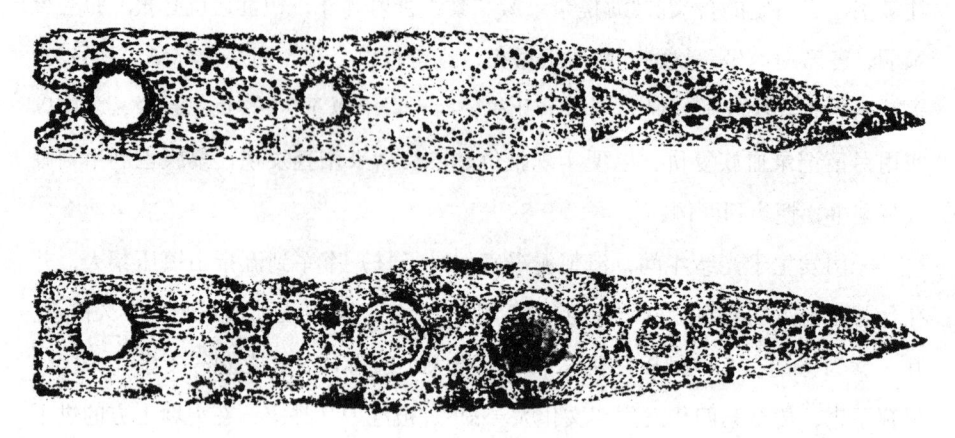

3-1 骨梗石刃刀

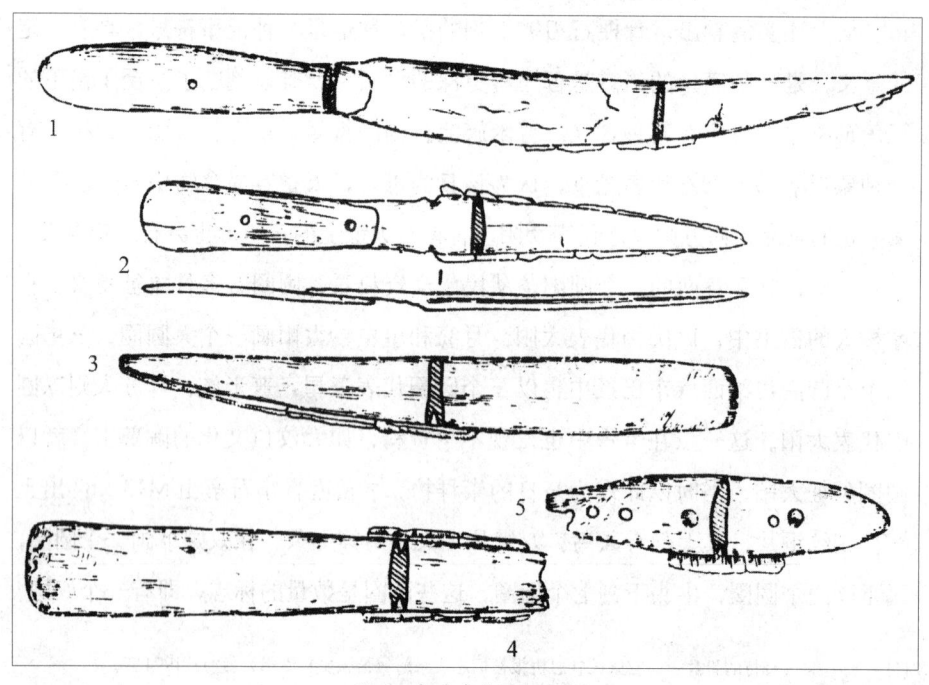

3-2 红山文化石刃刀

两匹马、七头牛之意。[1]不过，这些数字标记都有一定的人或牲畜配合，不是孤立存在的。但是骨梗石刃镖上的三个圆圈是孤立存在的，彼此又是等距的，它很可能是三星的象征。

通过对骨梗石刃镖的研究可以发现，该具具有重要的学术价值：

第一，骨梗石刃镖反映了当时骨器和石器的高超制作工艺。以木杆制成镖枪，或者在木杆上安一骨或石制镖头还是比较容易的，但是骨梗石刃镖却有一定难度，其制作工艺也包括选择骨料、砍削雏形、磨制加工、锯磨凹槽、钻孔、磨光等过程，这些与黎族的制骨工艺大体相近。[2]但是，骨梗石刃镖还要选择一定形状的石叶，并利用胶合剂粘合，这道工序是相当困难的。最后将骨镖柄插入木柄内，且沿着骨镖上的两个孔眼，加以铆钉或捆绑绳索，制成一把锋利的镖枪。

第二，骨梗石刃镖与其他骨梗石刃器一样，有明显的地域性，它是在北方草原以及与草原毗邻地区才流行的。这是当地居民的重要渔猎工具。一方面当地有较活跃的狩猎、捕鱼活动，需要锋利的镖枪；另一方面当地也有较多的猎物，有许多骨料，为制作骨梗石刃器提供了大量原料，至于石叶更是当地的传统工艺。有人说骨梗石刃器主要用于宰杀牲畜、剥皮、食肉。当然，剥皮、食肉用骨梗石刃器是肯定的，尤其利用骨梗石刃刀、骨梗石刃匕首。但是原始的宰杀牲畜方法并不像现代人以尖刀捅牲畜心脏，而流行椎击，即以木棒把牲畜击昏或击毙，然后才剥皮、开膛。这种宰牲法在南北各地都相当流行，残存很久。骨梗石刃刀多短小，未必能刺及牲畜心脏。骨梗石刃镖枪则主要用于渔猎。

第三，骨梗石刃器对后来的青铜器有一定影响。如内蒙古赤峰、甘肃鸳鸯池等遗址出土的骨梗石刃镖枪，与北方青铜短剑有一定渊源。由此推知，骨梗石刃器对青铜工具有着不可低估的影响。

---

[1] 李昆声：《云南艺术史》，云南教育出版社1995年版，第67页。
[2] 见拙文《黎族的制骨工艺》，《中国历史博物馆馆刊》1995年第1期。

此外，骨梗石刃镖上的符号，对研究文字的产生有一定意义。学术研究证实，最早的记事方法是结绳和刻木记事，后来发展为刻画符号、象形图画。骨梗石刃镖上的符号，已经不是简单的笔画，而是象形图画，其性质与大汶口文化陶尊上的象形文字相近，这一点对探索北方文字的起源有重要启发。

四、打兔的猎槌

过去读叶隆礼《契丹国志》卷二三《渔猎时候》有这么一段话，契丹人狩猎时"好以铜及石为槌，以击兔"。这种工具一直为蒙古族、满族所沿用，称为"打兔棒"。据我们在呼伦贝尔草原调查得知，打兔棒由两部分组成：一是石球或金属球，其上穿孔或铸钮，称为猎槌。一是50厘米长的木棒，两端各横穿一孔，各有一绳套，一头供手提拿，平时别在腰上或挂在马鞍上；另一头穿系石球或金属球，遇到兔子、狐狸、狼时，猎人骑马疾追，逼近时甩掷打兔棒，百发百中，置野兽于死地。

长期以来，我们寻找辽代的猎槌而不可得。最近有一位收藏家向我们展示一件青铜猎槌，形呈草莓状，高5.8厘米，最大直径3.5厘米，重200克。上部有一圆圈形钮，供拴系之用，肩部上面有三层台阶，逐渐内收。肩部周围有八个下垂的锯齿形纹，下为夹状，八棱形。钮部有严重绳索磨损痕迹。槌身伤痕累累，这说明是一种长期使用过的猎具。

据收藏者介绍，该槌是在内蒙古赤峰翁牛特旗解放营子村辽代遗址拾到的，处于辽代契丹人活动地区内，同时槌上的锯齿纹为辽代陶器常用的花纹图案，而且猎槌是契丹人习用的狩猎工具，可以断定为契丹人的遗物，这对再现契丹人的猎槌结构及狩猎方法有一定意义。

猎槌有悠久的历史，可以追溯到遥远的旧石器时代。如70万年前的蓝田人已使用石球狩猎，其后的北京人、丁村人、许家窑人都使用石球。其中的许家窑遗址出土1000多件石球。其实不止于此，1985年我们赴当地参观时，还可随手拾到大大小小的石球。考古学家认为许家窑人距今有10万年前后，以石球为主要猎具，专门猎杀野马，所以说许家窑人为猎马人。

既然石球是狩猎工具，它是怎么使用的呢？民族学资料为此提供不少佐证，主要有以下几种：

一种是流星索，它是在一根长60厘米的绳端拴一石头，称为一球流星索。投掷时连绳带石投出去。北京故宫博物院藏有一件唐代刻有人物的银杯，其上有八幅图案，分上下两层，其中的上层右一、左二，下层右一、左二均有猎人利用流星索疾追兔子或狐狸的景象，所用的流星索即属于一球流星索。笔者在云南普米族、纳西族地区看见过一球流星索，四川境内则有二球、三球流星索，其形制与美洲印第安人的流星索不谋而合。

一种是绳兜投石器，它是在一根绳子中央编一兜，一头绳套套在右手拇指上，另一头捏在指间，兜内置石，利用旋转原理，把石头掷出去。我国有不少民族还使用这种方法。藏族有一种蜂蝗石子带，一次可投掷若干石子。明代人许乃济《武备辑要续编》卷七《乡守器具》记载一种飘石发石器，"每用一握竹，长五尺。以长绳两股，一头系竹上，一头用一环，绳中分用一皮兜，径五寸，摇竿为势，一掷而发"。这种飘石投石器与绳兜投石器有同样的原理，但有一定改进。

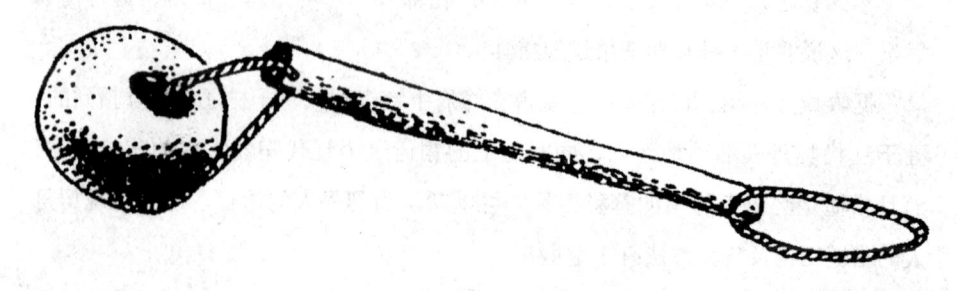

4-1 猎槌复原图

4-2　唐代银器上的投掷器

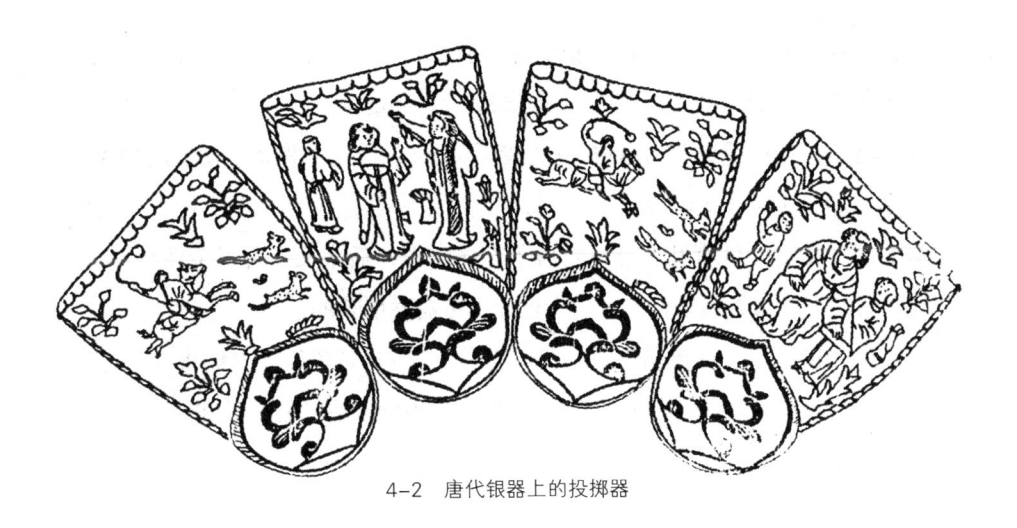

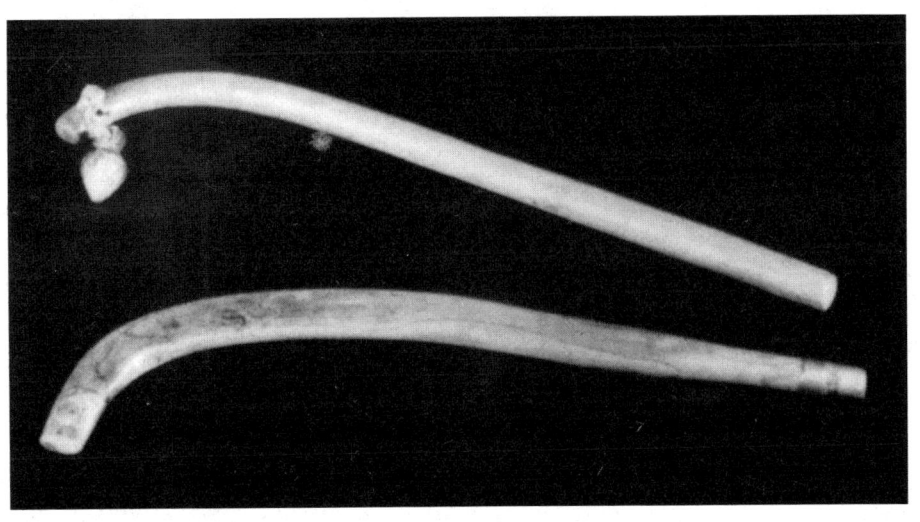

4-3　蒙古族打兔棒

另一种是棍棒投石器，起初把石球安在棍棒上，称为棍棒头，古代有不少有孔石球即用于此，但是沿两个方向发展：一个是把石球直接安在棍棒头上，作为打击器，《说文》："殳，以杸殊人也。"后世仪仗的"骨朵"就是这种武器。另一个发展方向是石球穿孔，系于棍棒上，作为甩击工具，用于狩猎和战争。殷墟妇好墓出土一件有孔石球，当属于石质猎槌，后来又出现了金属猎槌，上述所介绍的契丹人青铜猎槌，就是由棍棒投石器发展来的。

近代蒙古族有一种狩猎工具——"宝鲁"，就是打兔棒，木柄头部略弯曲，由一根短皮条拴一铜槌，铜槌形制与契丹铜槌不谋而合，进一步证实契丹铜槌为狩猎工具。

五、鸬鹚捕鱼

提起狩猎,都知道猎犬是猎人的有力助手,而渔民捕鱼也有一个助手——鸬鹚,只是现在鲜为人知了。

(一) 我国最早驯化了鸬鹚

关于鸬鹚为人类驯化的年代,学术界有种种说法,比较流行的说法有三种:一种认为起源于秦汉,成书于当时的《尔雅》已有著录。《尔雅·释鸟》:"鹚,鹪。"郭璞注:"鸬鹚也,觜头曲如钩,食鱼。"东汉杨孚《异物志》中也有记载。一种认为起源于三国时期。石声汉先生在《古农书简介》中称:"驯养鸬鹚捕鱼,大概起源于秦岭以南河流地区,三国以后,开始推广。"还有一种认为驯化于宋代,《人文地理杂志》(1998年第5期)上也有人主张这种观点。上述观点,一般都是根据文献记载得出的,当然有一定依据,但是研究历史仅凭文献资料是不够的,还应该重视考古资料,特别是近几十年,考古发现层出不穷,出土不少有关鸬鹚捕鱼的形象,从而把我国驯化鸬鹚的历史上推了数千年之久。

特别应该提出的是,在我国史前考古中,发现了几条鸬鹚捕鱼的史料。第一条是黑龙江新开流新石器时代遗址,出土大量的捕鱼工具,有鱼镖、牙镞、

5-1 仰韶文化鸬鹚捕鱼

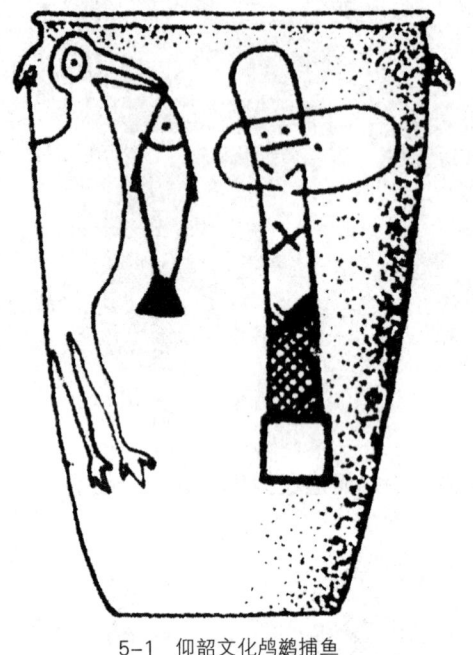

镖枪头、渔叉、渔钩、骨雕鹰首，其中的鹰首即与鸬鹚有关。第二条在河姆渡遗址中，还出土一件鸬鹚综荐骨。第三条在红山文化中，出土一件玉鹰，该物以青玉雕成，乳房突出，双肩下曲前伸，两手按一鹰，鹰高6厘米，宽4.5厘米，长14厘米。这正是鱼鹰欲飞的形象。还有一条是河南临妆阁村仰韶文化晚期作为瓮棺用的彩陶缸，其上有一幅画，绘有斧、鱼和一只鹰。有人认为这是鹳图腾，也有人认为是鱼、鹳部落的战争图，这些均属推测，无旁证可寻。如果我们对上述装饰画仔细推敲，就会发现，该具是一种瓮棺，是盛尸之具。其上的图案也应该与灵魂信仰有关。画面上的东西是随葬给死者的，石斧是当时的"万能工具"，供死者从事火耕、手工业加工之用，又是护身的武器；而其中的鸟，应该是鸬鹚，是当时捕鱼者的帮手；而鱼正是供死者食用的，祝其丰衣足食。

以上考古资料说明，远在史前时代，中华民族的祖先已经利用鸬鹚捕鱼，其驯化历史可追溯到六七千年前。可知中国是鸬鹚的驯化起源地。

（二）考古资料中的鸬鹚

在考古资料中，不仅史前有鸬鹚形象，后来也发现很多，试举几例：

在河北易县燕下都遗址，过去出土过许多动物纹瓦当，其中就有鸬鹚形象。

一件是半瓦当，上有一对鸬鹚，呈飞翔俯冲状，分别站在两条鱼身上，为张口欲吞游鱼的形象。另一件瓦当，上为战国流行的云纹，中央有一条头朝上的鱼，两侧各有一只鸬鹚。

在云南江川李家山、晋宁石寨山滇文化遗址出土的青铜器中也发现有不少鸬鹚形状的青铜器，有的抬首挺胸张望，有的将鱼衔在嘴中，有的凯旋，活灵活现地反映了当时利用鸬鹚捕鱼的形象。滇文化濒临滇池、星光云湖，远在战国、西汉时期已经使用鸬鹚捕鱼。

山东微山出土的东汉画像石上，其中有一方左下角为水域，水中有游鱼、龟，两个人正以笱捕鱼，有一人在水中摸鱼，还有两只鸬鹚各捉一条鱼。

在江苏邳县出土的一块东汉画像石上，也有一幅捕鱼形象：一人扛着渔叉，另一人手举鸬鹚，周围还有五只鸬鹚，这是一幅生动的捕鱼图。

四川郫县东汉画像石上有一幅鱼鹰捕鱼图，有两个人正在水中划一艘船，有一个小孩在船头玩耍。船中站立一只鸬鹚，伸头观望。水中有鱼、龟以及鸬鹚捕鱼形象。

四川广汉出土一件钓鱼画像砖，其上有三个人正在河边进行垂钓，河中有游鱼、龟等形象，两只鸬鹚正在水中追逐游鱼。

在内蒙古赤峰出土一件辽代圆形铜带钩，镂空，中央有一只鸬鹚，周围有四条对称的鱼，这也是一种利用鸬鹚捕鱼的形象。

类似考古资料还有许多，此不多述。但是这些资料足以说明，中国驯化鸬鹚的历史远较文献记载古老，至迟在六七千年前已经驯化，到了秦汉时期以后，各地已经普遍饲养和利用鸬鹚。同时还应该指出，过去认为鸬鹚是在江南驯化的，后来传到北方，这一说法也为考古资料所推翻。因为不仅在长江下游河姆渡文化发现了鸬鹚遗骨，长江早已驯化了鸬鹚，在黄河流域、淮河流域和辽河流域也出土了鸬鹚，由此推知，我国驯化鸬鹚也不是起源于一地，而是多源发生的。

(三) 鸬鹚的驯化

鸬鹚又称水老鸦、鱼老鸦、鹈、乌鬼等，属鸬鹚科。

从世界范围看，有几种鸬鹚，包括普通鸬鹚、斑头鸬鹚、海鸬鹚、红脸鸬鹚、黑颈鸬鹚。该鸟生活在沿海和湖沼地区，善于潜水。其中的普通鸬鹚主要分布在中国、朝鲜半岛、日本和西伯利亚地区。我国渔民所饲养的鸬鹚是由普通鸬鹚驯育成功的。

鸬鹚体型较狭，长80厘米左右，重1800克左右。一般为黑色，类似乌鸦。羽毛为黑色，附带黑紫色光泽。颈、喉无羽毛，露出黄色皮肤。口腔内无牙齿，咽喉、食道能扩大5倍左右。嘴修长，末端略曲，有尖钩，咬住鱼时类似钳子夹物，紧而不脱。该鸟喜群居，三五成群。鸬鹚羽毛吸水性强，骨骼重，因此习惯于水中生活，善于泅水，可潜水二三米到十米深，每次可潜入30—45秒。

我国的鸬鹚多生活于海岸、海边，常常站在石岩、枯木和大树上。繁殖季节成群而居，喜欢在树上、芦苇中筑巢。该巢由树枝、草叶等用唾液黏合而成。一般在三五月产卵，一巢有七八个卵，孵卵期30天左右。有趣的是，鸬鹚流行一夫一妻制，孵卵期间，公母轮值，实行双亲抚育。小鸬鹚出生后，雏鸟嘴伸进母鸬鹚嘴内，通过咽喉吸取半消化的食物。雏鹰出生10天左右，开始长羽毛，两三个月毛长齐。

驯化鸬鹚有两种情况：一种是捉野鸬鹚驯化，另一种是驯化家养的小鸬鹚。

当捉到幼小鸬鹚后，在其足上拴一麻绳，绳的另一头拴在树上或木桩上，先饲养一个阶段。接着不断轰其下水，让它先捉小鱼。发现它会捉小鱼后，驯鹰人叫一种特定的声音，暗示它不能吃小鱼，然后令鸬鹚归来，驯鹰人取下鱼，再喂一种小鱼。吃毕，又令其下水、捉鱼。如此反复训练，达一两个月之久。以上是在河边、湖岸进行的。第二个阶段，是带着鸬鹚上船驯化。这时，让鸬鹚站在船帮或船头上，当发现鱼群时，令鸬鹚下水、捉鱼。这个阶段已经去掉足绳，但在其脖子上拴一个绳或皮带，称颈圈，直径约2.5—3.8厘米，目的是防止鸬鹚吃大鱼，但是鸬鹚的喉咙很大，一次能装 10 条小鱼。这时很小的鱼还是可以吞下去的，这一阶段训练达两个月之久，直到训练成功为止。其间，驯鹰人除运用口令外，还有一种指挥杆，他一挥杆，鸬鹚即下水，他一收杆，鸬鹚也及时归来。

鸬鹚的寿命在 13—15 年之间，个别也有活 20 年的，但捕鱼的最佳年龄在 2—9 岁，超过 10 岁体力就差了。一只健壮的鸬鹚，一天能吃半斤鱼，但可捕 10 斤鱼。每次能捕 1 斤左右，遇到大鱼，则几只鸬鹚合力捕捉。渔民伺机以抄网把鱼捉上岸。

为了防止鸬鹚飞走，在驯化时都要剪掉翅膀，事实上，鸬鹚翅膀并不发达。渔民都成群饲养，少者几只，多者十几只，在户外扎一个棚子，或编一个罩网，可以关养一二十只鸬鹚。这些鸬鹚平时挤成一堆，睡觉时头钻到翅膀下，缩成一团，因为它们惧怕光线。

5-2　石寨山文化的鸬鹚

（四）民间的鸬鹚

目前，在全国许多地方，渔民还饲养鸬鹚，不妨举些例证。

在河南南阳方城地区，流行以鸬鹚捕鱼，所用的船为"一担船"，是由两只船组成的。每只船上放三四只鸬鹚，站在船头。当到了渔场，放鸬鹚下水，抓到鱼后，渔民再以舀子或笊抓起，把鱼放在船舱内。因为是由各户共同捕鱼，收入也实行分配，一般是人、船各占一份。鸬鹚以公母分开，公鸬鹚占一份，母鸬鹚占半份。在捕鱼时，有不少禁忌，如不能遇到耍猴的，也不能说鬼神等语言。

山东微山湖渔民用鸬鹚捕鱼规模很大，一般要出动五至十只船，各船有一定分工，其中的"带船"，称作船头，即指挥，又称为指挥船。"带船"后为"打船"，负责传达、落实指挥船的命令，其上的船手年轻力壮。"艚船"上的人负责管理鸬鹚。抵达渔场后，"打船"先画一个大圈，俗称"大环子"。然后沿大环子画两个小圈，为小环子。环子不断收缩，接着把鸬鹚轰下水，"艚船"上的人则取鱼，此时，"带船"上的人以竹篙敲打船舷，发出有节奏的音响，同时唱"鹰号子"。

微山湖的民俗资料说明，当地以鸬鹚捕鱼还很活跃。值得注意的是，正如前面所说的微山东汉画像石上也有以鸬鹚捕鱼的现象，说明当地饲养鸬鹚至少已有 2000 年左右的历史，历经沧桑，一直保存下来。

六、海东青捕雁

过去读北方古书，多接触当地猎人曾利用海东青捕大雁，海东青是一种产于东北沿海和西伯利亚的鹰，大雁就是野生的天鹅。这是当地的重要狩猎方法，令笔者很感兴趣。但是一直未见过海东青的模样，不知其详。最近在北京一位收藏家那里看见一件木雕契丹人形象，肩上就站着一只海东青，构成北方民族的狩猎情景。

该像以松木雕制，高40厘米。人像为成年男性，身体健壮，髡发，两辫垂于肩上，有胡须。穿圆领长袍，扎围腰，有腰带，下穿长靴。左后侧腰带上拴一把刀。这完全是一副行猎时的装束。猎人右臂抬起，平握一绳，绳的另一端正拴于海东青的脚上，海东青正落在猎人的右肩上，远望前方。

我国利用鹰狩猎由来已久。《后汉书·袁术传》有"飞鹰走狗"记载，这里的"飞鹰"就是猎鹰。事实上，先秦时期东北就有著名的"楛矢石砮"，还向周朝贡纳猎物，也不排除有海东青。在魏晋画像砖上，有不少猎鹰形象，如有人提一棍做放鹰状；有人骑马，马背上站一鹰；还有三人正利用猎鹰追捕兔子；等等。在《入唐求法巡礼行记》卷四："少时，守岛一人兼武州太守家投鹰人二人来船上。"在莫高窟第156窟的《张议潮统军出行图》、北宋李公麟的《西岳降灵图》和唐李重润墓壁画上均有鹰的形象。陕西西安唐墓的石椁上，刻有三个侍女，其中第一个人就捧着猎鹰。从唐代控制鹰的形象上看，有不同的方法：有的站于右臂上，有的站于肩上，但都有一绳相系，一头拴住鹰爪，一头握在猎人手中，这就是握鹰的意思。

以上事实说明，我国利用鹰狩猎由来已久，辽代使用海东青捕雁不是偶然的。

契丹人利用海东青捕雁，有一定习俗。

首先是讲究地点。

当时海东青是一种稀罕的猎禽，一般人是没有的，也不能饲养，《辽史》卷二一《道宗本纪》清宁七年四月"辛未，禁吏民畜海东青鹘"。由于不能养、用海东青，必然不能使用海东青捕大雁，但可运用其他方法猎之，只是没有固定的猎场。

6-1 契丹人持海东青

辽代帝王有固定的捕雁围场，共有两个地方：

一处在鸭子河泺，即今巴彦布鲁查干淖尔，春、秋两季都要来一次。《续资治通鉴长编》卷八"真宗大中祥符六年九月乙卯"记载翰林学士晁迥记录：

始至长泊，泊多野鹅鸭，辽主射猎，领帐中骑，击扁鼓绕泊，惊鹅鸭飞走，乃纵海东青击之，或亲射焉。辽人皆佩金玉锥，号杀鹅、杀鸭锥。每初获，即拔毛插之，以鼓为坐，遂纵饮。最以此为乐。

一处在延芳淀，即今通县西南，原南京析津府潞阴县，先镇后县，圣宗统和十二年九月还在此供石像，说明这里也是重要的猎场。

6-2 唐代猎人壁画

《辽史》卷四〇《地理志》有详细记载：

> 辽每季春，弋猎于延芳淀，居民成邑，就城故潞阴镇，后改为县。在京东南九十里，延芳淀方数百里。春时鹅鹜所聚，夏秋多菱芡。国主春猎，卫士皆衣墨绿，各持连槌、鹰食、刺鹅锥，列水次，相去五七步。上风击鼓，惊鹅稍离水面，国主亲放海东青鹘擒之。鹅坠，恐鹘力不胜，在列者以佩锥刺鹅，急取其脑饲鹘，得头鹅者，例赏银绢。国主、皇族、君臣各有分地。

不仅有固定地点，还要讲究季节。

《辽史拾遗》卷一三《使辽录》："北人打围，一岁各有处所，正月钓鱼海上，于冰底钓大鱼。二月、三月放鹘，号海东青打雁。四月、五月打麋鹿。六月、七月于凉淀坐夏。八月、九月打虎豹之类，自此直至岁终。"为什么打雁讲究季节呢？因为大雁是一种候鸟，春天来，冬初走，是不在北方过冬的，内蒙古、华北正是大雁往返南北方的通过之地。民间说："七九河开，八九雁来。"这正是初春之时，大雁从南归来，夜晚住于河边、湖畔，而冬初也是如此，契丹人正是利用候鸟的生活规律，利用海东青捕大雁。

具体怎么捕捉大雁呢？从各种文献上看，大概有下列步骤：

第一步是皇帝带队出发，要走两个月；第二步是在冰上或岸边搭帐子住下来；第三步是先凿冰取鱼后捕雁；第四步派员侦察雁群所在地点；第五步在上风处击扁鼓，绕泊一周，令大雁飞起；第六步用弓箭射击或放海东青捕捉；第七步捕到雁后，要用刺鹅锥揭开鹅脑子，并以鹅脑喂海东青，以资鼓励；第八步众人高呼万寿庆祝，然后祭祖和山神；第九步皇帝设宴、饮酒、奖赏；第十步是拔鹅毛，插于冠上，作为狩猎的纪念。

在《辽史》卷三二《营卫志中》有"行营·春捺钵"一节，对利用海东青捕大雁有翔实的记录：

> 皇帝正月上旬起牙帐……冰泮，乃纵鹰鹘捕鹅雁。晨出暮归，从事弋射……皇帝每至，侍御皆服墨绿色衣，各备连槌一柄，鹰食一器，刺鹅锥一枚。于泺周围，相去五七步排立。皇帝冠巾，衣时服，系玉束带，于上风望之。有鹅之处举旗，探骑驰报，远泊鸣鼓，鹅惊腾起，左右围骑皆举帜麾之。五坊擎进海东鹘拜授，皇帝放之。鹘擒鹅坠，势力不加，排列近者，举锥刺鹅，取脑以饲鹘。放鹘人例赏银绢。皇帝得头鹅荐庙，群臣各献酒果，举乐。更相酬酢，致贺语，皆插鹅毛于首，以为乐。赐从人酒，遍散其毛。弋猎网钩，春尽乃还。

从文献记载上看，辽代以海东青捕雁又名"弋射"、"弋猎"，其实这种称呼是不确切的。弋射本来是用弓或弩发射带绳索的箭，主要是射湖泊中的雁，射中后猎人可以挽绳取雁，这在战国铜器、汉代画像砖上都有反映。很明显，辽代利用海东青捕雁的方法与弋射不同，偶尔用射法，也是弓箭，不是弋射。再说有时是冬天去捕雁，更无必要用弋射法。如《辽史》卷三二《营卫志中》就有具体说明。由此言之，辽代不是弋射。

但是在辽代用海东青狩猎活动中，提及不少实物，如弓箭、杀鹅锥、扁鼓、海东青、连棰、鹅毛、旗帐等。其中有些比较容易理解，形象也多见，有些就极为罕见了，甚至不知为何等模样。如文中提的"扁鼓"，既是可以行走散打的，当可挂起来，又可供皇帝坐着，应该是扁平形鼓。过去曾发现过唐代大和二年和金代大定三年扁平铜鼓，在辽宁省博物馆和首尔也有类似的铜鼓。这种鼓较小，下有出音孔，两面扁平，上面和两侧脊上有三孔可吊起来，是否就是这种鼓呢？"连棰"应该是由打兔棒发展来的，在一个短柄上拴一铁或铜头，作一定动物形象，出土文物甚多，俗称猎棰。还有一种杀鹅锥，也令人感兴趣。从文字记载上看，该锥是由金、银制的。笔者在北京一位收藏家的家中看见一件，通体长 16 厘米，有银尖、玉柄，这是少见的杀鹅锥。

其中的海东青最值得注意。前面已经谈到，我国利用鹰狩猎由来已久，但各地不同，应该有不同类型的鹰。《契丹国志》称古代靺鞨以渔猎为生，"惟以鹰、鹘、鹿、细白布、青鼠皮、大马、鳄鱼皮等与契丹交易"。也就是说，契丹地方不产海东青，必须依靠东北五国进贡海东青。当时从东北至辽代的道路，又称"鹰路"。后来女真兴起，"欲开鹰路，非生女直节度使不可"。《契丹国志》卷十《天祚帝记上》："（天庆四年）女真东北与五国为邻，五国之东临大海，出名鹰。自海东来者，谓之'海东青'。小而俊健，能擒鹅鹜。爪白者尤以为异，辽人酷爱之，岁岁求之女真。"

既然是贡品，必然稀有、珍贵，与西北的猎鹰、南方的鹞鹰不同。在这里我想到了一段经历。

记得 1992 年夏天，笔者在贵州侗乡、苗寨采风。当地侗族与鸟有缘，喜欢养鸟、爱听鸟语、热衷斗鸟，此外，鸟也是上等佳肴。传说他们还曾以鸟为图腾，真是不可思议。

侗族是捕鸟能手，挂网、排套、鸡媒、鸟媒、粘膏、滚笼，手段层出不穷，家家户户门前都挂有许多笼子饲养鸡媒。放鹞子，是侗家捕鸟的另一高招。

捕鹨——鹞子又称鹞鹰，眼圈黄色，羽毛棕色，胸前有白色花纹，嘴尖有钩。鹞子体小，仅半斤重，但凶猛异常，是捕鸟的能手。捉鹞子是为了让它出猎，故万万不能伤了。方法是在树上安好排套，即在一根绳索上依次拴若干活套，当鹞子寻食落在树上时，免不了被排套绊住。猎人上前细心地解开排套，在鹞子脚腕上裹好垫布，再在垫布上缠上线，把线的另一端系在木棍或木砣砣上，鹞就这样养起来了。

驯鹞——刚捉来的鹞子，脾气大，野性不改，一是挑嘴，二是啄人。驯鹞者必须有耐心，摸准鹞子的脾气。鹞子最贪食，驯鹞便从喂食开始。先拴在茶树棍上，饿上三天，再凶悍的鹞子也就老实多了。再一点一点给它鸟肉、瘦猪肉。这肉不能喂到嘴上，要丢开，丢得一次比一次远，然后用茶树棒指点，鹞子就飞往食之。经过一次又一次的反复，鹞子就认得指挥棒了。木棒指向哪，鹞子也就飞向哪。

放鹞——每年入秋之后，候鸟来聚，侗族每家都到山林中开拓一块平地建鸟塘，中间插一两根树桩，其上放有诱饵、粘膏、鸟套和鸟媒，严阵以待。放鹞鹰多在清晨，猎人提着鹞子，带上饭包，赶到百鸟聚集的塘或坝子。选择一处有利地形，手提木棍，观察鸟群飞行的方向。鹞鹰此时就伏在他的肩上，当鸟群飞入鸟塘，猎人木棒一指，鹞鹰即向鸟塘扑去。鸟群顿时大乱，鹞子以它那耙齿般的锋利爪子、钢锥般的尖嘴，或抓或啄，只见空中羽毛乱飞，鸟儿纷纷跌落，猎人上前用"捞绞"（鸟网）在地上一罩，即把鸟儿捉住，装入竹篓或网袋之中。

侗族饲养鹞鹰相当普遍，据笔者在榕江几个村寨调查，每个村寨少者几户，多则几十户，多由老人操持，年轻人也普遍喜欢玩鹞鹰。捕获的鸟有的养着玩，有的驯为斗鸟，其余伤重者即食用，或用盐、辣子、姜等腌起来，也就是有名的侗家腌鸟。

以鹰捕猎在中国有悠久的历史，其中以海东青最为著名。《辽史拾遗》引《燕山丛录》说："海东青，大仅如鹊，既纵，直上青冥，几不可见。俟天鹅至半空，自上而下，以爪攫其首，天鹅惊鸣，相持殒地。"《黑龙江外记》则称：

"海青，一名海东青，身小而健捷异常，见鹰隼以翼搏击，大者力能制鹿。"

不难看出，放海东青是不拴足的，任其飞翔，追逐猎物；侗族鹞鹰拴足、系腕，以长线操纵，气派小多了。

最后应该指出，在辽代用海东青捕雁，是皇帝的特权，他有专门狩猎场地，有进贡的海东青，有饲养和驯育海东青的机构，以及一套特定的狩猎方法。一般民众是没有这种权利的，但是在高级官吏中，也可得到皇帝的赏赐，当然可以使用海东青。

《辽史》卷一一〇《奸臣传上·张孝杰传》："帝（道宗）谓，孝杰可比狄仁杰，赐名仁杰。乃许放海东青鹘。"

《辽史》卷九六《萧乐音奴传》："监障海东青鹘，获白花者十三，赐榍柮犀并玉吐鹘。"由于他获得珍贵的白爪海东青，受到皇帝的恩赐。

七、鹿笛

在北京一位收藏家的家中，笔者看见一件契丹人利用鹿笛诱惑野鹿的雕塑，令人惊叹不已。

该像以松木雕成，高 39 厘米。人像为成年男性，猎人打扮：髡发，两辫下垂，高鼻梁，大胡须。穿圆领长袍，有围腰，扎腰带，左右侧腰带上挂一把短刀，下着长靴。全身涂红色，原来鲜艳，现在已经脱落。右臂抬起，正握一角状物作吹奏状。该角也为木制，略弯曲，如牛角状，长 16 厘米，直径 4 厘米。此角即为辽代文献中的"角"或鹿笛，文化含量较高。

（一）文献中的呼鹿

契丹人以游牧为生，但渔猎占有较重要地位。《北史》卷九四《契丹传》"冬月时，向阳食，夏月时，向阴食，若我射猎时，使我多得猪鹿"云云。《新唐书》卷二一九"北狄"："契丹……阻冷陉山以自固。射猎居处无常。"《辽史》卷六八《游幸表》："……畜牧射渔以业。"《辽史》卷七一《后妃传》："辽以鞍马为家，后妃往往长于射御，军旅田猎，未尝不从。"

狩猎不仅要靠功法准确，还要有各种诱惑方法。

原始人利用动物引诱动物，是比较笨拙的方法。所以在后来的狩猎活动中，人类又在动物诱惑的基础上发明一种拟声工具——鹿笛，它再一次把我们带回原始森林，与猎人共享捕鹿之乐趣。

以鹿笛诱惑鹿群，是极其古老的狩猎方法。在法国旧石器时代晚期的洞穴壁画上，就有这样的画面：伪装成野兽的猎人，身披鹿皮，吹着鹿笛，似乎发出鹿的叫声。附近的鹿群闻声而立，举目观望，寻找鹿声的发源处。这种生动的画面，说明远在旧石器时代晚期人类就发明了拟声工具。

翻开我国古书就会发现，上述方法一直在我国北方民族中保留着，且看下列记载：

《新五代史》卷七三也称女真"常作鹿鸣，鸣鹿而射之"。"东女真常作鹿鸣，呼鹿而射之，食其生肉。"

《契丹国志》卷二三《渔猎时候》："七月上旬复入山射鹿，夜半令猎人吹角，效鹿鸣，既集而射之。""每秋则衣褐裘，呼鹿射之。"

《辽史》卷三二："每岁车驾至，皇族而下分布泺水侧。伺夜将半，鹿饮盐

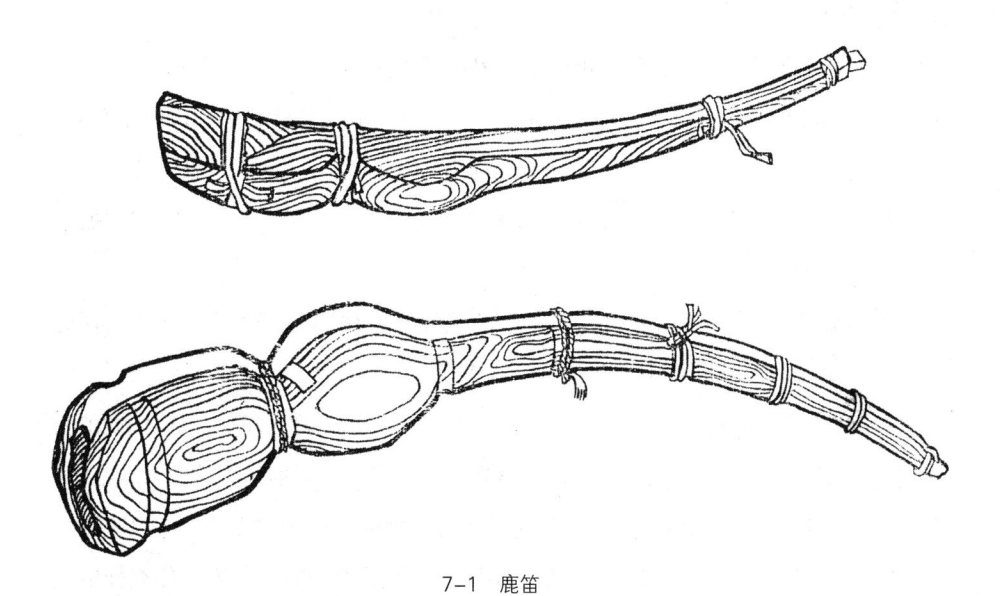

7-1 鹿笛

水，令猎人吹角效鹿鸣，既集而射之。谓之舐碱鹿，又名呼鹿。"卷一三统和九年八月戊寅"女直进唤鹿人"。

《三朝北盟会编》卷三："辽主岁入秋山，女真尝从呼鹿、射虎、搏熊，皆其职也。"

《金辽志》卷六：女真"男勇善射，能为鹿鸣，以呼诱群鹿而杀之也"。

《啸亭杂录》卷一：乾隆木兰行猎"入深山叠嶂中寻觅鹿群，命一侍御举假鹿头作呦呦之声，引牝鹿至，急发箭殪毙"。

郎世宁所绘《哨鹿图》中，描写乾隆皇帝正在用火药枪欲射，旁边有一官员则在吹鹿哨，其中保留了清代鹿哨的具体形象。河北有一个木兰围场，"木兰"为满语"哨鹿"之意，该地即为皇帝猎鹿之所，是秋季皇帝出猎的地方。

《钦定热河志》卷四："哨鹿以秋分前后为期。鹿性于秋前牝牡各为群，中秋后，则牝分群而求牡也。哨鹿择林壑深幽，兽群总萃之所。至期，上于昧爽前出营旗门外，燎火以俟，随从侍卫以次而留。从者不过数十骑，皆屏息单行，不闻声响，既至其所，各戴假鹿首为前导，其哨以木为之。随机达变，低昂应声，鹿即随至。"

康熙二十年（1681）在河北承德围场另设"木兰围场"，当时有不少记录。吴振棫《养吉斋丛录》卷一六："秋分前后，昧爽时，戴鹿首伏林壑中，以哨致鹿。哨以木为之，引吻达气，低昂应声，鹿即随至。"魏源《圣武记》："仲秋之后，虞人效鹿鸣，以致鹿。"康熙、乾隆经常去木兰围场哨鹿，至今在故宫还有一些鹿笛，有木、竹、铜质料。

类似记载还有不少，此不赘述。这些资料虽然对呼鹿有个基本描述，但是尚欠翔实，以至于难以更深入地了解。其中有几个问题：

1. 射鹿应该有一定季节，应在"每秋"举行，或"七月上旬"。此时为鹿的交尾期，公母鹿互相追求，猎人利用这一习性，在"夜半"以鹿笛引诱而射杀之。

2. 除了利用鹿交尾特点外，也利用盐水诱惑鹿来，以便射杀之。

3. "吹角"、"呼鹿"是什么意思？其中有三个问题：第一，角是什么样的？

上述木雕猎人吹鹿笛形象，具体回答了这个问题。第二，是吹还是吸鹿笛？民族学说明是吸，而不是吹，这要在民族学观察时具体回答。第三，是学公鹿叫还是学母鹿叫？

此外，应该有一定场所，一般民众在山林中就行了，帝王则有固定的围场及管理官员，是猎鹿也是演兵场。

（二）民族志中的"呼鹿"

据民族学家提供，上述鹿笛并未消失，它迄今还在大小兴安岭居住的鄂伦春族、赫哲族、鄂温克族、达斡尔族地区保存着。1991年秋笔者曾借赴内蒙古自治区呼伦贝尔盟搜集文物之机，跟随猎人，穿过茫茫林海，参加了当地的狩猎活动。其中有一个情景至今还历历在目：在茫茫密林深处，只见一位猎人手持长笛，吹奏出与公鹿鸣叫相仿的悠扬响声。这时母鹿以为配偶在嘶叫，便闻声而至；公鹿应声尾随并发出悦耳的呼唤，与笛声相和。经验丰富的猎人就伪装向公鹿逼近，边走边鸣长笛，"诱敌深入"。待鹿群鱼贯而入，猎人便伺机射杀带头的母鹿，然后依次猎取其余的母鹿和公鹿……

这是狩猎民族使用拟声工具诱捕兽类的一个场面，民族志中称此为"呼鹿"。关于它的具体情形，我曾作过一个调查。

世居大兴安岭森林地区的鄂伦春人，世代以狩猎为生，食肉衣皮，住在简陋的"撮罗子"（帐篷）里，过着居无定所的生活。在不同的季节里，有不同的狩猎方法。如以捕鹿为例，鹿是比较机敏的，警惕性很高，善于奔跑，在春暖花开的季节，鹿喜欢在山的阳坡晒太阳，啃吃嫩草。这时要利用迂回战术，迎头袭击，或者用火围攻。而此时正是鹿的怀胎期，肚子大，跑不动，可长途追捕。夏季蚊子多，铺天盖地，对鹿威胁很大；它们白天躲在林中休息，深夜才出来寻食。常在河边饮水，舐石头的碱味。猎人利用这一特点，一般在河畔或池边挖一块三四平方米的浅坑，深30厘米，以尖木棒钻些孔，撒些盐，盖上土，有时还泼些水。不久地面碱化，形成人工碱场。鹿都喜欢来此舔食，猎人乘机捕杀，故称"舔碱鹿"。

秋季是鹿的交尾期。此时鹿十分活跃，到处乱跑。一般是母鹿追逐公鹿，公鹿之间相遇则彼此决斗。因此，当某处有公鹿嘶叫时，母鹿就闻声而来，其他公鹿也以为有公鹿必有母鹿跟随，前来争夺母鹿。鄂伦春族利用鹿的这一生活习性，发明一种鹿笛，称为"乌力安"。《东荒民俗闻见录》："其冬季第一月，树叶即落，此月之初，每在清晨，牡鹿辄呦呦而鸣，牝鹿和之，土人削木为角，效牝鹿鸣以引牡鹿，俟其走近，乃刺杀之，此术鄂伦春人及字仡人均能之。"乌力安是一种用桦木制成的乐器，形如扁牛角，长40厘米，口部较细。当猎人在密林中吸乌力安时，发出公鹿般的叫声，母鹿为了寻找配偶，都闻声而至，公鹿也乘机而至。但是，公鹿疑心较大，经常是走走停停、边走边叫，猎人也要时吸时断，与公鹿一唱一和。一旦公鹿观望不前，猎人要随机应变，用富于变化的声调引诱公鹿，使其以假为真，步步逼近。

这时公鹿也会发出和蔼的呼声，与乌力安相和。其他有母鹿为伴的公鹿，也会停步静听，唯恐其他公鹿来袭，不过，它并不主动靠近猎人。一个经验丰富的猎人，此刻要当机立断，伪装向公鹿逼近，边走边吸乌力安。公鹿误认为有公鹿袭来，也会勃然大怒，逞勇欲斗，冲向猎人，母鹿也鱼贯而入。猎人可根据具体情况，首先射杀带头的母鹿，其次猎取其余母鹿；此时的公鹿多为呆傻状态，可以最后射击，从而获得全胜。

前述的乌力安，并不是孤立的现象，鄂伦春族和鄂温克族还有一种叫作"己可木嘎温"的拟声工具，汉语译为犴笛。形制与鹿笛相似，不同的地方是，它不是吸，而是靠吹，发出公犴的叫声。无独有偶，笔者在云南从事田野工作时也发现了类似工具。如云南西双版纳傣族根据水鹿的生活习惯，发明了一种水鹿笛。该笛十分小巧，是用一节竹管制成的，一端为封闭的竹隔膜，一端用刀劈为开口，但此处要劈为两半。使用时将开口处含在嘴内，吹奏时能发出公

7-2 犴笛

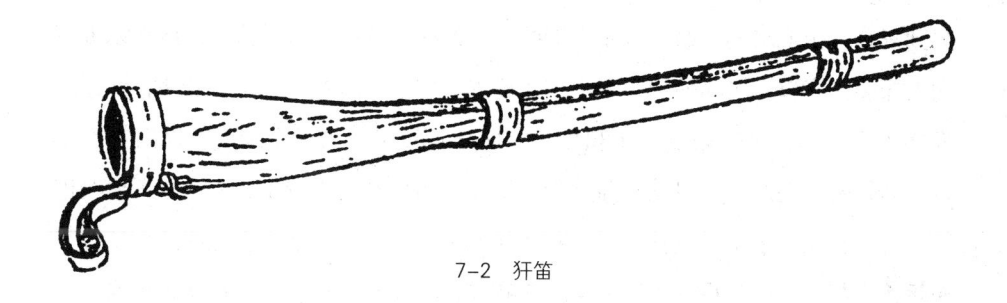

水鹿的叫声，借以诱捕母水鹿，其原理与鄂伦春族的鹿笛如出一辙。

以上鹿笛、犴笛和水鹿笛都是根据"同性相斥，异性相吸"原理设计的，此外也有利用母兽护崽习性发明的狍哨。

鄂伦春族在狩猎中发现狍子具有机敏善跑等特点，但是也有一个弱点，就是母狍最护幼狍。仲夏时节，母狍开始产子，鄂伦春族猎人以桦树皮做一个小巧的"皮卡篮"（汉语意为狍哨），可以吹奏出幼狍的惨叫声。母狍以为有其他野兽伤害其子，便急忙来保护，这正中了猎人的圈套。有些贪食的野兽，如凶悍的熊、善跑的狼，听到狍哨声以后，也会垂涎三尺，拼命前来抢食。因此，猎人可以利用狍哨诱捕狍子、狼和熊。傣族以树叶制作的麂子哨，也仿麂崽叫而诱惑母麂。由此可见，拟声工具是多种多样的。它说明从很早的远古时代起，人类就有了利用动物的生活规律、生态习性为自己服务的惊人能力。

（三）揭开呼鹿之谜

过去有不少介绍呼鹿的文章，基本是介绍性和欣赏性的，但是对其中存在的不少难解之谜未作回答。通过对鄂伦春族猎鹿活动的观察，可以揭开其中不少难解之谜。

首先，鹿笛的产生是狩猎技术的一大进步。远古人类的狩猎技术，是由简单到复杂、由低级向高级一步步发展的。从最初的徒手与野兽搏斗，或者以棍棒和石器袭击野兽，进而使用手斧、木矛或用火围攻；从数十万年前开始，又先后发明了飞石索、飞去来器、矛和弓箭，使狩猎技术进入一个新的发展时期。不过，猎物是能动的，数量又日益稀少，所以狩猎已经越来越难。人类除了要改进工具外，也发明了引诱方法。模拟鸣声捕捉禽兽的各种工具，就是在这种条件下应运而生的。同时，由于当时人类终年狩猎，有无数的机会观察和认识动物，像鄂伦春族，在出猎前经常聚集在一起，交流出猎计划，口述手比，将动物刻画在地上。他们还以桦树皮剪制狼、狍、鼠、鹿，古朴生动，栩栩如生。在他们制作的桦皮器皿上，还经常刻绘有强悍犴、奔鹿，形如嗥叫，给人见其形如闻其声的感觉。这是对狩猎对象的生动描绘，说明狩猎民族是优秀的画师。他们的动物知识、狩猎技巧，也使他们发明了各种各样的拟声工具。因此，呼鹿是人类的一大发明，它不仅需要一定的生产技艺，也植根于对禽兽习性的认识。

其次，所用的呼鹿工具，在上述记载中也是不一样的。《钦定热河志》卷四称"其哨以木为之"，用于仿鹿鸣，当为鹿笛。《三朝北盟会编》卷二十则称为角，"以桦皮为角，吹作呦呦之声，呼麋鹿，射而啖之"。该具应为狍哨。由此看出，这是两种不同的工具，名称、质地、对象都不一样。这种情况也见诸鄂伦春族、鄂温克族。他们模仿鹿叫是用鹿哨，又称鹿笛，以木为之，如扁形牛角，方法是吸气而不是吹气；仿狍鸣则用狍哨，以桦皮为之，形体较小，是吹法而不是吸法。吴振械在《养吉斋丛录》卷一六中也说明满族使用鹿

7-3　鄂伦春族吸鹿笛

哨的方法，是吸气而不是吹气，称"哨以木为之，引吻达气，低昂应声，鹿即随至"。由此可知，呼鹿的正确使用方法是吸鹿笛，而不是呼鹿笛。

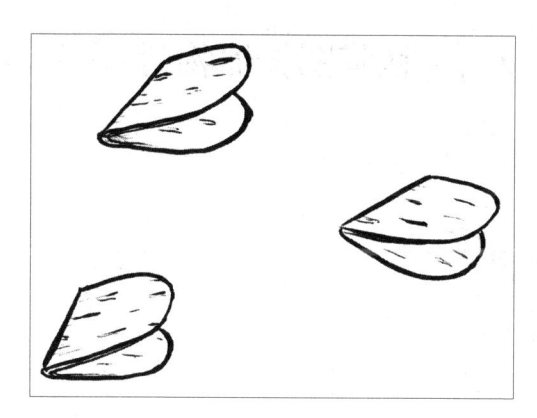

第三，呼鹿时必须有其他一些伪装和引诱方法相配合。例如盐场引诱法和人体伪装法。

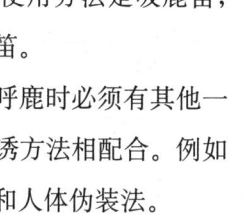

7-4 狍哨

盐场引诱法。鹿喜欢食盐，常在河边岩石上舔食。猎人根据鹿的这一特点，在河边挖若干浅穴，撒上盐，泼些水，形成人工盐场，等鹿来舔时，猎人就射杀之。不久前鄂温克族、鄂伦春族还用这种方式引诱鹿，称"蹲盐场"。《辽史》卷三二中的"鹿饮盐水，令猎人吹角效鹿鸣，既集而射之，谓之'舔碱鹿'，又名'呼鹿'"，均指用盐场引诱法。

人体伪装法。《啸亭杂录》卷一所谓的"命一侍御举假鹿头"，《钦定热河志》卷四"各戴鹿首为前导"均是。其用意正如魏源在《圣武记》中所说："象鹿之首，人戴之，则鹿不疑。"这种伪装也流行于鄂伦春族、鄂温克族地区，不过近代他们已经不用假鹿头了，只是在猎取狍子时，头上披狍头皮，久而久之，发展为狍头帽。北方有些民族的萨满皆戴鹿角帽，并根据其资历长短而增加帽上的鹿角数目，此俗当起源于狩猎时代的伪饰。

总之，呼鹿是一种引诱野兽的狩猎方法，而且仅是狩猎过程中的一个环节，此外还要有伪装、引诱、射击等技术结合起来，才能达到预期的目的。因此，呼鹿是集伪装、诱惑、射击等技艺之大成，是一种珍贵的狩猎文化的组成部分。

八、《秋猎图》器物考

2007年北京保利公司欲拍一幅巨绘《秋猎图》，最后虽然流拍了，但它还是一幅珍贵的名画。关于该画的断代却有不少说法：一种认为是元代作品[1]，一种认为是明代作品，还有人认为是清代作品。确认一幅画的年代，不仅要注意该画的画派、风格、画款，还要看其中的器物，这是书画鉴定的主要依据。

（一）猎具

《秋猎图》是一幅描写狩猎的绘画，首先关注的是所用的猎具，据初步观察有弓箭、矛、叉、刀、鹿哨、猎豹、海东青、猎犬、火铳，其中有几种应该详细说明。

1. 鹿哨

鹿哨又称鹿角，是引诱鹿的猎具，在北方民族中广为使用，文献记载不少。在《秋猎图》上，画有一个猎手吹鹿哨，该人骑白马，欲引诱公鹿前来，

---

[1] 杨新：《稀世之宝，难解之谜——读〈元人秋猎图〉》，《元人秋猎图》，保利公司，2007年。

其实当时母鹿也寻公鹿，均为猎鹿提供了良机。

2. 动物狩猎

利用动物狩猎由来已久，这种方法主要是利用动物间的矛盾而起的。最早是把狗驯为人类的助手，寻找和追捕野兽。《秋猎图》上就有猎犬与鹿搏斗的场面，其他追捕野兽的形象更多，这些猎犬形瘦体大，善于奔跑。

古代北方民族多喜欢用海东青狩猎，这种猎鹰种类不少，以西伯利亚出产的最好。契丹人、女真人、蒙古人统治者每年都接收不少海东青贡品，所行之路为"鹰路"，然后由专人驯育和饲养，狩猎时必携带海东青。[1]

《辽史拾遗》引《燕山丛录》："海东青，大仅如鹊，既纵，直上青冥，几不可见。俟天鹅至半空，自上而下，以爪攫其首，天鹅惊鸣，相持殒地。"

《黑龙江外记》："海青，一名海东青，身小而捷健异常，见鹰隼以翼搏击，大者力能制鹿。"

在《秋猎图》上有许多猎手都手持海东青，其中有一只巨大海东青，由二人抬着，它应该是海东青之王，是由君主或显贵饲养和使用的。有趣的是，有一只海东青正在与一只獾子搏斗，有一位猎手脚踏马镫伸手去抓獾，另一位猎人也驰马赶来，想帮助前者一把。场面有声有色，描绘逼真，说明这位画家有丰富的生活经验。

在一个猎人的马背上还蹲着一只猎豹，说明当时也利用猎豹狩猎。据专家研究，猎豹原栖息于中亚地区，南北朝时传入中国。在唐代佛教壁画上有不少猎豹形象。蒙古人沿用前制，依然使用猎豹是可以理解的。不过，饲养猎豹不是一般人家所能办到的，只有君主或显贵人家才能办到，说明《秋猎图》的主人是地位很高的人。

---

[1] 曹葆明：《捕鹰部落》，吉林文史出版社2006年版。

3. 火铳

火铳又称"火筒"，是一种金属筒形射击火器。中国是火药发源地。起初是先将火药从铳口置于筒内，再把弹丸装进去，然后用火绳引燃，再发射弹丸。这种热兵器的应用宣告了冷兵器的衰落。过去认为用管形器射击火药始于南宋绍兴三年（1132）。黑龙江半拉城出土过一件铜火铳，不晚于 1290 年。还有一件是至正十一年（1351）造的，上刻有"射穿百札，声动九天"、"神飞"、"至正辛卯"。[1] 杨弘先生认为管状火器出现更早，在莫高窟的一件唐代帛画上就有具体形象。[2] 在北宋仁宗庆历四年（1044）成书的《武经总要》上已有多种火器。说宋代已有火器是没问题的，元代依旧用之，也是正常的。

在《秋猎图》上，有两只大虎正从山林中出来，有些猎手持矛和弓箭待战，有几个火铳手已发射弹药，有些猎手正端着火铳待战，这是一个典型的利用火铳狩猎的场景。值得注意的是，火铳发射弹丸的同时，也会发出火焰，这一点在《秋猎图》上十分明显。而火焰对猎物的皮毛损伤较大，因此狩猎多用冷兵器，不大用火铳，除非是对兽中之王老虎。

（二）驮具

猎人出行，远古时期皆靠步行，《秋猎图》中已有利用较先进的交通工具的描绘，一类是马匹，一类是骆驼，两类都运用一定的驮具，如马鞍、驼鞍。还有一类是车辆。在仪仗队之后，有一支女队，主要是女兵护卫着女主人坐的车，共三辆车，上有车篷，由马牵引，与蒙古族的勒勒车相似。赶车人为穿绿袍的女用人。坐在车里的是贵族妇人。

---

[1] 刘秋霖等：《中国古代兵器图说》，天津古籍出版社 2002 年版，第 333 页。
[2] 杨弘：《降魔变绢画中的喷火兵器》，《文物丛谈》，文物出版社 1991 年版。

1. 马具

在《秋猎图》上有各种各样的马具，也有扬鞭者、牵马笼头者。马上皆有鞍，鞍下有马镫。在仪仗队中，有些马匹还有马衣。其中有两个问题值得研究。

（1）马镫

在《秋猎图》上的马匹，基本上都有马镫，有些猎手悬着脚踏马镫，做出弯身、俯地取猎物的惊险动作。这种马镫是由金属制作，正好能伸进脚。不过，这种马镫已经定型，古老的马镫应该是另一种形式。

学术界公认马镫起源于中国，产生于公元4世纪，南北朝十六国时金属马镫已相当普及，当时波斯称其为"中国鞋"。不过，我国在原始社会晚期已经养马，战国时已使用骑兵，那么从公元前4世纪到公元4世纪，几乎经历了七个世纪，其间骑兵没有马镫怎么战斗呢？其实，马镫不仅是上马的必备工具，也是骑者在马上保持平衡、展开各种惊险动作的依托，马离不开人，人离不开马，二者的联结点正是马鞍及马镫。

应该说明，在金属马镫产生之前，我们的祖先已经使用马镫，但它不是金属做的，而是非金属马镫，如云南李家山、石寨山出土的公元2世纪的青铜器中，有人已经使用绳套式和木板式马镫。至今在云南少数民族地区还使用绳套式、吊板式马镫，傣族用藤马镫，彝族用木马镫，摩梭人用绳马镫。[1]由此分析，我国在公元前2世纪已经使用马镫，只是原始一点而已，《秋猎图》上的金属马镫，已经是很进步的马镫了。

（2）马鞍

有马就有鞍，以便坐骑或驮运东西。从民族学资料上看，最初的马鞍实际上是鞍垫，仅仅是在马背上铺一层毯毡而已，以防止马背磨损。后来才发明了木制的马鞍，拉车的马匹尤其需要，因此最迟在商代已经有马鞍了。汉魏的马匹已经有了甲马或马盔甲，人的盔甲略晚。到了唐代，虽然还保留马盔甲，但

---

[1] 见拙著《日月之恋》，上海文艺出版社1997年版，第51页。

人盔甲有较大发展，并且取代了马盔甲所占的优势。

《秋猎图》有许多马匹，一般马上都备有笼头、马鞍，有些人还有备马，皆为无鞍之马，备主人易马所用。这些备马由专人持鞭驱赶。在仪仗中的马队有些特殊，男人的马匹皆有马面帘，头顶插六根羽毛，马身上有多片组成的甲马，马首鬃和马尾为绿色伪饰，但甲马呈黑色。当然，并不是所有的卫士所骑的马都佩戴马面帘，说明有马面具者为头马，骑马者也有一定职务。女队穿黑衣骑马，每二人为一组，皆举矛，矛上有旗，这是护卫女主的车辆的卫队。

2. 驼具

在唐虞时代，中原人还把骆驼视为"异畜"。到了商周时期，在西北地区大量饲养骆驼。战国时燕国已经使用骆驼，《史记·苏秦列传》："燕代橐驼、良马必实外厩。"汉朝设"太仆"，专门管理骆驼，设牧场，当时把骆驼视为军用驮畜之一。有关考古资料发现也不少，如山东肥城孝堂山、西城山、沂州，河南南阳等地的汉代画像石上就有骆驼。在洛阳北魏元邵墓、河北磁县东魏墓均出土过陶骆驼。1964年吐鲁番阿斯塔那出土一件隋代织锦，在联珠纹中有一人牵着骆驼，还绣有"胡王"二字，号称"胡王锦"。唐代出土三彩骆驼也不少，青海还出土一些银鎏金骆驼。

至于驼具，主要指骆驼的鞍具。从《秋猎图》和中国出土的文物看，通常为双峰驼，一般都有骆驼笼头，与马笼头相似，但笼头小、简易。在骆驼背上先放一个鞍垫，类似马鞍垫，但较长。其上放特制的驼鞍，一般为半圆状，比马匹的驮鞍大，可驮货物，如《秋猎图》上的驮货、驮柴就是一例。有些帐篷架也由骆驼驮运。由于骆驼行走慢，都不用其追寻猎物，而是用其作为搬运工具。在西安、青海发现的骆驼俑上，驼鞍上呈平台状，上可站五个甚至更多的乐舞表演人物。其人物多为胡人形象，说明他们是西域人。

（三）住所和服饰

从《秋猎图》上看，其人的物质生活也颇有特点，尤其在住所和服饰上。

1. 住所

绘画上的住所，一律是布搭的帐篷，是临时性住所，但仔细划分，又有以下四种类型：

一种是红顶圆头大帐，制作精良，体型较大，应该是显赫人物的住所。

一种是方形大帐，有的独立存在，有的在红顶圆头大帐之外，故又称外帐。外帐多敞开，内铺毯子，可供显赫人办事和接待之用，用人是不能使用的，如在一处外帐之旁，有两个人正在地上枕行李卷休息。

一种为三角形小帐，边角皆有云雷纹花边。这种帐篷较小，仅供一般人休息。

还有一种是三面围帐，仅三面立布帐，可挡风，另一面朝阳，均无顶。这是供马匹使用的，可谓马帐篷。附近还有一座三角帐，应该是马夫的住处，有两位老人在逗鹦鹉。

从以上住所来看，具有游牧民族特点。

2. 服饰

从《秋猎图》上看，有少数男子髡发，但多数人把顶发从前额向前垂下来一绺，作桃形，其余编成一大环或麻花状，垂在耳边。《黑鞑事略》："冬帽而夏笠"、"顶笠穿靴"。这是蒙古人服饰的特点。《秋猎图》上几乎人人戴帽，而且是多为暖帽，说明秋来风寒，人们已经注意防寒。画中的帽子有几种：暖帽、圆帽、笠帽。着盔甲者戴圆尖帽，其上插羽毛，样式与中原盔帽相同。

蒙古人的帽檐，原来前边是没有的，后来感到这对狩猎不利，它会使阳光晃眼睛，难以瞄准，忽必烈令皇后在帽子上加前檐，才成为多檐帽。

男人穿圆领、对襟、右衽长袍，个别人有披肩，印云肩，扎辫带，下着长靴。画中也有从事炊事的平民和搬运者，他们上衣下裤，其形制与《全相评话五种》中的劳动者形象如出一辙。

有人说背心（马甲）是明代以后才有的，元代无背心，事实并非如此。元代有一种"褡背"，又称"褡膊"，汉语意为无袖短上衣，是当时的一种便服。在《秋猎图》中多有反映，如举钺的两个卫兵就穿有"褡背"，内穿长袍；有些男女卫兵就穿有"圆领、对襟褡背"这种服装，也就是背心式马甲，在元曲词牌中也有一些描述。[1]

画中还有一些女性，但都是女兵和随从，无一般妇女。妇女都蓄发，穿长袍，形制与男性长袍相同，略大；外穿"褡背"，圆领、对襟、翻领。狩猎妇女穿绿袍，扎辫带。她们皆戎装，与男兵为伴。

忽必烈在延佑元年（1314）参酌汉蒙服制，对官民服色作了规定，汉官仍穿唐式圆领衣和幞头，蒙古官员穿合领衣，戴四方瓦棱帽，中下层人士则穿圆领紧身袍，下摆宽，有褶皱，有围腰，戴笠子帽，这适于骑射。由此可以看出，基本为蒙古人服饰。

在《秋猎图》中，分为营地、出行、猎场等部分。出行队伍中有仪仗队，前为举钺、持锤等仪仗，次为抬海东青、就行囊者，再次为主人，有打伞者，其后为女主人车辆，车主人前后左右皆有男女卫队，最后为骆驼队，驮有主人用的行装、细软。其服饰深受中原文化影响，其中男子头盔的左右和后边皆有帘，起护颈作用。

（四）饮食

游牧民族和猎人一样，其消费民俗的最大特点是食肉衣皮，唯有不同的是，游牧民族更重视从农业民族中引进布帛，改进自己的衣着。

---

[1] 周锡保：《中国古代服饰史》，中国戏剧出版社1984年版，第354页。

1. 食肉衣皮

在《秋猎图》上，有不少饮食文化的内容。

有一个场面，主炊的男子正左手持刀，右手拿肉，坐着加工食品。有一个仆人，背着沉重的包袱奔来，看来是背一袋粮食。另一个人右手提着酒壶，左手拿一把长柄勺子，正向主炊者乞讨食物。旁边蹲着一只猎犬，垂涎欲滴，观看主人的炊事活动。

另一个场面位于帐篷外，三个人席地而坐，中间摆一个大盘，盛有肉类等食物，旁边放置酒壶，其中有二人正在捧杯痛饮。

还有一个妇女，正在三脚架支起的大锅旁，煮肉类食物。

从以上三个场面看出，蒙古人还保留了食肉衣皮的风俗，但是在饮食上已经有了粮食，衣着上多了布帛。

2. 吸烟

在一处帐篷内坐着一位扎腰带的老年妇女，正在吸一个烟管，前后各有一个女性仆人，她们都席地而坐。旁边有一个少年在玩鸟。

在另一处帐篷外的广场上，有三个骑手正要备马出猎。有一位个子矮小的仆人正把一个烟管递给一位老人，可能是让他抽口烟歇一会儿吧；另一个人则把弓箭递给另外一个猎手。

这两个场面说明当时蒙古人已经吸食烟草，此条材料对鉴定《秋猎图》至关重要。

烟草本名淡巴菰，为葡萄牙语"tabacum"译音，又称"淡巴姑"、"担不归"、"烟花"、"金丝草"、"相思草"、"思索草"、"八角草"。

关于烟草传入中国，有不同的说法：

一种认为始于明朝万历年间。明末张介宾在《景岳全书》中说："烟草自古未闻，近自我万历时，出于闽、广之间，自后吴、楚地土皆种植之，总不若闽中者色微黄质细，名为金丝烟者，力强气盛为优。求其服食之始，则闻以征滇之役，师旅深入瘴地，无不染病，独一营安然无恙，问其故，则众皆服烟。由是遍传，今则西南一方，无分老幼，朝夕不能间矣。"

一种认为始于明朝末年。清初人方以智在《物理小识》中说："万历末，有携淡巴菰至漳泉者，马氏造之，曰淡肉果。渐传至九边，皆衔长管而火点吞吐之，有醉仆者。崇祯时严禁之不止。其本似春不老，而叶大于菜，暴干以火酒炒之，曰金丝烟，北人呼为淡巴姑，或呼担不归。其性可祛湿发散，然服久则肺焦，诸药多不效，其症忽吐黄水而死。"

一种认为始于"明季"。清初人董潮在《东皋杂钞》中说："烟草本夷种，嗜之者始于明季。近日士大夫习以为常，大庭广众中以此为待客之具，至闺阁亦然。"

从以上三种说法分析，传统上认为烟草是明代传入的。

烟草原产于拉丁美洲。相传 1558 年由西班牙人带入欧洲种植，再从欧洲传至中国。据说传入中国有两条路线：一是南路，由菲律宾传入闽广；一是北路，由日本而朝鲜，又传至中国。明末清初东北已经大肆吸烟，对当地危害较大，然而屡禁不止。《太宗实录》卷二对此有详细的记载。[1]

明代万历时烟草传入中国，一直是一个传统的看法，但是随着考古文物研究的发展，对上述看法提出了挑战。

首先是考古的新发现。

1980 年在广西合浦上窑遗址发现一百多件瓷器，其中有三件瓷烟袋锅，均呈弯头形，上为盛烟的斗口，下为弯曲的管状，可安烟管，供衔于口内吸烟。在同时出土的文物中，还有一件压锤，其背上有"嘉靖二十八年四月二十四日造"诸字，还有一件"宣德通宝"铜钱。发掘者认为，上窑遗址上限为嘉靖初或正德年间，这是我国发现的最早的烟斗。[2]

---

[1] 贾敬颜：《烟草之传入》，《趣味考据》，云南人民出版社 2003 年版。
[2] 郑超雄：《从广西合浦明代窑址内发现瓷烟斗谈及烟草传入我国的时间问题》，《农业考古》1986 年第 2 期。

上述考古发现表明两件事：一、上窑遗址当为广西一处民窑，出土烟斗形制不一，说明当地居民已经吸烟成风，对烟斗需求量大，所以才刺激上窑大量生产烟斗；二、这一考古发现时间相当早，嘉靖二十二年（1543）比西班牙种植烟草的 1558 年早 15 年，说明中外有关种烟食烟的记载均未必可信，都可大大提前。事实上这些知识分子深居简出，孤陋寡闻，未必科学地知道天下事，对其他地区的吸烟情况也不一定了解，仅凭闻与"未闻"著书立说而已。所以，我国吸烟起始年代一定要提前，具体提前到何时，还有待考古文物的新发现。

在北京保利公司 2007 年秋季拍卖会上的《秋猎图》，有多块藏赏印，原为清宫藏品，乾隆认为是蒙古人的绘画，这一点是可信的。该画上有两处吸烟的场面，在这里提出一个尖锐的问题：我国吸烟能早到元代吗？从《秋猎图》上看，蒙古人吸烟是白纸画黑道，确凿无疑。

应该指出，在中外文化交流史上，有不少西方文化是通过游牧民族首先传入的，如棉花的传入、戳印在中国的流行，都是游牧民族首开其端。因为他们逐水草而居，四处迁徙，善于与外界交往，他们较早地引进外来文化也是必然的。农业民族则与之相左，他们故土难迁，安于自然经济，对外交流较少，因此蒙古人较早吸烟是可能的，只是中原的著作者很难知晓而已，当然难以在他们的著作中出现。

以上各节对《秋猎图》中的主要器物进行了考释。最后作几个结论：

第一，它是蒙古人社会生活的写照。有人认为《秋猎图》是清人作品，描写的对象也是清初统治者。但是，无论是该画中的营地、出行、狩猎，还是住所、服饰、饮食等特点，都与蒙古人文化特征相吻合，而与从事农耕的满族人格格不入。同时，乾隆是见过该画的，如果是描写他的祖辈，如顺治、康熙、雍正，他是清楚的，不会把自己的祖先安到别人头上。运用鼓号声响驱击野兽也是北方民族重要的狩猎方法之一。《契丹国志》卷二三："宋真宗时，晁迥往贺生辰，还，言始至长泊，泊多野鹅鸭。国王射猎，领帐下骑击鼓绕泊，惊鹅鸭飞起，乃纵海东青击之，或亲射焉。国主皆佩金、玉锥，号杀鹅、鸭锥。"

《秋猎图》中有一个场面，共八人，有人击鼓，有人吹唢呐，有人吹鹿哨，显然不是一般的乐队，而像契丹人一样，击鼓轰野兽，然后放海东青捕之，这进一步证实《秋猎图》是蒙古人狩猎生活的再现。

第二，这幅画的年代应该在清代。君主率百官出行、狩猎，这是北方民族统治者所看重的，如契丹人、蒙古人、满人等。但是汉族统治者对此事不感兴趣。《秋猎图》中的器物，基本属于蒙古人文化系统，他们名曰出猎，实为习武，是一种政治的需要。不过，《秋猎图》的器物古今掺杂，互相交错，从年代上说，有些可能存在于元代或更早的时期，如狩猎、牧羊牛、帐篷、食肉等，都可断代为元代。但是在上述图画中，也有一些较晚的文化现象，如火铳、吸烟就是明显例证。所以，目前只能把《秋猎图》绘制年代定为清代。

第三，尽管《秋猎图》为清代作品，但丝毫不能影响它的价值，它是一件颇具历史价值、艺术价值和文化价值的绘画杰作。《秋猎图》所绘人物之多、场面之大、内容之繁，是前所未有的，它也不是一位画家所能完成的，它必须靠一定的行政力量，集中不少画家，经过艰苦努力才能完成。从这个意义上说，它应该是元代遗民们努力的结果。与此同时，该画对蒙古人的生产、生活、仪仗等都进行了生动的描绘，对弥补美术史、研究清代蒙古人社会生活都有巨大的价值。所以，《秋猎图》是一部珍贵的绘画作品。

九、尖木棒

一谈到人类的原始工具,往往只提石器和骨器,对于使用广泛的木制工具则谈得很少,有时甚至被忽略了。这是因为木质容易腐烂,不能大量保存下来。如果调查和收集一下民族学资料,我们就会发现,在人类发展史上木制工具出现很早,占有重要的地位。因此,必须还其历史的本来面目。

现在让我们从最古老的一种工具——棍棒谈起吧!

(一) 古老的棍棒

最初的棍棒可能是天然的,或者经过简单的加工。棍棒是万能的工具,既可以袭击野兽、保卫自己,也能用其采集、捕鱼。后来逐渐有了发展和分工,演变为各式各样的工具。用它刺杀野兽就发展为木矛,在欧洲一些旧石器时代遗址里曾发现木矛残件,是以紫杉木制成的,矛头较尖,并且经过烤制。同时也发现一些带凹口的刮削器,这是加工木矛的石器之一。我国浙江河姆渡和常州圩墩村遗址也出土过木矛。

运用木棍刺鱼,就发展为鱼镖,尽管鱼镖的木杆已经朽而无存,但是作为鱼镖的骨镖头却有大量发现。

用木棒挖掘植物，就发展为掘木棒。鄂伦春族有一种工具叫"乌勒文"，汉语意为掘土棒。长1米许，直径7厘米，下端削尖，而且经过火烤。

采集野生植物，主要有三类对象：一是采集植物的茎和叶，二是收获植物的果实，三是挖掘植物的块根。大洋洲妇女每天都手持掘土棒，携带口袋，到处寻找和挖掘植物。在美洲沼泽地区，生长着许多野生稻，每逢野稻成熟季节，当地的印第安人就成群结伙地划着木船，用木棒把野生稻打落在独木舟内。云南西双版纳有一些少数民族使用尖木棒，其中有一种一端削尖，一端有倒钩，既能掘土，又能钩摘树上的果实。

由于棍棒和尖木棒在人类历史上起过重要的作用，人们把它作为必备的武器之一，生前棍不离手，死后还作为随葬品。贵州有些苗族人死后，男人要随葬木刀，妇女要随葬竹棒，意思是让他们在死后都携带各自的武器，继续过着生前的采集和狩猎的生活。

（二）火耕使用的尖木棒

距今一万年前后，人们发明了农业。火耕是比较古老而大规模使用的耕作方法。

火耕生产过程，首先以石斧（近代用铁刀）砍倒树木，经过日晒之后进行焚烧。这样不仅清除了地面上的障碍，草木灰又可以做肥料。火耕地比较疏松、肥沃，特点是焚而不耕，事后就可以播种了。

在火耕地上播种，基本上有两种方法：漫撒和点种。广西十万大山瑶族地区，很早以前运用漫撒的方法下种，收获很少。后来其祖先发现在山羊脚印中生长的谷物最壮实，产量也高，从而开始用尖木棒点穴下种。云南白族把尖木棒称为神木棒，他们认为尖木棒与石斧一样，都是最古老的农具。

云南独龙族"农器亦无犁锄，所种之地，惟以刀伐木，纵火焚烧，用竹锥

九、尖木棒　　077

9-1　鄂伦春族尖木棒　　　　　　9-2　哈尼族尖木棒

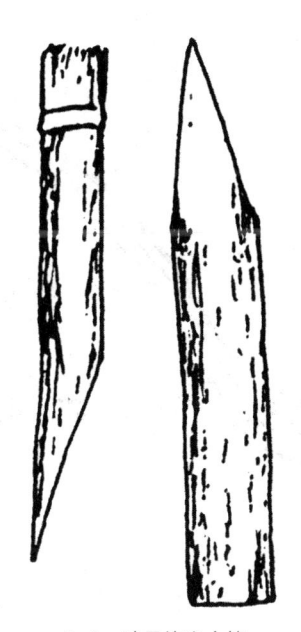

地成眼，点种苞谷。若种荞麦、稗、黍等类，则只撒种于地，用竹帚扫匀，听其自生自实"[1]。独龙族的尖木棒较短，由竹或木棒砍制，一般长1米许，直径4厘米，一端削尖，是蹲着使用的，以一只手点穴，一只手下种。苦聪人也使用较短的尖木棒。佤族的尖木棒长达2米，是站着操作的。

南非布须曼人所用的尖木棒，在中央偏下的部位还套一件穿孔圆形石器。埃塞俄比亚加拉人也用这种带有重石的尖木棒，目的是增加尖木棒的重量，有利于点穴、掘土。在我国江西万年仙人洞、山西芮城西王村、河南泌阳、内蒙古林西和西藏昌都卡若等地遗址中，都发现过上述穿孔石器，其中有些可能是安装在尖木棒上使用的。

耒耜是由尖木棒演变来的。

[1] 夏瑚：《怒俅边隘详情》，尹明德编：《云南北界勘察记》，台北文海出版社1970年版，第354—355页。

9-3　新疆出土的尖木棒

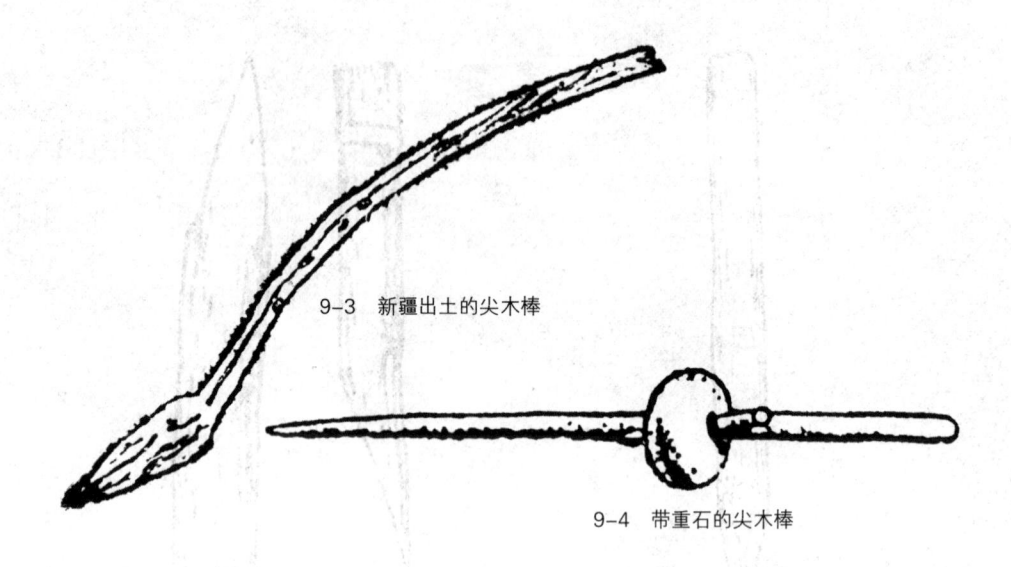

9-4　带重石的尖木棒

自新石器时代中期开始,生产力有新的发展,生产技术有显著提高,人口也增加了,分布地区不断扩大,家畜饲养和手工业也有一定发展,这些变化对农业提出了更高的要求。火耕农业远远满足不了上述需要,而且还破坏了森林和耕地,给人类带来不少灾难。同时,生产技术的改进,为新式农具的发明和制造,提供了必要的技术条件。从此,人类开始以翻地的方法,利用被抛荒的土地,于是农业逐渐发展到耜耕农业阶段。

耜耕农业的重要特征,一是普遍运用耒耜或锄进行人工翻地,改变土壤结构,使火耕造成板结的土壤获得生机;二是实行休耕和简易的施肥措施,增加地力,有助于提高产量;三是土地的使用年限延长了,一般可以种三五年。农业发展为熟荒耕作阶段。

耒耜是先后出现的两种农具。正如前面所谈的,在火耕农业阶段,人类已经广泛使用尖木棒播种,并且有一定的掘土效果。然而,由于其刃都极其窄小,用尖木棒翻地是不行的。

人们为了把尖木棒改进为掘土农具,一方面稍稍加宽刃部,另一方面在尖木棒偏下的部位安上踏脚横木,形成单齿木耒。新中国成立前西藏门巴族的青枘叉就是这类农具。国外如波利尼西亚人、密克罗尼西亚人也有单齿木耒，其上安有"踏脚板"。在我国西安半坡出土的刻画陶片上，有耒等形象，这些符号可能与单齿木耒有关。

木耒的操作方法包括两个步骤：第一步是推耒入土，即耕者手推耒柄往下刺土，同时以足踩下边横木，手足配合，使耒尖入土。很明显，木耒比尖木棒优越得多，它已经把原来闲置的足力投入刺土动作。第二步是耕者用手向后扳压耒柄，土块自然翻动起来。

农具的改进是无休止的，单齿木耒由于翻地面积小，人们进行了不少改进：一是变单齿耒为双齿耒。我国某些新石器时代遗址所发现的双齿木耒遗迹，就是上述农具留下来的遗痕。一是变单齿耒为板状刃，发展为耜。最初的耜是全木质的，耜冠与耜柄连为一体。西藏珞巴族的青枫锹就是如此。后来出现了石、骨和蚌制的耜冠。河南新郑裴李岗、河南武安磁山和西安半坡等遗址都出土过石铲，浙江余姚河姆渡遗址出土不少骨耜，福建昙石山出土不少有孔蚌耜，这些都是耜的重要组成部分——耜冠。其中裴李岗和磁山遗址距今8000年左右，说明从很早的古代起，黄河流域就有了比较发达的耜耕农业。

从木棍到耒耜的发明，尽管从工具的外形来看变化很小，但是这些工具每前进一步，都经过了漫长的历史过程，凝结了千百万人的辛勤劳动。人类正是利用这些简单的工具和其他劳动手段，凭借简单的协作，才一步步地开发了自然界，保证了自己的生存，创造了远古历史的生动篇章。

十、耒与耜

我国是世界上农业古国之一，在农具、作物栽培和耕作技术等领域，都有很多卓著的发明、创造，为人类作出过较大的贡献。

1973年底至1974年初发掘的浙江余姚河姆渡遗址，地层保存较好，文化堆积很厚，内含相当丰富。[1] 尤其是第四层所谓的"河姆渡文化"，距今7000年前后，文化层内有大面积木建筑遗迹，出土很多石器、木器、骨器和陶器等文化遗物。大量骨耜和水稻的出土，是这次考古发掘的重大收获，对探讨我国耜耕农业的起源和发展有重要意义。

（一）河姆渡文化骨耜

河姆渡出土骨耜较多，仅第四层就出土76件，都比较精致，但是大小不一。一般长20厘米，刃长11厘米，柄部宽4.5厘米。这些骨耜是用偶蹄类动物的肩胛骨制成的，个体较大，外形基本保留原状，多砍掉骨脊。新中国成立前云南德宏景颇族有一种起土农具，称为"申边"，是以牛的肩胛骨制成的，也砍去骨

---

[1] 浙江省文物管理委员会、浙江省博物馆：《河姆渡发现原始社会重要遗址》，《文物》1976年第8期。

脊，使骨耜表面平整，利于起土，这一点与河姆渡的骨耜相似。[1]

骨耜略呈梯形，上端为柄，厚且窄，下端为刃，薄而宽。柄部均经过修整，两侧较平，有些削去顶部，加工部位明显。由于长久使用，骨耜通体磨光，刃部磨损严重。从景颇族的骨耜分析，河姆渡的骨耜原来要长得多，刃部是平直的，经过长期使用才形成了不同形式的耜刃。

在耜面两侧正中都有一道从顶端向下延伸的浅槽，浅槽下端为弧形，这是安装木柄的部位，木柄下端似乎劈为两半，夹住耜冠两侧的浅槽。为了使木柄安得牢固，在浅槽两边还有两个长孔，这是穿系绳子的地方。然而仅仅捆绑一道是不够的，耜柄容易移动。仔细观察可以发现，在骨耜柄部两边均有刻槽，向内凹。刻槽和长孔之间有一定距离，这也是捆绳子的地方。经过上下两道捆绑，木柄和骨耜联结得就牢固了。

河姆渡骨耜的两侧刻槽相距4厘米，两长孔相距两三厘米。说明骨耜上的木柄直径约在4厘米以上。

原始的耒耜都是直柄的。直柄耜便于推刺入土和翻土，在农业和建筑方面广为使用。但是翻土时弯腰幅度大，时间长久容易疲劳。后来人们在实践中又发明了一种曲柄耜。《周礼·考工记》："车人为耒庛，长尺有一寸……坚地欲直庛，柔地欲句庛。直庛则利推，句庛则利发"，这里的"庛"即指耜冠。原始的耜冠以石、骨或木为之，是不便弯曲的，耜柄却可以有一定曲度。我国瑶族的木铲[2]、子日手辛锄[3]，都是曲柄耜的遗制。这种耜虽然推刺略为费力，由于有足力配合，还是能够顺利入土的，其优点是翻土省劲，弯腰幅度小。所以农业上多采用曲柄耜。河姆渡的骨耜是否装有曲柄，还有待进一步研究。

在有些骨耜的柄部，有一个横穿的方銎，这一特征在耒耜农具中占有重要地位。现在进行一些分析。

---

[1]《云南省德宏傣族景颇族自治州社会概况——景颇族调查材料之四》，1958年，第25—26页。
[2] 庞新民：《两广瑶山调查》，中华书局1935年版，第124页。
[3] 徐中舒：《耒耜考》，《国立中央研究院历史语言研究所集刊》第二本第一分，1928年。

10-1　神农用耜图

关于耒耜的使用方法，还是比较明确的。"盖以手持耒首，而复以足蹈小横木，合力前推，㬰入土中，复抑耒首，则㬰上仰而土岀起矣。"[1]具体分两个步骤：第一步是耕者手握耜柄，向下推耜入土，同时以脚踏横木，手足配合，将耜冠插入土内，这就是推耜或刺土动作。《诗经·豳风·七月》："三之日于耜，四之日举趾。"《毛传》："于耜，修耒耜也"，"民无不举足而耕也"。"举趾"、"举足"都是指脚踏横木推耜入土的动作。第二步是发土。当耜冠入土后，耕者握

---

[1]　阮福：《耒耜考》，《皇清经解》卷一三八四《经义丛钞》。

住耜柄，以耜冠与地表相交处为支点，利用杠杆原理，向下扳压耜柄，耜冠因之抬起，于是将土发起，这就是发土或翻土动作。

在上述两个步骤中，以第一步比较困难，只凭手臂前推是不够的，也不能持久。所以一般都以足助手，将原来闲置的下肢也投入推耜动作，这样手足合力，就能顺利将耜冠插入土内。由于耜冠肩部窄小、不便脚踏，因而多在耜柄下端或耜冠上部安一脚踏横木。商代甲骨文中有关农具的力、方、耒、叠和耤字，都有上述横木的形象，说明在耒耜上安装横木是普遍的特征。

脚踏横木通常有两种形式：一种是安有较长的横木，两边都能踩踏，如子曰手辛锄、朝鲜德积岛古耜等[1]；一种是在耜柄下端的一侧安装小横木，如壮族的踏犁、傣族的铸铲等。由此判断，河姆渡骨耜的方銎，是供安装脚踏横木用的。方銎大小不等，一般高2—3厘米，宽1—2厘米。该銎左右贯通，粗细相若，所容横木应该穿过方銎，两侧均有露头，左右均可脚踏。

根据以上分析，说明河姆渡的骨耜实际是原始耜具的一部分，即骨耜冠，简称耜冠。除此而外，还有木制耜柄和脚踏横木，三者组合在一起才构成了河姆渡古耜。这是相当完备的原始翻地农具，很像古代的锸或近代的锹。

河姆渡古耜的复原，使我们能比较具体地认识耜具的结构，对印证有关考古资料有一定借鉴。

在过去考古发掘中曾发现了大量的石铲。所谓石铲，是近代人对它的称呼，这个命名是值得商榷的。文献记载的铲是较小的，《释名》称铲为"平削也……柄长二尺，刃广二寸，以划地除草，此古之铲也"。可知古铲甚小，安有短柄，是人们蹲着使用的，主要用于除草和松土。考古发现的石铲，有些很小，缺乏安柄痕迹，可能是小型手铲。有些石铲体型较大，与古铲有很大距离，相反，大型石铲与前述骨耜形同而质异。有些石铲柄部中央有一段糙面，或者在肩部两侧打有凹口，有些石铲穿凿一两个孔，某些地区还发现了有肩石铲。这些特

---

[1] 〔日〕天野元之助：《中国农业史研究》，东京农业总合研究所，1962年，第718页。

征,与河姆渡骨耜上的浅槽、长孔的功用类似,也是供捆绑木柄用的。

　　古代琉球就使用这种石铲,当地农作"先以火烧而引水灌之。持一锸,以石为刃,长尺余,阔数寸而垦之"[1]。此锸实为古耜,其石刃大小、形制与考古发掘的石铲完全吻合。因此,体型较大的石铲,应该是石耜冠,其上安有长木柄,是一种翻地农具。此外,像齐家文化遗址出土的大型骨铲[2]、福建昙石山出土的铲形蚌器[3],都是耜冠一类的器物。这些都是我国原始居民就地取材制作的翻地农具。

　　在耜耕之前,原始农业已经有一个长期的发生、发展过程,但是由于缺乏足够的资料,具体情形还不得而知。不过有一点是肯定的,即在耜耕以前曾普遍存在过一种比较古老的火耕方法。

　　火耕法在我国古代有很多记载。传说的炎帝,号称神农氏。炎帝后裔有一个烈山氏,与炎帝一样,名字的含义皆有烧山种地的意思。烈山氏子名柱,会种谷物、蔬菜,被奉为神灵加以膜拜,有人解释柱就是火耕农业所用的尖木棒。[4]这些传说都与火耕有关。

　　古代文献有关火耕的记载不胜枚举。《诗经·大雅·旱麓》:"瑟彼柞棫,民所燎矣。"孔颖达正义:"燎,放火也。"《史记·货殖列传》:"楚越之地,地广人稀,饭稻羹鱼,或火耕而水耨。"直到新中国成立前后,我国有些少数民族还保留着火耕的残余。壮族称"烧火焰",佤族称"懒火地",哈尼族称"火烧地",纳西族称"开火山",瑶族称"烧耕",有些民族称"刀耕火种"。其实,这些名称都大同小异,是我国历史上普遍实行过火耕的真实记录。

　　云南独龙族和苦聪人保留了较多的火耕方法,从中看出火耕起初使用石斧(后改用铁砍刀)砍倒树木,经过日晒之后,再进行焚烧。这样既清除了土地上

---

[1] 魏徵等撰:《隋书》卷八一《琉球国》。
[2] 中国科学院考古研究所甘肃工作队:《甘肃永靖秦魏家齐家文化墓地》,《考古学报》1975年第2期。
[3] 福建省博物馆:《闽侯县昙石山遗址第六次发掘报告》,《考古学报》1976年第1期。
[4] 孙常叙:《耒耜的起源及其发展》,上海人民出版社1959年版,第78页。

的障碍，又焚草木为肥料。火耕地比较松软、肥沃，特点是焚而不耕，事后就能用尖木棒和木手锄播种了。由于不进行翻地和火耕的局限性，火耕地肥力减退很快，土壤容易板结，一般种一两年就要丢荒，另外开发新的土地。这就是原始生荒耕作制，它是与火耕农业相适应的。

大约从新石器时代中期开始，生产力有了很大提高，人口显著增加，分布地区扩大了，家畜饲养和手工业也有一定发展。这些变化对农业提出更高的要求，火耕农业远远满足不了这种需要。同时，生产技术的改进，为新式农具的发明和制造提供了必要的物质条件。火耕逐渐为耜耕所取代。耜耕农业的特征：一是普遍运用耒耜进行人工翻地，改变土壤结构；二是实行定期休耕和人工施肥，增加了地力，提高了产量，延长了土地使用年限。这就是熟荒耕作制。[1]

大量史料说明，耒耜是先后出现的两种翻地农具。在农业发明以前，人类已经使用尖木棒挖掘植物块根。农业出现后，尖木棒又成为播种工具。随着耕作技术的改进，人类在尖木棒的基础上，略加改进，即在一根较长的尖木棒下部，安装一个脚踏横木，形成单齿木耒。新中国成立前西藏门巴族的青枫叉，长170厘米，安有脚踏横木，基本保留了单齿木耒的形式。[2]《淮南子·主术训》："一人跖耒而耕，不过十亩。"说明其用法与耜具相同。

单齿木耒翻地面积较小，效率很低。人类在生产实践中又加以改进：一种是变单齿耒为双齿耒，我国新石器时代所发现的双齿木耒遗迹就是确凿的例证[3]；一种是变单齿耒为板状刃，这就发展为耜了。

从耒耜的发展上看，耜冠是最富于变化的，最初是木制的，耜冠与耜柄是一体的，西藏珞巴族的青枫锹就是这样。[4] 后来发展为复合工具，耜柄仍然是木制的，但耜冠质料坚硬了，也较耐用，是由石、骨或蚌制成的。

---

[1] 游修龄：《对河姆渡遗址第四文化层出土稻谷和骨耜的几点看法》，《文物》1976年第8期。
[2] 《西藏错那县勒布区门巴族社会历史调查报告——西藏民族调查资料之一》，中央民族学院研究室印，1974年，第8—9页。
[3] 《庙底沟与三里桥》，科学出版社1959年版，第110页。
[4] 胡德平：《西藏米林县南伊公社珞巴族社会历史调查报告》，1973年，第7—8页。

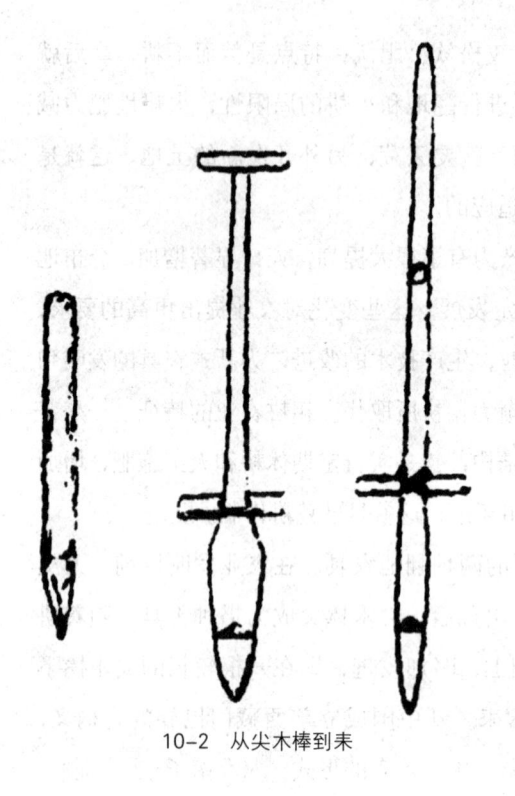

耒耜的发明和改进，为人工翻地提供了锋利的农具，加上发明了人工施肥和定期休耕，不仅提高了单位面积产量，而且还延长了土地使用年限，可以在数年内连续种植，对开荒和发展水田具有重要意义。

河姆渡遗址堆积很厚，有比较讲究的干栏式建筑，普遍使用陶器，并大量饲养家畜，说明当时已经过着比较稳定的定居生活，它是以耜耕农业为基础的。大量骨耜的出土，就是实行精耕细作和开发水利的重要物证，也是当时生产力有相当发展的标志。此外，还发现了稻谷、谷壳、稻秆和稻叶等堆积，层层叠叠，相当丰富，有四五十厘米厚。说明河姆渡原始居民已经从事水稻生产，稻米是主要的食物。从耕作技术上看，当时已经采用了熟荒耕作制，表明河姆渡的农具和耕作技术都已具有相当高的发展水平。

10-2 从尖木棒到耒

在我国辽阔的土地上，骨耜的出土，除河姆渡外，在黄河流域的新石器时代文化中也有多次发现，其中黄河上游的齐家文化遗址出土骨耜甚多。但是，齐家文化的骨耜年代相当晚，形制也不及河姆渡的骨耜精致，这是为什么呢？

我国是一个历史悠久的国家。远在旧石器时代，各地原始文化的发展基本是一致的，有很多共性。自新石器时代开始，一方面出现了地方性特点，另一方面发生了社会发展的不平衡，他们除了保留若干基本的共性外，也出现了不少差异。这是因为各地原始居民根据不同的自然条件，因地制宜地发展了自己经济的结果。

西北地区地处高原，气候寒冷，有较多的草原，游牧业比较发达，马就是首先在这里驯育的。相对而言，农业的发展就不如中原地区发达，加上旱地耕作，火耕农业一直占有重要地位。耜耕农业兴起后，耒耜农具也比较简陋，这是齐家文化骨耜比较落后的重要原因。河姆渡骨耜之所以古老而进步，是与长江下游最早栽培水稻分不开的。

长江下游地区，河流密布，土质肥沃，气候温和，雨量充足。像河姆渡这类遗址环境，是非常适合栽培水稻的。

为了开发沼泽地，防止水患，必须排除大量积水，这就需要一批有效的掘土工具；要将沼泽地变为水田，就要进行翻地，这是原始粗放的火耕方法不能胜任的，原始锄具对此也已无能为力，因此也要有专门的掘土农具。"倘若社会上出现了一种技术上的需要，那就比十个大学还更能推动科学前进。"（恩格斯《致符·博尔吉乌斯》）正是在这样的历史条件下，长江下游的原始居民，为了开发沼泽地区，栽培比较高产的水稻，很早就发明并推广了耜耕技术。

马克思指出："劳动生产力是随着科学和技术的不断进步而不断发展的。"（《资本论》）这是河姆渡农业比较发达的重要原因。

目前所见到的河姆渡第四层所出土的骨耜，已经有较高的发展水平，制作相当精细，结构比较完善，它显然不是原始形态的耜具，而是耜耕技术和原始农业有一定发展的结果。在此之前，耒耜应该有一个产生、发展的过程。过去江西万年仙人洞遗址早期曾出土一些穿孔蚌器，[1] 形制与昙石山出土的蚌耜相似，穿有一孔或两孔，尽管磨损严重，但基本保留了耜冠的形式。据近年科学测定，上述蚌耜距今 8000 至 1 万多年[2]，虽然这个年代可能偏早，但也不会晚于河姆渡文化。这些史实表明，居住在长江下游的原始居民，远在

---

[1] 江西省文物管理委员会：《江西万年大源仙人洞洞穴遗址试掘》，《考古学报》1963 年第 1 期。
[2] 夏鼐：《碳-14 测定年代和中国史前考古学》，《考古》1977 年第 4 期。

七八千年前已经掌握了耜耕技术，开发水利，种植水稻，使农业成为主要的生产部门。

耜耕农业在我国有悠久的历史，在原始社会晚期占有重要地位。进入阶级社会后，耒耜仍然是商周时期广大劳动人民进行农业生产的主要农具。春秋战国之际牛耕普及以后，耜耕才逐渐退居次要地位。因此，耜耕是我国古代农业史上的一个重要发展阶段，也是我国古代农业的一个特点。

过去在有些论述中，笼统地把我国犁耕以前的农业称为火耕或锄耕农业，这是值得研究的。

一方面，正如前面所述，原始农业有其发展过程，是有发展阶段性的，一是火耕，二是耜耕，两者既有发展上的联系，又有本质上的区别。因此一概称为火耕或锄耕农业是不够确切的，它抹杀了原始农业的发展阶段性，也忽视了耒耜在犁耕以前在整地过程中的主导作用。

另一方面，原始木锄、石锄的锄板较短，刃部粗钝，用锄松土、除草是可以的，也是大量的，以其翻地就差多了。因为原始锄入土浅，操作上也只能凭双手刨土，相当吃力。耒耜却与此不同：一是耜冠较长、锋利，入土较深，比原始锄掘土量大；二是操作方法比较进步，既能发挥手臂的作用，又能利用足力投入刺土动作，利用杠杆原理发土，说明耒耜比原始锄优越得多，使耒耜成为主要的原始翻地农具。

从我国新石器时代中期到商周时期，虽然出土较多锄具，但多为中耕除草的工具，相反，翻地用的耒耜遗物或遗迹发现很多，形式复杂。甲骨文、金文的研究也得到了同样的结果。这是当时普遍使用耒耜翻地的最好说明。应该附带说明，自从铁器装备农具以后，锄具得到了很大改进，分工也细致了，有些锄专门用于翻地，这在菜地和山区尤其普遍。特别对于贫困农民和有些少数民族，锄是他们克服牛具缺乏的重要保证。但是，这种锄耕是很晚才出现的，铁锄与原始锄也有很大区别，两者是不能相提并论的。

（二）红山文化"石犁"为耜

红山文化是我国北方一种新石器时代文化，因 1935 年内蒙古赤峰市红山后遗址的发掘而得名。主要分布在内蒙古东南部、辽宁省西部和河北省北部，西辽河流域是其中心区。过去有关红山文化有过许多争论，有人说它是仰韶文化的地方型，有人说它是仰韶文化与细石器的混合型，更多人认为它是有自身特点的一种新石器时代文化。近些年来，随着女神庙、祭坛、积石冢和大量玉器的出土，上述争论基本平息，学术界公认红山文化是我国北方的一种新石器时代文化，而且是中国文明的发源地之一。但是关于红山文化是农业部落还是游牧部落，出土的掘土工具是石耜还是石犁，目前还是有争议的，本人拟对红山文化的石耜进行一些初步研究。

1. 石耜的形制

所谓的红山文化石犁，是由日本学者首先定名的，因为当时在红山后遗址出土了上百件的石犁碎块，又是最初发现，因此石犁名称一直沿用下来。[1] 后来发现的石犁多了，研究深入了，对石犁定名开始怀疑，改称石耜。为了弄个水落石出，有必要对红山文化的石器有一个总的了解。红山文化的石器以磨制为主，有三大类：一是磨制石器，有石犁（烟叶形和草履形）、石斧和桂叶形穿孔石刀；二是打制石器，有石犁、肩石锄、敲砸器、斧状器、磨盘和石磨棒；三是细石器，有石镞、尖状器、刮削器和石片。其中的石犁不仅体型较大，也是红山文化的典型器物。

红山文化的石犁，据考古发掘和地面采集，不下一两百件，如果从形制上划分，可以有三种形制：

一种为犁形耜，又称桂叶形石耜、柳叶形石耜、烟叶形石耜，因其与犁铧

---

[1] 东亚考古学会：《赤峰红山后》，东京：1938 年。

相近，也可以称为犁形器、犁形耜。该器特点是有尖锋，刃宽，柄窄，体型较大。如林西出土两件，一件长 28 厘米，一件长 33.8 厘米。林西沙窝子出土一件，也在 30 厘米以上。[1] 翁牛特旗金海山遗址出土一件，长 30.3 厘米。[2] 昭乌达盟阿鲁科尔沁得博勒庙出土的犁形耜，长 33.8 厘米。[3] 笔者在某朋友家见到三件犁形耜：一件为打制，长 28 厘米，最大宽度 12 厘米，厚 1—1.5 厘米；另一件为磨制，长 28 厘米，最大宽度 14.5 厘米，厚 1—1.7 厘米；还有一件也为磨制，长 30 厘米，最大宽度 12.5 厘米，厚 1—1.5 厘米。从上述数据看出，犁形耜都较大，比中原仰韶文化石耜长得多。一种为草履耜，因其类似锄头，又称锄形耜。该器特点是圆弧刃，从最宽刃处内收，形成较窄的柄。笔者在某朋友家见到两件锄形耜标本：一件较大，长 20 厘米，宽 8—10.5 厘米，厚 1—1.3 厘米；另一件较小，长 13 厘米，宽 7—10 厘米，厚 1.5 厘米。两者形相近，大小不一，都是磨制的。从刃宽与柄宽比例而言，锄形耜的柄较犁形耜的宽些。

另一种为镢形耜，又称条形耜、长条形耜。该器的特点是舌形刃，长方形，较厚。从在某朋友家的一件标本看，长 31 厘米，宽 8 厘米，厚 2 厘米。正面磨光、平整，背面呈弧形，刃部有明显的使用磨损纹痕。

上述事实表明，红山文化的石犁内涵是比较复杂的，其中可以分为两种类型，各自有不同的特点。

2. 石犁质疑

红山文化的三种石耜，与石犁是什么关系呢？尤其是犁形耜，是否是石犁？这是应该进一步研究的。

首先，犁是一种破土划沟的农具，其上的犁铧必须锋利，必呈尖状，犁体结实，又要安于犁床之上，这些特征在红山文化的石耜上是否具备？对于红山

---

[1]　内蒙古自治区文物工作队：《内蒙古文物资料选辑》，内蒙古人民出版社 1964 年版，第 20 页。
[2]　内蒙古自治区文物工作队：《内蒙古翁牛特旗两处新石器时代遗址》，《内蒙古文物考古》1984 年第 3 期。
[3]　内蒙古自治区文物工作队：《内蒙古出土文物选集》，文物出版社 1963 年版，第 5 页。

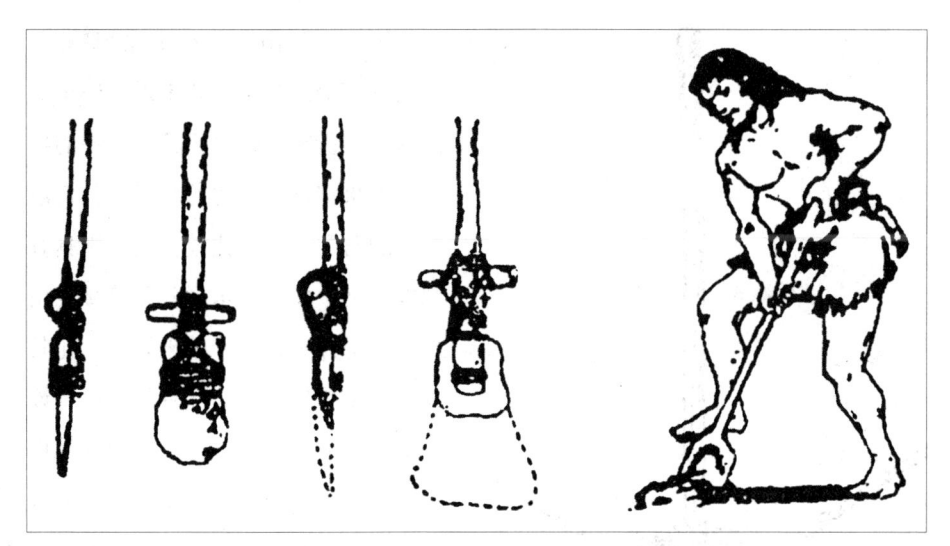

10-3　史前的石头耜

文化有三种类型的石耜，必须具体分析。正如前面所述，红山文化的锄形耜、镬形耜与犁铧特征没有一点相合之处，因此可以把这两种耜排除在石犁之外，它们应该是一种耜冠。

其次，再看看犁形耜，该器的刃部为三角形，中轴线起脊，具有犁具的某些特征，但是该具柄部较细，据测量通常为6—7厘米，与一般掘土农具木柄相若，看来犁形耜所安的木柄较细，这一点不符合犁铧后翼较宽的特点。因为犁铧所安的犁床直径一般在10—15厘米之间，说明红山文化的犁形耜不是犁铧。还有一点也很重要，无论是长形耜还是其他形制的耜，刃部都有磨损痕迹，其特点有二：一、底面磨损多于正面；二、底面磨损条痕与耜刃夹角小于90度，方向斜向朝下。这些都与耜相吻合，因为木柄与石耜是竖向安装的，但翻土时并不是竖向运动，而是木柄向后有一定倾斜，刺土时耜底面着力大，磨损严重，条痕与耜刃不可能成为直角，而是小于90度，这一点也证明红山文化犁形耜是翻地农具。

第三，红山文化石犁比较单薄，以其安柄翻地尚可，如果以其破土划沟就容易折断，这也不具备犁铧的特征。如果把红山文化的犁形耜与良渚文化的石犁作一个比较，后者则具有犁铧特征，如呈三角形甚至等腰三角形，刃部锋利，利于破土划沟，尤其在水田中耕地还是较适宜的。尽管该犁很薄，但它是镶嵌在上下犁床木板中的，仅露出刃部，且有一至三个木钉固定，因此是我国最早的犁，并且得到民族学资料的佐证。[1] 红山文化的石耜，无论是条状耜还是犁状耜，以其翻地尚可，如果以其破土划沟则有两个问题：一是木柄细小，不适合安犁床；二是石耜入土后在土中行阻力很大，也不能当犁铧使用。此外，犁铧是破土划沟的工具，其磨损面主要在正面，磨纹方向与铧面小于 90 度，这也是与红山文化石耜不吻合的。

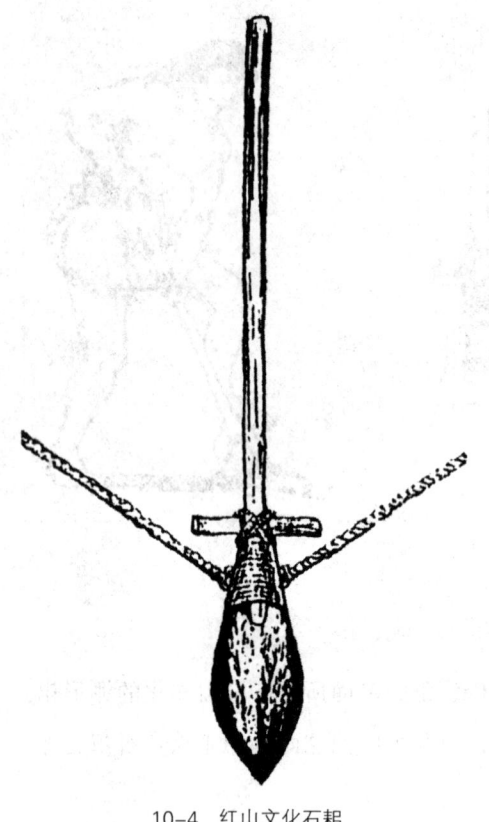

10-4 红山文化石耜

根据以上三点理由，可知红山文化的石耜不是犁，应该是一种掘土的农具，即石耜冠，只是犁状耜比较特殊而已。

3. 耒耜的演变

红山文化的石耜在我国原始农具中占有什么地位呢？必须首先分析一下我

---

[1] 牟永抗等：《江浙的石犁和破土器——试论我国犁耕的起源》，《农业考古》1981 年第 2 期。

国原始农具的演变过程，才能给红山文化石耜应有的定位。

自旧石器时代起，人类已经发明了一些简单的掘土工具，如尖木棒、鹤嘴锄，以便进行采集活动。这在民族学资料中看得很清楚，如鄂伦春族以狩猎为主，兼行捕鱼和采集，他们就使用一种尖木棒，以便挖掘块根植物。[1] 人类发明农业之后，起初是在住地附近从事栽培，自然会继承已有的尖木棒和鹤嘴锄。当农耕扩大到原野上之后，在森林地区多实行火耕，即通过砍伐树木、焚草木为肥、下种、保护作物、收割等过程，进行粮食生产。尖木棒、鹤嘴锄在播种、中耕中起着重要作用。由于火耕地疏松，当时对翻地农具要求还不强烈。不过在沼泽地区进行"火耕水耨"则不一样，该地火耕后由于以水浸泡，土壤比较黏固，对翻耕农具要求较多，因此河姆渡文化有相当先进的骨耜。

火耕有许多局限性，如以有林木为前提，产量很低，土地使用时间短，通常两三年就板结了，必须更换土地。当住地附近耕地难以寻找时，就促进了人类发明耜耕或锄耕这种新的耕作方式。开辟耕地要翻地农具，播种要掘土农具，中耕除草要松土农具，这是尖木棒和鹤嘴锄所不能满足的。于是人类对原有的农具进行了改革：一方面在鹤嘴锄的基础上，以宽刃代替尖刃，形成复合型的石锄，该具既可中耕，也可翻地，在某些地区成为主要的翻地农具，发展了锄耕农业；另一方面在尖木棒的基础上，安装一脚踏横木，留一尖或双尖，形成翻地的木耒，如门巴族就有这种木耒。[2] 新疆也出土过原始的木耒。在中原史前考古中也发现过耒痕，[3] 如河北磁山文化灰坑、西安姜寨仰韶文化灰坑和半坡仰韶文化房址上都留有单齿耒痕。在庙底沟、三里桥仰韶文化灰坑和陶寺龙山文化灰坑壁上留有双齿耒痕，二齿间距10厘米左右。

---

[1] 见拙著《最后的捕猎者》，山东画报出版社2001年版，第50页。
[2] 《西藏错那县勒布区门巴族社会历史调查报告——西藏民族调查资料之一》，中央民族学院研究室印，1974年，第8—9页。
[3] 孙常叙：《耒耜的起源及其发展》，上海人民出版社1959年版。

在韩国农村不仅有单齿木耒，还有双齿耒，可证耒有单、双齿之分。[1] 尽管如此，耒也是不能满足耜耕需要的，于是又加宽耒的刃部，变成锹头状，发展为耜。

耜是新石器时代很流行的翻地农具。起初它是全木质的，如西藏珞巴族[2]、朝鲜族都曾使用过木耜。[3] 后来再发展为复合型的农具，即在木柄上安装不同质地的耜冠，最流行的是石耜冠，如磁山—裴李岗文化、仰韶文化、龙山文化等遗址都出土不少石铲，这就是石耜。《隋书·琉球传》古代台湾"先以火烧而引水灌之。持一锸，以石为刃，长尺余，阔数寸而垦之"。该锸的尺寸、形制、质地与考古发现的石耜吻合。此外还有骨耜，如河姆渡文化遗址[4]、齐家文化遗址都有发现。还有蚌耜，如东南沿海地区曾出土过蚌耜。由于各地取材不同，制作技术差异，各地的耜冠也不尽相同，一般有方形耜、长方形耜、犁形耜等。红山文化的石耜，显然是耜耕时代的产物，尚无犁铧的性质。但是红山文化的犁形器有一定特点：一是体型较大；二是呈犁铧状。这是比较特殊的。

4. 石耜的复原

红山文化的石耜，既然是一种掘土翻地农具，那么怎么复原呢？所谓复原，主要是指石耜的装木柄方法。由于红山文化石耜的多样性，其安柄方法也不会完全相同，现在分别进行一些分析。

根据考古资料并参考民族学资料，石耜有三种安柄方法：一种是直缚法，即把木柄直接拴在石耜柄上，柄与耜处在一条直线上；一种是半嵌入法，先将木柄下端砍掉一半或三分之一，然后把石耜柄拴在缺损处，这种耜柄安装

---

[1] 金光彦：《韩国农器具考》，韩国农村经济研究院 1979 年版，第 467 页。
[2] 胡德平：《西藏米林县南伊公社珞巴族社会历史调查报告》，1973 年，第 7—8 页。
[3] 中国科学院考古研究所甘肃工作队：《甘肃永靖秦魏家齐家文化墓地》，《考古学报》1975 年第 2 期。
[4] 见拙文《河姆渡遗址出土骨耜研究》，《考古》1980 年第 2 期。

比较牢固；另一种是夹入法，事先在木柄下挖一沟槽，把耜柄夹入，然后把木柄拴牢固。三种方法都要求石耜柄部窄小，与木柄直径相近，而后两种则要求石耜柄部规整，便于嵌入或夹入木柄中。从红山文化看，三种石耜柄部都粗糙，欠规范，说明它们是利用直缚法安木柄的，不流行半嵌法和夹入法。但是，有些小型锄形耜，也可能拴在鹤嘴式木柄上，变成石锄，因此，有些石耜可能归入石锄。与此同时，为了便于操作，在木柄下方横安一木，作为刺土时供脚踩踏之用。由于石耜柄部都包扎在木柄和绳索内，耜柄部依然保留着原来的粗糙面，但石耜刃部磨得光滑可鉴，这是长期使用的结果。在石耜底面刃部，还有严重的磨损沟槽，说明此面在刺土时着力较大，着地较多，以致磨损如此。

关于犁形耜的复原，该具安柄方法基本同上，也有木柄、脚踏横木，这是它们的共性。然而犁形石耜的复原并未完结。因为这种石耜很大，据测量，最大的犁形石耜重达1.5千克，而且还不算木柄的分量，如果加上刺土、发土所需的功力，由一个人操作是相当吃力的，特别是要连续耕作，必须借助于较多的人力才能办到，也就是说，它是运用二人或三人操作的，为此，必须在木柄上安装有供一人或二人牵引的绳索。由此可知，在木柄底部应该拴有一根或两根绳索，作为石耜的挽绳。

（三）犁形耜的操作

耒耜的操作方法，基本有两种：一种是一人踏耒（或耜）而耕，其操作分两步：第一步是刺土，即由人用手握住木柄，向下推耜，同时以脚踏横木进行刺土。《诗经·豳风·七月》："三之日于耜，四之日举趾。"《毛传》："民无不举足而耕也。"举趾、举足都是用脚踏横木刺土的动作。第二步是发土，这是耕者握住木柄，以耜冠与地表为支点，利用杠杆原理，向下扳压木柄，耜冠抬起，从而将土块翻起，完成起土动作。为了持续耕地，耕者必须向后退步。《淮南子·缪称训》："夫织者日以进，耕者日以却。事相反，成功一也。"高诱注："却，谓耕者却行。"我国壮族、藏族、水族、门巴族都按照上述方式进行耜耕。[1]另一种是二人或三人，共用一耜，方法比较特殊。不妨看看民族学资料。

在贵州省都匀地区居住的布依族使用一种踏犁，形制近似耒耜，但下部安有铁铧口，操作可由一人踏耜而耕，也可由两人操作。后者依然由一人握木柄，脚踏横木，手足合力下刺，使踏犁入土，然后收脚抬柄进行起土。在翻土过程中，刺土是比较轻松的，但起土相当费力，为了持续、快速起土，必由站在耕者对面的一人将事先在脚踏横木下方拴好的绳子向上提拉，两人合力把土发起来。当地的苗族、侗族、壮族也有二人共用一踏犁的情况，他们称该具为"对犁"，即指两人相向而耕的意思。[2]在朝鲜半岛也有类似农具，细分有两种：一种是耜，形制与普通耜一样，但木柄修长，在耜冠肩部两侧各拴一根绳索；另一种称"二连锄"，实为二连耜，它是将两把耜并列在一起，将耜冠拴在一起。使用时，由一人操作木柄，另外由二人或四人在前边挽绳，协助发土。[3]在我国辽宁农村，有些朝鲜族曾使用一种"拉锹"，其形制与朝鲜半岛的二连锄一样，但操作方法有点不同，即它是由一人扶柄，由二人挽绳发土。[4]

现在回过头看看红山文化的石耜。前面已经提到，红山文化的石耜有不同的形制和类型，大小也不一样，其中的小型石耜，可能是由一人操作的，它与一般石耜相同。但是有些大型犁形石耜，体型较大，又很沉重，是一个人难以连续翻地的，见于两人或多人共同操作一耜的民族学资料。我们认为红山文化

---

[1] 见拙文《中国古代踏犁考》，《农业考古》1981年第1期。
[2] 见拙文《从民族学资料看耦耕》，《中国历史博物馆馆刊》1983年第5期。
[3] 金光彦：《韩国农器具考》，韩国农村经济研究院，1979年，第467页。
[4] 郭仁：《耦耕遗风一例》，《农业考古》1982年第2期。

的大型石耜，尤其是犁形耜，也是由两人或多人操作的，即在耜柄下方拴一两根挽绳，进行翻地时，由一人扶柄刺土，然后借助前边挽绳人的提拉动作，一起发土。其优点是减轻了劳动强度，二人或多人可有机配合翻地，能够持久、快速进行耕地，从而提高了生产效率。从这种意义上说，红山文化的犁形耜是比较先进的耜耕农具。

通过以上对红山文化石耜的初步研究看出，当时农业经济是比较发达的，这正是红山文化震惊世界的物质基础。

首先，红山文化有发达的耜耕农业。

从生产工具来说，红山文化的石耜是相当发达的，有不同的类型，其形制、操作方法和功能也有一定差异。其中的犁形耜仍然是一种耜，但是它比较优越，如体型大、掘土量多、尖部锋利，并且由两人或多人协力操作，其实这就是先秦时代极流行的耦耕形式。在与红山文化时代相近的仰韶文化、大汶口文化、河姆渡文化、大溪文化中，红山文化的犁形耜是相当先进的，说明红山文化有发达的耜耕农业，这在当时东北亚地区也是处于先进的地位。

其次，红山文化是以农业为主的农业文化。

石耜仅仅是红山文化的一种掘土农具，此外还有大量的农具，有砍伐用的石斧、中耕用的石锄、收割用的桂叶形双孔石刀、加工用的磨盘和磨棒，这是一整套完整的农业生产工具。农具是生产力的重要因素，从而告诉我们，红山文化不是渔猎或游牧文化，而是一种典型的农业文化。由于当时当地生态较好，自然资源丰富，加上周围有不少猎人、渔人生活，红山文化的渔猎经济也相当活跃，并从周边渔猎文化吸取不少营养，红山文化大量使用细石器就是一个物证。

此外，发达的耜耕农业是红山文化私有制产生的基础。

红山文化的发达耜耕农业，除满足生产者自身的基本衣食之需外，也有了一定剩余产品，为私有制的产生、制玉专门手工业的出现提供了可能。如辽宁凌源牛河梁遗址发现一批积石冢，中央为大椁，墓主人地位显赫，随葬大批珍贵玉器，还有成排的祭器——彩陶筒形器，周围还有不少小积石冢，随葬品较少。两者差别明显，当是一种主从关系。大积石冢主人可能是氏族显贵或宗教祭司，而附近的女神庙正是他们所崇拜的女祖先偶像之所在地，附近的平台则是祭坛。[1]死亡世界的不平等，正是活人世界已有贵贱之别的反映。从这种意义上说，红山文化正在迈向文明时代的门槛。

---

[1] 辽宁省文物考古研究所:《辽宁牛河梁红山文化"女神庙"与积石冢群发掘简报》,《文物》1986年第8期。

十一、鹤嘴锄

在远古生产工具史的研究上，存在两种片面性：一种是过分强调木工具的作用，认为有过一个木器时代；另一种比较重视石器，却忽略了曾经活跃于原始经济舞台上的木制工具。目前，后一种倾向是主要的。其实，木器和石器是远古生产工具中的两大门类，缺一不可。无论在原始的采集狩猎活动还是农业生产中，木制工具都占有重要地位，其种类很多，如木矛、尖木棒、木刀、耒耜和鹤嘴锄等，有些对石器的形制也有一定的影响，只是因为木制工具容易腐烂，故在考古发掘中难以发现。然而民族学资料中却保留了许多木制生产工具，这对研究远古工具发展史有很高的科学价值。

其中的木锄种类甚多，广泛使用。但是锄从何而来，又是怎么发展的，共有几个类型，这是应该首先弄清楚的，然后才能确认它在历史上的作用。

（一）民族志中的鹤嘴锄

从民族学资料看，人类最早使用的锄是用木、竹或鹿角制成的。如云南苦聪人在挖掘野山芋时，使用两种工具：一是尖木棒，以其掘土；一是木制鹤嘴锄，以其刨土。两者一掘一刨，互相配合，能够把数十斤重的山芋挖出来。独龙族也用木制鹤嘴锄——"戈拉"采掘块根植物。又如木里俄亚的纳西族，适应当地坡大地陡的特点，使用锄柄与锄身夹角为40度左右的木制鹤嘴锄刨土。这些鹤嘴锄的柄部较短，是人们蹲着使用的，即用双手操作，锄刃向下，耕者往后刨土，刨几次，向前移半步。鹤嘴锄既可用于平地、播种，又能中耕除草，是一种多用途的生产工具，也是最古老的锄具。

木制鹤嘴锄以天然树杈砍制而成。先砍一根带树枝的小树干，将树干两头砍掉，留15—20厘米，上端圆，下端尖，这就是所谓的鹤嘴，然后把与此相连的树枝修整为木柄。

这种鹤嘴锄，不仅在苦聪人、独龙族地区使用，在哈尼族、基诺族、布朗族、拉祜族、佤族和苗族地区均有残存。

原始锄有两种：一种是木制的，中国历史博物馆藏有一件独龙族的"戈拉"，长47厘米，锄头长17厘米。[1]西藏珞巴族的"莎节"，也是用青枫树杈制成的，柄长50多厘米，鹤嘴长20多厘米，刃部呈尖或扁尖。竹制鹤嘴锄，制法同上，只是原料不同。独龙族、景颇族和傣族均有这类锄。景颇族在祭祀官庙时，必须以竹锄点种，用脚盖土，然后其他人才能开始耕作。[2]另一种是角或骨制成的，即把鹿角砍成鹤嘴锄形式，或者在木制鹤嘴锄头上套一只羊角或牛角，在西藏、四川木里和新疆个别民族地区均有此类农具。

这类鹤嘴锄，在世界各地都很流行，如美洲印第安人的木制鹤嘴锄[3]，美拉尼西亚人的贝壳锄[4]，埃塞俄比亚的鹤嘴锄等[5]。

从有关民族传说和鹤嘴锄的形制分析，这种工具由来已久，可以肯定地说，

---

[1] 杨鹤书、陈启新：《独龙族父系氏族中的家庭公社试析》，《文物》1976年第8期。
[2] 《云南省德宏傣族景颇族自治州社会概况——景颇族调查材料之四》，全国人民代表大会民族委员会办公室编印，1958年，第25页。
[3] 〔苏〕H.库诺夫：《经济通史》卷一，商务印书馆1936年版，第270、295页。
[4] 〔俄〕С.П.托卡列夫主编：《澳大利亚和大洋洲各族人民》，上册，生活·读书·新知三联书店1980年版，第525页。
[5] 〔俄〕托尔斯托夫主编：《普通民族学概论》第一册。

它起初是一种采集工具。云南丽江纳西族有一种象形文字，其中的"锄"字即绘一鹤嘴锄，但是此字又作母系氏族解释，说明两者有密切的历史联系，鹤嘴锄可能是母系氏族社会的一种重要生产工具。

农业起源于采集。采集工具也为农业生产所继承，如以石斧砍伐森林，用火焚烧草木，以尖木棒点种，以鹤嘴锄平地和中耕，等等。独龙族从事火耕的农具，大部分是过去的采集工具。云南西盟大马散佤族有一个传说，相传他们最初的农业生产极其原始，用手或尖木棒把树枝折断，实行火耕，然后用尖木棒和鹤嘴锄平地、播种。[1] 永宁纳西族过去种地不实行中耕，麦子长不好，产量低，后来发现被马、鹿践踏的麦子长得茎粗叶茂，产量高，于是用鹤嘴锄中耕，同时还发明一种带铁口的马鹿锄除草，农业生产也提高了。这些传说表明，鹤嘴锄发明于采集时期，后来又为农业生产所借用和推广。民族学资料提供了许多社会的活化石。鹤嘴锄的大量存在，说明在人类远古历史上有过一个普遍使用鹤嘴锄的时代。在近代某些少数民族地区仍然在使用鹤嘴锄，这不是偶然的：第一，鹤嘴锄取材方便，制作简易。第二，在生产力极为低下的条件下，制作复合型的锄具比较困难，也容易折断，尤其在锄头与锄柄相连接的部位，更容易断裂。但是用天然的树杈作为锄柄，不仅利用了天然的曲柄，还坚固耐用。第三，上述少数民族都居住在崎岖的山区，从事山地耕作，土地有一定坡度，以锄挖地较使用耒耜优越得多。

（二）考古发现的鹿角鹤嘴锄

在考古发掘工作中，虽然极少发现木制鹤嘴锄，但是鹿角鹤嘴锄出土不少，这是很珍贵的史料，为了解当时使用鹤嘴锄的具体情况提供了重要的线索。

---

[1]《云南西盟大马散佤族社会经济调查报告》，全国人民代表大会民族委员会办公室编印，1958年。

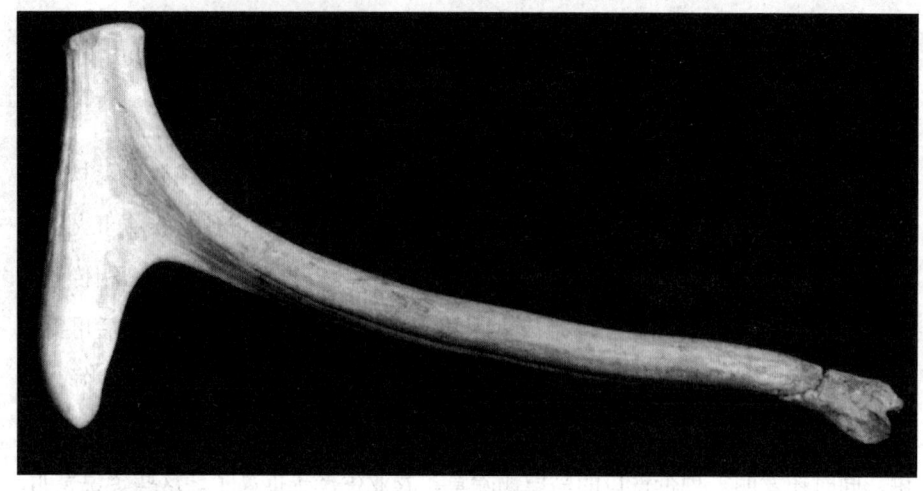

11-1　鹿角鹤嘴锄

考古发现的鹿角鹤嘴锄，主要出土于以下各遗址：

甘肃省刘家岔旧石器时代遗址出土一件鹿角鹤嘴锄，有明显的人工使用痕迹，"可能是作为敲击和挖掘工具使用过的"[1]。

河北武安磁山遗址曾出土4件所谓角钩，形体较大，应属于鹿角锄的范围。[2]

浙江河姆渡遗址第二次发掘中，出土一件角锛柄，柄长40.5厘米，鹤头残长10.5厘米。[3]

山东泰安大汶口遗址，曾采集一件鹤嘴锄，该具由四不像鹿角制成，通长52.2厘米，鹤嘴上端圆平，下端尖利，通体磨光，适于挖土捶击。[4]

山东胶县三里河遗址出土的鹿角锄，保存较好，鹤头上端平直，下端尖锐，磨损较大，柄部修长。[5]

---

[1] 甘肃省博物馆：《甘肃环县刘家岔旧石器时代遗址》，《考古学报》1982年第1期。
[2] 河北省考古研究所：《河北武安磁山遗址》，《考古学报》1981年第3期。
[3] 牟永抗：《浙江河姆渡遗址第二期发掘的主要收获》，《文物》1980年第5期。
[4] 山东省文物管理处、济南市博物馆：《大汶口》，第112页。
[5] 昌潍地区艺术馆、考古研究所山东队：《山东胶县三里河遗址发掘简报》，《考古》1977年第4期。

江苏江阴夏港出土一件所谓鹿角镐，通长40厘米，鹤嘴长24厘米，柄粗2.5—3厘米。工具保存完好，鹤嘴与锄柄呈90度左右。[1]

河南郑州大河村二期文化遗址出土一件所谓角锤，四期文化遗址也出土一件，皆为鹤嘴式，鹤嘴上端平直，下端已磨损严重，柄部折断。其中前者残长33厘米。[2]

郑州旭旮王村龙山文化遗址出土一件鹿角。[3]

河北邯郸涧沟龙山文化遗址出土的一件所谓角斧，鹤嘴部分已经磨损严重，上端平直，下端所存无几，柄部修长。[4]

山东城子崖龙山文化遗址也出土过一件鹿角工具。[5]

河北容城县上坡村发现"一件用鹿角制作的锤子"，为商代早期遗物。[6]

河南柘城孟庄商代遗址出土的角器，也是以鹿角制成的，但柄部断缺。[7]

河南郑州南关外战国遗址出土的所谓鹿角柄，鹤嘴上端削下，下端残破，但尚尖锐，柄部残断[8]，等等。

上述出土文物，都是由天然鹿角砍制而成，仅留一钩状骨叉，其他枝杈砍掉。它们形制相若，分布广泛，在年代上有早晚之别，在我国新石器时代相当普遍，一直延续到商周时期。但是考古界对这种鹿角工具的看法很不一致，给予了不同的命名，例如：鹿角、角斧、角锤、锤子、角钩、鹿角锄、鹤嘴锄、鹿角镐、角锛、鹿角柄等等。

事实上，正如民族学资料所证，上述角制工具是远古时期的重要生产工具，

---

[1] 江阴县文化馆：《江苏江阴县发现原始社会的鹿角镐》，《文物》1979年第10期。
[2] 郑州市博物馆：《郑州大河村遗址发掘报告》，《考古学报》1979年第3期。
[3] 河南省文化局文物工作队一队：《郑州旭旮王村遗址发掘报告》，《考古学报》1958年第3期。
[4] 河北省文化局文物工作队：《河北邯郸涧沟村古遗址发掘简报》，《考古》1961年第4期。
[5] 中央研究院考古组：《城子崖》图版四十之6，1934年。
[6] 新华社通讯稿，1982年6月16日电。
[7] 中国社会科学院考古研究所河南一队、商丘地区文物管理委员会：《河南柘城孟庄商代遗址》，《考古学报》1982年第1期。
[8] 河南省博物馆：《郑州南关外商代遗址的发掘》，《考古学报》1973年第1期。

11-2 陶器上的鹤嘴锄图案

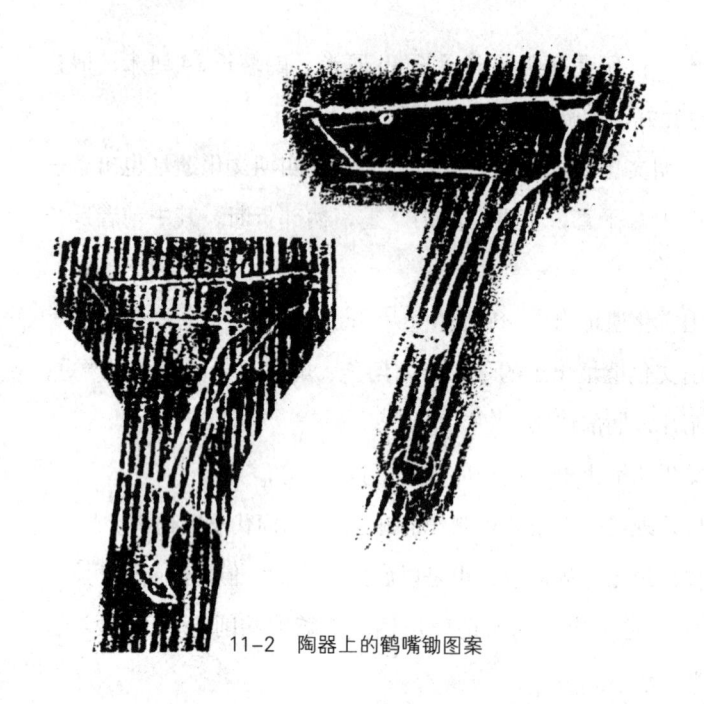

属于鹤嘴锄的性质。战国古文献也有记录，《释名》："锄，助也。去秽助苗长也。齐人谓其柄曰檀，檀然正直也，头曰鹤，似鹤头也。"因此应该定名为鹤嘴锄，由于它以鹿角为原料，为便于与木制鹤嘴锄区分，可称其为鹿角鹤嘴锄，简称鹿角锄。考古中有些鹿角锄磨损严重，已失去本来面目，以致被误称为"锤子"、"角斧"、"角钩"等。当然，当鹿角鹤嘴锄头磨损极其严重、再不能刨土时，它也能变成锤子，或者成为悬挂东西的角钩。

　　无论是地上的民族学资料，还是地下的考古学资料，都证明在人类的远古历史上，曾经有过一个使用鹤嘴锄的时代，而且历史极其悠久。如刘家岔遗址，距今约10万年。依理推断，当时不仅使用锋利的鹿角锄，还应大量使用木制鹤嘴锄，只是木质易朽，没有保留下来而已，但是在考古资料中也有蛛丝马迹可寻。

　　在浙江余姚河姆渡遗址第一次发掘时，曾出土三件所谓槌状器，其中有一件由硬木磨制而成（T26 ④：28），实为木制鹤嘴柄，鹤嘴上端削平，下端较长，呈榫状头，供拴石斧用。[1] 该遗址第二次发掘时也发现若干鹤嘴木柄，同样是石斧的木柄。美拉尼西亚人和玻利尼西亚人的石斧也是这种安装方法。[2] 此外，在山东莒县陵阳河遗址发现的象形文字中有一件锛状工具，也是鹤嘴木柄。当时既然能利用鹤嘴木柄制作比较复杂的石斧、石锛，必然能应用天然树杈制作简单的鹤嘴锄。这些考古发现，也提供了一种新的拴绑石斧、石锛的方法。此外，鹤嘴柄也应用在敲砸工具上，如独龙族以董棕树淀粉充饥，这种淀粉含在树干内，剥皮后必须以石器敲砸，该石器即拴在鹤嘴木柄上。

（三）锄具发展的三阶段

应该看到，与其他生产工具一样，鹤嘴锄也有一个发生、发展过程，基本可分为三个阶段：

第一阶段，天然鹤嘴锄。天然的鹤嘴锄是利用天然的树枝、鹿角为原料稍微加工而制成的，如民族学资料中的木制鹤嘴锄和竹制鹤嘴锄、考古发现的鹿角鹤嘴锄等，均属于此类工具。其特点是加工简单，形制单纯，器形较小，但是鹤嘴与锄柄连接牢固。主要供采集和农业中的播种、除草使用，还不是专门的翻地农具。

第二阶段，复合型鹤嘴锄。这是指利用天然的鹤嘴木柄，在鹤嘴下端安上石质、骨质、蚌质等锄刃，发展为形形色色的复合工具。

随着耕作技术的发展，对锄具的改革也被提到历史日程上来了，而新石器加工技术的进步，也为制作新式锄——石锄创造了条件。但是，由于石质原料脆弱或受加工的限制，仅仅依靠石料单独制作锄是不可能的，为了更好地操作

---

[1] 浙江省文物管理委员会、浙江省博物馆：《河姆渡遗址第一期发掘报告》，《考古学报》1978 年第 1 期。
[2] 河姆渡遗址考古队：《浙江河姆渡遗址第二期发掘的主要收获》，《文物》1980 年第 5 期。

106　古代器物溯源

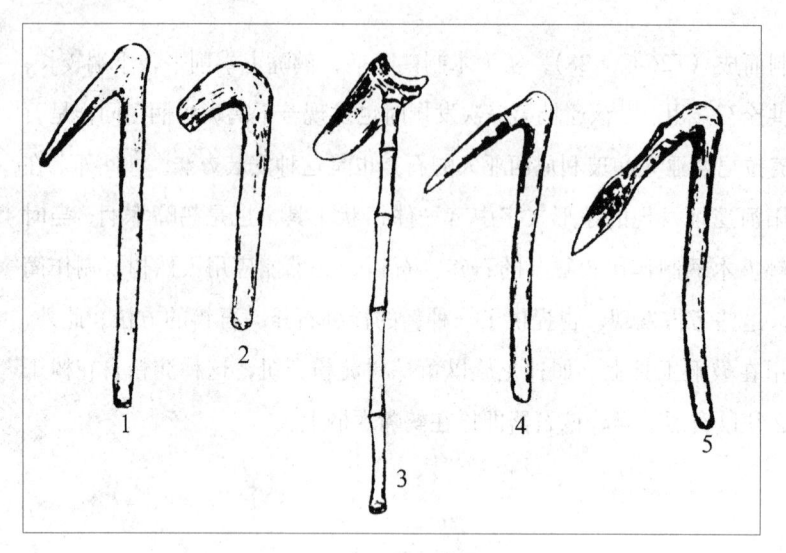

11-3　民族学资料中的鹤嘴锄

石锄，必须安装一个木柄。民族学的大量资料说明，这种木柄最初并不是垂直的，而是鹤嘴式的，即在原来木制鹤嘴锄柄的基础上，于鹤嘴上横向拴绑一块石锄，或者拴一件牛骨、蚌锄刃，形成复合工具。其特征在于：它既有坚固的鹤嘴木柄，又有锋利、结实的锄刃，锄刃也大大加宽了，所以复合型的鹤嘴锄较木制鹤嘴锄进步得多。

在我国新石器时代遗址里，曾出土大量的石锄，主要形制有三种：一种是窄肩宽刃石锄，如江苏吴江梅堰出土的所谓石钺[1]、河南临汝大张出土的所谓石犁[2]、广东西江出土的所谓石锛[3]、湖北蕲春易家山出土的所谓石斧[4]、内蒙古巴林左旗乌尔吉出土的锄形石器[5]，皆为有肩石锄，其肩瘦削，便于拴绑在鹤嘴

---

[1] 江苏省文物工作队：《江苏吴江梅堰新石器时代遗址》，《考古》1963年第6期。
[2] 河南省文化局文物工作队：《河南临汝大张新石器时代遗址发掘简报》，《考古》1960年第6期。
[3] 广东省文物管理委员会：《广东西江两岸地区古文化遗址的调查》，《考古》1965年第9期。
[4] 湖北省文物管理委员会：《湖北蕲春易家山新石器时代遗址》，《考古》1960年第5期。
[5] 《内蒙古出土文物选集》，文物出版社1963年版，第7页。

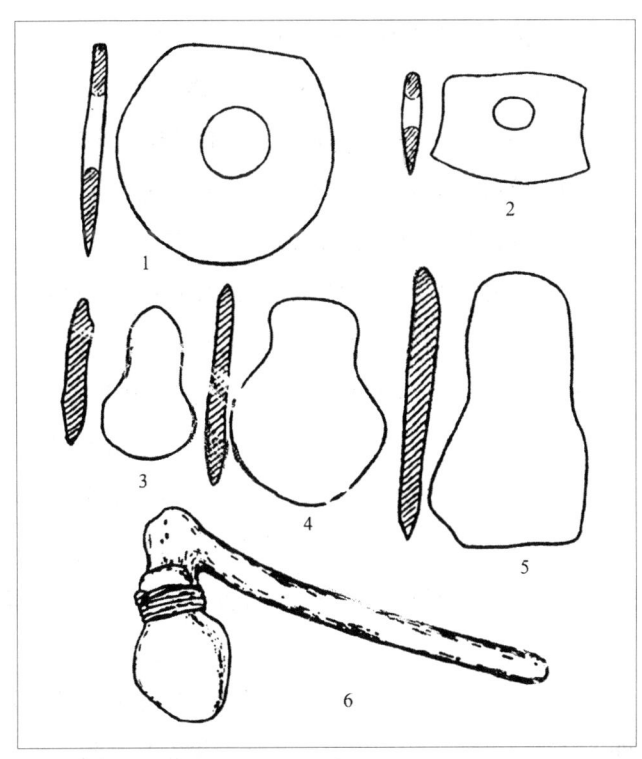

11-4　史前石锄

柄上。一种是长条形石锄，又称石钁，如洛阳王湾三期文化的石锄[1]、吉林通化江口村出土的所谓石镐[2]、赤峰药王庙出土的石锄等[3]，一般都是比较大的长形石锄，可能是安在较大的鹤嘴柄上。一种是有孔石锄，锄板呈三角形、长方形或椭圆形，如江苏吴江梅堰、江苏邳县刘林[4]、南京北阴阳营[5]、上海崧泽等地均有出土[6]，此类锄孔眼较大，是垂直安木柄的，已经超出鹤嘴锄的范围。它们

---

[1] 北京大学考古实习队：《洛阳王湾遗址发掘简报》，《考古》1961年第4期。
[2] 吉林省文物管理委员会：《吉林通化市江口村和江东村考古发掘简报》，《考古》1960年第7期。
[3] 中国科学院考古研究所内蒙古工作队：《赤峰药王庙、夏家店遗址试掘报告》，《考古学报》1974年第1期。
[4] 南京博物院：《江苏邳县刘林新石器时代遗址第二次发掘》，《考古学报》1965年第2期。
[5] 南京博物院：《南京市北阴阳营第一、二次的发掘》，《考古学报》1958年第1期。
[6] 上海市文物保管委员会：《上海市青浦县崧泽遗址的试掘》，《考古学报》1962年第2期。

可能与开沟、耕田等水稻耕作有关。

在这一阶段，鹤嘴锄不仅装有石锄，还装有骨或蚌锄，如福建昙石山出土的铲形蚌器，多呈长条或梯形，其上有二孔，可能是拴在鹤嘴柄上使用的。[1] 此外，利用鹤嘴柄安装石斧、石锛也是此时的产物。

此外，江苏徐州高皇庙龙山文化遗址出土的骨锄，上端横凿一銎，下有尖状刃，此具显然不是鹤嘴锄，而是横安木柄[2]，在黑龙江江宁县莺歌岭遗址出土过类似骨锄[3]，其年代与复合鹤嘴锄相当。

第三阶段，金属刃鹤嘴锄。自从金属产生以后，锄的形制也得到很大改进，种类增加了，安装方法也进入新的阶段。从民族学资料看，普遍出现了金属套刃，如独龙族的"恰卡"、四川木里纳西族的尖锄等，均是在鹤嘴锄刃部套一个尖状铁刃。怒族的"俄尔仲"、苗族的"烧巴"、纳西族的"责黑"，则是在鹤嘴锄上安装一个较宽的铁锄刃。从考古学资料上看，鹤嘴锄也经历了加套金属锄刃的步骤。

商周时期我国进入青铜文化时代，当时除仍然大量使用石、木和蚌等农具外，也较多地使用青铜农具，主要青铜农具有耒、铲、斨、斧、镈和铚等。其中的耒是由耜演变来的，与铲一样都是安直柄的，如湖北黄陂盘龙城出土的商代耒[4]、河南三门峡上村岭出土的西周耒[5]、湖北蕲春毛家咀出土的西周耒[6]、江苏六合程桥出土的春秋耒等[7]。当时出土的斨，实为锄的进一步发展，是较大的锄，如河南郑州二里冈[8]、湖北毛家咀和江苏六合程桥等地出土的镬，均为翻地用的镬头。在甘肃灵台县景家春秋墓出土的青铜镬上，该器顶部有方銎，可

---

[1] 福建省博物馆：《闽侯昙石山遗址第六次发掘报告》，《考古学报》1976 年第 1 期。
[2] 南京博物院：《徐州高皇庙遗址清理报告》，《考古学报》1958 年第 4 期。
[3] 黑龙江省文物考古工作队：《黑龙江江宁县莺歌岭遗址》，《考古》1981 年第 6 期。
[4] 邹衡：《商周考古》，文物出版社 1979 年版，第 36 页。
[5] 中国科学院考古研究所：《上村岭虢国墓地》，科学出版社 1959 年版，第 19 页。
[6] 中国科学院考古研究所湖北发掘队：《湖北蕲春毛家咀西周木构建筑》，《考古》1962 年第 1 期。
[7] 南京博物院：《江苏六合程桥二号东周墓》，《考古》1974 年第 2 期。
[8] 中国科学院考古研究所洛阳发掘队：《河南偃师二里头遗址发掘简报》，《考古》1965 年第 5 期。

十一、鹤嘴锄　　109

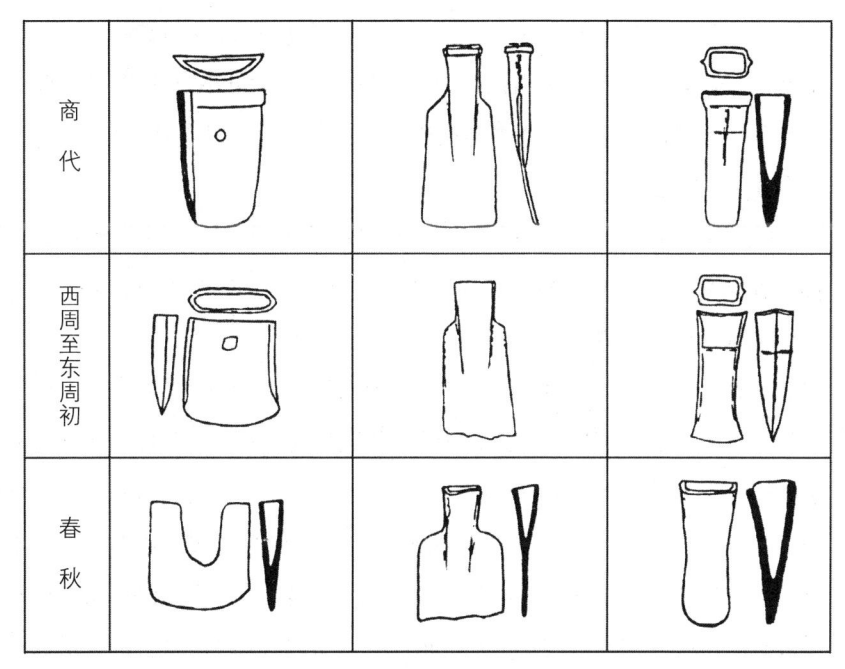

商代			
西周至东周初			
春秋			

11-5　青铜锄和青铜钁

见是安鹤嘴柄用的，在铜钁两侧还有孔眼，是加固木柄用的。[1]

在时代略为晚一点的云南地区，发现了很多青铜器，其中的锄具已经出现了分工，可分两大类：青铜锄和青铜钁。

在云南楚雄万家坝、晋宁石寨山、江川李家山、安宁太极山、呈贡龙街等地，共出土四五百件青铜农具，时代为春秋至西汉时期。[2] 其中的铜锄不少，如澂江万家营路南板桥出土的尖叶形锄，其銎在锄板上部，与锄板近垂直状态，可安直柄，形制与近代锄相同，已经不用鹤嘴柄。在江川李家山、楚雄万家坝出土一种宽叶形锄，銎铸于锄板上端，銎与锄板在一个水平面上，可安鹤嘴柄。

---

[1] 刘得桢、朱建唐：《甘肃灵台县景家庄春秋墓》，《考古》1981年第7期。
[2] 李昆声：《云南农业考古概述》，《农业考古》1981年第1期。

在云南出土的青铜镢则有两类：一种是长条形，简称长镢，特征是锄板长，厚重，上端有銎，安有鹤嘴柄，或者先安一木叶，再在木叶上安一横柄；另一种为有孔长镢，形制与上述类型相似，但顶端无銎，而是在锄板上方有一方孔，可垂直安装木柄。

以上所列的铜镢，是商周以来新生的重要农器，从上述事实看出，镢是从石镢演变来的。《淮南子》："谣者揭镢臿。"高诱注："谣，役也；揭，举也；镢，斫也。"《释名》："镢，大鉏也。"说明镢是一种大锄。《说文》："鉏，立薅也。"镢的木柄较长，是人们站着操作的，如同近代人使用镢头一样。所以才"立薅"，用于刨地、垦荒、翻地和掘根。郭宝钧先生认为，"柄向与刃向垂直而长大厚纯的叫镢，用于掘土，形制单斜面或双斜面"[1]。黄展岳先生进一步确认镢"器体厚重、长身、窄刃，长宽约为三分之一，侧视等腰三角形，平口刃，顶中空，銎口长方形，銎深约为全器的四分之三。装柄法应是用曲木或Ｖ木的一端插入銎内；或先在銎内插入木叶，再在木叶上横装木柄"[2]。这些说法都抓住了青铜镢的特征，其中的"曲木"即鹤嘴式木柄。

上述事实说明，无论是商周时期的青铜锄、镢，还是秦汉时期云南出土的青铜锄具，多属于金属套刃式鹤嘴锄，说明当时鹤嘴锄依然存在，但是结构进步了，普遍施加了青铜套刃，而且出现了铜锄和铜镢两类分工，使鹤嘴锄进入一个更高水平的发展阶段。以上农具的分工，新器型的出现，说明青铜镢虽然是从锄分离出来的，但是，无论从形制还是从作用上分析，它已超出了锄的特征，应该定名为镢，这是古代最重要的翻地农具之一。后来铁锄的发展，也基本沿用了青铜锄的形制，不过绝大部分铁锄的安柄方法改变了，鹤嘴锄也日益被淘汰。

---

[1] 郭宝钧：《中国青铜器时代》，生活·读书·新知三联书店1978年版，第20页。
[2] 黄展岳：《古代农具统一定名小议》，《农业考古》1981年第1期。

（四）镢耕农业的崛起

在上文，我们叙述了鹤嘴锄及其演变过程，那么它在古代农业生产中占有什么地位呢？正如农业生产有一系列发展变化一样，鹤嘴锄也经历了相应的变化，因此，它在各个历史时期所起的作用也不同。

关于农业生产的最初形态，由于缺乏足够的史料，还难以进行具体描述。原始人可能在采集地对野生植物精心栽植，以便更多地收获果实，或者把野生种子撒在略微加工的土地上，栽种野生作物，逐渐驯化野生作物为人工栽培作物。新中国成立前独龙族把禾种撒在草地上，然后把草拔掉，以拔起来的土掩埋种子，并且把附近的树枝折断，让阳光照射，以利作物生长。有的人称其为"拔耕农业"，是有一定道理的。但是，农业成为大面积的耕作之后，就出现了火耕或刀耕火种方式，继之而起的是耜耕或锄耕阶段，后者是犁耕农业出现的前夜。

恩格斯在谈到古日耳曼人的历史时，曾经明确地指出："他们的耕地只种一年，第二年总要耕一块新土地。这大概是火耕法。直到现在，在斯堪的那维亚和芬兰北部，还采用这种方法：把森林（除森林以外，只有沼泽地和泥炭地，这些土地当时还不适于耕作）烧掉，把树根马马虎虎地拔一拔，再把这些树根和松过的表层土壤一起烧一遍。然后在这块施过灰肥的土地上播种谷物。"[1] 类似火耕方法在我国古代记载和近代民族调查中大量存在，即先把树木砍倒，晒干之后进行焚烧，这样既清除了树木，开垦了耕地，又能焚草木为肥料。事后以尖木棒和木制鹤嘴锄播种。火耕地的特点是疏松、肥沃，不专门翻地，也不另外人工施肥。但是，由于焚而不耕，又不施肥，地力减退很快，一般种一两年就荒芜了，土质容易板结，因此必须丢荒，另外选择新的林地耕种。如独龙族同时存在三种土地：一种是砍伐地，一种是种植地，另一种是丢荒地。三种

---

[1]《马克思恩格斯全集》第19卷，人民出版社1972年版，第486页。

土地互相配合，彼此补充，才能维持火耕农业生产。该族的火耕地可连续使用三个周期，即从砍伐到丢荒结束为一个周期，大约10年时间，连续砍、丢三次，即30年左右，土地就不能再使用了。如果村落附近大部分土地都不能再利用，只好迁徙他方。这就是原始生荒耕作制。[1]

粗耕农业是进步的原始耕作方式，它是在火耕地的基础上，首先利用耒、耜、锄等生产工具进行翻地，改变土壤结构，使土地松软；其次是实行施肥，并且采取轮作、休耕等措施，增加地力，不仅有助于增加产量，也能延长耕地使用年限，这就是熟荒耕作制。[2]

从两种原始耕种方式可以看出，在火耕阶段是不需要翻地的，也没有专门翻地的农具，当时的石斧用于砍伐树木，尖木棒用于播种，木制鹤嘴锄用于平地、播种和中耕，说明木制鹤嘴锄在火耕农业中的作用是很有限的。在粗耕农业阶段，翻地已经成为耕种中的重要环节，迫切要求新的翻地农具。与此相适应，对中耕、除草也重视了。当时耒耜和复合型鹤嘴锄的出现，就是适应上述需要而产生的。

然而耒耜和复合型鹤嘴锄在翻地上的效果却有明显的高下之分，因为木制鹤嘴锄刃部过于窄小，掘土甚少，石锄刃部虽大，但是比较粗钝，也不利于刨土，尤其是以其翻地，入土很浅，操作也相当吃力，因为使用锄柄只用双手往下刨，不能运用足力，所以石锄在粗耕阶段仍然不是主要的翻地工具。不过，当时兴起的耒耜却优越得多：一是耜冠种类多，一般比较锋利，入土较深，适于翻地。二是操作比较自如、省力，它既可以发挥两只手的作用，用手推刺或扳压耒耜起土；在推刺时还可以用脚踏踩耜上横木，手足配合，共同推刺和发土。同时，人们是站着操作耒耜的，加上有直柄和曲柄耒耜，自然减少了弯腰曲背之苦，提高了翻地效率。因此，耒耜是粗耕农业阶段的主要翻地农具，故名耜耕农业。当然，复合型鹤嘴锄的大量使用，以及其他锄具的改进和普及，

---

[1] 游修龄：《对河姆渡遗址第四文化层出土稻谷和骨耜的几点看法》，《文物》1976年第8期。
[2] 见拙文《河姆渡遗址出土骨耜的研究》，《考古》1979年第2期。

也具有积极的作用，它们不仅改进了中耕、除草技术，也在一定程度上加强了翻地的能力。从这种意义上说，称耜耕农业为锄耕农业也是可行的。

自从金属装备农具以后，使农具焕然一新，如耒耜发展为铲、臿；出现了金属锄和镢；收割工具出现了铚和艾；铁器应用在农业上之后还出现了铁铧犁；等等。特别应该指出，商周时期青铜锄和青铜镢的大量使用，对土地的耕垦有重大影响。

根据最近对考古文物的研究，我国远在龙山和良渚文化阶段就出现了犁耕，当时的犁是木制或木石合制的，使用很不普遍，耕地效率不高[1]，因此，当时的主要翻地工具还是耒耜和锄具。原始犁耕的这种软弱性一直延续很久，但是商周时期青铜镢和青铜锄的出现，为当时提供了一种新的翻地农具。它具有锋利、坚固的优点，既可以深翻土地，开辟沟渠，又能进行有效的中耕。它们与远古的耒耜相比，进步得多，较原始的木犁、石犁也锋利、便当，不受畜力的限制。所以青铜镢和青铜锄是商周时期最进步的耕地农具，而且数量较多，如河南郑州南关外商代铜器作坊出土1000多件陶范，其中以铜镞范最多，镢范占第二位，居各种生产工具范之首。山西侯马所出土的青铜生产工具（陶范），也以镢、锛的数量为最多，说明当时普遍使用铜镢。值得深思的是，为什么不见铜犁呢？原因很简单：青铜适合锄耕，而不适合犁耕。众所周知，以青铜铸造镢、锄是容易的，也便于使用，但是以青铜铸造犁铧，从工艺上说困难些，又不耐用。同时，在奴隶制度下，青铜是很珍贵的，奴隶主不会把大量的青铜农具交给奴隶使用，广大个体生产者一者购置不起铜犁，二者购买挽犁的牲畜更难，但是添置一两件铜镢还是可能的，这就是当时主要以镢、锄耕地的历史原因。

由此看出，在我国商周以至春秋时期，有三种农具并存：有古代遗留下来的耒耜和锄具，有方兴未艾的犁，还有一种新兴而流行的镢、锄工具。其中以后者最为普遍，翻地效果也好，在耕垦活动中起着重要作用。因此，可称当时

---

[1] 余扶危、叶万松：《试论我国犁耕农业的起源》，《农业考古》1981年第1期。牟永抗等：《江浙的石犁和破土器——试论我国犁耕的起源》，《农业考古》1981年第2期。

的农业为钁耕农业，这是锄耕农业发展的新阶段，而且，只有进入了青铜时代，锄耕农业才得到了真正的发展。这种钁头，到汉代仍然占很大比重，以满城汉墓为例，出土铁钁 17 件，铁铲 7 件，铁耙 2 件，犁铧 1 件，共 27 件，其中铁钁占 62.9%；该地出土的铁农具范模也是如此，共出土农具范 20 件，其中铁钁范模为 11 件，占铁农具范模的 55% 以上。[1] 这一现象是令人深思的。我们知道，当时虽然已经有了牛耕，但是牛、犁成本很高，一般农民只能望洋兴叹，然而钁头投资少，操作方便，每家有一两把钁头就能独立耕作，比牛耕经济得多。它可能是当时个体农民使用的利器。

---

[1] 卢兆荫等：《满城汉墓农器刍议》，《农业考古》1982 年第 1 期。

十二、木牛

木牛是什么？史树青先生认为是诸葛亮用的独轮车，有根有据，观点可以成立，但是木牛不限于一种，还有一种是人挽的犁地农具。

1958年笔者在广西壮族自治区龙胜、三江和大苗山等县从事少数民族社会历史调查时，曾看到一种人工踏犁，此乃古代耒耜遗制。同时听说在桂黔邻界的地区还使用一种木牛挽犁。当时曾引起笔者的极大兴趣，由于中途另有急务，未能前往调查，这是很遗憾的往事。但是笔者探索木牛的欲望一直记在心上。数年之后，笔者在翻阅贵州出版的少数民族调查报告时，看到不少有关木牛的记载，说明有些人已经在研究这个问题了。

在调查报告中是这样记载的：

黎平县三龙乡侗族用人力牵引犁时，另有一辅助工具木牛，即是将一根木杠两端按垂直方向各楔一木桩。犁田时，将木杠中前端处用绳与犁架联结起来，二人将木杠扛在肩上，一前一后抵着木桩拉着犁前进，后面的人兼掌犁。人拉犁效率低于牛耕，但高于锄耕。三种耕作效果列表如下：

耕作方式	单位时间	所需动力	耕种面积
锄耕	1天	1人	1担田
木牛挽犁	1天	2人	4担田
牛拉犁	1天	1人、1牛	14担田

说明：6担田合1亩田。

从江县丙梅占里寨侗族也使用木牛。它是一根约8尺长的木杠，距两端1尺处各镶木楔，成直角形。两楔平行，楔长5寸许，前楔之后系绳一条，绳的一端系于犁上。犁田时，前面一人以肩抵木楔，手拉着绳前进，后面一人也是以肩抵木楔，双手掌握犁前进。

在从江县平正乡刚边寨居住的壮族也使用木牛，犁田时以人力牵引，谓之拉木牛。所谓木牛，是一根长约8尺的木杠于两端往里1尺处各镶5寸许木楔，呈直角，两楔平行。前楔端系绳一条，绳的另一端系犁具。犁田时，牵引的人以肩向前抵木楔，一面以手牵引系于犁上的绳，后面一人也以肩推后楔和掌握犁把前进。

广西瑶族过去也使用过木牛。他们在过春节时，初一清晨要举行一种种田仪式，以三人为一组，一人作牛，一人扶犁，一人荷锄，逐街逐户耕作。这是人工挽犁在节日风俗里的反映。

以上调查对木牛的形制和作用进行了详细的报道，为我们研究农具发展史提供了较为罕见的史料。美中不足的是缺乏插图，对具体理解木牛的结构带来一定困难。事后，我们在整理中国历史博物馆收藏的民族文物时，发现在元人《苗蛮图》中有一幅苗族二人挽犁图，图上的引犁工具及其耕犁与有关木牛的记载基本相符，而且是比较古老的木牛形制。

在这幅图上共画有五个人物，中心画面是两个男子，一前一后，共抬一根木杠。在木杠中央往下安一根柱，与木杠呈垂直状态。在木柱下方斜安一耙，也就是犁头。为了固定犁架，在木杠和木柱之间又安一根斜木。从画面上看，一人在前面肩负木杠前行，一人在后面抬杠兼扶耙前推，两人奋力耕作。这两个人都有较高的椎髻，在扶犁者的椎髻上还插有鸟羽，佩戴耳环、项圈，上身赤裸，下着草裙，赤足。前面拉犁的人也戴耳环，上身半脱，下穿裤，亦赤足。另外三个人中有一位是成年妇女，梳椎髻，横插一枚银簪和一把银梳，颈部佩有四圈银项圈。上身穿右襟布衣，下着百褶裙，裹绑腿，赤足。她左挑一担，篮内有木甑、饭碗和酒葫芦。从形象上看她是为耕田人送饭来的。在耕地者后

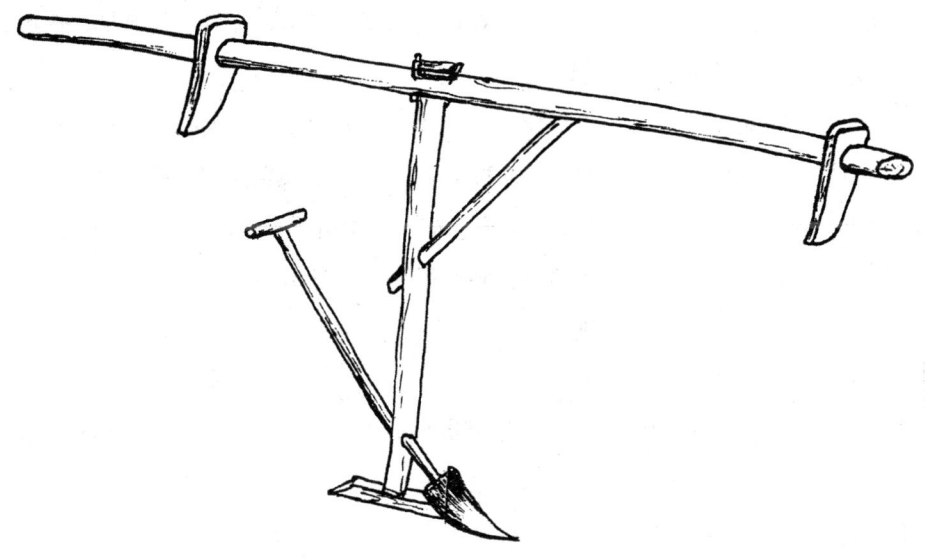

12-1 苗族的人挽木牛

面,有两个小孩,头顶挽髻,佩大耳环,着上衣,其中一个小孩还提一只小竹篮,作采野菜和玩耍状。从上面所描述的衣服、头饰和有关风俗看,与近代苗族,尤其是与贵州丹寨、雷山等县苗族相近。说明远在元代苗族就运用木牛犁地了。

1982年春天,我们在黔东南雷山、台江和黎平、从江、榕江等县进行民族文物征集工作期间,又对木牛进行了调查和核实。特别是看到木牛和有关犁制以后,解决了不少有关以木牛挽犁的实际问题,真是百闻不如一见。

第一,木牛是一种人工挽犁工具。据我们的实际调查,木牛是一种木制的人工挽犁工具,也就是一根木杠,长2.5—3米,直径8—10厘米。在距木杠两端20—30厘米处,两内侧分别安一根短木桩,又称肩楔。肩楔长15—20厘米,与木杠呈垂直状态。犁田时,用绳索联结木杠与犁架,即将耕索一端拴在木杠前面的肩楔后边,绳的另一端拴在犁辕头上。然后由两人操作,一人在前面肩抵前肩楔，手挽耕索向前挽犁；一人在后边肩抵后肩楔，并且手扶犁柄，向前推犁前进。这就是拉木牛的情景。

元人《苗蛮图》上的木牛形象，与上述木牛大同小异，也是由一根木杠构成，前后也安有肩楔。但是木牛与犁的媒介工具不同：《苗蛮图》上的木牛中央往下有一根很长的立木，立木底下又安一横木，相当于犁床，供支撑耒耜之用。而近代侗、苗等族所用的木牛简单、轻便得多。可见木牛本身也有一个发展过程，《苗蛮图》上的木牛比较原始、笨重，近代的木牛比较进步了，而且以耕索取代了立木，这是一个重要改进。

应该指出，在《三国志·蜀书·诸葛亮传》中早有木牛的记载，据考证该书中的木牛为独轮车。少数民族的木牛虽然与独轮车相异，但含义相近，也是无牛而能犁，具有牛的作用，因此也称其为木牛。不过，南方少数民族以人力挽犁所用的工具，绝不限于木牛一种，也有用绳索牵犁的。阮福《耒耜考》称："黔中爷头苗在古州（今贵州榕江县）耕田，全用人力，不用牛。其法：一人在后推耒首，一人以绳系磬折之上，肩负其绳，向前曳之，共为力。"

第二，以人挽犁是初期的犁耕形式。在上述侗族、苗族和瑶族等居住的地区，犁耕早已出现，但是以牛挽犁的历史相当晚，直到新中国成立前在黎平、从江、榕江等某些地区还以木牛犁地。是当地养牛历史很短吗？也不是。

这些民族养牛的历史比用犁耕还要古老，养牛数量很多。以从江县占里寨侗族为例，该寨共有156户，养276头牛，几乎每户都有牛，其中村寨还公养两头"斗牛"。侗族对牛很重视，四月初八为牛辰节，当天专门做黑糯米饭给牛吃。有的地区七月十四日过洗牛节，即为牛洗身，好草好料给牛吃。牛是当地的重要财产，也是商品交换中的等价物。侗族民歌唱道："牛死留有角，人死留有歌。牛角挂在檐柱上，显耀祖先家业多。"在檐柱上挂牛角的多少，是该家贫富的重要标志。侗族养牛的目的，最初并不是为了犁田，而是用于肉食、祭祀、交换和斗牛，后来才用牛耕田，犁田就更晚了。侗族老人说，不用牛耕田是老规矩，主要是不习惯，尤其在层层梯田的山区，田块小，牛耕施展不开，反不

12-2 苗族的人挽犁

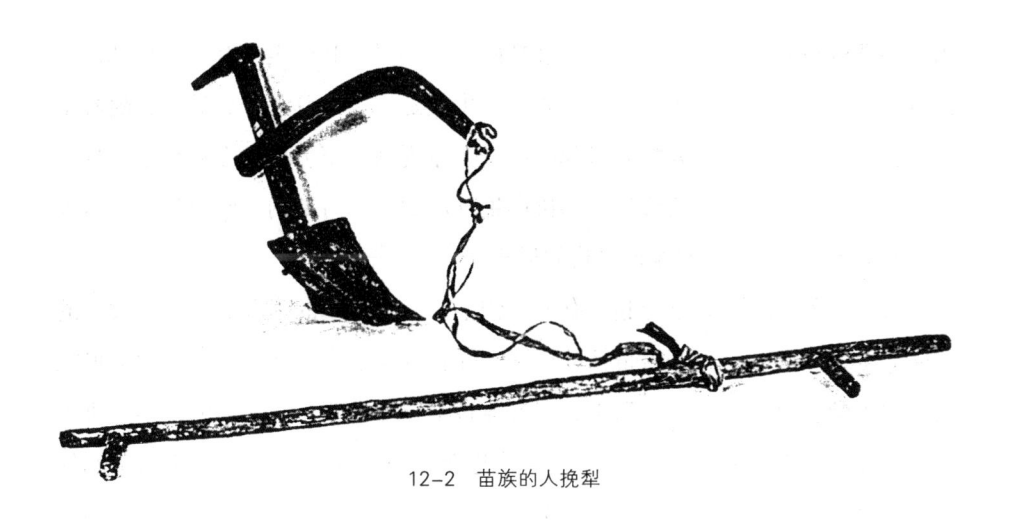

如以人挽犁方便。这种情况在苗族、瑶族地区也同样存在。

使用人力挽犁不仅在侗族、苗族和瑶族地区存在，在我国其他民族中也有迹象可寻，此例甚多。

汉族在历史上就流行过人挽犁。《汉书·食货志》："平都令光教过以人挽犁。"近代山东、新疆等地还有人挽犁。

《旧唐书》卷一九九称古代东北有一个室韦族，他们"刳木为犁，不加金刃，人牵以种，不解用牛"。《新唐书》卷二一九又载室韦"刳木为犁，人挽以耕，田获甚褊"。

人挽犁在国外也大量存在。

由此看出，在犁耕出现的初期，人类并不能马上将牛和犁结合起来使用，两者还是分离的。所以，有犁并不等于就有牛耕，有牛也不等于就有牛挽犁。只有当养牛和犁耕产生之后很久，人类才发明了以牛挽犁的牛耕形式。但是，犁是一种新式农具，它的特点是破土划沟，效率较高。王祯《农书》卷二："今易耒耜为犁，不问地之坚强轻弱，莫不任使。"不过，由于犁具较大，耕地深，又持续破土划沟，在这种情况下仅凭一人之力是不能胜任的，必须以较大的动力才能驾驭耕犁，从而出现以人力挽犁的耕作形式。其中至少有一人扶犁，一人或多人挽犁，附带产生了引犁工具，木牛就是这类工具之一。后来，随着牛马等畜力的不断驯化，人类对耕犁的改进，才逐渐将畜力应用在耕作上，从而出现了牛耕。所以，我们认为在犁耕产生以后的一段时期内，曾有过一个以人力挽犁的历史阶段，并且采取耦耕的形式。

第三，木牛对研究犁的起源有一定借鉴。关于耕犁的起源，有一种天真的说法，认为只要人砍下一根带杈的树干，并将树杈削尖，有几个人在地上挽拉就产生了犁。事实没有这样简单。同其他科学技术发明一样，犁的发明取决于两个因素：一是社会生产的发展急需改进耜耕或锄耕，以适应农业生产的发展。社会需要是促进耕犁产生的根本动力。二是要有相应的物质技术条件为基础。只有在解决它的物质条件已经存在或者至少是在形成过程中的时候，新发明才会产生。就以耕犁来说，它是集中机械、力学和引力等多学科的技术发明才出现的，而且经过了一个长期的摸索过程。我国的耕犁基本是在耒耜的基础上发明的，也有些是在锄具的基础上演变来的。首先，为了减少阻力，便于破土划沟，必须把长方形的耜冠改造成三角形的犁铧。其次，由于安装犁铧和牵引耕犁，必须有一个犁架结构。这些变化可以从木牛及《苗蛮图》上的木牛形象看出端倪。

《苗蛮图》上的犁，实际是耜，如同苗族的脚踏犁，特征是木柄修长，在木柄顶部有一根横木把手，这些与耜或脚踏犁是一致的。但是该图耜冠已变成尖锋状，已经具有犁铧的特点，更便于破土耕地。图上的犁架相当原始，它是以木牛为基础，木杠相当于犁辕，立木相当于犁箭，立木下边的横木相当于犁床，但它们都适宜人挽，而不便于牛拉，所以是比较原始的犁架形式之一。可见由耒耜变为耕犁必需一定的犁架。

近代贵州少数民族所使用的耕犁，形制比较复杂，基本有三种形式：一种是来源于锄具的叉叉犁，主要流行于彝族地区，其结构与四川大凉山的耕犁一样；一种是二牛三人犁，犁制为二牛抬杠的形式，但是犁衡与犁辕由耕索相连，由一人扶犁，一人掌辕，一人牵，由两牛挽拉；一种是曲辕犁，由犁柄、犁床、犁辕、犁柱、犁铧和犁壁六个部件组成。侗族、苗族使用木牛所挽的犁就是这种曲辕犁，这是比较先进的耕犁。然而，因为用人力牵引，它所用的牵引工具和木牛还停留在比较原始、落后的水平上。这对探讨犁制的发生和发展有重要的参考价值。

十三、铜犁铧与铜犁镜

在我国农业史研究中，似乎有一种观点：最初农人使用石器耕作，后来直接向铁器时代转变，其间没有铜制农业工具。由于考古发掘极少见铜制农具，上述观点占有上风。事实并非如此，在民族学和文物学上往往提出不少反证。

（一）铜犁铧

1981年春天我们赴四川木里俄亚村作田野调查，居住了三个多月。回来时经过卡瓦村、纳窝村，渡过冲天河，经依吉而回泸沽湖。我们是3月6日下午2点抵纳窝村的，这是一次有趣的旅行。

我们从卡瓦村出发后，沿龙达河北岸东行，走在山腰上，左边为高山，右边为峡谷，下边就是奔腾不息的龙达河，最后汇入冲天河，冲天河又流进金沙江。道路虽然好走，但是此时为旱季，山上的石、土经常滑下来，山上有羊群活动时更是这样。有一次发生了干石流，几乎走不过去，把马脚子带领的狗也冲下峡谷，大家以为狗被摔死了，但快到纳窝村时狗又跟上来了。我们先到纳窝村队部，房子很大，空无一人，干部都下地干活了，趁天还大亮，我们放下行装就到村内调查去了。

纳窝村位于冲天河西岸，西、北两面为高山，房屋即分布在山脚下，背山朝阳，主人都是普米族。村南有不少梯田，村北有两幢碉房。村边有一眼泉水，是饮水、灌溉之源。民众说："山有多高，水有多高，是不缺水的。"碉房与羌族碉楼一样，其上有许多枪眼。据说是木天王时代的军事哨所，经过几百年沧桑变化，碉房已经破败了。笔者为碉房和村落拍了若干张照片。

笔者从村北走到村南，地表泥泞不堪，都是泉水造成的。旁边有一位老人正准备犁地，犁是二牛抬杠犁，这在少数民族地区已司空见惯了，但仔细一看，犁铧明晃晃的，发出黄色光芒。笔者感到有点奇特，特意走近观察，又用手摸了一下，自语道："啊，这是铜犁铧呀！"老人名叫生塔，62岁了，他对笔者的惊叹并不以为然，笔者却认真调查起来。

该犁有一根长辕，前有一衡式杠，供二牛牵引，后有一犁柱，辕尾正安于犁柱上。犁柱上端细小，是为把手，下端较宽，尖部为犁床。因此该犁包括犁衡、犁辕、犁柱（包括犁床），犁床是犁柱的一部分，在犁上还没有控制耕地深浅的犁策和犁评。

在犁床或犁柱中下方，有两个洞，上洞或中间洞可安犁辕。在下边洞可安一个木楔，但该楔为短木状，穿过洞口，两边露出。短木前方正好能安铜铧。铜铧呈三角形或长三角形，面部光滑可鉴，发黄色，由黄铜铸造。铜铧后有一銎，还可插入木楔或短木。这种安装方式，使笔者想起了俄亚村的木铧犁形制。

俄亚村的木犁，有两种：一种是二牛三人犁，是固有的，与纳窝村犁相近；另一种是短小的曲辕犁，是后来传入的。俄亚村二牛抬杠犁的犁床，也是犁柱的下部，宽大，有两个洞，上边供安犁辕，下边供安木犁铧，相当于纳窝村的木楔或短木，但形制有特色，呈粗壮矛头状，前有尖，但略宽，后有柄，这一点与纳窝村的木楔如出一辙。所不同的是，纳窝村在木楔前安一个铜犁铧，俄亚村无铜犁铧，只用木犁铧，但在形制上与纳窝村的木楔不同，它更像矛状的犁铧，这可能是古代木犁铧的原型吧！

纳窝村的铜犁是否普遍呢？笔者曾问生塔老人："本地都用铜犁吗？"他

13-1 纳西族铜犁

说："我们村用，冲天河两岸许多村也有铜犁。"笔者又问："这种铜犁是哪儿铸的呢？"生塔老人说："这里的铁匠都会用石范铸铜铧，也可铸铁铧，技术最好的是摩梭人，如卡瓦村、录宁。在制法上，铜是本地炼的，也可熔旧铜，然后注入石范内，但石范表面涂一层稀泥，防止粘连。"他又说："最早还用木犁铧、石犁铧，近几十年又用铁犁铧。"由此看出，在冲天河地区，曾普遍用过铜犁铧。

中国古代是否使用过铜犁铧？是局部地区，还是全局，甚至是经历过一个铜犁时代？学术界有不同看法，争论也较大。从纳窝村等地铜犁资料看出，说古代没有使用过铜犁是不确切的，不仅古代有，近代也有，纳窝村铜犁就是一例。至于说有无铜犁时代，目前还缺乏证据。但是在盛产铜的地区，如滇川等地，古代不仅普遍用铜锄、铜镤、铜镰，也曾使用过铜犁。当然，在不产铜的地区，铜农具就未必普及了。

（二）铜犁镜

犁镜又称犁壁，是犁上的一种翻土设备，过去认为是铁制的，山西阳城就是铸犁镜的地方。有无铜犁镜呢？笔者想讲一个我所经历的故事。

2006年春天一个周末，笔者去北京潘家园旧货市场，看见一件铜犁壁，征得主人同意，笔者拍了照片，作了一些测绘、调查，感到这是一件重要的历史文物，对研究农业史有重要意义。

铜犁镜相当完整，通体扁薄，高25厘米，宽20—23厘米，厚0.3厘米。正面光亮，内凹，黄色。上部呈半圆形，下部为斜直刃，有一定斜度，正好与犁铧表面吻合。背面略凸，上有一铸造铜钉，钉高1.5厘米，直径0.7厘米。下部有两钮，钮长4.5厘米，高1厘米，孔径0.3厘米。两钮相距11厘米，净重2.5千克。从钮孔看，该具应拴在犁柱上，使其固定。

犁镜是什么时候出现的？肯定地说先有犁后有犁镜。最初的犁是不用犁镜的，我们有不少少数民族不用犁镜。后来发明"挡泥板"，如西藏、纳西族均在犁铧安一"挡泥板"，相当于犁镜，即原始木犁镜，起翻土作用。从考古发现看，西汉晚期我国已经使用铁犁壁，种类不少，有菱形犁壁、瓦形犁壁、方形犁壁、马鞍形犁壁等，均铁铸，前三种为向一面翻土，即向左或右侧翻土，后一种却向两面翻土。当时不仅有铁犁壁，也有铜犁壁。这说明犁壁在西汉晚期已有较高水平，也说明犁壁的产生还要早一些。

从我们所见铜犁壁的形制观察，形制比较规范，是相当成熟的，其形制与宋代犁镜相近，也是由瓦形犁壁发展来的。据主人说是从张家口地区收购的，我们初步推断应该是当地辽金时期的农具。

犁壁是安装在犁铧上的。从铜犁壁的形制上看，它的下边或刃部有一斜边，正好与犁铧面吻合，但犁壁略向后倾斜。由于犁壁背后有孔和钮，可以拴绳，把犁壁拴在犁柱上。应用犁镜是耕作的一个重要进步。犁地时，犁铧在土中行，能松动死板的土，即有破土划沟作用。如果没有犁壁，犁起的土块还会落到原处,达不到翻地的目的,犁地效果较差。一旦安装犁壁,犁起的土块则沿犁壁上升,并随着犁壁的曲面翻转于一侧或两侧,真正能达到翻土的目的,土块也会更细碎。因此,犁壁设置具有重要的价值。正如唐代陆龟蒙在《耒耜经》中说的:"耕之土曰垡,垡犹块也。起其垡者,镵(铧)也;覆其垡者,壁也。草之生,必布于垡,不覆之,则无以绝其本根,故镵引而居下,壁偃而居上。"

这段记载,对犁壁的结构和功能作了生动的解释。

十四、瓠种

人类自发明农业以来，起码已经有一万年的历史了。最初人类是怎么播种的呢？目前考古尚未发掘出有关实物，但是民族学却提供了不少有关资料。夏瑚在《云南北界勘察记》附录二"怒俅边隘详情"中写道：云南独龙族"所种之地，惟以刀伐木，纵火焚烧，用竹锥地成眼，点种苞谷；若种荞麦、稗、黍等类，则只撒种于地，用竹帚扫匀，听其自生自实"。这段文字讲述的是火耕方法，其中的播种方式，基本有两种：一种是种玉米等，采用点播法，所用工具是尖木棒、尖竹棒，"锥地成眼"，然后一粒一粒地播种；另一种是种荞麦、稗子、黍子，则是用手在地里漫撒，然后用竹帚扫一下，就算覆土了。

笔者在海南省黎族村寨考察时，曾看到黎族的"砍山栏"，也是一种火耕方法，播种是用手漫撒山栏（旱稻），但是种玉米、豆类则用尖木棒。一人在前用尖木棒点穴，一人在后点种，并用脚覆土。该族种水稻，过去不实行育秧、插秧，而是先在水田里灌水，然后把一群牛轰到水田内，反复践踏，使泥水交融，号称"牛踏田"，然后在水田中漫撒稻种。这些都是比较原始的播种方法。再进一步的播种农具是"点葫芦"。

过去读《齐民要术》，知道有一种"瓠种"，它是以葫芦进行播种的农具，但是它究竟是什么形制，又怎么进行播种，一直不大了解。在几次下乡调查期间，曾想找到实物，老乡说："过去用过，但没有实物了。"后来去陕北农村，看见当地农民还在使用瓠种，当地农民称"点葫芦"，感觉有一定的学术价值。

常言说"春种秋实"，以这四个字概括农业生产活动。就以播种来说，基本有三种方法：一种是撒播，一种是条播，另一种是点播。民谚又说："撒播不如条播，条播不如点播。"我们搜集到的点葫芦就是进行条播的农具之一。

笔者所见到的点葫芦，为长柄圆葫芦，全长97厘米，在圆葫芦头上斜插一木柄，柄长36厘米，直径3厘米；下端外露一扁形方头，长6厘米，并以木楔横穿方头，使木柄与葫芦固定。在接近木柄中央的圆葫芦上挖一孔，直径3厘米，作为装种子的开口。在葫芦长柄一侧，挖一长孔，长6.5厘米，宽1.3厘米。长孔与圆葫芦相通，也就是从开口装进种子后，种子可沿长柄滑落下来，并从长口中流出来，落于地上，达到播种的目的。

葫芦点种器，古代称"瓠种"。近代河北农村也称"点葫芦"，我们搜集的那件，来自河北张家口蔚县农村。山东地区称"葫芦头"。据《山东省志·民俗志》称："葫芦头，又称轱轮子，即古代遗传下来的'瓠种器'，用葫芦掏空，上置把手，下置管，再在葫芦开口门，装入种子，播种人一手提葫芦头，一手持木棍，顺着种沟边走边敲，种子即成直线播入沟中。"

北魏贾思勰在《齐民要术·种葱》中已经提到"瓠种"："两楼重耩，窍瓠下之，以批契继腰曳之。"大意说，有两架耧犁，一架在前，一架在后，耩而耕之，一人以瓠种

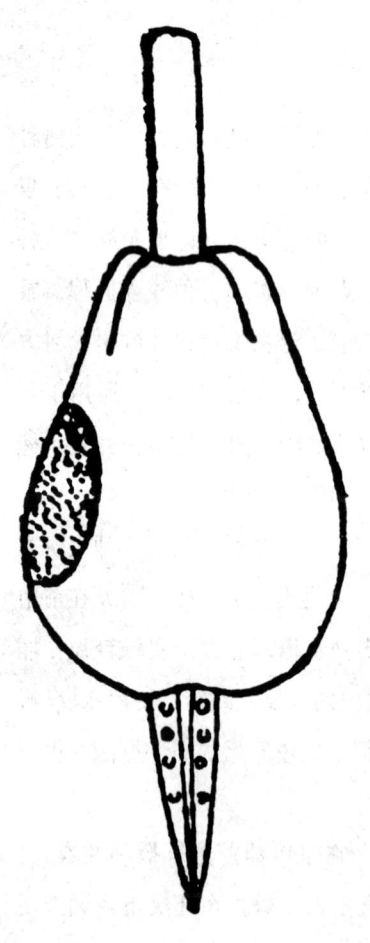

14-1 瓠种

下种，并在腰上系一个覆土工具——批契。该书又称苜蓿"旱种者，重耧耩地，使垄深阔，窍瓠下子，批契曳之"，说明当时种苜蓿也用瓠种播种，即使种子泻于垄畔，覆土后，种子不深不浅，有利于生长。但当时的瓠种是什么样的，不得而知。

值得注意的是，1972年在河北滦平县岭村发现一座金代窖藏，其中出土一件瓠种，也以圆形葫芦制成，安有木柄、木筭，但是这种瓠种的木筭上的泻种不像《农书》上的木筭上有许多孔，而是在下端一侧有一开口，这一点与笔者所见的点葫芦的泻种口相同。这件瓠种是目前发现的最古老的点葫芦。

王祯《农书·农器图谱》："窍瓠贮种。量可斗许，乃穿瓠两头，以木筭贯之。后用手执为柄，前用作嘴。泻种于耕过垄畔，随耕随泻，务使均匀。又犁随掩过，遂成沟垄，覆土既深，虽暴雨不至抛挞，暑夏最为能旱，且便于撮锄，苗亦郁茂。燕赵及辽以东多用之。《齐民要术》曰：'两耧重沟，窍瓠下之，以批契系腰曳之。'此旧制，以今较之，颇拙于用，故从今法。寡力之家，比耕耙耧砘易为功也。"后来的《三才图绘》、徐光启的《农政全书》等有关瓠种的记录多与此相同。

从目前所掌握的资料看，瓠种可分为以下三种形制。

1. 圆形瓠种

该器以圆葫芦制成，安有木柄和木筭，王祯《农书》、徐光启《农政全书》上所描述的瓠种就是这种形制。其做法是取一个圆形葫芦，首尾对应各开一孔，直径4.5厘米，然后插一根木棍，上为木柄，长15厘米，下为中空的木筭，作为泻种管，也就是说，此木中空，上通葫芦，下有开口，顶部封死。古代称其为木筭。另外在圆葫芦上有一较大开口，作为装种子开口。金代窖藏所出土的瓠种也是上述形制。说明这种形制的瓠种是最常见的、最基本的形式，取材方便，易于推广。

2. 长柄形瓠种

该具以长柄葫芦制成，只安木柄，不装木箅，以葫芦的长柄代替木箅，因此制作更加简易。笔者在潘家园旧货市场所得的点葫芦就是这种形制。这是比较特殊的葫芦制成的瓠种。李时珍在《本草纲目》中讲有多种形状的葫芦："后世以长如越瓜、首尾如一者为瓠；瓠之一头有腹而长柄者为悬瓠；无柄而圆大形扁者为匏；匏之有短柄大腹者为壶；壶之细腰者为蒲卢。"不难看出，前面所述的第一种瓠种所用的葫芦，为壶，而第二种瓠种则是用悬瓠制成的，它的优点是有一个中空的长柄，比木箅优越得多。笔者后来在潘家园旧货市场又见过几件瓠种，也是用悬瓠制成的，说明此类瓠种也不少。

3. 代用品瓠种

该类型不用葫芦，但以其他材料仿制葫芦制成瓠种。其中也有不同的产地，一种是柳条编成半葫芦状，或者小口篮筐，横安一木箅。如韩国农民就使用这种播种工具。另一种是以树条为架，编成葫芦状，外包猪尿脬，也安有木柄和木箅。很明显，这种类型的瓠种是晚起的。

尽管瓠种形制不同，其操作方法还是大同小异的。使用时，在木柄和木箅之间拴一背带，套在脖子上，将瓠种置于胸前，大头在上，木箅或长柄在下。操作者跟着犁具沿着垄沟前行，他左手握住木柄，把握住方向，右手持一短木棒，不断敲击木箅，种子从葫芦内沿木箅而下，且从泻种口落到垄沟内。据调查，一人一天能用该具播种两三亩地。笔者家乡在辽东丘陵地区，儿时常随父亲做农活，也看到大人用点葫芦播种芝麻、粟子。记得我当时曾想试用一下点葫芦，大人坚决不肯，认为点葫芦者必须是有经验的成年人，否则会影响收成。同时我还发现，籽粒较大的，如高粱、麦子、旱稻，可以从泻种口播下来，但是有些籽粒小的种子则不是这样，而是在泻种口拴几颗脱粒的高粱穗，这就能缩小泻种口，能有效地控制播种密度，这种做法多适用于芝麻、苏子等作物。

通过对瓠种的个案分析看出，瓠种虽小，其文化内涵却相当丰富，实际上，它仅是千千万万民俗文物大家族中的一员！重视历史文物固然重要，但是民俗文物也是不容忽视的，它也是一种文化载体，具有一定的历史、学术和艺术价值，它也是不能再造的一种文物类别。尽管这个文物领域被普通民众遗忘了，但是文物贩子、老外却把此类民俗文物视为珍品，从而使大批珍贵的民俗文物流失、破坏，这是应该改变的。尤其在当前社会飞速发展、传统民俗受到严重冲击的时候，必须采取有效措施，大力抢救民俗文物，这对活跃学术研究、发展博物馆事业、加强文化交流都有重要的意义。

十五、牛拖和雪橇

在探讨陆上交通工具起源时，人们都强调最早是用人挑、扛，后来利用畜力，出现了马帮、牛帮、驮羊、驮驼，再后来出现了各式各样的车辆。其实在车辆出现以前，还有两种陆地交通工具：一种在地上直接拖拉，一般叫牛拖；还有一种是雪域的雪橇，又称爬犁。

（一）牛拖

过去读古书，知道南方曾有一种特殊的泥上交通工具——橇，适合在泥泞中行驶。但是，橇是一种什么样的工具，一直令学者迷惑不解。

考古发现的牛拖。1972年在广西桂平石咀河修堤坝时，挖出一件美丽的铜鼓，鼓面有四只青蛙，在两青蛙之间有一牛拖，该组塑像长8厘米，两侧为两条辕木，前端用一轭联结，套在牛的颈背上，后边有一栏架，其上放一敞口篓筐。辕木前高后低，后边着地，由牛牵引，在地上划行。牛背上还骑一人，双腿跨过辕木，伸向牛腹两侧，双手握着牛角，作驾驭状。在其他地方发现的牛拖，牛背上没骑人，而是站立一只乌鸦，显得格外安静。考古学家蒋廷瑜认为这是汉代岭南使用牛橇的反映，该具称牛拖为宜，橇应该是另一种形制的交通

十五、牛拖和雪橇　133

工具。

不难看出，牛拖是一种由牛牵引的运输工具，似车而无轮，像爬犁而一头着地，它究竟是什么形制，还不太清楚。

黎族还在用牛拖。1992 年至 1995 年，笔者在海南省从事热带雨林与黎族文化调查，先后跑了二十多个村落。该族是百越的后裔，由于久居孤岛，与外界联系较少，至今还保留许多越人的原始文化，这是在其他百越后裔地区所看不到的，如钻木取火、骨刀、泥片贴筑法制陶等，最有趣的是在黎族地区还在使用古老的牛拖。

黎族的牛拖十分简单，通常是先砍伐两根木辕，长 4—5 米，直径 15 厘米，

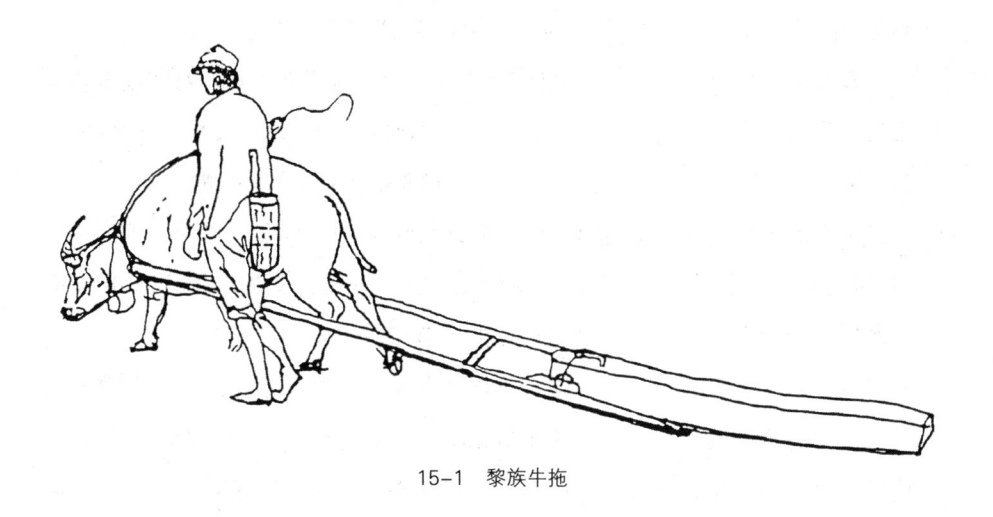

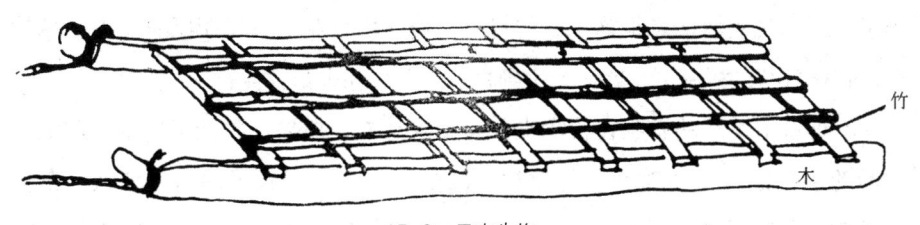

15-1　黎族牛拖

15-2　云南牛拖

然后将其并列，间距 80 厘米左右。在两辕前端，横安一轭，多以粗麻绳、牛皮绳或曲木为之，在辕的后方偏上一点的地方横安一木乘，即木格，与牛轭平行。这就是一架完整的牛拖了。

使用时，将辕头的牛轭架在牛肩上，这样牛拖前高而后低，即拖的后端落在地上，当牛前行时，拖划地而行，在地面上留下两条类似车道沟的划印。

黎族所用的牛拖，主要是载货用，用它拉木料、竹子，也可在上置一筐，运输粮食。在行进中，赶牛者也可骑在牛背上，但很少有人坐在牛拖上。

车源于拖。从上述情况看，黎族还保留了古老的牛拖"活化石"，对解释古代牛拖的形制和功能有重要帮助。牛拖有不少优点：一、取材方便，基本为两根辕木即可；二、制作简易，在两辕安轭和横木而已；三、便于在地上行走，尤其在泥泞的地面上划行也可以，阻力较小，在江南甚为流行。

过去古籍中常说越人"善于用舟"，这是对的，殊不知，越人对陆地上的运输工具发明也有重要贡献。如牛拖就是越人的独特发明，是越文化的一个特点。当然，牛拖不仅是一种简便的运输工具，对车的发明也有重要影响。

关于车的发明，古代传说不少。《古史考》："黄帝作车，至少昊始驾牛。"《世本》："奚仲作车。"《山海经》："奚仲生吉光，是始以木为车。"这些传说都把车的发明追溯到黄帝时期，这是可能的，有待考古发掘的证实。从民俗资料分析，我国的车制有若干类型，适合不同地区使用，其中南方的车就与北方的车不同，它的轮子较小，是由一块木板制的，车轴与车轮是固定的，适合在水乡使用。北方的大车，草原的勒勒车，轮子都很大，车体较笨重。这些车型应该有不同的来源。以南方的牛拖而言，如果在牛拖下边安一轴二轮，它就变成车了。百越民族恰恰是根据水乡的自然环境，因地制宜，发明了有南方特色的车，它在台湾、海南、广西、云南等百越后裔民族中都很流行。

不难看出，车的发明在技术史上有重要意义，如果说牛拖是把重物对地面的滑动摩擦改为拖辕对地面的摩擦，减少了阻力，节省了动力，那么，车辆又以车轮的滚动进一步减少了对地面的摩擦，进一步节省了动力，增加了运载量，大大提高了行驶速度。正如《淮南子·汜论训》所说："为之楺轮建舆，驾马服牛，民以致远而不劳。"这在促进社会生产的发展、各地文化交流上有积极的贡献。

是橇还是拖？百越和黎族牛所牵引的工具到底叫什么名称，这也是应该推敲的。

这里所谓的橇，实际是一种泥中行驶的交通工具，可称为泥橇，并不是牛拉的拖，原因如下：

第一，橇当为泥行工具。《史记·夏本纪》："陆行乘车，水行乘船，泥行乘橇，山行乘檋。"这种泥行工具，显然与铜鼓上的牛挽工具和黎族的牛拖不同。

第二，从形制上看两者也不一样。《史记·夏本纪》集解孟康曰："橇形如箕，擿行泥上。"正义："橇形如船而短小，两头微起，人曲一脚，泥上擿进，用拾泥上之物。"从行文中看出，泥橇是一种人使船行物，两头翘起，使其不致陷入泥潭中，这与牛拖不同。

第三，操作方法不同，泥橇是人力推动的，"人曲一脚，泥上擿进"。其作用是"拾泥上之物"，是一种采集工具。这一点在民俗中也有保留。1991年笔者在深圳民俗村东方花园小住期间，正面向大海，每天早晨潮水退后，都有不少渔民下海拾蟹、鱼、虾，所用工具就是橇，其形制是一块方形木板，两头上翘，前方有一横木架，供人手握。当行驶时，两手扶住把手，脚踏木板，行一段，拾些海物；接着又一脚踏木板，行一段，又拾海物，如此不断工作。这种木板，实际就是泥橇，而操作方法也是"人曲一脚"。黎族所用的牛拖则与此相差千里。

此外，牛拖是陆地上的交通工具，而泥橇是一种泥地上的交通工具，类似雪域的滑雪板、冰上的冰车。

由此观之，所谓橇与拖，是两种交通工具，无论是形制、使用地域，还是操作、功能，都是不同的，而铜鼓上的牛挽交通工具，是牛拖，不是牛橇，事实上，旱地橇是不用畜力或牛挽拉的。如果说泥橇是人力扶持，雪橇则是畜力挽拉的。泥橇、牛拖以及南方的木轮牛车，都是南方诸民族在交通用具上的卓越创造，为中国文化史作出了积极贡献。

（二）雪橇

在中国北方，冬天进入雪域，当地使用的交通工具别有特点，主要有两种。

1. 滑雪板

过去一般人都认为滑雪板是近代的工具，主要是体育竞技器械，但是实地调查一下，或者翻一下东北历史，滑雪板由来已久，过去称"木马"。

《北史·室韦传》："地多积雪，惧陷坑阱，骑木而行俗即止。"

《新唐书·流鬼传》称流鬼地方"地蚤寒，多霜雪，以木广六寸，长七尺，系其上，以践冰，逐走兽"。

《大明一统志》："木马形如弹弓，系足激行，可及奔马，二者止可冰雪上行。"

《黑龙江志稿》："以木板长五尺，贴缚两足，手持长竿，划雪前进，则板乘雪力，瞬息可十余里……运转自如，虽飞鸟有所不及也。"

《松花江下游的赫哲族》："木马，即蹋板，赫哲语名'说克说里'。……长185厘米，阔13厘米，板之中段有皮圈，用以系足，手持杖以支地，行冰雪上，快及奔马。"

魏声和《鸡林旧闻录》黑斤（赫哲族）"雪后则加板于下，铺以兽皮，以钉固之，令可乘人，持篙刺地，上下如飞"。

曹廷杰《东三省舆地图说》："木马形如弹弓，长四尺，阔五寸，一左一右，系于两足，激而行之雪中冰上，可及奔马。"

类似记载很多，记得《多桑蒙古史》也有论述。据我们在大兴安岭地区实地调查，滑雪板是木制的，可取水曲柳、云杉、白杨、黑柞、刺槐等木料，削成一对木板，前头上翘，后呈坡状，中间可拴两皮条，用于固定双脚。讲究一点的，在滑雪板上包兽皮，这样一耐用，二光滑。使用时，双手持两根木杆，但削尖，或者安狍骨，便于刺雪地、冰上，滑动更快。通常一天可行80公里，最适合在雪域狩猎。不难看出，滑雪板本来是一种雪域狩猎或交通工具，后来为体育竞技所借用、发展，但不要忘了，滑雪板正是北半球猎人的创造。

2. 雪橇

滑雪板尽管有轻便、快捷的特点，但它只适合个人使用，不能运输较多人和货物，因此又发明了另一种交通工具——雪橇。相传，当地最早有一种曳叉，相当于汉族陆地的牛拖，不久为雪橇所代替。它是由硬杂木制成的，下有两根长辕，长3米多，宽70厘米，中间有横木联结，如长方形或梯形，中间安一个方形架，高约50厘米。每辆雪橇可载160—200斤货。但各地雪橇有不同类型，都是用畜力挽拉的。

一种是狗拉雪橇，在黑龙江地区多用单数狗牵引，如五条、七条、九条，在更北边用双数狗牵引，如十条、十四条、二十条等。在文献中也有记载。《金华黄先生文集》卷二五："道路险阻，崖石错立，盛夏水活，乃可行舟；冬则以犬驾耙（爬犁、雪橇）行冰上。地无禾黍，以鱼代食。"

一种是用马匹牵引。《吉林外记》称："爬犁，用两辕作底，立插四柱，高三寸许。上交二横木，或铺板，或搪木。坐人、拉运货物均可。前辕上弯，穿以绳套，二马服驾，轻捷于车。若驰驷，更换马匹，冰雪之地，可日行三四百里。"1961年笔者在大兴安岭搜集文物时，看见了滑雪板、爬犁。我国境内的雪橇，一般较高且窄，境外的爬犁较矮且宽，载重量较大。

十六、原始马镫

骑马需要上下，鞍镫是不可缺少的。我国远在4000年前已有马，但是马镫出现甚晚。

（一）令人困惑的问题

学术界公认马镫最早起源于中国，出现于公元4世纪。但是我国有悠久的养马历史，战国时期已应用骑兵，《战国策·赵策》记载，赵武灵王带头"胡服骑射"，奖励耕战，发展骑兵，这是公元前4世纪中叶的事，从此时到公元4世纪马镫的出现，经历了七个世纪，其间骑兵没有马镫怎么战斗呢？这是令人深思的。

笔者是在农村长大的，读书之余也放过牲畜，也常常在山间骑马比赛玩，对牲畜的习性是比较熟悉的。骑马有两个困难：一是跨上马背难，尤其是少年个矮，必借助土坡、石头。过去达官贵人之家门前陈列两个上马石，不仅是夸富显贵，也有骑马方便的实用性。二是骑马慢行尚可，一旦驱马奔跑，骑者就会左右摇摆，上下颠簸，最容易摔下来，常遭皮肉之苦。民谚曰："牛轻、马重，驴骡要命。"意思说，从牛背上摔下来最轻，因为牛跑不起来，牛背光滑，骑者从牛身上滑落于地，摔一下也不重；但马奔跑如飞，骑者摔下来就伤势严重了。在没有鞍具的条件下骑马，主要利用两脚，即把脚尖插在马腿根与马腹之间，紧紧夹住，力争保持身体平衡，牢牢附在马背上，否则就会摔伤。然而这种骑法严重地影响了马的奔跑速度，它对骑兵未必适用。

后来研究中国文化史，得知中国骑兵由来已久。北方民族可能最早使用骑兵，因此才有赵武灵王提倡"胡服骑射"之举。骑兵是由人和马组成的，人离不开马，马不离开人，只有两者结合起来才能显示骑兵的优势。骑兵要在马背上做许多高难度动作，既要有进攻性的砍杀、射击，又要有防御性的俯身、转向，巧妙地躲避敌人。因而，一个出色的骑兵，不仅要有良好的战马、娴熟的骑术，还要有一套完善的马具，包括辔头、鞍具、胸带、鞧带和马镫。这样骑兵才能在马背上站得稳，坐得牢，使人与马有机地结合起来，具有较强的战斗力。

从文献上看，欧洲在6世纪才使用马镫，中国早在4世纪已应用马镫，那么，战国、秦汉时期的骑兵是不用马镫的骑兵吗？从情理上是说不过去的。我们认为马镫的出现，不会像文献所说的那么晚，即使不是金属马镫，也会应用一种比较原始的马镫，这一点在民族学和考古学资料中都能找到佐证。

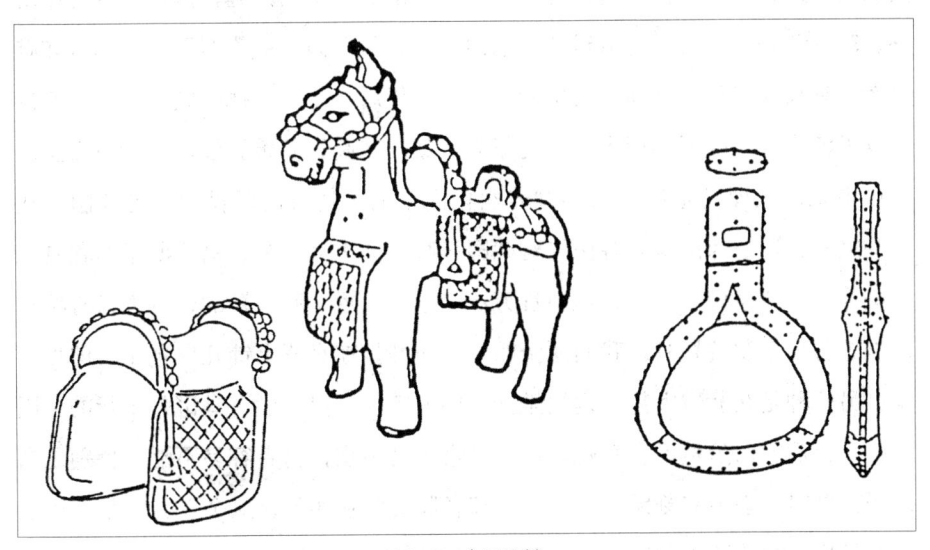

16-1 金属马镫

（二）民族地区所见马镫

在历史博物馆组成陈列展览，最头痛的是展品多为"死化石"，不会说话，而陈列的目的都是再现历史。为了解决这个矛盾，我们往往求助于民族学、民俗学，在田野调查中寻找"活化石"，作比较研究，从而充实历史陈列内容。笔者曾多次赴四川、云南从事田野工作，当地的主要交通工具是马帮，因此与骑马有了不解之缘。

记得有三次行程对笔者理解马镫有重要帮助。一次是1962年底，笔者从云南丽江到泸沽湖征集永宁摩梭人文物，跟随马帮走了11天，日行夜宿，露天野营；第二次是1980年初从泸沽湖去四川木里县俄亚乡，我们首先越过金沙江和冲天河，又逆龙打河而上，大部分时间是在马背上度过的，往返都是4天；第三次是1981年春从泸沽湖到盐源，为期3天，穿过彝区，也是骑马旅行。

我们所骑的马，都是当地农民饲养的大理马，比较矮小，善于爬山，耐饥而驯良。这种马古代称筰马、越賧马，从西南夷至南诏大理，都役使这种山地马。《云南志》卷七："马出越賧川东面一带，岗西向，地势渐下，乍起伏如畦畛者，有泉地美草，宜马。初生如羊羔，一年后，纽莎为拢头縻系之。三年内饲以米清粥汁，四五年稍大，六七年方成就。尾高，尤善驰骤，日行数百里。"从中得知，大理马是经过精心饲养驯化出来的，适合山区役使，是我国古代名马之一，这是西南地区各民族对我国畜牧业的重大贡献。马匹所用的鞍具以驮鞍为主，骑鞍极少，因为当地贫穷，一般人是置不起骑鞍的，过去只有黑彝才能置备皮革制的鞍具。我们所骑的马，一种是在马背上铺几层毡子，即可骑坐；另一种是在驮鞍上垫一两层坐垫，供人骑坐。但是没有马镫是不行的，因为随马帮而行，虽然不会奔跑，但是经常上坡下坎，骑者容易下滑，特别是在马受惊之时，必须立刻跳下，而这时骑者脚要踏在实处，这个实处就是马镫之类的马具，所以骑马不能无镫，只是马镫繁简不一而已。

十六、原始马镫

在川滇山区流行的马镫，都是比较原始的，形制简陋，基本有三种形式：

1. 绳套式马镫

在彝族、纳西族、摩梭人、普米族、西番人的马鞍鞍桥两侧，分别各拴一绳，绳下结一绳套。上马时，先把左脚尖伸在绳套内，然后扶鞍上马。行走时，利用这种绳套式马镫，起平衡作用。

2. 吊板式马镫

该镫也流行于上述民族地区，结构与绳套式马镫一样，也在鞍桥两侧各拴一绳，绳下分为两股，两股绳下横拴一木板或木棍，作为上马、骑马的工具。

3. 钩形木马镫

在四川省凉山彝族自治州和云南省宁蒗彝族自治县居住的彝族，有一种全木制的马镫，它是由一块木料挖制的，上部呈帽盖状，下为C形镫，在帽形盖下有一横隔，隔上下穿孔，系以绳索，上由皮带拴在马鞍鞍桥两侧。骑马时，脚尖伸入其中。这种马镫都是赤脚使用，彝族有句谚语："吃酒不吃菜，骑马不穿鞋。"所以钩形木马镫很窄小，适合赤脚使用。

笔者曾给云南民族学院杨德鋆教授写信，请教过有关当地原始马镫的形制，1996年1月18日他回信说："五六十年代滇西北、滇南、滇东山区和一些特困区不时可见。现就记忆，当有三种：一种是利用天然杈搣成，以皮筋或藤条扎紧，杈头插入直杆内；一种在牛皮或兽皮新鲜时剪开口，再在平面皮下衬一块小木板，干后撑紧；另一种牛皮条穿入船形木上，打结。第二、三种我曾采集过实物，可惜现在找不到了。"以上资料基本属于木板式马镫，说明原始马镫形式甚多，有待发现，这对探讨马镫的起源有重要作用。

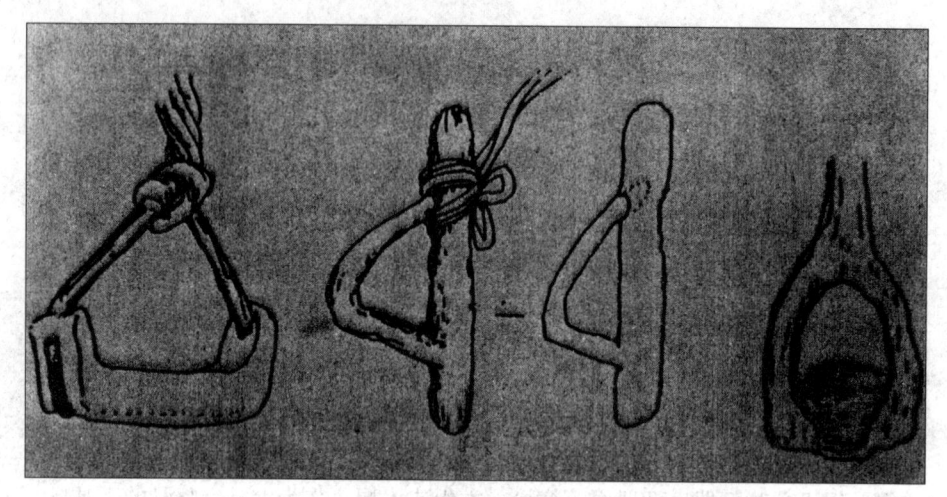

16-2 民族木马镫

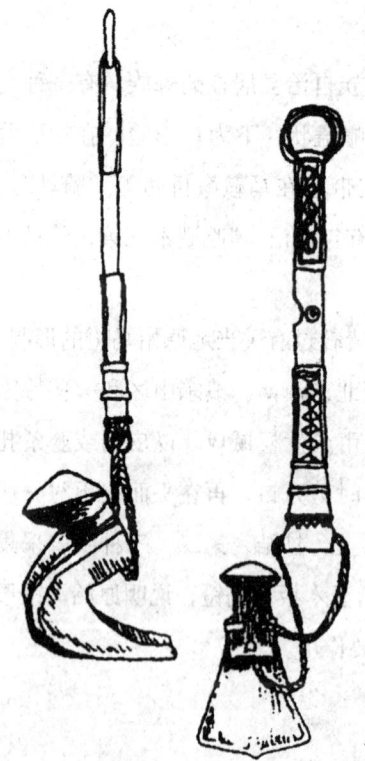

16-3 彝族木马镫

（三）一个偶然的发现

1995年6月初，笔者去云南大理市为"西南地区民族文物鉴定培训班"上课，归途在昆明停了一天，由著名考古学家张增祺陪同，抽空参观了"云南青铜器展览"。在观看晋宁石寨山西汉中期墓葬出土的一件贮贝器上的战争场面模型时，其中有一位战将，戴盔披甲，身佩短剑，右手握矛，左手持缰。在该马鞍前沿两侧各拴一绳，绳下垂在马腹，绳头各拴一套，脚拇指伸入其中，并蹬向马腹前部。这是公元2世纪末的青铜贮贝器。笔者当时为之心动，心想："这不是我寻找已久的原始马镫嘛。"并对张增祺同窗说了所想的事，他表示赞同，说："让我再到库房仔细看看原器。"可惜笔者第二天就搭机北上了，没能共同观赏。

过了两个多月，张增祺寄来了《滇文化》书稿，其中有大量照片和黑白线图，好几幅都有原始马镫的形象，大体分为两种形式：

一种是绳套式马镫，如青铜器上的骑马猎头图、滇人文身图、越人骑马图、骑跨镫图图像上，都有绳套式的马镫，而且为双镫，其形制与我们在川滇地区所见到的绳套式马镫如出一辙，彼此可以互证。

另一种是木板式马镫，如云南江川李家山出土的一件贮贝器盖上有一匹马，马鞍前边两侧也各拴一绳，绳下分为两股，各拴一长形木板，以木板为踏板，可称木板式马镫。该镫与川滇民族地区的木板式或木棍式马镫相若，说明自古至今，我国西南地区一直流行上述马镫。

以上两种原始马镫的确认，从考古学角度找到的实物证据，与民族学所提供的"活化石"共同揭示了原始马镫的存在，对马镫研究有重要的意义。首先，在金属马镫产生以前，曾流行过非金属的马镫，或称骑马踏具，其形式有绳套式、木板式、钩形式，多种多样。其次，过去认为马镫产生于公元4世纪的西晋时期，云南的考古事实说明，在汉代晋宁石寨青铜文化，甚至江川李家山出土的战国青铜器上已有了原始马镫形象，其年代在公元前2世纪，因此，我国马镫的出现时间，可上溯五个世纪之久。

16-4　石寨山骑马人

由于原始马镫的存在，我们有必要对过去考古发现的两件有争议的马镫形制作出进一步分析。

一件是陕西西安客省庄 140 号墓出土的一件铜带饰，年代为战国至西汉时期。在该带饰上有两个角抵人，两侧各有一马，马背上有鞍，鞍前有连锁状垂穗。有人认为这是皮制的圆马镫，即绳套式马镫，有人持否定态度。

另一件是青海互助东汉墓出土的镂空铜牌饰，其上有一大马负一小马，大马腹部有一方环状几何纹饰。有人认为是原始马镫，有人认为"因马镫从无呈方形的"，所以不是马镫。

这两件所谓马镫，都是在艺术性较强的铜牌饰上出现的，距实物马镫已有相当距离，有不少夸张的成分，所以不能过于拘泥于它的形状。事实上，前者所谓的圆马镫，在历史上是存在的，如滇文化青铜器上的绳索式马镫；在民族学资料中也不乏绳套式马镫，两者都为圆环状，既可以绳扎成，也可以皮条为之。后者所谓的方环状马镫，与木板式马镫相近，也接近后来出现的包铜木芯马镫。两者所处的年代，正与滇文化时代相当，说明中原流行原始马镫也是不奇怪的。

总之，自战国以来，中国已经出现了原始的马镫，到了公元4世纪西晋时期，已经普遍使用金属马镫。由于西晋时期的马镫已经定型，有较高的工艺水平，在此之前，金属马镫一定有一个孕育、发生和发展过程。金属马镫的出现应远在魏晋之前，这一点有待考古实践的证实。

十七、研磨轮

在我国新石器时代和较晚的一些文化遗址里，发现了不少带孔的球形或扁圆形石器，其中形式繁多，特点各异，地理空间上分布相当广泛，从历史年代上看已经沿用很久。但是，它们的本来形制如何？有什么社会功用？又是怎么操作的呢？这些都是学术界待解之谜。在以往的报道中，该工具有许多命名，计有石环、环状石器、环形石器、环形石斧、圆形石斧、圆孔敲砸器、有刃石环、带孔盘状器、花冠状石斧、花冠状石器、齿轮状石器、有孔石器、重石、指挥棒、穿孔石球、棍棒头，达16种之多。由此看出，人们对上述石器的定名是五花八门的，对其功用的理解也众说纷纭。这不能不引起学术界对它的重视。

我们认为，若想正确说明环形石器的社会意义，仅仅停留在考古学本身的研究上是不够的，必须利用综合性的研究方法。可以从两个方面加以研究：一方面必须对环形石器进行分类研究，找出异同及各自特点，具体器物具体分析；另一方面，必须充分利用民族学和民俗学的有关资料，以活化石印证死化石，从而才能有一个比较全面的认识。

现在，我们根据民族学和民俗学提供的资料，对各种环形石器进行初步研究，就教于同志们。

（一）考古发现的环形器

在我国各地都发现了不少环形石器。

主要文化遗址有：

1. 河南安阳洹河地区仰韶文化遗址出土一件有孔盘状器，比较粗糙，直径9厘米，厚2.6厘米，中央穿一小孔。[1]

2. 河南泌阳三所楼遗址出土一件扁圆形有孔石器，直径7厘米，厚2厘米，孔径1.5厘米。[2]

3. 河北武安城二庄遗址出土两件饼状器，其中一件直径17.5厘米，中央穿孔；另一件直径9.5厘米，孔未穿透。[3]

4. 广西柳州白莲洞遗址出土两件穿孔砾石，皆呈不规则形，两面穿孔。[4]

5. 广西武鸣和桂林也出土过一些穿孔砾石，裴文中先生命名为穿孔圆石或重石。

6. 广西南部新石器时代晚期遗址出土一件穿孔石器，略近球形，直径12厘米，厚6厘米，孔径4厘米。[5]

7. 广西柳州大龙潭鲤鱼嘴岩厦遗址，下层也出土过穿孔砾石器。[6]

8. 广东阳春独石仔洞的上、下文化层均出土过穿孔砾石，上层的砾石器的孔是凿打加磨制而成的，下层的孔只凿不磨。[7]

9. 广东封开黄岩洞第三处黄褐色堆积土中出土过穿孔砾石。[8]

---

[1] 中国科学院考古研究所安阳发掘队：《安阳洹河流域几个遗址的试掘》，《考古》1965年第7期。
[2] 河南省文化局文物工作队：《河南泌阳板桥新石器时代遗址》，《考古》1965年第9期。
[3] 邯郸地区文物保管所：《河北武安洺河流域几处遗址的试掘》，《考古》1984年第1期。
[4] 《广西筹建洞穴博物馆》，《人民日报》1982年6月12日。
[5] 广西壮族自治区文物考古训练班、广西壮族自治区文物工作队：《广西南部地区的新石器时代晚期文化遗存》，《文物》1978年第9期。
[6] 柳州市博物馆、广西壮族自治区文物工作队：《柳州市大龙潭鲤鱼嘴新石器时代贝丘遗址》，《考古》1983年第9期。
[7] 广东省博物馆：《广东阳春独石洞穴文化遗址发掘简讯》，《古脊椎动物与古人类》1980年第19卷第3期。
[8] 广东省博物馆：《广东封开黄岩洞古人类文化遗址简讯》，《古脊椎动物与古人类》1981年第19卷第1期。

10. 广东潮安梅林贝丘遗址出土一件所谓磨轮,也是一种穿孔环形器。[1]

11. 江西万年大源仙人洞出土 5 件穿孔石器,最大的一件直径 12.2 厘米。[2]

12. 福建福清东张遗址出土两件穿孔石器,其中一件直径 7.5 厘米,厚 3.5 厘米,孔径 3 厘米。[3]

13. 云南西双版纳景洪出土一件磨光石环,直径 8.2 厘米,孔径 4.9 厘米。[4]

14. 四川西冒礼州出土一件环状石器,直径 5.6 厘米,孔径 1.2 厘米。[5]

15. 辽宁旅顺于家村遗址出土的环形器,呈扁圆状,直径 18.2 厘米,厚 2.5 厘米,孔径 3.5 厘米。[6]

16. 旅顺小黑石砣子遗址出土一件棍棒头,仅存二分之一,呈环状,直径 9 厘米,厚 3.4 厘米,横断面为三角形。[7]

17. 大连上马石上层出土有棍棒头。[8]

18. 辽宁新乐遗址上层出土一件有孔石锤,直径 13 厘米,厚 7 厘米。[9]

19. 辽宁丹东老石山遗址出土一件环形器,通体磨光,中央穿孔,周边有锯齿,直径 17 厘米,厚 1.4 厘米,孔径 1.5 厘米。

20. 丹东大顶子山遗址出土一件有窝石器,柱状,高 6.2 厘米,直径 5.6 厘米,有孔未透,与猴石山出土的棍棒头相同。

21. 丹东石灰窑遗址出土一件环形器,呈扁平状,中央有孔,加工精制,孔边有台,直径 13 厘米,厚 1.6 厘米,孔径 2.2 厘米。

22. 丹东后洼洞遗址出土多种穿孔石器:一种是棍棒头,呈枣核状,长 10.8

---

[1] 广东省文物管理委员会:《广东潮安的贝丘遗址》,《考古》1961 年第 11 期。

[2] 江西省博物馆:《江西万年大源仙人洞穴遗址第二次发掘报告》,《文物》1976 年第 12 期。

[3] 福建省文物管理委员会:《福建福清东张新石器时代遗址发掘报告》,《考古》1965 年第 2 期。

[4] 见拙文《云南景洪附近的新石器时代遗址》,《考古》1965 年第 11 期。

[5] 黄承宗:《四川西昌礼州新石器时代遗址》,《考古学报》1980 年第 4 期。

[6] 旅顺博物馆、辽宁省博物馆:《旅顺于家村遗址发掘简报》,《考古学集刊》第 1 集,中国社会科学出版社 1981 年版,第 93 页。

[7] 王从:《小黑石砣子遗址被破坏地段清理简报》,《辽宁文物》1982 年第 3 期。

[8] 许明纲:《大连地区原始文化编年及其研究中的问题》,《辽宁省考古、博物馆学会成立大会会刊》,1981 年。

[9] 辽宁省文物考古研究所:《沈阳新乐遗址试掘报告》,《考古学报》1978 年第 4 期。

厘米，孔径 2 厘米，腹径 6 厘米，与猴石山长形棍棒头相近。还出土两种扁平环形器，一种直径 15 厘米，孔径 2.4 厘米，周边皆有齿；另一种周边无齿，但有利刃，直径 13.6 厘米，孔径 1.8 厘米。[1]

23. 吉林永吉星星哨石棺墓出土一件球形穿孔石器。[2]

24. 吉林学古东山遗址下层出土一件扁平穿孔石器，直径 11 厘米，中厚 1.7 厘米，孔径 3 厘米。[3]

25. 吉林长蛇山出土两种环形器，其中有一件较大，直径 11.5 厘米，厚 2 厘米，孔径 2.5 厘米，呈扁平状；另一件为柱状。[4]

26. 吉林猴石山遗址有一件环形器，直径 15 厘米，孔径 5 厘米。[5]

27. 吉林汪清百草沟遗址出土若干件环形器，直径在 15 厘米至 18 厘米之间，孔径 1.9 厘米至 2.4 厘米，多呈扁平状，其中有些孔眼周围有一圈凸棱。[6]

28. 吉林延吉德新金谷墓葬中，出土三件环形石器，均采用细粒闪长岩磨制，分两种形式：一种圆饼状，一面略平，一面微隆起，中间穿孔。直径 14.5 厘米，厚 1.9 厘米，孔径 2.2 厘米。一种也为圆饼状，但磨制精致，刃部锋利。直径 15.5 厘米，厚 1.9 厘米，孔径 2.7 厘米。[7]

29. 黑龙江莺歌岭出土一件齿轮状石器，直径 8 厘米，厚 4.5 厘米，孔径 3 厘米，周边有七个齿。[8]

30. 黑龙江新巴尔虎左旗出土一件穿孔石锤，呈圆角三角形，长 21.5 厘米，厚 6 厘米。[9]

---

[1] 丹东市文化局文物普查队：《丹东市东沟县新石器时代遗址调查和试掘》，《考古》1984 年第 1 期。
[2] 吉林市文物管理委员会：《吉林永吉星星哨石棺墓第三次发掘报告》，未刊。
[3] 吉林市博物馆：《吉林永吉县学古东山遗址试掘简报》，《考古》1981 年第 6 期。
[4] 吉林省文物工作队：《吉林长蛇山遗址的发掘》，《考古》1980 年第 2 期。
[5] 吉林地区考古短训班：《吉林猴石山遗址发掘简报》，《考古》1980 年第 2 期。
[6] 王亚洲：《吉林汪清县百草沟遗址发掘简报》，《考古》1961 年第 8 期。
[7] 延边博物馆：《延吉德新金谷古墓清理简报》，《延边文物资料汇编》，延边博物馆，1983 年，第 24 页。
[8] 黑龙江文物考古工作队：《黑龙江宁安莺歌岭遗址》，《考古》1981 年第 6 期。
[9] 盖山林：《黑龙江新巴尔虎左旗细石器文化遗址调查》，《考古》1972 年第 4 期。

31. 内蒙古林西沙窝子遗址出土若干件圆形穿孔石器。[1]

32. 内蒙古呼伦贝尔盟文物站陈列多件大型穿孔环状器，多采自伊敏河流域细石器文化遗址。[2]

33. 内蒙古敖汉旗南台地出土三件圆形穿孔石器，其中有一件通体磨光，直径 6.5 厘米，厚 4.5 厘米，孔径 2.5 厘米。[3]

34. 内蒙古赤峰夏家店上层文化遗址出土一件扁平状石环。[4]

35. 内蒙古克什克腾旗大耗力村出土两件石锤：一件直径 10.3 厘米，厚 3.5 厘米，孔径 3 厘米；另一件直径 5.3 厘米，厚 3.6 厘米，孔径 2 厘米。[5]

36. 内蒙古岔河口遗址也出土八件穿孔石环。[6]

37. 甘肃永靖大何庄出土七件石锤，其中有一件呈圆饼状，直径 8 厘米，中央凿一孔。[7]

38. 新疆疏附县阿克塔那出土两件石环，其中一件较大者直径 10.8 厘米，厚 1.7 厘米，孔径 2.4 厘米。[8]

39. 新疆奇台县半截沟遗址出土三件石环，呈圆形，有孔，其中一件直径 10.7 厘米，厚 3.7 厘米。[9]

40. 西藏昌都卡若遗址也出土不少穿孔石器，多圆球形，但器形较小，孔眼较细。[10]

类似例证还能列举若干，此不赘述。仅从现在已知的资料中就可以发现，

---

[1] 吕遵谔：《内蒙林西考古调查》，《考古学报》1960 年第 1 期。
[2] 呼伦贝尔盟文物站米文平同志提供。
[3] 辽宁省博物馆等：《辽宁敖汉旗小河沿三种原始文化的发现》，《文物》1977 年第 12 期。
[4] 北大考古教研室：《商周考古》，文物出版社 1976 年版，第 220 页。
[5] 汪宇平：《西喇木伦河流域的新石器时代遗址》，《考古通讯》1955 年第 5 期。
[6] 内蒙古历史研究所：《内蒙古中南部黄河沿岸新石器时代遗址调查》，《考古》1965 年第 10 期。
[7] 甘肃省博物馆考古队：《甘肃永靖大何庄遗址发掘报告》，《考古学报》1974 年第 2 期。
[8] 新疆维吾尔自治区博物馆考古队：《新疆疏附县阿克塔那等新石器时代遗址的调查》，《考古》1977 年第 2 期。
[9] 新疆维吾尔自治区博物馆考古队：《新疆奇台县半截沟新石器时代遗址》，《考古》1981 年第 6 期。
[10] 西藏自治区文物管理委员会：《西藏昌都卡若遗址试掘简报》，《文物》1979 年第 9 期。

这种石器是极其复杂的，不仅大小、形制不一，而且每一种都有各自的特点。因此，将其定为一种或两种名称，或者笼统说它们是作某一种用途的工具、武器，都是不妥当的。为了探讨其各自的形制和特点，必须对考古遗物进行分类，进行具体分析，才有助于恢复其本来面目。

过去有的同志对辽宁地区出土的棍棒头和环形器进行分类，将其分为两大类，每大类又有若干形制。其中有棍棒头和环状石器，前者圆形、穿孔、无刃，后者扁平、穿孔、有刃。据统计，辽宁出土棍棒头达三十多件，基本分三式：一式为圆球形，二式为突棱形，三式为多棱或多瘤形。环状器也有三十多件，分三式：一式扁平形，周边有刃；二式扁平形，孔边有台，也有利刃；三式也为扁平形，周边有齿状刃。我们认为上述对辽宁地区的棍棒头和环形器的分类是正确的，是对同类石器研究的深入。[1]

上述分类是就辽宁局部地区而言的，如果从全国范围来说，环形器的种类远不止两种，类型更多些。为了便于进一步分类研究，我们认为至少有五类：

一类是棍棒头：这类仍然沿用原来定名，特点是呈球状，中间有孔，没有刃部，但应该分几种形制：（一）球形棍棒头，如于家村上层、上马石上层、沈阳郑家洼子、吉林沙窝子、本溪庙后山、内蒙古小河沿、吉林猴石山等地都有出土；（二）柱状棍棒头，如本溪庙后山、丹东大顶子山、丹东后洼洞、吉林长蛇山等地都有出土；（三）菱形棍棒头，如金县望海涡、本溪庙后山、旅顺小黑石砣子等地皆有出土。

二类是有刃环形器：这种石器即《辽宁省考古、博物馆学会成立大会会刊》划分的环形器，因各器均有刃，故名。其特点是均为圆形，中央厚而有孔，周边有刃，制作精良。其中又分两种形制：一种是圆刃环形器，如吉林长蛇山、学古东山、大连于家村、丹东石灰窑、丹东后洼洞、汪清百草沟、吉林图们、延吉德新金谷、云南允景洪等地都有出土。另一种是锯齿环形器，在黑龙江莺

---

[1] 许玉林：《试谈辽宁出土的环状石器与石棍棒头》，《辽宁省考古、博物馆学会成立大会会刊》，1981年。

歌岭、丹东老石山、丹东后獾洞和延边等地均有发现。

三类是无刃环形器：这种形式与上一种石器近似，也为圆形、有孔，但有明显特点：比较厚重、粗糙，周边无刃，孔壁有垂直和倾斜两种。在安阳洹河、四川西昌礼州、甘肃大何庄、呼伦贝尔盟等地都有出土。

四类是穿孔砾石：这类石器皆以天然砾石为原料，中央穿孔，无论是器形还是孔眼都不规则，周边无刃。如广西白莲洞、武鸣、柳州大龙潭鲤鱼嘴、广东阳春独石仔洞、开黄岩洞和新疆等地都有出土，年代较早。

五类是三角形或长形穿孔器：这种石器虽然有孔，但器形不圆，呈三角形或长方形，在尖刃部有磨损痕迹，除内蒙古新巴尔虎左旗有发现外，在新疆木垒四道沟[1]、巴里坤石人乡和阿拉沟等地均有发现。[2] 当地称为石砍锄。上述石器孔眼较大，孔壁垂直，当便于安装木柄之用。

（二）民族志提供的例证

为了解释以上种类繁多的环形器，必须借助于具体、形象的民族学和民俗学资料，才能揭开环形器之秘密。英国的生物进化论者达尔文在环球旅行时，曾亲自看到不少穿孔石器。他在智利看见最多，并且作了一段描述。他说在智利发现的这种"石块呈扁圆形，直径约五六英寸，中间有一孔穿过。就其形状而论，似乎全看不出是棒头，但大多数猜想是做这种用途的。柏敝尔（Burehell）说过，南非洲有些种族就用一根棍棒去挖掘树根，棒的一端是尖的，另一端插在这样一块石头里，以增加它的分量。这个解释似乎很合理，因为智利的印第安人从前确实曾利用过这种粗笨的农具"。[3]

---

[1] 新疆维吾尔自治区文物管理委员会：《新疆木垒县四道沟遗址》，《考古》1982 年第 2 期。
[2] 文物编辑委员会：《文物考古工作三十年》，文物出版社 1979 年版。
[3] 《达尔文日记》下册，商务印书馆 1958 年版，第 396 页。

近百年来，民族学资料的发现层出不穷，有关环形石器的使用资料也不胜枚举。现在初步归纳起来，有以下使用方法。

狩猎工具：人类最原始的狩猎工具是石块和棍棒，而且在此基础上向两个方向发展：前者发展为投石器和流星索，用以投掷石球，可以击伤和绑住野马。[1] 后者发展为长矛、尖木棒等工具。最初的石球是包在皮兜内投掷的，当人类掌握了钻孔技术之后，也将鹅卵石穿成孔，然后系绳，也能起到流星索的作用。过去女真人狩猎还使用一种类似工具，他们"好以铜及石为槌，以击兔"[2]。这种猎具在蒙古族地区还有残迹可寻，他们称为打兔棒。它是用一根半米长、直径8厘米的木棒，两端各凿一孔。下端拴一短绳套，套上穿一球状器，原来用穿孔石球，后来改为金属球。木棒上端也系一小绳套，供手握、悬挂之用。使用时，猎人步行或骑马追逐动物，到了逼近之时将打兔棒甩出去，可以击毙兔、狐狸等动物。

农业工具：农业上应用穿孔石器，除南美洲印第安人外，还有南非布须曼人，他们以采集和狩猎为生，过着一种随处流动的生活，生产工具相当落后，主要狩猎工具是弓箭、镖枪和长矛，还采用网罗、陷阱和围栏等方法。采集工具是尖木棒和掘土棒，有时还在其上套一个穿孔石器以增加分量。[3] 这种石器的基本特点，是在一件扁圆的砾石上穿一个孔，然后套在尖木棒的下方，为了防止脱落，还在掘土棒和石器之间加一个木楔。著名的考古学家奥克莱认为它是一种早期的农业生产工具。

在我国的民族学资料中，也有一些资料，如苦聪人、独龙族、门巴族、珞巴族都使用尖木棒挖掘野菜和进行掘土播种，佤族的尖木棒较长，达2米左右，是站着操作的。为了使尖木棒沉着有力，还在尖木棒下边安一铁尖，以便提高掘地和播种效率。这种铁尖的作用与布须曼人的穿孔砾石是一样的，只是器物质料不同而已。这与他们所处的时代和生产力发展水平有关，布须曼人的掘土

---

[1] 见拙文《投石器和流星索》，《史前研究》1984年第4期。
[2] 叶隆礼：《契丹国志》卷二三《渔猎时候》。
[3] 〔英〕塞利格曼：《非洲的种族》，商务印书馆1982年版，第15—17页。

棒是一种原始形态，佤族的尖木棒是前者的变形和残余形态。浙江农村有两种原始播种农具：一种是豆椿，是一种有横木把手的尖木棒，用于点穴种豆；另一种是菜麦椿，形制同上，但尖部套一个圆锤形石器，目的是加重尖木棒的重量，用以点穴种麦和蔬菜。这种农具又称"撮子"，文献记载"情农苦种麦之劳，耽撮子之逸，甘心薄收，长为失时"[1]。不难看出，"撮子"的前身就是穿孔环形石器，至今还保留若干特征。

纺织工具：根据笔者对国内少数民族的调查，纺纱工具中有两种比较原始：一种是纺轮，如佤族、独龙族、彝族、纳西族、哈尼族等，至今还在使用木、石、陶制纺轮，但器型极小[2]，不能与考古发现的棍棒头、环形器相提并论。另一种是纺锤，如北方蒙古族、满族等皆以一根动物肢骨或一节木棒，在中间安一有钩的纺杆。这种纺具是北方民族所常用的，也用于搓绳子。然而一般搓绳都用手直接搓，或者用纺架、打绳机。但是，在傣族、苗族的打腰带机上却使用一种圆形纱坠。以傣族打腰带机为例：它类似横立的车轴和车轮，高半米左右，在底部有一木制圆盘，直径 25 厘米，中央立一木棍。在木棍中部又安一较小的木圆盘，直径 20 厘米。将木棍顶端削尖。编织腰带时，先取二十多个纱团，每根纱都绕在坠上，先以手编织一段筒形腰带，并套在织机的木棍顶端，然后把纱坠沿织机的上木盘垂下来，接着依次移动纱坠，就能编织腰带了。上述的纱坠，与一般纺轮相近，也有带钩的纺杆和纺轮，但有两点不同：一是纺杆较短，一般在 10 厘米左右；二是纱坠不用盘形器，而是用球形或柱形，这样便于在织机上操作。同时，这种纱坠较小，直径 4—5 厘米，高 4 厘米，多以陶、石制成。

武器：在棍棒上安石器的资料较多，例如：

南非的穿孔砾石除装尖木棒上作为农具外，也是男子所用狼牙棒上的棒头，但是两种穿孔石器大小不一样，前者最大直径为 15 厘米，平均孔径为 2.2 厘米；后者较小，孔径为 2 厘米左右。在南非史前壁画中，也有使用上述工具的形象，

---

[1] 陈恒力：《补农书研究》，中华书局 1956 年版，第 174—175 页。
[2] 见拙文《纺轮——远古的纺纱工具》，《中国古代纺织史资料》1984 年第 1 期。

主要用于采集、耕作和宗教祭礼。

在新几内亚的杀殉习俗——"科彭斯内仓"仪式中，亲友们往往埋伏在野外，当采蜂者或找水者路过时，他们突然袭击，将过路者杀死，以便向自己的祖先献祭。其中所用的武器，就有一种棍棒，棒头安一圆形石球。[1]

北美洲易洛魁人有一种战棒，该具顶端必安一件木瘤或石球，目的是增加分量，以利于袭击敌人。[2]

日本虾夷人也用坚硬、沉重的木料做战棒，并且在其上"往往缚石以增加重量，并且把皮带系在手腕上以携带"[3]。

在我国古代也以木棒为兵器，所谓"人马逼近，刀不如棒"[4]。在木棒上先装石球，后改为金属头，发展为骨朵等兵器。[5]

此外，在大洋洲雅普岛居住的土人，使用一种石盘货币，呈圆形，中间穿孔，最大者有四五米高，而且愈大价值愈高，一块石盘货币的价值，相当于一个妇女、一艘船、一头猪和若干果实。[6]

以上形式较多、用途各异的民族学资料中的环形石器，对我们解释考古遗物有重要启示。

（三）环形器的用途

关于穿孔石器的用途，以我国著名的考古学家梁思永先生涉足最早，他远在1935年于林西就发现一件环形器，直径18.2厘米，厚8.2厘米，孔径4.2—

---

[1] 〔德〕利普斯：《事物的起源》，四川民族出版社1982年版，第343页。
[2] 〔俄〕С. П. 托尔斯托夫等主编：《普通民族学概论》第一册。
[3] 〔英〕乔汉·彼得·穆达克：《我们当代的原始民族》，四川省民族研究所，1980年，第115页。
[4] 《魏书》卷七四《尔朱荣传》。
[5] 陆思贤：《释骨朵》，《考古与文物》1982年第5期。
[6] 〔俄〕菲普斯：《从贝壳币到支票》，《民族问题译丛》1958年第1期。

4.5厘米，认为"颇似极原始的掘地农具的锤重石"[1]。李文信先生则命名为"石环尖木棒"[2]。近些年来，随着有关考古资料不断出土，学者们对环形器的探讨文章也多起来了，主要有五种看法：一种认为是武器，皆套在木棍上，故称棍棒头，作为砍砸、袭击之用，后来发展为骨朵等兵器；一种认为是权威的象征，是家长或军事领袖的武器；一种认为是农具——重石，是套尖木棒上使用的；一种认为是纺织工具，是一种纺锤，主要用于打绳索；还有一种认为是装饰品。

这些看法都有一定道理，但又存在一定差异，现在我们进行一些深入分析，具体看看实际史料。

在前面分别介绍了考古发现的环形器和民族学资料中的环形器，怎么理解它们之间的关系呢？马克思主义认为人类的历史是统一的，都有一个由低级向高级发展的共同规律，但是历史又是多样的，各民族的历史既有基本共性，又有不少差异，而各民族的历史进程是不同步的，发展是不平衡的。前面所述的两个学科的环形器，实际是人类上述发展规律在工具史上的反映，因此可以进行比较研究，这是历史研究和考古研究的经常性方法。

通过活生生的民族学资料看出，简单地给予考古所发现的各种环形器以一个名称，解释为单一的用途，现在看来都难以概括全部环形器，我们认为这些环形器是形相似而名不同、形相近而用途异。就目前的资料分析，我国发现的环形器至少有以下几种用途：

一种是飞石索和打兔棒。在所谓环形器中，有些是狩猎工具，如棍棒头类环形器中，有一些孔眼较细，孔壁欠直，显然不是安在棍棒上的武器，而是穿有绳索，作为飞石索和打兔棒上的附件，用于猎取野兽。同时，在两广地区出土的大部分穿孔砾石，器形不规则，孔眼较小，也是套在绳索上狩猎用的。新疆有些穿孔砾石也是如此。

另一种是尖木棒上的重石。我们认为梁思永和李文信先生的说法是正确的，

---

[1] 梁思永：《梁思永考古论文集》图二十一之2，第137页。
[2] 李文信：《东北博物馆生产工具演进史陈列介绍》，《文物参考资料》1955年第2卷第9期。

即有些穿孔石器是安在尖木棒上使用的。除了林西出土的以外，还有一些，如安阳洹河、西双版纳、岔河口、阿克塔那、梅林等遗址都出土过这种重石。它们的特点是器形较大，沉重，孔眼也较大，多作不规则形，便于安装在尖木棒上。如梅林出土那件环形器，原来定为磨轮，其实不然，它呈扁圆状，中央较周边为厚，直径15厘米，厚2.5厘米，孔径5厘米，周边刃部有使用痕迹，可能是经常踏践所致。又如岔河口出土的环形器，也为扁平状，无刃，直径8厘米，孔径4厘米，也适合安在尖木棒上。

据我们的实际调查获知，最早的尖木棒是采掘工具，农业发明之后又为农业生产所借用，主要用于播种。但是，就我国民族学资料看，播种用的尖木棒较粗，一般在3—5厘米左右，所以，作为尖木棒上的重石应该有较大的孔眼，否则是不能作为重石的，如广西西部出土一件环形器，呈扁平状，直径虽然较大，但孔径才1.7厘米，将其安在很细的木棍上是不能点穴播种的，因此说其"中插木棒以碎土"是不妥的，它可能是一种投掷用的猎具。

此外，还有一种农具，即新巴虎旗出土的有孔石锤，略作圆角三角形，上宽下窄，中央有孔，长21.5厘米，厚6厘米，孔径4厘米。此类工具在新疆也多有发现。它们是安有木柄的碎土和平地农具。这种农具最初是木制的，如木榔头，如云南纳西族还在使用。后来改为石头。古代称椎，《管子集校·轻重乙篇》引张佩渝云："椎同櫌。"《说文》："櫌，摩田器。"《吕览》、《广雅》均曰："櫌，椎也。"椎具是碎土农具，后来为耙等农具所替代。

一种是纺织工具——纺轮和纱坠。有的同志认为环形器是纺绳工具，这是值得商榷的。据民族调查表明，除手搓外，比较原始的纺绳工具，有纺锤、纺架，进而纺绳机。纺锤类似纺轮，也是在带钩状纺杆下安一节动物肢骨或木棒，如蒙古族、达斡尔族、东北汉族都使用这种工具。纺架是一种手摇的小形木框，以此增加绳的程度和合股，如鄂伦春族、彝族、纳西族、回族都有使用。这些纺绳工具都是以木、骨等质料制作的，并不像纺轮那样坠以石器。其实，许多环形器很大且重，有些也不规则，难以持续旋转，可见它们不是打绳工具。

那么，这些环形器与纺织有没有关系呢？肯定是有关系的，但为数不多。其中有两种情况，一种是较小的环形器，如吉林桦甸横道河子西荒山屯墓葬出土的小形环状器即是，其中 3 号墓的环形器直径分别为 5.4 厘米，5.2 厘米，4.2 厘米。一号墓出土环形器直径 3.9 厘米，孔径 0.7 厘米，这些显然是纺轮，或者是编织机上的纱坠。但是该地 1 号墓出土的那件大型环状器，直径 7.5 厘米，高 5.5 厘米，孔径 2.5 厘米，另当别论。[1] 此外，像卡若遗址出土的小型环状器，大力耗村出土的小石环，器型小，直径均在 5 厘米以下，孔径也细小，都与民族地区的小纺轮相同，应该是纺纱、合捻工具。

一种是棍棒头。关于环形器当作武器使用，也是可以肯定的。有的同志已经明确指出："石棍棒头它应是古代人民所应用的一种原始武器。"[2]

从总的现象观察，棍棒头、环形器，初期都是以生产工具的形式登上历史舞台的，作为狩猎和农业工具，随着私有制和战争的兴起，才出现了专门的武器。在各种环形器中，以第一种球形环形器作为武器的可能性最大，特别是其中的柱形、凸棱形基本都是安在棍棒上使用的，大部分圆球形的棍棒头也是如此。但是有些棍棒头孔眼过小，不能安结实耐用的棍棒，应该不是棍棒的附件，而是系有绳索的狩猎工具。作为棍棒头武器的，除外面呈圆球形、柱形，或者带有齿轮外，必须有足够的分量才能有效地袭击敌人，所以过小的球形状器是不行的，孔径太小也不行。但像本溪庙后山、金县望海涡、吉林猴石山、延边、黑龙江莺歌岭等地出土的球形和环形器，则是比较典型的棍棒头，是后起的狼牙棒的原始形式。

一种是玉器加工工具——磨轮。在以上分析中看出，绝大部分环形器都是各有其用的，有些是狩猎、农业和纺织工具，有些是武器，但是还有一种工具——有刃环形器是做什么用的呢？我们认为除其中有些孔径较大、器形不规

---

[1] 吉林省文物工作队、吉林市博物馆：《吉林桦甸西荒山屯青铜短剑墓》，《东北考古与历史》第一辑，文物出版社 1982 年版。
[2] 许玉林：《棍棒头》，《辽宁文物》1981 年第 1 期。

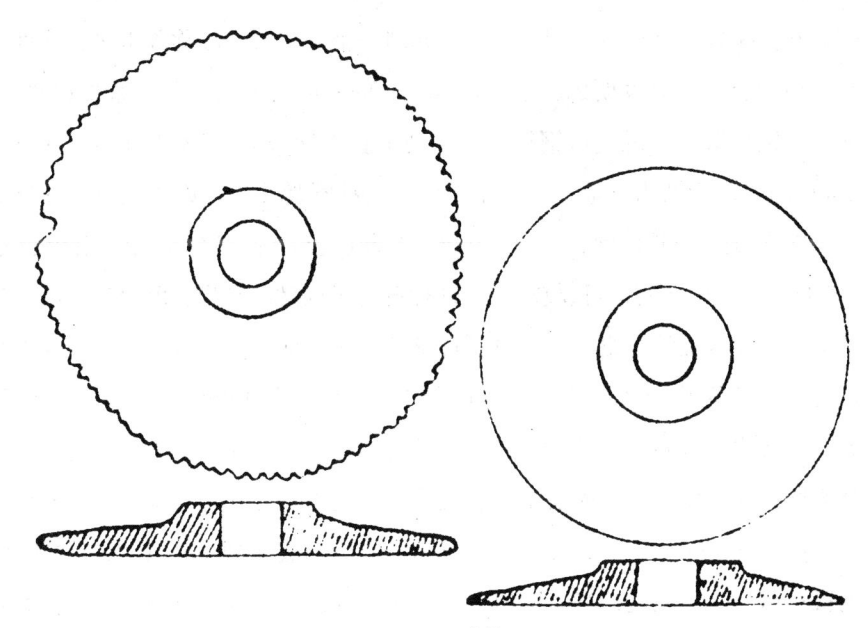

17-1　研磨轮

整者为农具上的重石外，大部分与玉器生产有关。[1]

　　我国有悠久的玉器生产历史，过去多重视东南沿海的发现，如距今7000年的河姆渡文化已出土过玉饰，后来的马家浜、崧泽等文化遗址出土玉器也不少，到良渚文化则出土了大量的玉琮、玉璧，数量之大，制作之精，是中外闻名的。近些年来，在内蒙古东南和辽宁等地也出土许多玉器，如距今7000年的新乐文化遗址出土有玉器，到了5000年前的红山文化遗址出土有大批玉生产工具、武器和装饰品，还出土许多动物形象，堪称是一个"玉兵时代"。现在置玉器形制本身不论，有一个问题令人深思：这些玉器是怎么制作的呢？近代用钢铊钻进行加工，在钢铁出现以前使用什么磨制工具呢？这是考古学的一个重要奥秘。

　　根据我国民俗学的调查，对玉器加工必须具备下列工具：挟持工具、磨具

---

[1]　孙守道：《论中国史上"玉兵时代"的提出》，《辽宁文物》1983年第5期。

和研磨砂。挟持工具也就是固定工具，如同一个工作台，故称琢玉机。这种工具在原始社会是不难发明的，但是磨制工具的发明就复杂多了。磨具称圆铊、砂碾、轮锯或磨轮，近代用钢铊子蘸水利用金刚砂研磨。《天工开物》卷下："凡玉初剖时，冶铁为圆盘，以盘水盛砂，足踏圆盘使转，添砂剖玉，逐忽划断。"[1] 在硬金属出现以前，一定是利用一种硬度较大的石铊子磨玉。《诗经·小雅·鹤鸣》："它山之石，可以攻玉"，这种石铊子也呈圆盘形，周边有刃或者带齿，中央有安木轴的孔眼。使用时将石铊子安在木轴上，然后利用弓钻或脚踏转轴使石铊子旋转，对准玉料的一定部位，加上某种原始的研磨砂进行加工。研磨砂，又称解玉砂，其硬度要大于玉料的硬度。江苏寺墩良渚文化遗址出土一件玉璧，其上就有加工时留下的石英粒，硬度为 7 度，而当地出土的玉料透闪石硬度为 5.5—6 度。该地出土的玉璧上还留有直径 11 厘米、16 厘米、26 厘米的弧形琢痕，说明这是当时运用研磨轮加石英粒蘸水研磨玉器的印记。类似玉器加工工具在我国东北和内蒙古东南部也有发现，即在当地出土的一种极其精致的环形器，它们有一系列特征：1. 器形规整，比较定型，与制玉的研磨轮如出一辙；2. 刃部锋利，有平刃和锯齿刃两种，均利于磨制和剖玉，而且有使用痕迹；3. 器中央的孔眼整齐，孔壁垂直，这些特征都便于安木轴，有些孔眼周边还有突棱，这也是与加固环形器与木轴的牢固性分不开的。由此看出，这些特征都与制作玉器的研磨轮不谋而合，表明辽宁和吉林等地出土的大部分环形器是加工玉器的磨具——研磨轮。至于钻孔方法，一般是以木棒、竹管加砂蘸水旋转，可以加工各种孔眼。

更值得注意的是上述研磨轮的分布地区都有玉器出土，而且距辽宁的玉料产地岫岩不远。岫岩是我国重要的产玉地点之一，古籍称"朝鲜西北太尉山有千年璞，中藏羊脂玉，与葱岭美者无殊异"。夏鼐先生认为岫岩正处于朝鲜西北，可能是太尉山的余脉。当地产的蛇纹石硬度在 2.5—4 度之间，其中也有鲍

---

[1] 宋应星：《天工开物》，世界书局 1936 年版，第 7 页。

文石，硬度达到6度，是接近软玉的硬玉。商代有些玉料即采自于岫岩。但是岫岩玉多为软玉，以上述研磨轮琢玉是能够胜任的，当然也要借助于水和解玉砂。这进一步证明某些有刃环形器是一种古老的研磨工具。[1]

总而言之，环形器在我国有悠久的发展历史，其中南方的白莲洞、黄岩洞、仙人洞和甑皮岩等遗址出土的穿孔砾石，其年代是环形器中最古老的，也是最原始的。环形器在新石器时代有大量发展，形制多变，一直沿用到青铜时代，尤其是东北和新疆地区的环形器沿用很晚。

在上述环形器中，最早的都是用天然砾石制作的，孔眼小，器形不规则，显然是一种投掷用的狩猎工具，它是从远古的飞石索和石球发展来的，是狩猎工具和技术的重要改进。伴随农业的发生和发展，人们又将环形器应用在尖木棒，形成特殊形式的农具，以利碎土和挖掘。当私有制和战争频繁发展之后，人们也在棍棒上安有石质球形环状器，发展为一种重要的武器。此外，在纺织和玉器手工业生产中，也应用过环形器。由此看出，环形器起初是一种单一的猎具，后来发展成为多种生产工具和武器。特别是作为研磨用的研磨轮，是我国远古时期的重大发明，是技术发展史上的艳丽花朵。

---

[1] 夏鼐：《有关安阳殷墟玉器的几个问题》，中国社会科学院考古研究所编：《殷墟玉器》，文物出版社1982年版，第5页。

十八、纺轮

恩格斯指出:"历史中的决定性因素,归根结蒂是直接生活的生产和再生产,但是生产本身又有两种,一方面是生活资料,即食物、衣服、住房以及为此所必需的工具的生产;另一方面是人类自身的生产,即种的繁衍。"[1]为了获得食物,人类先后发明了采集、渔猎、农业和畜牧业生产;为了获得衣服,先后发明了纺纱和织布技术。

在丰富多彩的大自然里,有许多可供人类需要的纤维,如毛发、筋腱、麻、葛、树皮、竹、藤、丝等,但是这些原料并不是拿来就能穿用的,必须经过一定的加工,或者把几股纤维合并、加捻在一起,搓成麻花似的纱,或者把许多纤维联系在一起,这样不仅能使纤维坚固耐用,延长了纤维的长度,也为织布准备了条件。为了达到上述目的,人类从很早的古代起,就发明了纺纱和织布工具。

过去在考古发掘过程中,经常发现一种小巧的纺轮,一个遗址少者有几件、几十件,个别遗址多达几百件,说明纺轮在远古经济生活中占有重要地位。但是纺轮的形制如何,它是怎么操作的,其中是否有不同的类型,当时使用什么样的织机,这些都是原始纺织技术的重要问题,也是考古界所关心的问题。不

---

[1]《马克思恩格斯选集》第四卷,人民出版社1972年版,第2页。

过，仅靠考古资料是不能复原纺轮结构的，也难以了解纺轮的操作方法，只有与民族学和历史文献结合起来，才能了解古纺轮的形制和其他。

笔者想从比较形象的民族学资料出发，介绍一下纺轮的结构和分类，对考古界经常报道的纺轮进行复原，并且作一些初步研究。

（一）彝族的两种纺轮

在我国少数民族地区还能看到不少实用中的纺轮，它们不仅结构完整无缺，还能实地观察其使用方法。这里以四川省大小凉山彝族为例，进行一些具体介绍和分析。

彝族纺纱使用纺轮，织布使用原始腰机，即踞织机。

当地的纺织原料有两种：一种是绵羊毛，另一种是野麻。每年先后剪三次羊毛，分别在农历三、七、十月进行，其中以七月毛为最佳，可织软披毡。羊毛加工较简单，先将羊毛放置在竹席上，利用竹弓弹开。弹毕将羊毛贮存在竹篓里，防止杂质混入。纺纱前，先从竹篓里取出少量羊毛，用手撕开，这是纺纱的准备工作。

彝族运用一种小纺轮纺纱，称"沙乌"。它包括"沙乌"和"沙乌加玛"两部分，"沙乌"为纺杆，"沙乌加玛"为纺轮。前者是木制的杆，上端有一倒钩或缺口，供定捻挂纱之用；后者是木或角制的圆盘，其中有一孔，是安插纺杆的部位。

纺纱有几个分解动作：第一步是左手提着纺轮，用右手的拇指和食指将撕开的羊毛捻成粗纱，并且不断地延长毛纱；第二步由右手握住粗纱，左手捻动纺轮下端的纺杆，使纺轮沿逆时针方向急速旋转，使粗纱加捻，形成麻花状；第三步在加捻之后，由于所加的外力已经耗尽，纺轮开始向相反的方向回转，这时要立刻收住纺轮，防止倒转；最后把纺好的纱绕在纺轮上方的纺杆上，上

18-1　大溪文化纺轮

18-2　石寨山文化纺纱

端卡在倒钩或缺口处，起着定捻作用。然后再取羊毛，经过续纱、加捻、绕纱等过程，不断反复，使纺纱连续下去。

纺好的纱有两种用途：一种是供纺线之用，为缝纫提供原料；一种是为织布提供纬纱。

纺线是将两股纱合并加捻在一起，制成双股而结实的纤维。彝族纺线的工具也是纺轮，称"布乌加玛"，意为合纱的纺轮，也称线轮，其形制与纺纱用的纺轮大同小异，也由纺轮和纺杆组成，纺轮称"布乌加玛"，直径5厘米，厚1.2厘米。纺杆称"布乌"，上有一倒钩，长30厘米。由于纺轮较大，不便用手直接捻动，而是借助两块木板搓动来旋转的。两块木板一大一小，长者称"色木"，长60厘米，宽6厘米，厚2厘米；

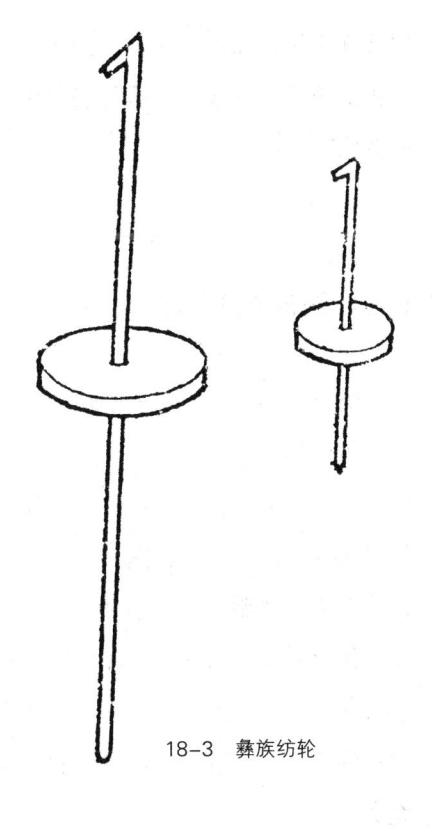

18-3 彝族纺轮

短者称"色目"，长15厘米，宽6厘米，厚2厘米。彝族称线为"希"。纺线前先将两股纱合绕在一起，称"希迟"。绕成一个线团后，为了保证毛纱干净，不掺杂质，还要将线团放在漆碗或其他容器里。

以线轮纺线，也分几个步骤：第一步，先将"希迟"的头拴在纺杆中间，并且进行放纱；第二步，左手握住毛纱，并把纺杆放在身体右侧的长木板上，然后右手持短木板，在长木板上往前搓动纺杆，线杆随之转动；第三步，左手往高处引拉毛纱，利用两块木板搓动的惯性，纺轮在空中急速旋转，从而进行合纱加捻；第四步，加捻之后，立刻收住纺轮，把纺好的毛线绕在线杆上。这就是纺线的过程。

彝族的纺纱和纺线是妇女的专门副业，她们随时都在腰带上拴一个小竹篓，内装几个纺轮和若干羊毛。当第一个纺轮纺完后，紧跟着用第二个纺轮。一人一天能纺 5 两毛线。毛线的主要用途是为织布提供经线，另外也为缝纫、编织提供原料。

（二）纺轮的形制

除彝族外，使用纺轮的民族还有很多，如独龙族、苦聪人、基诺族、哈尼族、布朗族、佤族、怒族、崩龙族、普米族、摩梭人、纳西族、藏族等，均以纺轮纺纱。上述民族的纺纱工具说明，纺轮是一种复合工具，包括两种构件：一是纺轮，以木、石、陶、葫芦制成，呈圆盘形、截头圆锥形或球形；二是纺杆，以木、竹制成，也有用苇管的。古代文献记载："贯铜钱十数文，上贯芦管，其形如锤，以右手旋转，捻绵成丝，绕管而积。"[1] 在少数民族中同样有以铜钱做纺轮的，如景颇族的纺轮由四个铜钱组成，中间插一根竹制纺杆。明代流行铅坠，"凡打褐绒线，冶铅为锤，坠于绪端，两手宛转搓成"（《天工开物》卷上）。

关于纺杆的形制，并不是一根笔直的竹竿，上面还有一定特点。有的书上复原纺轮时，仅仅在纺轮孔中插一根木杆，一般说来，这是不能纺纱的。真正的纺杆，有以下两个特点：

第一，在一般情况下，纺纱用的纺杆上端，均有一个定捻的设备。据我们在部分少数民族地区调查，其形状共有四种：一种是在纺杆上端有一个倒钩，多由天然树杈削制而成，如彝族、独龙族、怒族均使用此类纺杆；一种是在纺杆上端有一缺口，如崩龙族、阿昌族使用的这种纺杆；一种是在纺杆上端穿一孔，其上横插一竹棍，如四川的普米族就有这种纺杆；一种是在纺杆上端刻成

---

[1]　汪日桢：《湖蚕述》卷四。

螺丝状槽，纺线卡在槽内，如四川木里纳西族所使用的。

为什么在纺杆上必须有定捻设备呢？因为用纺轮捻纱，是一段一段进行的，有明显的间断性。而且纺轮悬在空中，当第一段纱纺毕之后，必须绕在纺杆上，然后捻纺第二段，其间必须将纺过的纱头卡在纺杆上端的定捻设备上，这样才能使捻过的纱固定住，否则纺轮会下落，已捻的纱也会松开，不能继续纺纱。所以必须在纺杆上方设有定捻结构，这是纺轮的一个重要特征。

第二是纺轮在轮杆上的位置。有的纺织史专家认为，纺羊毛和纺麻不同，所用纺轮也不一样："中国周围的古代遗址出土的截头圆锥形的纺锤石，可以解释为用来纺羊毛的；而薄薄的圆形的纺锤石，应该在原则上是用来纺麻的。"[1] 原料不同，纺轮也有所不同，这是毫无疑问的。但是，上述的划分方法是值得商榷的。

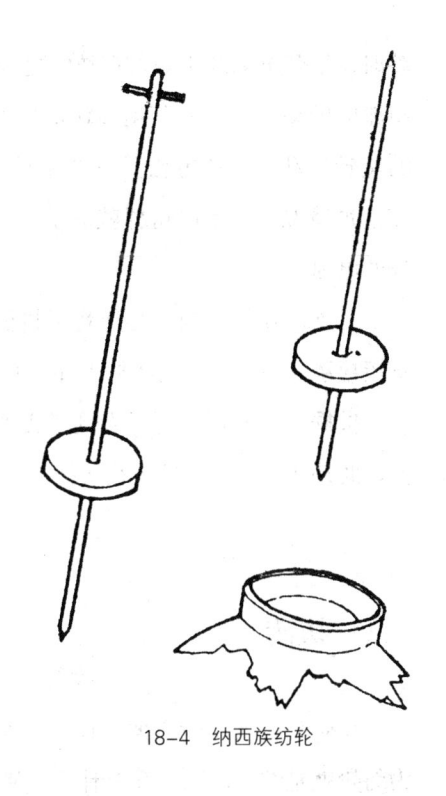

18-4 纳西族纺轮

首先，正如前面所说，彝族以羊毛为原料，但是他们的纺轮是薄片式的轮盘，并不是截头圆锥形，普米族、纳西族有一种纺轮是截头圆锥形，却用于纺麻。类似事例很多，说明纺轮的形状并不是判断纺纱原料的唯一根据。

其次，纺轮在纺杆上的位置也不是绝对的，如彝族、纳西族、普米族所用的纺轮，都位于纺杆的中部或中部偏下的地方，纺轮下边有相当长的纺杆，所以，纺羊毛的纺轮下边仍然延伸有一定长度的纺杆。这是什么原因呢？因为纺

---

[1]〔日〕薮内清等著，章熊、吴杰译：《天工开物论文集》，商务印书馆1959年版，第116页。

纱时，尽管羊毛纤维短，在纺纱之前，要先用手捻成粗纱，接着才用纺轮加捻。纺轮的转动，并不是随粗纱作消极的旋转，它仍然是在外力的推动下，作积极的旋转运动。具体方法是以右手捻动纺轮下面的纺杆，从而带动纺轮的旋转。在这种情况下，下段纺杆就成了着力点，自然要长些，这是纺轮下面有较长纺杆的原因。

另外，在纺纱前，必须将手捻的纱头拴在靠近纺轮上方的纺杆上。一般是直接拴系，独龙族则在纺杆上穿一孔，供系纱头，但是这种情况并不多见。

根据上述分析，可以看到考古所发现的纺轮仅仅是远古纺纱工具的一个部件，此外还有一个纺杆，在纺杆上应有一定形式的定捻设备。

（三）纺砖

在研究古代纺轮方面，还有一个纺砖问题。目前对此有两种看法：一种认为纺轮就是纺砖，两者没有什么区别；一种认为纺轮与纺砖有别，"纺轮主要用以纺纱，纺专则用于把细纱并合、旋捻合股成线。……前者有牵伸作用，后者则否"[1]。事实上，纺轮既可用于纺纱，也可以进行纺线，这方面的民族学资料是不胜枚举的。

从民族学资料看，纺轮的作用绝不是单一的，如彝族的纺轮既用于纺纱，又用于纺线，只是两种纺轮在大小、重量和操作方法上有一定区别。纺纱多用手捻动，纺轮小巧，不用附加工具；但是纺线就不同了，它要借助于一定的辅助工具，如上面所说的以两块木板搓动就是一例，还有一种更原始的方法，即以手掌在大腿上搓动。道光《他朗厅志》称窝泥（哈尼族）在纺线时，"左手以圆木小槌安以铁锥，怀内竹筒装裹棉条，右手掀裙，将铁锥于右腿肉上擦撵，

---

[1] 王若愚：《纺轮与纺专》，《文物》1980年第3期。

左手高伸，使棉于铁锥上团团旋转，堆垛成纱，谓之撵线"。

在四川、云南交界居住的普米族和纳西族过去以羊毛为纺织原料，皆用纺轮纺纱和纺线，但是两种纺轮也各有特点。

普米族称纺轮为"瓦把"，纺杆为"寄赛"。其中分为两种：一种称"交古打"，纺杆长25.5厘米，直径1厘米，石轮直径4厘米，厚1厘米，由于该工具较重，无定捻设备，纺杆两头都呈尖状。使用前，先用手捻好纱拴在纺轮上方的纺杆上，然后在地上放一个带凹坑的石板或放一个陶碗底，圈足朝上，纺杆下端放在圈足内，上端用右手扶持。纺纱时，以左手捻毛为纱，然后用右手的拇指和食指捻动纺杆上端，使其旋转，顿时右手两指合拢为圈，纺杆两头各以圈足、指圈为轴，进行旋转加拈。纺轮停转后，再把纱绕在纺杆上。此种纺轮上的纺杆，上边较长，下边甚短，这是以上杆为着力点所致。另一种纺轮称"寄赛"，纺杆以竹棍制成，长38厘米，直径0.8厘米，上方横插一竹棍，作为定拈工具。纺轮为木制，直径4厘米，厚1厘米。这是纺线工具，可用手捻动纺轮，此种纺轮下杆较短，与上杆比例为1：2；也可在腿上捻动下边的纺杆，此种纺轮下杆较长，与上杆比例为2：1。

民族学的例证说明，纺纱和纺线所用的工具和方法是有区别的，但是都以纺轮为工具，这是共同的，只是大小、重量有严格区别而已。所以不能笼统地说，纺轮不是纺线工具，而要具体问题具体分析。

我国的古文字学也同样提供了有关佐证。甲骨文中有"专"字，就形象而论，下为纺轮，中间插一纺杆，纺杆下部为线团，上部两侧为两根纱头，这是利用纺轮合纱纺线的典型形象。[1] 有人解释甲骨文中的专字下为球形，上为三个纱头，是与实际生活中的纺轮形制相违背的。[2] 这一资料说明，古代的纺砖就是纺轮。因此，把纺轮与纺砖对立起来是站不住脚的。

还有一个问题，即考古出土的石球、网坠是不是纺砖？有些所谓网坠，

---

[1] 见拙著《泸沽湖畔的普米人》，云南人民出版社2009年版，第393页。
[2] 王若愚：《纺轮与纺专》，《文物》1980年第3期。

可能是纺织工具，这一点已经有人指出了。[1]但是具体如何复原，还有待进一步落实。至于陶球、石球，种类很多，有些相当大，球上又无拴系部位，用其合纱纺线是不行的。我们认为上述球类有些是小孩玩具，有些是实用的狩猎工具。[2]

不难看出，尽管纺纱和纺线所用的工具及操作方法有一定差异，但是两者在形制上还是大同小异的，都由纺杆和纺轮组成。从这个意义上说，不能把纺轮与纺砖分开，因此考古发现的纺轮有些是纺纱工具，有些是纺线工具。

考古发现的纺轮，各国称呼不一。西方学者称纺轮[3]，日本学者称为旋车或纺锤石[4]，我国古代称纺砖，近代也有借用纺轮一词的。《诗经·小雅·斯干》："乃生女子，载寝之地，载衣之裼，载弄之瓦。"《传》云：瓦，"纺塼也"。《疏》曰："玩弄之以纺塼，习其所有事也。"儿童在游戏时以纺砖为玩具，是女孩对成年妇女纺纱劳动的模仿。它不仅是游戏，也是训练她们掌握纺织技能的一种手段。既然我国古代称纺轮为纺砖，具有泛称的含义，今天仍然可以沿用之，而不宜将纺线的纺轮称为纺砖，把纺纱的纺轮称为纺轮。事实上，也很难将两者区分开来。

（四）纺轮的转向

纺轮是利用杠杆、平衡和旋转等原理制成的纺纱工具。当其转动时，能产生一种力量，沿着与纺杆的方向朝上传递，纤维被牵伸加捻。当转力耗尽，纺轮即停止转动，且向回转，此时把纺轮停住，将纺好的纱绕在纺杆上，然后继

---

[1] 陈达农：《我对"网坠"的刍见》，《考古通讯》1957年第3期。
[2] 耀西、兆麟：《石球——古老的狩猎工具》，《化石》1977年第3期。
[3] 〔苏〕柯斯文：《原始文化史纲》，生活·读书·新知三联书店1957年版，第116页。
[4] 汪日桢：《湖蚕述》卷四。

续投之以外力，继续旋转纺纱，这就是操作纺轮的基本原理。

　　日本学者太田英藏根据考古资料的研究，认为从远古开始，直到汉唐之际，我国纺纱都是向右下旋的；宋元以后改为向左下旋。其所以如此，是纺织原料变化所致，即我国原来不产棉花，而是以麻纤维为主，宋元以后以羊毛为主。他还认为由于纺纱原料不同，必然决定纺轮的转向。他说如以向右下旋的方法加捻羊毛，"那么纺时纺锤就脱落掉，因为羊毛是用捻纸捻的加捻方法，使下面挂的纺锤旋转，向左下旋加捻"[1]。

　　应该承认，羊毛是一种短纤维，要把它捻成长长的纱，必须把羊毛连接起来，并不是完全靠纺轮捻成的，而是有一个手捻的前奏，即加捻前先用手把若干羊毛捻成粗纱，用捻纸捻的方法，把短纤维接成长纤维，然后才以纺轮加捻，否则羊毛互不衔接，彼此间断，下边系的纺轮自然容易脱落掉。不过，纺纱时，手的捻动能在一定程度上带动纺轮缓慢转动，但是转速极为有限，远远不能适应加捻的需要。所以，当用手捻到一定长度后，就要以左手牵引，再以右手捻动纺轮下边的纺杆，通过较大的外力促进纺轮旋转，这样才能达到给羊毛加捻的目的。而且，这种加拈方法与一般用右手纺纱一样，也是向右下旋的。由此看来，毛纺所用的纺轮，并不是作消极的旋转，而是积极旋转的。纺轮下端有较长的纺杆，就是供手加捻使用的。

　　纱线的捻向，取决于两个因素：一是用左手还是右手加捻，二是正向捻还是反向捻。运用哪只手捻动纺轮，对于纺轮的旋转方向有决定作用。例如，用右手捻动羊毛，如果是向反方向捻动，捻动前拇指在上且居于食指之前，食指在下且居拇指之后。捻动时拇指向后移动，同时食指向前运动，这种捻动的结果，必然使两根手指间的羊毛纱向左下旋，即按逆时针方向转动。用同样方法搓动纺杆时，纺轮也是按上述方向运转的。相反，如果是用右手正向捻动，则出现向右下旋。用左手捻纱与右手则不同，如果反向捻动，则出现向右下旋，

---

[1]　汪日桢：《湖蚕述》卷四。

正向捻动则产生向左下旋。说明同样一只手，正向还是反向捻动，也产生不同的捻向，从而出现两种旋转方向——向右下旋和向左下旋。

至于织者用哪只手捻线，运用正向还是反向捻纱，不是由纺轮所决定的，而是由习惯决定的。如彝族妇女一般都喜欢用右手，而且反向捻纱。因为在捻纱时，实际是两只手在同时捻动，一边是右手向反向捻，左手引纱，并且与右手配合，沿正向捻动，这样不仅有延伸作用，也加快了捻动，所以纱向左下旋。不过，该族也有少数妇女用右手，按正向捻纱，则出现向右下旋。

还有一点应该指出，同一个人在纺纱合线时，捻线方向与捻纱方向是相反的，即如果纺纱以右手反向，纺线则必须右手正向，或者左手反向，不然是无法合线的。

从以上民族学资料可以看出，纺轮是远古时期的重要纺纱工具，它的出现不是偶然的。这里可以得出以下几点结论：

第一，纺轮是原始的纺纱工具。

原始的纺纱加捻方法，是从直接用手捻开始的，即两手合掌捻搓，纺成纱或线，或者"用手在大腿上搓成线"[1]。利用工具纺纱是较晚才发生的。

我们在川滇少数民族地区曾看见一些原始的纺纱方法，其中一种是把麻的一端拴在树上，另一端拴在一个带天然倒钩的木叉上，人们搓动木叉，从而带动麻纤维，使其具有一定捻度，形成麻纱。如果要纺线，则将两股麻纱并拴在树枝上，搓捻前头的两根木叉，这样就能纺出线来了。毫无疑义，这是最原始的纺纱工具之一。还有一种常见的纺纱方法是使用纺锤纺纱。纺锤是用动物的肢骨或者硬木棒制成的，中间有一孔，孔内插一木棍，棍上端有一倒钩。这种工具的用法与纺轮相同，只是加力于锤上，不是捻动纺杆。然而该具较大、沉重，阻力也大，只适合纺粗纱、合线。后来在此基础上，为了减轻纺具的重量，加快旋转速度，才发明了各式各样的纺轮。

[1]〔苏〕H. 库诺夫:《经济通史》卷一，第 328—329 页。

第二，可以印证和说明考古资料。

在我国新石器时代考古发掘中，曾出土不少纺轮，如河北磁山出土4件陶纺轮[1]，河姆渡第一次发掘出土71件纺轮[2]，大汶口出土31件纺轮[3]，庙底沟仰韶文化遗址出土85件纺轮[4]，有的遗址出土336件[5]，等等。纺轮数量之多，种类之繁，标志当时纺纱的繁忙，其质地上又有陶、石、骨和木纺轮之分；形制上有扁圆、截头圆形和半圆形等多种多样；重量上轻重也悬殊。以河姆渡第一次发掘的71件纺轮为例，基本上分为圆饼形和截头圆锥形两种，每种纺轮均有大中小之别。湖北京山屈家岭遗址早期多无彩大纺轮，晚期多有彩小纺轮，[6]说明纺纱技术有重要改进。从民族学资料看，其中的小或轻者可能是纺纱加捻的工具，或者用于丝纺；大而且重者可能与合纱有关。当然，具体形制和功用如何，还有待进一步研究。

第三，纺轮是与原始的织机相适应的。

最后应该指出，纺轮的出现，是原始纺纱技术进步的标志之一，是人类早期科学发明的艳丽花朵。纺轮的应用和推广，首先，提高了纺纱和纺线的效率；其次，由于纺轮的使用使纱线均匀、结实，有助于纺织质量的提高；再次，纺轮的使用和改进，为后来的纺车和纺锭的发明奠定了基础。因此，纺轮虽小，意义重大，在我国古代纺织史上占有重要的历史地位。

那么，我国原始社会在利用纺轮纺纱之后，又使用什么样的织机织布呢？现在我们可以从两个方面加以说明：一是民族学资料。据我们在民族地区的调查，凡是以纺轮纺纱的民族，基本都是使用原始的踞织机而不用水平式架机，反之，利用纺车纺纱的民族，则淘汰了踞织机，而改用水平式架机。还可以举一个例

---

[1] 邯郸市文物保管所、邯郸地区磁山考古队短训班：《河北磁山新石器遗址试掘》，《考古》1977年第6期。
[2] 浙江省文物管理委员会、浙江省博物馆：《河姆渡遗址第一期发掘报告》，《考古学报》1978年第1期。
[3] 山东省文物管理处、济南市博物馆：《大汶口》，第47页。
[4] 中国科学院考古研究所：《庙底沟与三里桥》，科学出版社1959年版，第51页。
[5] 福建省文物管理委员会：《福建福清东张新石器时代遗址发掘报告》，《考古》1965年第2期。
[6] 中国科学院考古研究所：《京山屈家岭》，科学出版社1965年版，第74页。

证，在《琼黎一览》中《织》的画面上，形象地反映了海南省黎族从事原始纺织的情景：在一座船形房屋底下，一位妇女正以两脚搓纱轮，然后以手往上引线；另一位妇女正席地而坐，运用踞织机织布。这幅民族风俗画，不仅提供了一种以脚搓动纺轮的方法，也说明纺轮与踞织机是互相配合的，说明前者为后者供纱，后者将纱织成布匹。二是考古资料也有蛛丝马迹可寻。虽然木制的织机绝大部分已腐朽无存，但是在浙江余姚河姆渡遗址已经出土若干织机零件，[1] 通过民族学的比较研究，可以肯定这些织机属于水平式的踞织机范畴。[2] 这一事实进一步证实，我国远古时期在普遍使用纺轮纺纱的同时，也使用着原始水平腰机——踞织机。因此，纺轮和踞织机是我国原始社会最基本的纺织工具。

---

[1] 浙江省文物管理委员会、浙江省博物馆：《河姆渡遗址第一期发掘报告》，《考古学报》1978 年第 1 期。
[2] 见拙文《远古的踞织机——对河姆渡遗址出土织机的复原》，《中国纺织科技史资料》第 11 集，北京纺织技术研究所，1982 年。

十九、机杼

远在我国旧石器时代晚期就发明了骨针、骨锥，到了新石器时代，不仅出土大量骨针、骨锥，还出土了形形色色的纺轮等纺纱工具，说明当时的纺织技术有相当发展，它与经常性的织布活动是分不开的。而且在半坡、仰韶等文化遗址里，也出土不少纺织品的遗迹，表明当时已经掌握织布技术了，这一点在学术界是没有争论的。但是，有关原始织机资料的报道却比较罕见，因为原始织机都是以木、竹和麻等有机物质组成的，不易保存下来。同时，有些织机零件如打纬刀等虽然也应用骨料和石料制作，但由于我们对原始织机的形制缺乏足够的了解，也不容易把骨或石质打纬刀识别出来，而将它们认作其他生产工具，这是应该充分注意的。

在安徽潜山薛家岗文化第三期中，发现了36件大型石刀，多呈长方形，背部钻孔，其中一孔石刀2件，三孔石刀13件，四孔石刀1件，五孔石刀7件，七孔石刀5件，九孔石刀4件，十一孔石刀3件，十三孔石刀1件。这些石刀最短者13.4厘米，最长者50.9厘米。[1]关于上述石刀的用处，目前有几种说法：一种认为是铡刀，是切割工具；一种认为是农业工具；还有一种看法认为是纺织工具——打纬刀或机刀，笔者赞成最后一种看法。现在，我们借助于民族学

---

[1] 安徽省文物工作队：《潜山薛家岗新石器时代遗址》，《考古学报》1982年第3期。

资料，分析一下原始织机的特征以及机刀的演变过程，然后看看考古所发现的打纬刀，这对恢复和研究我国织机的起源和发展有重要意义。

（一）民族学资料中的织机

在我国少数民族地区保留了许多纺织方面的资料，仅水平织机就有若干种：原始织机、踞织机、水平架机、提花机等。现在将与打纬刀有关的几种织机介绍如下：

1. 原始织机

在我国少数民族地区，我们看到一种最原始的织机——水平式织带机，特点是在一束经纱上，仅配有综杆、经杆和机刀，从而织出极窄的布幅。现在以贵州榕江县侗族的织带机为例加以具体说明。[1]

侗族的织带机极为小巧、简易，包括三个机件：一是"冬"，即经杆，以竹枝制成，长15厘米，直径0.5厘米，用其固定经纱；二是"高"，即综杆，它是在一根20厘米长的小竹枝上，拴有几十个绳套，即综眼；三是"喜"，意为机刀，木制，长方形，右宽左尖，长25厘米，宽3.2厘米。织腰带前，先取若干经纱，少者30根，多者40根，前面用经杆绞缠，形成一个经面。然后按单双数分开，单数在上，双数在下，形成面经和底经。进而把双数经纱穿入综眼内，这样就可以利用综杆变交、开口了。织腰带时，把经纱套在两个膝盖之间，并且拉紧、绷直。由于事先用打纬刀相隔，已经使单、双数经纱分开，出现第一次开口，这时把纬团从右向左递过去，以打纬刀打纬。接着提起综杆，双数经纱上升，单数经纱下降，出现第二次开口。这时从右边向左边投纬，再以机刀

---

[1] 见拙文《侗族的棉纺工具和技术》，《中国纺织科技史资料》第 15 集，北京纺织科学研究所，1983 年。

打纬，然后放下综杆，又出现第三次开口。如此往返，不断织纬。

这种织带机并不是个别事例，在汉族、苗族、拉祜族、纳西族、彝族地区都有保存。它与踞织机相似，但是很简单，应该是最原始的织机形式之一。湘西凤凰地区苗族有一种织腰带机，是把经纱绕在一个叉状木架上，有综眼无综杆，在面经和底经之间有一立木起变交作用，但机刀是骨制的。

2. 踞织机

现在以四川凉山彝族的踞织机为例。该机没有机台或机架，通常在地上埋一根拴经木桩，高40厘米，供拴经纱使用，经纱的另一端系在织者腹前的卷布轴上。织者席地而坐，两腿分置于机旁，故曰踞织机。织机由八个机件组成，自前而后有拴经桩、经轴、定经杆、分经杆、综杆、卷布轴、梭子和机刀。彝族的梭子仅是一根竹棍，彝语称"牙布"，意为纱团之意，说明梭子来源于纱团。其中也有不用经轴的，只是用一根绳套把经纱拢在一起，然后用定经杆加

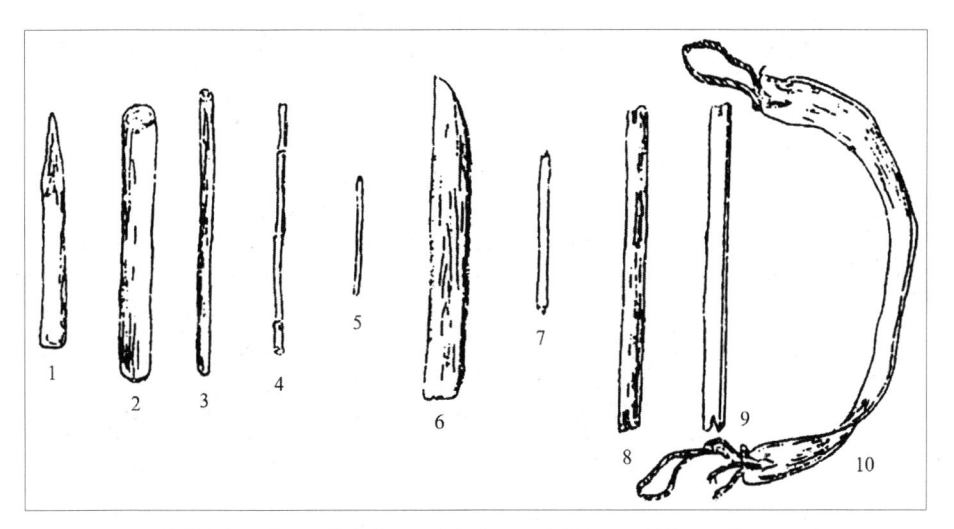

19-1 彝族织机零件：1.拴经桩 2.定经杆 3.分经杆 4.综杆 5.梭子 6.机刀 7.幅撑 8、9.卷布轴 10.腰带

以固定。织布前，要牵经上机，把单、双数经纱分开。具体织法与上述侗族的织腰带机一样，只是彝族的织机大有改进，它是把经纱固定在拴经桩和卷布轴之间，这样便于操作，布幅也加宽了，达33厘米左右。[1]

踞织机在我国少数民族地区是很普遍的，除彝族外，在苦聪人、怒族、独龙族、傈僳族、布朗族、哈尼族、佤族、拉祜族、基诺族、克木人、德昂族、景颇族、阿昌、羌族、普米族、藏族、纳西族、黎族、高山族、瑶族等少数民族地区也有流行，但机件数量不一样，最多可达十件，如拴经桩、经轴、定经桩、分经杆、综杆、立刀、机刀、梭子、幅撑、布轴等，而一般的并没有木桩、立刀和幅撑，仅有其他七种机件。这里选择六个民族的踞织机为例，看看他们的织机各零件的尺寸大小（见表1）。

表1 踞织机各零件大小尺寸表

（单位：厘米）

机件	民族	独龙族	佤族	德昂族	彝族	普米族	纳西族
经轴	长度 直径	60 4	80 6	51 3.5	65.5 5	52 4.8	80 5
定经杆	长度 直径	44.7 0.8	79 1	39 0.5	44 0.9	49 2.5	50 1.5
分经杆	长度 直径	50 3.5	75 4	39.5 4	63.5 5	48 3	40 5
综杆	长度 直径	52 1.1	25 2	41.4 0.6	55 1.5	51 1.5	60 1.5
机刀	长度 宽度 厚度	72.6 4.5 0.8	77 6 2	39.2 4 0.9	55 6.5 1.5	50 6.5 1.5	90 15 2
布轴	长度 直径	48 1	48 3	45.2 4	45 4	49 4	50 7
梭子	长度 宽度	21 0.8	38 1	18 0.8	25 0.9	32 1	20 1.2

[1] 宋兆麟、牟永抗：《凉山彝族的踞织机——兼谈河姆渡文化的纺织技术》，《凉山彝族奴隶制研究》1982年第1期。

3. 水平投梭机

水平投梭机是有机架的织机，机架呈长方形，水平式。今以侗族水平架机为例进行说明。该机长250厘米，宽100厘米，高160厘米。在机架前有一个可转动的较大的经轴，供绕棉纱之用，两侧为弯脚。机架中间有一个支架，其上悬挂有综或筘等设备。现在按照自后而前的顺序，介绍几种主要机件。

"麦追"意为木坐板，长120厘米，宽15厘米。该板置于机架后端，可装可卸，供织者坐用。

"班分"意为卷布轴，相当于古代的梭，《说文》："梭，机持缯者。"据测，侗族的布轴长100厘米，直径8厘米，两端安在机架两侧。在两侧各安有若干孔眼的木板，侗语称"定班分"，意为调节布的板，织者根据布多少，将布轴插在不同的孔眼里。另外有一个"妹班分"，即木楔，使布轴与孔眼固定。

"喀木钩"意为筘，以木框制成，长方形，内装三四百根竹丝，长80厘米，宽30厘米。上框有二孔，穿系二绳，悬挂于织机上面的横木上；下有弯拐，此拐前边安在经轴上，后边联结筘侧。筘既是分经工具，又能打纬。

"倒"意为综，也呈长方形，长85厘米，宽32厘米，由竹棍及综丝组成。每架织机都有两片综，个别四片，是提拉经纱和变交的工具。

"踏板"依综多少而定，有几个综就有几个踏板，一般织机有两件，个别织机有四件。该具长60厘米，直径8厘米。踏板前端系绳，拴在综框下边，由脚踩踏，供调节综片使用。

"洞修"意为分经棍，又称插棒。每架织机有两件，长85厘米，直径5厘米。它位于综前，界于底经和面经之间，然而两根分经棍要交叉放置。

"梭镖"意为木梭，由木制成，个别也有用铜铸的。长30厘米，宽13厘米，内有一槽，可装绕有纬纱的"拉罗"，即纬团。

"巴伤"即卷经轴，该具有一根木轴，长80厘米，两端各安一个十字架，装在织机的前上方，十字架长70厘米。经纱即绕在经轴上，每绕一层经纱垫一层竹丝，防止上下层经纱紊乱。弯脚前方即安在此轴上。

织布时，织者坐在后面的坐板上，两脚踏住踏板，做仰俯交替动作，使经纱分上下两层，在两者之间形成第一个梭口，织者从右侧向左侧投梭引纬，然后向后扳动筘，进行打纬。接着，脚踏板作相反动作，这样原来的面经变成底经，底经上升为面经，出现第二次梭口，这时由左手向右手投梭，右手引纬，接着以筘打纬，如此往复，不断织布。当布织到一定长度时，要从经架上放经，同时把织毕的布卷在布轴上。侗族一个妇女织一幅长 180 厘米、宽 60 厘米的布，要两个月时间。不过侗族的布幅不一，窄者 18 厘米，有 160 根经纱，这是作孝布用的；宽者 32 厘米，有 400 根经纱，是做一般衣服用的布料；还有一种特等布，是做高级衣服的，在 32 厘米宽的布幅上织 450 根经纱。[1]

（二）织纬工具的演变

在上述各种织机中，所谓织布就是织纬，为此必须具备两种工具：一种是引纬工具，一种是打纬工具。下面分别叙述引纬和打纬工具的发展过程。

1. 引纬工具

过去对引纬工具基本有两种看法：一种认为中国最早的引纬工具是长条形，两端有凹槽，古代称贯。[2] 另一种看法认为最早的引纬工具是杼、柼、械。杼以织为名，织是指投梭而织的动作，杼又称弋，如同弋射一样，"作为中国最早的引纬工具的杼，很可能也具有这些特点（弋），即它是一根比较直而短的木棍，其一端绕纬纱"[3]。

以上两种说法都值得进一步研究。首先，两端有凹槽的长方形器具是比较

---

[1] 见拙文《侗族的棉纺工具和技术》，《中国纺织科技史资料》第 15 集，北京纺织科学研究所，1983 年。
[2] 刘仙洲：《中国古代机织技术》，《史林》第 34 卷 1、2 号合刊，1951 年。
[3] 赵承泽：《中国早期的打纬工具和引纬工具》，《中国科技史讨论会论文》1984 年。

进步的梭子，起源较晚，如云南石寨山文化就出土过这类铜制纺织工具，近代景颇族、阿昌族也用同类梭子，然而比它们更原始的梭子还大有存在。其次，从民族学调查得知，最早的引纬方法并不使用梭子，而是直接用纬团即可，如云南苦聪人、大凉山彝族就不用梭子。这说明梭子是比较晚起的引纬工具。

我国民族学资料说明，比较古老的引纬工具有五个发展阶段：第一阶段是利用一根竹棍或木棍绕纬，是最简单、最古老的梭子。如我国云南独龙族、怒族、纳西族和普米族都用竹棍或木棍式梭子。这是指原始水平腰机而言。周达观在《真腊风土记》"蚕桑"条中也说当地织机很原始，"一头缚腰，一头搭上，梭亦止用一竹管"，同样说明古代真腊居民也用竹棍梭。使用立机进行纺织则用针。在我国新疆维吾尔族、塔吉克族和哈萨克族地区有一种立机，就以一根长竹针引纬。北美洲的齐努克人、马喀人也是"以长木针代梭"[1]。第二阶段是两端凹的长方形梭，一般是把纬横缠在梭子上，或者将纬竖着绕在梭子上，纬头卡在凹口内。除了我国有许多民族使用这种梭子外，日本虾夷人也使用这种梭子。这种引纬工具由来已久，远在大汶口文化中就出土过类似梭子，由兽骨制作，一端有凹口，另一端削尖。[2] 这一事实表明，距今 5000 年前，黄河下游的原始居民已经使用比较讲究的骨梭了。第三阶段是橄榄形木梭，古代称杼，《诗·小雅·大东》："杼柚其空。"朱熹集传："杼，纬者也；柚，受经者也。"近代傣族、壮族、水族、侗族、纳西族、苗族、布依族都使用同类木梭。傣族的梭子以木制成，两头尖，中间大，全长 14 厘米，中央有一个梭槽，其长 8 厘米，宽 4 厘米。纬纱即绕在一根梭心上，其长 10 厘米，梭心安入梭槽，将纬头从梭子一端的孔眼内拉出来。核心又称纡子，它是由第一种梭子——木棍发展来的。第四阶段是斫刀，即在木机刀上挖一个长方形槽，其内安有梭子，将引纬和打纬合在一起。第五个阶段是筘。

---

[1] 〔苏〕H. 库诺夫：《经济通史》卷一，第 192、199 页。
[2] 山东省文物管理处、济南市博物馆：《大汶口》，第 47 页。

2. 打纬工具

打纬工具就是刀杼，呈半月形，有背有刃。它起源于原始工具，长期以来被称为机刀、打纬刀。因原始刀具多长方形，也有半月形，因此最早的机刀未必都是半月形，而主要形态是长方形。这一点充分见诸民族学资料。

从民族学资料看，我国古代的打纬工具有三个发展阶段：第一阶段是机刀。我国少数民族的各种原始织机，都应用机刀，质地以木为主，也有用骨做的，因石器加工早已退出历史舞台，未见石机刀。木机刀必须用硬杂木，要求坚实、沉重，形如刀状，背厚刃薄，而且刃部比较平齐，这样才便于打纬。当然机刀必须有一定长度，一般30—40厘米，也有短到20多厘米、长到70厘米的。因为长期使用，在刃部多有纬纱磨损痕迹。第二阶段是斫刀。斫刀指比较大的机刀，其中间挖空，把梭子纳入其中，合机刀与梭子于一器，这种工具在傣族、壮族和侗族中普遍使用。傣族称斫刀为"梅告洛"，意为分经板，说明斫刀兼有打纬、分经的

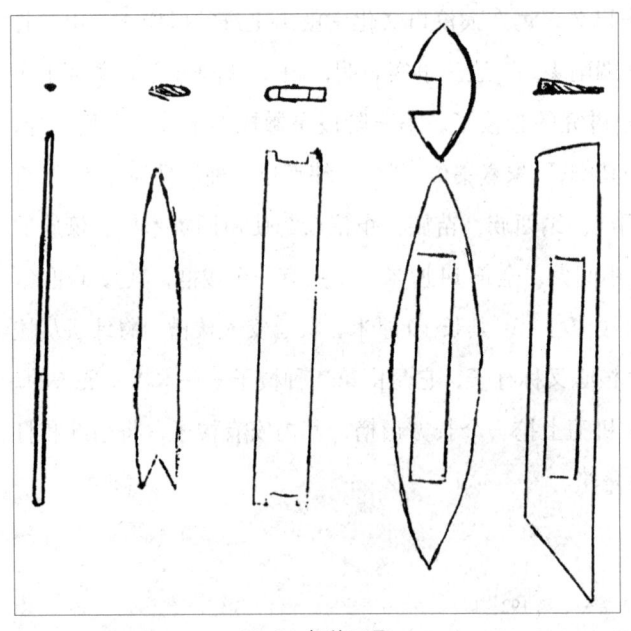

19-2 打纬工具

双重作用。[1] 侗族在使用筘以前，也用这种机刀。陆次云对此有详细描述："布刀者，峒人织具也。峒人不用高机。无筶无枝，以布刀兼之。刀用山木，形如刀，长于布之阔，锐其两端，背厚而椭如弓之弧，刃如弦而薄，刳其背之腹以纳纬而窓其锐而吐之，以当梭纬，既吐则两手扳其两端以当筶也。"[2] 第三阶段是筘，梳状器，呈长方形，四边为木框，中间竖安许多竹丝，每根经纱都依次从竹丝间穿过。在筘上方的木框上有二孔，可将其悬在机架上，位于综和卷布轴之间。每次引纬后，由织者往后扳移筘，即可实现打纬的目的。但是，筘除打纬外，也有分经的作用。我国纳西族、傣族、侗族、苗族、水族都使用这种纺织工具。它不仅打纬迅速，也使经纬更加紧密，防止经纱混乱，所以筘是古代较进步的打纬工具。

以上事实说明，在最原始的织机中，可以没有引纬工具，但是不能没有打纬工具。这种打纬工具就是机刀或打纬刀，它是古代比较原始织机上的重要机件，是织机存在的重要标志。

（三）薛家岗文化的机刀

民族学资料对考古遗物的研究有重要借鉴。现在就以薛家岗文化的石刀为例，看看这些石刀的真正用途。

薛家岗文化第三期共出土36件石刀，为了便于分析，把这些石刀的尺寸和孔眼列如表2。

根据笔者对薛家岗文化遗址出土石刀的实物观察，这些石刀都极其精致，也相当脆弱，显然不是砍伐、铡切工具，再说薛家岗文化的石刀也没有与铡床相连的刀孔，没有供手握着的铡刀柄，所以这些石刀不是铡刀。综观中外的史前史，也都没有发现如此大型的收割农具——石刀。大量事实说明，最早的收割方法

---

[1] 见拙文《云南西双版纳傣族的纺织技术——兼谈古代纺织的几个问题》，《文物》1965年第4期。
[2] 陆次云：《峒溪纤志·志余》。

表2　薛家岗文化第三期石刀的尺寸及孔眼表

（单位：厘米）

编号	数量	长度	宽度	厚度
QXT7 ④ : 15	1	13.4	9	0.7
临1	1	15.5	10.5—11.8	0.7
QXT ④ : 26	3	17.3	8.1—8.7	0.7
M40 : 4	3	17.8	7.8—8.7	0.6
M54 : 7	3	18.4	6.5—7.8	0.6
M37 : 6	3	18.8	8.5—9.7	0.7
M44 : 14	3	18.9	6.5—7.8	0.6
QXT62 ② : 137	3	20.5	8.9—10	0.6
M58 : 12	3	21.0	7.8—9	0.6
M68 : 2	3	21.8	7.2—8	0.8
临3	3	22.2	9.1—11.2	0.5
临2	3	22.6	9.8—11.4	0.6
M67 : 1	3	22.8	8.4—9.8	0.5
M35 : 5	3	22.8	10.7—11.5	0.5
M49 : 7	4	19.6	9.6—10.2	0.5
M9 : 6	5	22.7	9.7—11.2	0.6
M47 : 10	5	23.8	8.8—9.6	0.6
M8 : 8	5	26.4	7.8—9.3	0.5
M58 : 4	5	27.1	6.9—7.1	0.69
M54 : 4	5	28.2	8.7—10.8	0.5
M37 : 2	5	50.2	7.8—10	0.7
M44 : 5	5	32.5	8.7—11	0.5
M14 : 1	7	30.9	10—12	0.4
M54 : 5	7	32.5	7.8—9.5	0.5
M39 : 4	7	32.7	7.3—9.5	0.6
M39 : 4	7	36	8.5—11.8	0.4
M47 : 5	7	39.2	7.7—9.3	0.6
M44 : 16	9	40.8	8.0—8.5	0.7
M58 : 3	9	42.2	8.8—10.9	0.5
临5	9	46.5	10.2—12.2	0.7
M40 : 6	9	47.0	10.5—13	0.7
M15 : 1	11	41.2	8.3—10.2	0.4
M15 : 3	11	45.3	8.7—11.5	0.6
M44 : 12	11	48.1	9.1—9.8	0.4
M44 : 11	13	50.9	9—11.4	0.5

19-3　薛家岗文化石刀

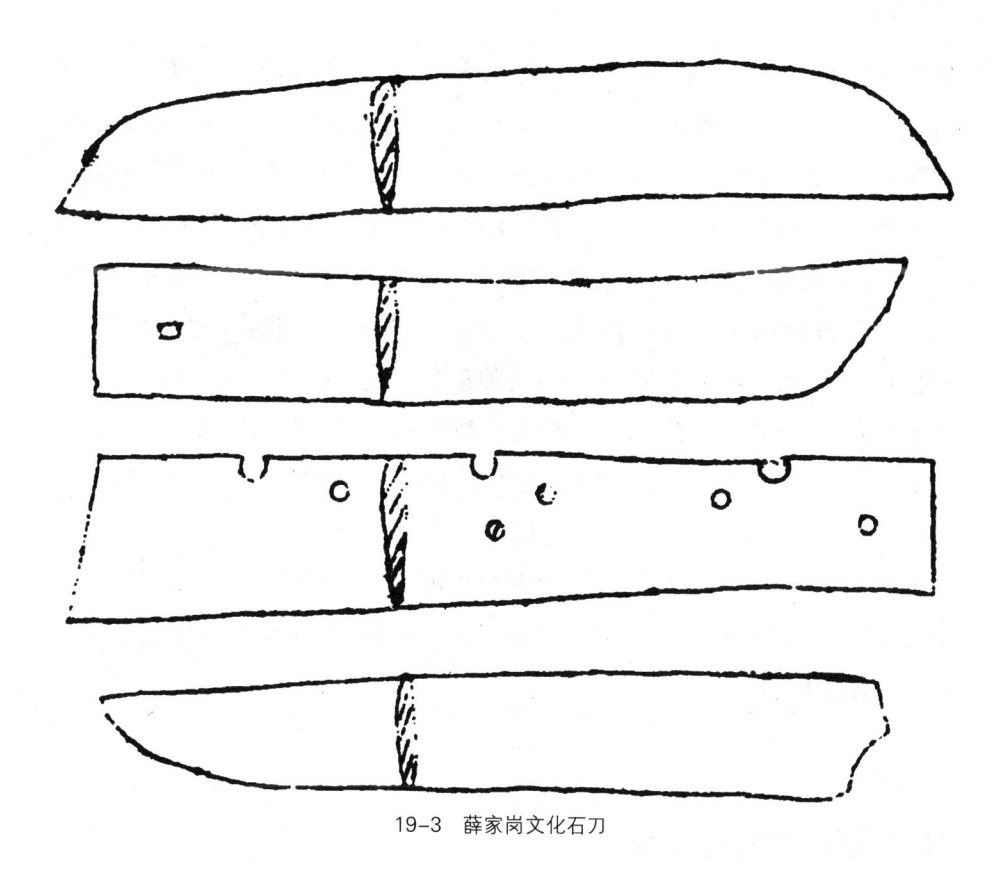

是用手摘，进而运用很小的石刀、陶刀，最后才有镰刀。[1]再说，这样大型的石刀必须用双手握，无法收割大把谷穗，因此，此石刀不是农业收割工具。

我们认为薛家岗文化的石刀是纺织工具——打纬刀。持反对意见的同志认为这些石刀长短不一，刃部也不平齐。但是，这两点都不能作为否认上述石刀是打纬刀的依据，因为原始织机大小不一，布幅宽度也具有随意性，所用机刀自然长短不齐。同时薛家岗文化的机刀有直而平的刃部，个别有内凹者，也应是长久打纬所致。

薛家岗文化遗址出土的石刀，最短者13.4厘米，最长者50.9厘米，平均长

---

[1] 宋兆麟等：《中国原始社会史》，文物出版社1983年版，第138页。

度也有 30—40 厘米，恰巧与原始机刀长度相若。从形制及其特点上看，在上述石刀中，长方形石刀较少，一般都一端窄、一端宽，厚度在 0.4—0.7 厘米之间，刃部平直、锋利，而且正面有刃。这些特点与一般石刀不同，便于从右穿插，有助于打纬。如有一件三孔石刀的刃部磨损多集中在刃部的中间和偏后的地方，七孔以上石刀的使用痕迹则分布在全刃上，这种磨损现象正是打纬的痕迹，是双手握石刀两端反复向后打纬的结果。这些石刀在墓葬和遗址中都有发现，形制相同，都有使用痕迹，说明它们是一种实用工具。在有的石刀上还有朱彩花果形纹饰，由此进一步看出，它们不是一般农具，而且使用场合是在比较清洁的织布机上。还有一点也耐人寻味，在 36 件石刀中，除个别石刀为偶数孔眼外，一般都为奇数，即 1、3、5、7、9、11、13 等。这种喜爱奇数的风俗，是与经纱分奇、偶两种数字有关的，即经纱分面经和底经，两者互变才能织纬，而机刀正是在上述情况才能实现打纬。所以，薛家岗文化的石刀不是农具，而是一种古老的打纬工具。

（四）打纬刀的普遍性

人类在发明筘之前，是普遍使用机刀打纬的，这一点已得到了民族学证明，在此不加赘述。从考古学资料看，我国发现的机刀不限于薛家岗遗址一处，而且种类和质地也不一。

1. 木纬刀

在浙江余姚河姆渡文化第四层出土的两件所谓木匕都是打纬刀，一小一大，各有功用。[1]江西贵溪春秋战国时期的崖墓中，曾出土 36 件木制纺织工具，有

[1] 浙江省文物管理委员会、浙江省博物馆：《河姆渡遗址第一期发掘报告》，《考古学报》1978 年第 1 期。

纺轮、综杆、梭、经轴、绕线架、分经杆、布轴、打纬刀等。其中的打纬刀较长，有69.8厘米。[1]

2. 骨纬刀

浙江余姚河姆渡文化第四层中，据原报告记录有两种机刀，即木机刀和骨机刀。后者多定为骨匕，如T223：147骨匕，长31.7厘米，宽3.7厘米，刃部略凹。

西安半坡遗址也出土两件骨机刀：一件原称骨匕，长16.7厘米，宽2.8厘米，厚1.1厘米，一端窄而尖，一端宽而平，通体磨光，刃部有使用痕迹；另一件原称骨刀，也呈长方形，在一端做成斜直的锋刃，柄部有一小孔，长19.5厘米，宽2.5厘米，厚0.5厘米。[2] 江苏吴江梅堰出土一件骨匕，长24.5厘米，宽2.1厘米，在其表面还有精致的鱼纹，这种工具显然不是盛饭工具，而是骨机刀。[3] 陕西西安客省庄出土一件骨匕，长18厘米，宽1.8—2.8厘米，厚0.5—1厘米。呈长方形，右为柄，左为尖锋，背面微凸，刃直，有磨损痕迹。[4] 山西襄汾陶寺出土一件骨匕，长22.3厘米，宽2.2—3.4厘米，也呈长方形，右侧为柄，柄上穿一孔，刃有使用痕迹。[5] 河北藁城台西村商代遗址14号墓葬有一个女奴隶殉葬，在她的腰部附近有一骨匕，长27厘米，略曲，一侧厚，一侧薄。同遗址24号墓埋一中年妇女，在腿旁放一骨匕，长27.2厘米。这种匕形骨器过去往往被视为食具，实际是纺织用的刀杼。[6]

3. 石纬刀

这种打纬刀也不少，除前面所举的薛家岗文化遗址出土的石纬刀外，在其

---

[1] 江西省历史博物馆、贵溪县文化馆：《江西贵溪崖墓发掘简报》，《文物》1980年第11期。
[2] 中国科学院考古研究所、陕西省西安半坡博物馆：《西安半坡》，第87、103、147页。
[3] 江苏省文物工作队：《江苏吴江梅堰新石器时代遗址》，《考古》1963年第6期。
[4] 中国科学院考古研究所：《沣西发掘报告》，文物出版社1963年版，第67页。
[5] 中国社会科学院考古研究所山西工作队、临汾地区文化局：《1978—1980年山西襄汾陶寺墓地发掘简报》，《考古》1983年第1期。
[6] 王若愚：《从台西村出土的商代织物和纺织工具谈当时的纺织》，《文物》1979年第6期。

他地区也有发现。山西陶寺出土一件双孔长方形石刀，长25厘米，宽4.4—6.4厘米。安徽桐城县老梅永久遗址出土10件长方形有孔石刀，在该县文化馆也收藏一些有孔石刀，形制与薛家岗文化的纬刀相同。[1] 辽宁新民高台山遗址曾出土一件铲形石刀，也为长方形，一端一侧有刃，表面磨光，末端有孔，长约30厘米，宽5—8厘米，厚1厘米左右。[2] 辽宁丹东大孤山文物馆陈列一件所谓有孔石镰，长20多厘米，背厚刃利，背上有一孔，刃部有线纹痕迹，也应是打纬刀。舟山岛出土一件长条形石刀，长44厘米，宽7厘米，厚1.8厘米，背部较厚，刃部锋利，有磨损痕迹，也是打纬刀。[3]

4. 玉纬刀

玉制纬刀出现较晚，基本在青铜文化以后，而且多为传世品。陕西延安芦山峁出土一件玉铲，长39.5厘米，宽5.5—6厘米，厚0.6厘米，其上有两孔。同时出土有孔石刀，其中一件长54.6厘米，宽10厘米，厚0.6厘米，刃部两面磨损，中部略凹。[4] 辽宁省博物馆商周部分陈列四件青玉璋，其中有一件为长方形，有两孔，长30多厘米。还有两件玉璋，背厚、刃薄，各有两孔，长40多厘米，一端略尖，一端平直为柄，与少数民族的机刀形制如出一辙。

通过以上介绍看出，无论是木机刀、骨机刀、石机刀，还是珍贵的玉机刀，都有一些共同点，基本呈长方形，一侧厚重，一侧有刃，刃部有使用痕迹，而且都有一定的长度，这些特征都与少数民族的机刀形制吻合，因此它们属于打纬刀的范畴。其中的骨匕过去认为是食具，是盛饭用具，但是上述的骨匕，皆有侧刃，这一点显然与骨匕相矛盾。有几件骨匕是一端有刃，一侧也有刃。前者利于穿经，后者利于打纬，它们也是打纬刀。尤其是藁城台西出土的骨匕与

---

[1] 佟柱臣：《薛家岗文化生产工具的研究》，《安徽文博》1983年第3期。

[2] 新民县文化馆、沈阳市文物管理办公室：《新民高台山新石器时代遗址1976年发掘简报》，《文物资料丛刊》第7期，文物出版社1983年版。

[3] 王和平、陈金生：《舟山群岛发现新石器时代遗址》，《考古》1983年第1期。

[4] 姬乃军：《延安市发现的古代玉器》，《文物》1984年第2期。

女主人的关系,更确凿地证实它们都是骨机刀。

在上述机刀中,所用质料不同,形制也有一定差异。从历史角度分析,最初的机刀应该以木制为主,这一点已为河姆渡文化所证实。只是木质易朽,没有大量地保存下来。当时,由于狩猎经济相当发达,兽骨资源丰富,也大量使用骨机刀,而石器制作的流行,在某些地区也普遍使用石机刀,薛家岗文化就是一个典型例证。后来才出现了玉机刀,这种机刀可能是玉璋的先声。

在上述各节中,我们根据民族学资料,论述了机刀的演变规律,从而印证了考古发现的机刀,使我们对中国古代的纺织技术有一些新的认识。

首先,从六七千年前的河姆渡文化、仰韶文化开始,已经使用了木制或骨制机刀,这是织机出现的重要标志,特别是河姆渡文化不仅出土了木机刀、骨机刀,还伴出有经轴和卷布轴,这是与当时留下的布纹遗迹相吻合的。这说明中国原始居民早就掌握了织布技术。

其次,纺织起源于编织。由于编织工具是多种多样的,所以纺织工具也是多种多样的。就以织机而论,基本上分两大系统:立机和卧机。我国不仅是发明织机最早的国家之一,而且有两大织机系统。原始腰机或踞织机是卧机的原始形态,这一点已为河姆渡文化的纺织工具所证实,时代较晚的贵溪崖墓和石寨山文化所发现的织机机件和形象也佐证这一点。[1] 说明卧机是我国古代劳动人民的重要发明,是我国织机的主要形式。此外,在某些地区也流行立机,据民族学资料说明,立机也是使用机刀的。机刀有两种形式:一种是长方形机刀,这种工具与踞织机所用的机刀大同小异;另一种是带齿形机刀,如同一把小铲,在刃部有三四个齿,北美印第安人称其为马梳。由此看出,这种有齿机刀是立机的重要特点,如甘肃永靖张家咀出土的骨梳,长15.3厘米,宽1.3厘米,有若干齿。[2] 新疆木垒县四道沟出土两件骨梳,有一件长8.2厘米,宽2.3厘米,

---

[1] 王大道、朱宝田:《云南青铜时代纺织初探》,《中国考古学会第一次年会论文集》,文物出版社1979年版。

[2] 中国科学院考古研究所甘肃工作队:《甘肃永靖张家咀与姬家川遗址的发掘》,《考古学报》1980年第2期。

有6个齿，另一件长9.4厘米，宽1.4厘米。[1]这些骨梳的形式与上述的马梳相似，应该是我国古代西北地区使用立机的佐证。

第三，如果将卧机与立机作一个比较，就会发现两者之优劣，前者比后者易于安置，比较平稳，利于操作，特别是把织机架高以后（水平架机取代踞织机），织者利用踏杆（躃）来控制综，使原来闲置的双脚投入织布活动，双手更集中力量进行织纬，这样不仅大大提高了织纬效率，还能根据需要适当增加综和踏杆的数量，从事挑花等工艺，织出丰富多彩的纺织品来。因此，我国的卧机——从原始的踞织机，经过水平投梭机到各种形式的提花机，是最富于变化的进步织机，它要比立机优越得多，这是中国古代纺织工艺处于领先地位的重要基础。

[1] 新疆维吾尔自治区文物管理委员会：《新疆木垒县四道沟遗址》，《考古》1982年第2期。

二十、鼻环

自古以来，人类就喜欢装饰自己，以达到护身、审美、辟邪或其他目的。装饰的形式也五花八门，如绘身、文身、人体变形、佩戴耳环、项圈、戒指、手镯等，以上都是比较常见的人体装饰艺术。但是还有一些鲜为人知的装饰品，如鼻环就是其中之一。

穿鼻环风俗一直保留下来，不妨举两个例子：一个是西藏的珞巴族，如该族阿帕塔尼部落的妇女，皆在鼻翼上穿一孔，插以木、藤或金属制的环或塞。该族的班尼部落男女到13岁成年时，必举行成年仪式，在鼻两翼各钻一孔，然后套上铜环或铁环。另一个例子是江苏海州汉族过去给孩子办满月时，先祭天地，拜祖先，接着由产妇抱着婴儿，举行上锁、戴项圈、佩耳坠仪式，其间也要"上鼻枸"。所谓"鼻枸"，也就是鼻环，类似牛鼻环。上鼻枸时，先在男孩鼻隔梁上穿一孔，再把金、银制的小环套上去。该环是由亲友凑钱打制的，认为求百家得来的鼻环吉利。戴上之后，一直悬挂不动，直到新婚之夜，由新娘亲手摘下来，用红布包好，放在枕头下压三天，最后放在衣箱内久存，或者埋在灶前的香炉灰中。

以上是民俗中保存的穿鼻环资料，如果查阅文献，穿鼻环者还不少呢！主要有两个地区：

一是西南地区。《后汉书·西南夷列传》："哀牢人皆穿鼻儋耳，其渠帅自谓

20-1 鼻环使用图

王者，耳皆下肩三寸，庶人则至肩而已。"《云南志·名类穿四》："穿鼻蛮部落以径尺金环穿鼻中隔，下垂过颐。若是君长，即以丝绳系其环，使人牵起乃行。其次者以花头金钉两枚，从鼻两边穿，令透出鼻孔中。"

一是东北地区。《吉林汇征》："恰喀拉散处于浑春沿东海，及富沁岳色等河，男女俱于鼻傍穿环，缀寸许银铜人为饰。"《宁古塔纪略》："黑斤人留发梳髻，耳垂下环四五对，鼻穿小银环。"又说："非牙哈亦留发，男妇不著裤，耳垂大环，鼻穿小环。"恰喀拉又名乌德赫，黑斤又名黑金，非牙哈又名费雅喀，都是赫哲族的支系，说明赫哲族普遍戴鼻环。

从以上鼻环分布看出，区域是较大的，从西南到东北，以及华东地区，都有一定分布。至于佩戴鼻环的动机，可能是很复杂的，最初可能是出于某种信仰，具有一定的象征意义，后来又有审美、辟邪功能，至于表明财富、地位观念则是晚起的。其中海州的上鼻枸，显然是模仿牛穿鼻子，认为小孩穿了鼻枸就像牛穿鼻子一样，可以牢牢拴住，小孩好养活。很明显这是一种模拟巫术。当然佩戴期间，鼻枸也具有辟邪的作用。

20-2 鼻环

鼻环在中国有悠久的历史。在陕西宝鸡北首岭仰韶文化遗址出土一件人头塑像，戴帽，鼻梁有二孔，当是佩鼻环用的。该文化距今有6500年之久。

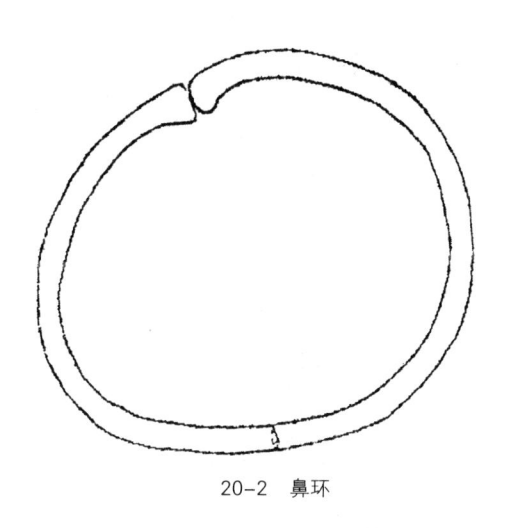

在山东尹家城岳石文化遗址曾出土过小铜环，有些专家认为它是鼻环。岳石文化为东夷遗迹，与夏代相近。

1976年甘肃省博物馆考古队在玉门市火烧沟遗址发掘一批墓葬，相当于夏商时期，专家认为是古羌人留下的遗迹。墓内出土有金环、银环、铜环，呈齐头合缝式，位于死者面部下部，与鼻子相吻合。据专家复原，上述环饰为鼻饰，并绘制了图像。

从考古资料看，远在6000年前，在我国渭水流域的仰韶文化时期已经有了佩鼻环的风俗。学术界公认仰韶文化为华夏文化的源头，鼻环当在中原产生，后来传入西北羌人地区，玉门火烧沟出土的鼻环就是物证。那么，古羌人与西南和东北民族是否有联系呢？回答是肯定的，他们都流行鼻环饰物就是一证。羌人世代与西北、西南、北方各族为邻，历来有较密切的文化联系，形成一条西南—西北—北方环形文化带。联系这条文化带的正是当地游牧民族的游动性，从而有许多文化共性，因此在这一文化带流行鼻环也是不足为怪的。

廿一、金钏

人体装饰是重要的实用美术形式：一是实用性，二是美丽。从头到脚，每个部位都有特定饰物。其中胳臂上的臂环具有重要意义。

臂环是近代名称，古代称条脱，且有一个演变过程。

1. 条脱

东汉繁钦《定情诗》："何以致契阔，绕腕双条脱。"这是最早的名称，是套在胳臂上的，称为"条脱"、"双条脱"。李白《断句》："举袖露条脱，招我饭胡麻。"由于套在胳臂上，只有"举袖"才能看见。至于胡麻，应该是芝麻烧饼，因为此物来自胡人地区，故名。笔者去衢州参观当地小吃麻饼，当是胡饼"活化石"，上下两面烤，工艺古老，老板要报国家级非物质文化名录，恐怕排不上队。

2. 跳脱

《玉台新咏》卷一引用《定情诗》，文字已改，称："何以致契阔，绕腕双跳脱。"《和湘东王名士悦倾城》也称："衫轻见跳脱，珠概杂青虫。"由"条"改为"跳"，实为一音之转，仍是指原来的胳臂上的饰物。

3. 跳达

在《初学记》、《荆楚岁时记》中均引用过《定情诗》，内容为："何以致契阔，绕臂双跳达。"原诗的"跳脱"已改为"跳达"。

4. 钏

宋人高承《事物纪原》："钏，《通俗文》曰：臂环谓之钏，后汉孙程等十九人立顺帝有功，各赐金钏、指环，则金钏之起，汉已有之。"钏起源很早，有人把它视为"指环"则不妥。

5. 臂饰

《卢氏杂说》："条达是何物？……为臂饰，即金钏也。"也就是臂环，是胳臂上的环状装饰品。

在考古工作中，发现不少臂环文物，与文献记载彼此印证。

湖北武汉周家大湾出土的隋俑胳臂上，有金钏形象；唐代《簪花仕女图》上的妇女，就佩戴有金钏；在宋墓中也有不少出土，如湖南临湘城南宋墓女主人随葬有金钏，河南偃师酒流宋墓发现有金钏；陕西临潼北河村金墓也出土有金钏；在元墓中也发现过金钏，如江苏无锡南郊元墓、安徽棋盘山元墓等；在明墓中也有出土，如江西南城明墓、江苏南京太平门外正德十二年徐夫墓、江苏张士诚母亲墓等。

综观人类的文化史，有两种臂饰：

一种是长命索，又称续命索、辟兵缯、五

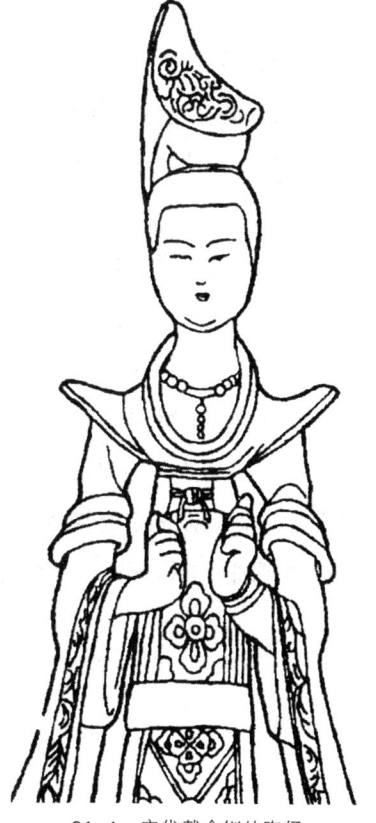

21-1 唐代戴金钏的陶俑

彩缕、朱索，一般是由五种彩线组成，相当于彩线、红头绳。一般在端午节使用，可以"辟兵与鬼，命人不病瘟"。《初学记》引周处《风土记》："仲夏端午……造百索系臂，一名长命缕，一名续命缕，一名辟兵缯，一名五色丝，一名朱索。"在中国传统文化中，五为阳，五月五日为毒月毒日，各种动物出动，毒气威胁人群，故在五月节用种种方法去毒，如挂钟馗像、贴五毒图、穿五毒衣、喝雄黄酒，也包括在臂上系彩线。

一种为条达，《初学记》引周处《风土记》："又有条达等织组杂物，以相赠遗。"《通雅》卷三四方以智按周处《风土记》曰："仲夏造百索系臂，又有条达等组织杂物以相赠遗。"唐徐坚《初学记》引古诗"绕腕双条达"，也认为条达源于长命索。

在两种臂饰中，谁为早呢？最早的臂饰应该是草茎、树枝、彩丝，作为辟邪手段，这应该是主要的，与戒指、手镯是一样的，都为了辟邪，在端午节尤甚。在此基础上，特别是金属产生之后，才出现金钏，当然，除了辟邪之外，也是财富的标志。

由此看出，尽管名称多变，但都是臂环，是臂上饰物。《通雅》引《卢氏杂说》："（文宗）问宰臣，条达是何物？宰臣未对。上曰《真诰》言安妃有金条脱为臂饰，即今钏也。"可知此饰起源于东汉，但历史更久远。定名为钏是可以的，俗称臂环、臂镯。

在我国少数民族中也有臂镯饰物，如傣族妇女、哈尼族妇女均有。我们在西双版纳调查期间多有接触，臂镯为银制的，多为螺旋式，有三至五圈。台湾地区的平埔人、排湾人、鲁凯人、雅美人妇女多戴臂镯，阿美人男子也有此饰。

廿二、男根

生育信仰是我国文化史研究的又一个热点。在研究中有两种值得注意的倾向：一种把上述研究视为禁区，否认对其研究的重要意义；另一种则认为到处充斥着性具，生殖文化是决定历史的根本因素。笔者认为以上倾向都不足取，解决的办法是根据马克思主义的理论，对客观事实进行具体的分析，才能得出一个比较公正的科学结论。本文拟对生育信仰中的重要现象阳具信仰，即陶祖、男根作一初步研究，这对理解远古和古代的生育信仰是有益处的。

（一）考古发现的阳具

在原始宗教中，对人的性具有一种神秘的信仰，先是对女子性具、女阴，后来是对男子性具的信仰。"阳具的崇拜可以说是一个普遍的现象，即在文明很高的种族里也可以找到，例如帝国时代的罗马和今日的日本。"[1] 其实，这种信仰在中国也俯首可拾，让我们从考古资料中的阳具谈起吧！

我国考古工作者先后在许多地区都发现了一些阳具，多以陶质制成，或者

---

[1]〔英〕蔼理士：《性心理学》，生活·读书·新知三联书店1987年版，第67页。

以石、木制成，称陶祖、石祖和木祖。

例如河南淅川下王岗仰韶文化遗址，陕西铜川李家沟仰韶文化遗址，临潼姜寨仰韶文化遗址，甘肃谷灰地兜仰韶文化遗址，秦安大地湾仰韶文化遗址，湖北枝江关庙山大溪文化遗址，山东潍坊罗家口大汶口文化遗址，陕西西安客省庄龙山文化遗址，华县泉护村龙山文化遗址，河南信阳三里店龙山文化遗址，甘肃临夏张家咀齐家文化遗址，湖北京山屈家岭文化遗址，黑龙江齐齐哈尔北阴遗址，广西钦州独料和石产遗址，郑州二里岗商代遗址，新疆罗布淖尔汉代遗址，河北满城汉墓，西安三家村汉墓，陕西黄陵城关宋墓，[1]等等。

在上述考古发现的阳具中，有几个问题比较明确：（1）从年代上考察，阳具是在仰韶文化晚期出现的，距今 5000 年左右；（2）延续的时间较久，从新石器时代晚期，经过商周秦汉，一直到宋代还有流行；（3）从阳具质地上看，有木祖，如罗布淖尔，有铜祖，如汉墓出土的铜祖，其他遗址则出土陶祖。

至于考古界对阳具的解释，则众说纷纭，主要有以下看法：

一种认为"性器官崇拜是自然崇拜的一种特殊形态，以男女性器官作为直接的崇拜对象"[2]。

一种认为陶祖是"祖先崇拜的物证"，是祖先崇拜的象征。[3]

一种认为"考古资料中的陶祖，又成了妇女祈求子女而膜拜的崇信物"。阳具是"生殖神"。[4]

考古工作虽然发现了不少阳具遗物，但是这些资料比较孤立、零散，又缺乏有关传说和情节，很难确认各种阳具的性质及有关宗教仪式。为了复原考古所发现的阳具及有关宗教活动，再现远古人类的生育信仰，我们不得不借用其他学科的史料，包括民族学、历史学和宗教学资料，进行综合性的比较研究，

---

[1] 任继愈主编：《宗教词典》，上海辞书出版社 1981 年版，第 705 页。
[2] 岑家梧：《中国原始社会史稿》，民族出版社 1984 年版，第 124 页。
[3] 许顺湛：《中原远古文化》，河南人民出版社 1983 年版，第 477 页。
[4] 何新：《诸神的起源》，生活·读书·新知三联书店 1986 年版，第 137 页。

才能取得圆满的结果。

（二）崇拜阳具的宗教仪式

乍看起来，阳具是男性生殖器模型，但是人们对它的祭祀是相当复杂的。现在引用一个民族学的例子。

在四川省木里县俄亚乡卡瓦村居住有二十多户摩梭人，他们是纳西族的一支，与云南永宁纳西族同源，习俗相近。但是当地已建立了父权制，流行兄弟共妻与姐妹共夫制，崇拜男子性具。当地妇女不育或少育时，必须去祭祀附近的阳具，一般在三月、五月、七月举行，也可随时去拜祭，但基本在农闲期间举行。

该族的男根是天然石钟乳，供在卡瓦村西南的阿布流沟山的一个洞穴内，山洞因喀斯特地貌所致，内部能容数十人。洞口面向东北，即与卡瓦村相望。洞口外有一棵"牙格"树，汉语意为香树，是人工栽培的，烧香者多从树上折取树枝。洞内地面呈长方形，长15米，宽7米，面积100多平方米。洞底东低西高。东侧有一水池，有地下水流动。中间为平台，称"丘巴黄"，是祈祷者烧香的地方。西侧较高，有若干突起的钟乳石，形如几个山峰。传说这些钟乳石就是女神"吉泽马"的象征。在靠近洞口的地方有一个钟乳石柱，称"久木鲁"，汉语意为生孩子的石头，又称"巴窝"，汉语意为男性生殖器。该石高80厘米，底径90厘米，上呈尖状，下较粗。在"久木鲁"顶部有一个凹坑，深15厘米，直径20厘米。当地人称这个凹坑为"垮"，汉语意为碗的意思。由于"久木鲁"顶上有一个下垂的钟乳石，并且经常往下滴水，因而在"垮"内贮存一些水，当地人称此水为"合吉"，即求子之水，与当地人称精液为"达吉"一词意思相同。

当地摩梭人妇女婚后不育，或者生女不生子，或者生子不生女，以及生有怪胎、产后夭折，都认为是该妇女有病，是由"乔"鬼附身所致。因此，必须请巫师达巴驱鬼治病，举行"内考姑"，即转山洞仪式。参加者有巫师、不育妇女、她的丈夫以及他们结婚时的伴娘。具体祭祀活动分为以下五个步骤：

第一步拜神和祭阳具。巫师和祭祀者抵达山洞后，由巫师率领，面对女神"吉泽马"跪下，在洞内平台处架三块石头，象征石三脚架或火塘，点燃一堆"丘巴"，为女神"吉泽马"烧香，同时摆上肉、饭、酒、茶等供品。先向"吉泽马"叩三个头，然后又向"久木鲁"叩三个头，祈求生男育女。这时巫师念道："春天到了，天让你生孩子，地让你生孩子，'久木鲁'让你生孩子。摩梭人愿你生孩子，西番人愿你生孩子。在'久木鲁'的保护下，今后你会洗掉'乔'鬼，身体健康，能生儿育女，家庭兴旺。"

第二步妇女沐浴洁身。摩梭人信仰巫教，相信鬼神，认为妇女不育或少育，是有一种恶鬼"乔"附身所致，把妇女的生殖器官堵塞了。解救的方法是请巫师驱鬼，同时巫师还以水疗法，让妇女到洞内水池沐浴，认为经过向神祈求和沐浴后，妇女身上的"乔"鬼就洗掉了。她们康复如初，可以怀孕生子了。

第三步喝"合吉"水。妇女洗浴后，要到"久木鲁"附近，巫师交她一根通气的小竹管，她把竹管一端含在嘴里，另一端插在"久木鲁"顶部的水坑内，仿喝哑酒的方法，先后吸三次"合吉"水，认为妇女喝了"合吉"水，才能怀孕、坐胎。

第四步接触"久木鲁"仪式。妇女喝完"合吉"水后，要提起裙边，在"久木鲁"上坐一下，模仿男女交媾动作，从而得到一种生育力。不过这种接触巫术，一方是妇女，一方是阳具。

第五步男女野合。过去在祭阳具的晚上，巫师、伴娘等先行回村，求育的男女则在野外住宿，建立"安达"（性朋友）关系。后来随着夫妻关系的出现，多实行夫妻在野外交合，次日天明才返回村内。

摩梭人的阳具崇拜是什么性质呢？还可从当地的传说中得到启发。其中有两个传说：一个传说是，相传很早以前，在上述山洞里住着一位老年妇女"吉泽马"，她生了许多孩子，她就是卡瓦村摩梭人的女始祖。"吉泽马"发现有不

22-1 摩梭人的 1."普拉"（男神山）　2."久木鲁"（石祖）　3.求子者喝"合吉"水

少妇女不生孩子，就在山洞里找到一个类似阳具的石头，加以供奉，祈求生子，这就是"久木鲁"的来历。"吉泽马"说："女人不会生孩子，就来转山洞，给'久木鲁'叩头，洗掉身上的脏东西，女人就能顺利地生孩子了。"另一个传说，在山洞里住着一个男神——"普拉"，"久木鲁"是"普拉"的生殖器。认为女子生孩子离不开男人，必须在"普拉"的保护下才能生育，而"久木鲁"则是男神的阳具，具有神灵性质。

这两个传说是有密切联系的，说明最早曾经实行母系制，供奉女神，女神主宰生育，因此必向"吉泽马"祈祷。但是，尽管如此，连女神都不否认生育缺不了男人，从而出现了"久木鲁"祭祀。说明阳具信仰是在母系制晚期、父权制初期产生的。这里的阳具，是作为男神"普拉"的象征出现的，是一种生育信仰。

（三）阳具信仰的类型

上述实例并不是古代阳具信仰的全部，而只是一种形式而已。综合考古学、历史学和民族民俗学资料分析，阳具信仰是相当复杂的，其中包括若干类型：

第一种类型是把阳具看作生育神的象征，有隆重的崇拜仪式。

上述的卡瓦村摩梭人的阳具就是男神的象征，在木里县大坝乡普米族地区，有一处"鸡儿洞"，也把洞内的阳具作为男性的象征。国外这类资料更多，如腓尼基人称男具为"亚色"，意为直立、强力和开放，而对上帝也有同样的称呼。希腊神话中的赫耳墨斯最初就被塑造成男性生殖器的象征。埃及的太阳神也象征着对男性生殖器的崇拜，兼有主宰生育的职能。[1]

第二种类型是把阳具作为巫术手段。

在各地娘娘庙祈子活动中，不育妇女求子时，都偷一个泥娃娃，以红线拴住脖子，号称"拴娃娃"，并且把泥娃娃的"小鸡"（阳具）取下来，以水吞服。事后再以泥土把"小鸡"补上，认为妇女吃了"小鸡"，就能怀孕。[2]浙江丽江供有陈十四娘神，认为该神主宰生育。有的求子妇女在礼神祝祷后，偷取夫人娘娘前泥塑小男孩生殖器上的粉末，用纸包回，冲水饮服，认为可生男孩。[3]贵州台江苗族在"吃牯脏"仪式时，必须用糯米粑粑塑一两个阳具，粘在墙上，当祭祖完毕后，求育的妇女都争先恐后地去偷摘上述阳具模型，然后回家与丈夫共食，认为这样能促使妇女怀孕。"在欧洲的某些地区，妇女在某些节日要吃

---

[1] 朱云影：《人类性生活史》，上海社会科学院出版社1988年版，第13页。
[2] 吴云涛：《聊城的拴娃娃与祀"张仙"》，《民俗研究》1988年第2期。
[3] 浙江民俗学会：《浙江风俗简志》，浙江人民出版社1986年版，第565页。

22-2　苗族等男根

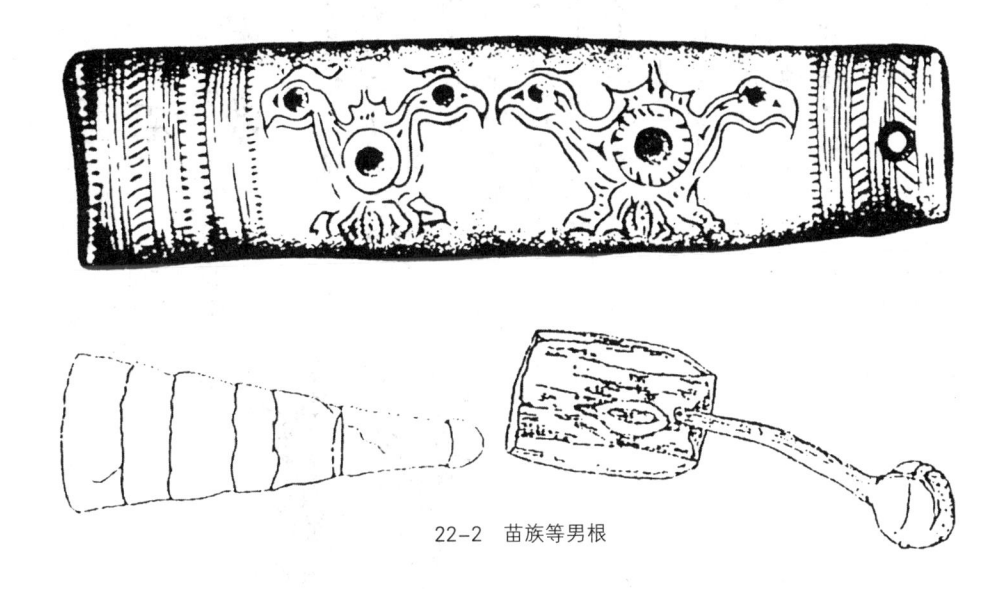

男性器官形状的饼子，目的也是为了生殖。"[1] 以上均是把阳具作为求育巫术的手段，并且是极流行的巫术形式。"一个女子，要她在日常环境之下，和男子的生殖器官发生触觉关系，当然有种种的顾虑，但若和它的象征发生接触，就没有顾忌了，不但没有顾忌，而且往往是一件公认吉利的事……"[2] 阳具信仰的奥妙正是在于祈求生育能力，这是阳具作为求育巫术手段流行的原因。

第三种类型是以阳具为辟邪物。

在辟邪灵物中，也有阳具：一种是装饰于服饰上，过去江淮地区不育妇女多请人用桃木刻一桃木人，但阳具突出，认为佩带此物可以辟邪，有助于怀孕。未婚男子的腰际也戴一小石人，石人的阳具也异常突出。另一种是建筑装饰，在云南西双版纳哈尼族的寨门、竹楼上，都装饰许多辟邪物，其中有两种：一种是铁匠雕像和打铁工具，认为铁和铁匠是世上最强硬的东西，诸鬼见而远

---

[1] 〔美〕魏勒：《性崇拜》，中国文联出版公司1988年版，第214页。
[2] 〔英〕蔼理士：《性心理学》，第182页。

探石求男

〔嘉華紅鹿埠〕
三月二十一日十大夫
門多遊此山
唐段寺倫波有
刻觀麼石盖開元
二十三年又嘗積石
以足口歸敗
邪人致之
入山修煉因
而致俗山有小
泡士女探石井卧
占求男之祥

22-3 探石求男

之；另一种是裸体而生殖器突出的男像，认为男人的阳具与铁一样，也是最好的辟邪物。

国外也有同样辟邪物。"希腊和罗马的主妇和少女佩带男性生殖器形状的纪念章和珠宝饰物，以利生育。现代的埃及妇女也经常佩带类似的护身符。"[1] 泰国三角洲地区的儿童皆佩带一个木制的阳具，有时拴成一串，挂作腰饰，作为护身之物。在不丹王宫的"房角上就挂有巨型的木制男性器官，上边添饰一束牦牛尾巴，当地拴马桩也为阳具，他们跳神时也手持一副阳具，认为非此物不足以镇压某些妖怪"[2]。

第四种类型是以阳具为随葬品。

自父权制的单偶婚出现以后，人们对死者的安葬总不愿意让他孤独一人而去，而是给他（或她）一个配偶，新石器时代的人殉就有这种情形，是以妻妾或女奴殉葬。[3] 从民族学资料看，也有用鸡、猪、羊象征死者的配偶，这些动物也是死者的引魂者，以便亡灵尽快回到祖居地区。此外也以性具陪葬。

以性具陪葬有两种情形：一种是作为配偶的性具。福建有一种鬼婚，即未婚夫妻而女方先死，必须在男家供妻子偶像，旁边放一木制或泥制的阳具，让丈夫陪伴死者，以免她干扰生者。当丈夫娶妻后，依然供奉亡女的偶像，同时放一件象征丈夫的阳具。云南哈尼族也有类似风俗，该族已婚妇女死后，要设牌位供奉亡妻，同时放一件木或石制的阳具；男子死则供一个女性生殖器，有些地方还为死者随葬一件性具，作为其配偶伴葬的象征。另一种是作为太监性具的替代物而随葬的。据金易《宫女谈往录》记载，太监进宫前，必须净身，也就是割去男子的性具，然后由净身师将性具用石灰风干，精心地保存起来。太监不管一生有多大的坎坷，也要积蓄点钱，把自己丢失的东西赎回来，预备将来身死以后装进棺材里，随身下葬。而找不回来的阳具，则以木、泥、陶、

---

[1]〔美〕魏勒：《性崇拜》，第214页。
[2] 谢国安：《闷域风俗之一般》，《康藏研究月刊》1947年第13期。
[3] 宋兆麟等：《中国原始社会史》，第314页。

瓷制阳具代替,以便太监死后有一个完整无缺的身躯,这样才能在阴界生存。

综上所述,阳具信仰是很复杂的问题,内容也极为丰富,对其进行分类研究是必要的,复杂的类型反映复杂的历史实际。首先,人类的生育信仰有一个发展过程,最初的生育神是女祖先或女始祖(包括女娲等女神),欧洲旧石器时代晚期的女神雕像和我国红山文化遗址出土的孕育状女神,就是此类性质的生育神。随着父权制的确立,又出现了男神或男始祖,他们也是氏族、部落的生育之神。不过,人类的生育信仰并不都限于祖先神,也把始祖的性器加以崇拜,先是崇拜女阴或阴具,进而崇拜阳具或男根。由此看出,现在我们所见的生育信仰资料是长期积累下来的,互相交融的历史堆积,古今掺杂,要想揭开生育信仰之谜,必须分清历史层次,作历史主义的分析。其次,生育信仰中有神灵与巫术之别。过去有一种流行的看法,凡是生育信仰,都视为生育神。其实,在民间的生育信仰中,作为神出现的,是不多的,无非是始祖、图腾、祖先、高禖、娘娘神、张仙等,对以上神灵有一系列祭祀和禁忌。但是,民间绝大多数的生育信仰是低层次的,甚至是准宗教的信仰,即生育巫术,如摸洞、投钱、送瓜、送灯等,其中涉及的性具——无论是女阴还是男根,它们并不是以神的性质出现的,而是一种巫术手段,它本身并不是神,也不存在对它的膜拜和祭祀。因此,不能把所有的生育信仰对象视为生育神,更不可能都是祖先的象征。此外,由于阳具信仰有不同的类型,对各种阳具信仰应该具体分析,找出不同的起源、性质和作用,绝不该按一个模式生搬硬套。就以考古资料而言,性质也不尽相同。东南沿海泉州、漳州等地有一种露天耸立的巨形石质阳具,造型逼真,历史古老,这种文物可能是古代性具崇拜的产物,该阳具应该是生育神的象征,当时应该有隆重的祭祀活动。史前时代流行的陶祖、石祖,形制小巧,比较原始,形如实物,其性质可能与民族民俗学中巫术性阳具相同,或者是一种辟邪物。在陕西黄陵城关出土的北宋瓷祖,是一种随葬的冥器,而且是随女主人埋葬的,可能是作为丈夫的替身而出现的。不难看出,古代阳具的性质是不尽相同的,必须区别对待,具体问题具体分析,恢复其本来面貌。

(四) 性巫术与生产活动

无论是生育神还是男女性具，都是人类自身繁衍在宗教中的反映。说明人类自身繁衍是社会的基本需要，并借助宗教的力量去实现人口的增殖。从中可以看出人类自身生产与人类的物质生产具有同样的作用，尤其在远古时期，这是不可忽视的历史因素，对政治、经济、文化、习俗有重要影响。但是，有人把生育信仰看作唯一的历史决定因素，认为生育信仰主宰一切，推动历史前进，因此到处是性具，到处是生殖文化。这种看法未免过分了。从考古学、民族学、民俗学和历史学分析，人类首先要解决衣食之源，必须进行物质生产——采集、渔猎、农耕和牧放，以及各种手工业。这是人类社会存在的前提和物质基础。没有这一点人类就不能生存，也不会有人类自身。但是物质生产是由人来完成的，最终又为人类服务，所以人类必须不断地维持自己的繁衍，保证物质生产的正常进行。同时，生育、婚姻、家庭又关系到人类基本生活需要和社会安定，所以人类的自身生产也是人类社会存在的基础和基本条件。上述两种生产都是人类生存的基础，彼此影响，缺一不可。两种生产的联系性在生育信仰中得到了恰切的说明。

众所周知，生育信仰，性器崇拜，都是为了人类的繁衍，这是比较公认的看法。但是，多数学者把生育信仰的功能局限于人类生育上，其实这仅仅是生育信仰的第一个功能，此外还有一个功能，即促进物质生产的发展，例如：

在农业生产中，往往借助性交促进农作物生长，此俗由来已久，周代"欲使禾稼收成，可使男女大会田间，中国经书上也有奔者不禁的时候，《周礼》'仲春之月，令会男女。于是时也，奔者不禁……司男女之无夫家者而会之'"[1]。古代皖南"在水稻扬花灌浆时节，有夫妻到田头过性生活的习俗。淮北地区民间播种，一般是妻子在前赶耧，丈夫在后摇耧，据说这样庄稼才能丰收。夫妻

---

[1] 李安宅：《巫术与语言》，上海文艺出版社1988年版，第5—6页。

一块合种，意为男女一起'合种'（性交）"[1]。

种植蔬菜和经济作物也用性巫术。《佩文韵府》卷四引《湘山集》："园荽即胡荽（香菜），世传布种时口亵语，则其生滋盛，故士大夫以秽谈为撒园荽。"认为说"村话"能促进香菜丰收。朱彝尊《鸳鸯湖棹歌》："秋灯无焰剪刀停，冷露浓浓桂树青。怕解罗衣种莺粟，月明如水浸中庭。"注云："禾中产莺粟，相传八月十五夜，俾女郎解衣播种，则花倍繁。"莺粟即罂粟，种时妇女要解衣而耕，也是借助人间性巫术促进作物丰收的方式。

性巫术也被应用在牲畜的繁殖上。《古今图书集成·岁功典》卷三三《季春汇考》引《礼记·月令》："是月之末，择吉日大合乐。天子乃帅三公、九卿、诸侯、大夫亲往视之"，"是月也，乃合累牛腾马，游牝于牧。牺牲驹犊，举书其数"。陈注："春阳既盛，物皆产育，合累系之牛腾跃之马，使牲畜就牝。"春天为牲畜交配之时，古代官吏皆以性巫术促进牲畜繁殖。在甘肃嘉峪关北朝的画像砖上有一幅"配种"图，这绝不是对配种的描述，而是兼有牲畜繁殖巫术。

养蚕业也离不开性巫术。江苏宜兴王茇公桥在三月东岳庙会上，流行一种"轧蚕花"风俗。"轧"为挤的意思。到了庙会那天，姑娘们盛装赴会，在人群中挤来挤去，小伙子们也动手动脚，甚至撕坏姑娘的衣服，但是她们并不恼怒，社会舆论也不干涉。据说东岳老爷喜欢男女互相拥挤，只有这样，蚕业才能丰收，人口才能增加。[2] 所以"轧蚕花"是利用男女接触巫术促进蚕业丰收。过去在成都汉墓中曾发现过不少男女野合画像砖，描绘一些男女在桑树下交合，衣服挂在树上，采桑的篮筐丢于一旁。以往人们都把它视为"群婚残余"，是野蛮落后的反映，其实，这种解释是不够的。该画像砖除反映了婚姻的原始性外，也反映了古代生育信仰中的祈求生育巫术。

---

[1] 李晖：《江淮民间的生殖崇拜》，《思想战线》1988 年第 5 期。
[2] 缪亚奇：《宜兴民间假面舞"男欢女喜"漫论》，《民间文学论坛》1986 年第 3 期。

廿三、对鸟骨牌

我国是一个神话丰富的国家，各民族都创作了形形色色的神话，但是研究神话各有不同的角度：有的从文献角度再现神话，有的用文化人类学解释神话，有的以史前史复原神话，还有的用考古资料探索神话的源头。这些做法都是可取的，收到了可喜的成果，标志我国神话研究进入了一个十分活跃的时期，是神话研究深化的反映。不过，以单一学科的方法研究神话似乎有些偏颇，必须运用多学科的综合性研究方法，才能开创神话研究的新局面。笔者试图利用这一方法，探讨我国卵生神话的起源、发展，并且解释其求育巫术的功能。

（一）古老的卵生图

近几十年，考古学者为我们发掘了许许多多的鲜为人知的考古资料，其中也有不少神话资料，如史前雕塑、岩画、青铜图案、画像石、画像砖，其上有不少栩栩如生的神话故事。这是研究神话的珍贵资料。这里介绍两幅最早的卵生形象——双鸟孵卵图。

1973年在浙江省余姚县河姆渡村发掘了一处距今7000年前的河姆渡文化遗

址，当时以稻作农业为主，运用锋利的骨耜翻耕土地，种植水稻，房前屋后种植葫芦，兼营采集和渔猎活动，住在大型的干栏式房屋内，食米羹鱼。反映在文化艺术上，已经有了高水平的骨雕和象牙雕刻。在这些雕刻品中，发现了两幅精美而神秘的鸟纹图案。

一幅刻在蝶形器上，原报告称"在正面部位用阴线雕刻出一组图案，中心为一组大小不等的同心圆，外圆边雕刻有似烈焰光芒，两侧雕有昂首相望的双鸟"。[1] 报告的作者认为这是一组双鸟朝阳形象。连体鸟图形对称，具有普遍的审美意义，不过，连体鸟的含义不限于此，与其说是双鸟对称，不如说两鸟交合更确切些。《太平御览·羽族部》引《博物志》："雌雄相视则孕。"其中说的"相视"为交合，有交合才有孕育。另一幅是在一件骨匕上，有两组相近的图案，内容同上，中央为圆圈状，两侧为鸟，但是上图两鸟相向，此图两鸟相反，即背相而立，鸟身相连。

两组图案有共性，也有差别。共性是都有两只鸟，围绕一个圆圈并立；差别是两组图案的两鸟头向不同：一是相向，一是背向。不难看出，两者大同小异，共性还是主要的，需要讨论的是，上述圆圈是什么？目前学术界有两种看法：一种认为是太阳，是两鸟朝阳；一种认为没有什么含义，是两鸟相结合。

笔者认为，上述两个图案内容是相近的。其主体是双鸟，无论是相向还是背向，双鸟身都连在一起，可谓连体鸟。乍看起来，连体鸟通过交合而有孕育，才能繁殖。从有关资料看，这种交合形象在古代艺术中是很多的，有三种形式：

一种是连体动物。首先是两鸟对应。新疆和静县察吾呼沟古墓出土一件公元前的双鸟开铜扣，呈弓形，两侧各有一鸟首，鸟身连在一起，如同交合状，与河姆渡文化骨匕上的鸟如出一辙。在民族学资料中也有类似形象，如贵州苗

---

[1] 河姆渡遗址考古队：《浙江河姆渡遗址第二期发掘的主要收获》，《文物》1980 年第 5 期。

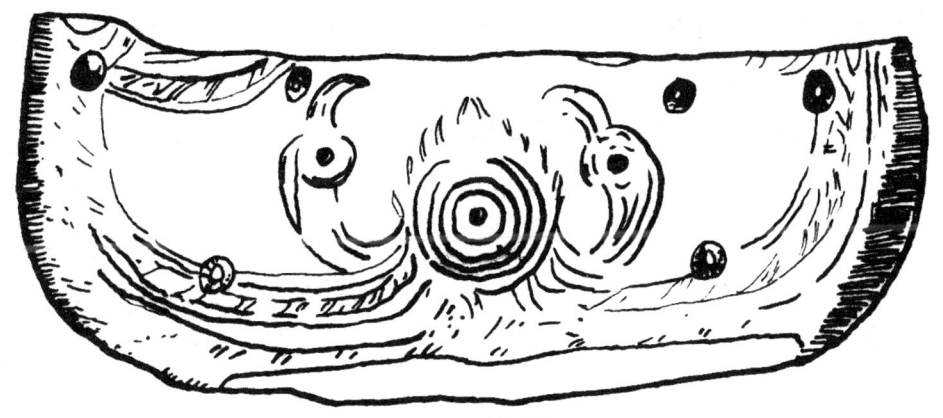

23-1 对鸟骨牌

族刺绣中就有一幅双鸟生卵图,与河姆渡文化蝶形器上的双鸟朝阳相似。湖南土家族土老司的发冠上,有一对脊宇鸟,中间有五个球状物。这些图案都具有生殖、吉祥的意义。

其次是连体动物或交合状动物性图案,中国历史博物馆有一件西周玉璜,为两虎连体形状。《山海经·海外西经》:"并封在巫咸东,其状如彘,前后皆有首,黑。"形象为后身相连的两头猪。其他如二首蛇、双头鸟,都属此类。陕西凤翔出土一件秦代瓦当,其上有双獾交合纹,铜镜上则有双鱼。

一种是连体人形。这种连体人形是很多的,如四川大溪文化遗址出土的石雕人像、安徽汪洋新石器时代遗址出土的双面陶人、河南安阳殷墟出土的阴阳玉人、内蒙古宁城南山根出土的阴阳人青铜剑、西北地区岩画上的连体人等。在民间剪纸上有二人连体形象,也是男女交合的产物,后边将专门进行探讨。

一种是人兽交合形象。人兽连体者也不少。如《山海经》中的陆吾为人面虎身,氐人为人面鱼身,英招为人面马身,人面鸮为人面鸟身。汉代画像石上有不少伏羲、女娲形象,有些是人蛇交合,有些是男女交合,都是一种两性连体形象。畲族、苗族有一种盘瓠图,也具有这种性质。这些图像多为人兽感生神话性质,类似国外的图腾信仰。

通过以上事实看出，河姆渡文化遗址出土的双鸟连体图案不是偶然的，而是当时原始居民信仰的产物，具体地说，是两鸟交合的形象，这是连体鸟的实质。同时，两鸟之间的圆圈并不是太阳，而是鸟生之卵，正是鸟卵才引申出生殖和繁衍。

（二）卵生神话

从古至今，我国都有很多卵生神话。

首先是文献中记载不少卵生神话。

《史记·殷本纪》："殷契，母曰简狄，有娀氏之女，为帝喾之次妃。……三人行浴，见玄鸟坠其卵，简狄取吞之，因孕生契。"

《史记·秦本纪》徐偃王作乱，《正义》、《括地志》引《博物志》说徐偃王生时为一蛋，"覆暖之，乃成小儿"。

《吕氏春秋·音初篇》："有娀氏有二佚女，为之九成之台，饮食必以鼓。帝令燕往视之，鸣若谥隘。二女爱而争搏之，覆以玉筐。少选，发而视之，燕遗二卵，北飞，遂不反。"

《山海经·大荒南经》："有卵民之国，其民皆生卵。"郭璞注："即卵生也。"

《山海经·海外南经》："羽民国在其东南，其为人长头，身生羽。"郭璞注："能飞不能远，卵生，画似仙人也。"

《隋书·高丽传》："高丽之先，出自夫余。夫余王尝得河伯女，因闭于室内，为日光随而照之，感而孕事，生一大卵，有一男子，破壳而出，名曰朱蒙。"

《清太祖武皇帝实录》卷一："初，天降三仙女浴于泊，长名恩古伦，次名正古伦，三名佛古伦。浴毕上岸，有神鹊衔一朱果置佛古伦衣上，色甚鲜妍。佛古伦爱之，不忍释手，遂衔口中。甫着衣，其果入腹中，即感而成孕……后生一男，生而能言，倏而成长。"这就是满族祖先的来历。该族在祭天跳萨满舞时，必立一神竿，上置一斗，斗内盛米，引鹊来食，名曰供神鹊。在江苏泗洪、邳县、东海等县，传说人们是从山东鹊雀窝迁来的，是鹊雀教会他们种庄稼。

以上文献记载说明，我国有不少民族流行人与鸟相感而生育后代的神话，鸟是他们的族徽或图腾标志。不过，这些记载言简意赅，不易深入了解，但是民族学保留了较多的卵生神话，不妨举例说明。

高山族有一个传说，从天上降下两个蛋，一个黄蛋，一个绿蛋，都落在玻洛兹山上，后来在阳光雨露的滋润下，黄蛋生出摩滋男人，绿蛋生出基宁女人，男女婚配，繁衍了高山族。

侗族对鸟十分崇拜，在村寨公共活动场所——鼓楼上必画鸟，或在鼓楼顶上立一鸟竿。该族跳芦笙舞时，前面要以鸟旗为引导，芦笙队员要穿华丽的羽衣，男子头上插鸟羽，女子头戴鸟冠。侗族在斗牛和节日期间，也以鸟形象装扮自己。

傣族传说：原来地上什么都没有，只有一头水牛，活了三年就死了，但生下三个蛋，由鹞鹰孵蛋，其中有一个蛋孵出个大葫芦，葫芦又生出傣族。

贵州台江苗族传说：很久以前，有一只大雁生了十二个蛋，孵了三年没破壳。这时蛋内发出叫声，又孵三天，结果孵出姑昂（兄）、姑那（妹）、虎、蛇等。起初，姑昂、姑那只会吃，不会哭。在雷公授意下，姑昂、姑那把自己的孩子切成碎片，丢在山野，结果变成许多子女，这就是苗族的来历。苗族为了感激祖先，定期杀牛祭祖，主祭人必穿鸟衣，举行一个抬鸟巢仪式。相传鸟巢是祖先住所，又是鸟孵卵的地方。鸟巢以灯笼代之，主祭人吹着芦笙，把鸟巢抬到河边，往地上丢一枚熟鸡蛋，绕鸟巢转三圈，最后把鸡蛋踢向村落方向。同时把旧衣服垫在鸟巢内，如同鸟窝一样。接着捡一个河光石，象征鸟蛋，放在鸟巢内，并抬到祭祖主持人家里。主人的妻子必须到途中迎接，到家后把鸟巢安置在室内中柱前的五倍子树杈上，如同树上有一个鸟巢。主祭人把旧衣服和石头取出来,又放入谷穗。当天晚上,由一些十二三岁的小孩举着火把,纷纷来到主祭人家里,往鸟巢内投火把。事先有两位成年人站在楼上,不断往鸟巢淋水,不让鸟巢起火,如此表演三个晚上。上述抬鸟巢巫术是很精彩的,通过鸟在巢中生蛋,祈求繁衍后代;以谷穗取代石头,又标志祈求农业丰收,而蛋所以能生出鸟和谷物,乃是火把(苗族认为火把是蛇、龙)与鸟接触的结果。由此看出,在母系氏族制度下,"其氏族的成员声称他们是由那作氏族名称的动植物传下来的,认为他们的远亲被主宰之神将其以动物变为人的"[1],当时的生育观就是神灵感生的产物。

纳西族有一部史诗《古事记》,传说最初出现天地,后来又出现了日月山河等九种事物,进而出现依格阿格神,他变一蛋,蛋又生鸡,鸡又生十对白蛋。"一对孵化为派神与沙神,一对孵化阴神与阳神,一对孵化为嘎神与欧神,一对孵化为奥神与亥神,一对孵化为能者与智者,一对孵化为量术师和营造师,一对孵化为大官与小官,一对孵化为东巴与卦师,一对孵化为则与措,一对孵化为白与黑。"[2] 又说从太阳飞出一只公鸡,从月亮飞出一只母鸡,在地上安家,经过九十九天,母鸡生一对白蛋,孵了九十九天,生了一对男女。据说这就是纳西族的由来。

泸沽湖摩梭人在创世诗《盘答歌》中说,在干木山洞穴内有一只神鹰,生一个大蛋。9000年后,神猴在洞内玩,把蛋吃了,结果肚子剧疼,蛋从肚脐眼钻出来,飞到山崖上碰坏了,出来百兽,又变一个姑娘,名曰"儿姑米",她与兽交合,生育了子女。"儿姑米"就是摩梭人的女始祖。

综上所述,民族学资料保留的卵生神话,对印证古代文献记载的卵生信仰是有帮助的,说明卵生神话是人类比较流行的信念。

---

[1] 〔德〕马克思:《摩尔根〈古代社会〉一书摘要》,人民出版社1965年版,第87页。
[2] 云南省民族民间文学丽江调查队:《纳西族文学史》,云南人民出版社1960年版,第67—78页。

（三）卵生巫术

　　卵生神话是远古人类的创作，一代代传承下来，成为人类的重要文化遗产。为了自身的繁衍，人类还发明不少卵生巫术，它几乎在人生礼仪中都有反映。让我们从青年人恋爱时的碰蛋巫术说起吧。

　　广西都安、巴马、都阳和江州等地的壮族在过三月三时，每家都煮不少鸡蛋、鸭蛋，染上红色，然后用绳兜串起来，以蛋多蛋美为荣。同时煮五颜六色的糯米饭，在田头搭一座布棚，老人祈求丰收，年轻人谈恋爱。小伙子看中哪位姑娘，就拿自己的彩蛋去碰姑娘的彩蛋，如果姑娘不中意，就抱着彩蛋不外露，以示拒绝。如果姑娘愿意，则以蛋碰之，互相交谈，最后到人迹稀少的地方，唱情歌，订私情。不少青年在碰蛋中找到伴侣。彩蛋，是玩具、食品，也是青年男女爱情的媒介，象征繁殖的意义。

　　恋爱是求偶的方式，目的是繁衍下一代。因此在恋爱、婚媾中有不少繁衍的意念，自然离不开卵生巫术。广西南丹瑶族姑娘遇到不少男子追求时，父母选十枚鸡蛋，煮熟，画上记号，埋在山上，然后请小伙子们去寻找，谁找到的蛋多，谁就为婿，认为蛋象征多子。云南哈尼族男青年选中女恋人后，父母往往反对，当事人只好先斩后奏，肯定婚姻关系，并且利用巫术手段，硬逼父母承认。通常选择一个吉日，新娘躲在一个女友家，煮一升糯米饭，分为两份，每份都放一枚煮鸡蛋，包为两包。黄昏之后，新娘与伴娘到密林深处，新郎与伴郎也如期抵达，并把新娘接回家。由一位中年妇女把饭包打开，分别放在两个饭碗内，新人各拿一碗，但新郎要把自己吃的一半鸡蛋落在新娘吃剩的一半鸡蛋上，象征男女交合，又生新蛋，并让一名儿童吃下，据说可婚后生育子女。这是"偷婚"仪式。父母只好承认婚礼。新娘回门后，坐在娘家火塘边，主婚人把一枚熟鸡蛋交给新郎，他再转交给新娘，她必从身后反手接住鸡蛋，再从身前递给新郎。新郎把鸡蛋分为三份，蘸上米酒、姜汁、茶水，自己吃一份，新娘吃一份，另一份送给主婚人吃。

汉族在订婚时，必把一个漆桶送到女家，桶内盛红鸡蛋，不育妇女多讨吃。浙江金华新婚之夜，新人必吃"子茶"，实际是吃鸡蛋。婚礼中讨彩蛋吃就更普遍了。广东富阳地区新娘到男家后，必拿十二枚红鸡蛋，从上身沿裤腰内滚下来，主婚人说："将来生男育女像鸡生蛋一样。"

江西翁源汉族在洞房花烛旁放一碗，内置两枚鸡蛋，一对新人入洞房后，由主婚人分给每人一枚鸡蛋，称吃和合蛋。北京女家送给女儿的子孙桶必放五枚红鸡蛋，不育妇女必来讨吃，可治不育之症。

在少数民族地区也流行卵生巫术。侗族在洞房内埋彩蛋，新人入房后，众人蜂拥而至，抢挖彩蛋。基诺族在迎新娘时，婆婆要送给儿媳一枚鸡蛋，在手腕上拴红线，据说拴红线是把她的心拴住，送蛋是祝她早生育。水族新娘挑第一次水时，必须把一枚熟鸡蛋切为两半，投入井中，根据蛋黄仰俯占卜生子与否。晋代张协《禊赋》："浮素卵以蔽水。"这都是一种求子性质的蛋卜方法。土家族妇女不育，由祭司梯玛主持，盛一筒米，放一枚鸡蛋，并插一竹象征男根，上贴红布或红纸，认为这是向天上的七姊妹挑逗，祈求生育。

求子用蛋，生子也用蛋。永宁摩梭人妇女难产时，必用鸡蛋在产妇腹部滚来滚去，可以催生。土家族妇女在月子里吃剩的鸡蛋壳不能丢，满月后才丢于十字路口，以示家庭安全，小儿健康。小儿过"洗三"，主人家必备一盆喜蛋，来贺者纷纷抢食，据说可以多育。布依族、苗族、土家族认为蛋壳挂于门楣可以辟邪，把"挂蛋袋"挂在身上也能保护小儿平安。

如同拴娃娃一样，鸡蛋既代表生命，又可作为交媾巫术的手段，如哈尼族婚礼中的"落蛋"巫术。"卵或蛋是生命的最高表现，其他所有表现都从属于它。在科学的意义上，人的卵，以及产生卵的卵巢和在其中发育成婴儿的子宫，甚至在更广泛的意义上包含一切女人，是创造力的最好最大成就的象征。"[1]正因为这样，"在家庭中所有喜庆的场合，包括产子、结婚，一定有煮

---

[1] 严汝娴主编：《中国少数民族婚姻家庭》，中国妇女出版社1985年版，第266页。

鸡蛋去壳将蛋白染红以大量送人之习惯……而接受了红蛋的人家，惯例是一定让家中尚未产子的妇女先吃"[1]。爱斯基摩人相信卵可致孕，禁止未婚妇女吃卵。俄罗斯"有杀母鸡取体内的蛋，用于求子妇人，吉卜赛男人把蛋黄吹入妻口，吞下可孕"[2]。

在古代三月三上巳节活动中，有临水浮蛋之风，就是一种求子的象征，后来改为浮枣、流觞。

梁萧子范《家园三月三赋》："右瞻则青溪千仞，北睹则龙盘秀出。……洒玄醪于沼沚，浮绛枣于泱泱。"庾肩吾《三日侍兰亭曲水宴》："……禊川分曲洛，帐殿掩芳洲。踊跃赪鱼出，参差绛枣浮。百戏俱临水，千钟共逐流。"江总《三日侍宴宣猷堂曲水》："醉鱼沉远岫，浮枣漾清漪。"

《荆楚岁时记》："三月三日，士民并出江渚、池沼间，为流杯曲水之饮。"王羲之《兰亭集序》："又有清流激湍，映带左右，引以为流觞曲水。"《太平御览》卷三十引晋成公《绥洛禊赋》："考吉日，简良辰，祓除解禊，同会洛滨。妖童媛女，嬉游河曲，或振纤手，或濯素足。临清流，坐沙场，列罍樽，飞羽觞。"

这些浮卵、流觞均来源于卵生信仰。

（四）卵生巫术探源

在原始时代，巫术极为盛行，无处没有巫术，无时不用巫术，但是以什么形式施行巫术，以什么事物作为施巫的手段，却是很复杂的，这是与当时的信仰和思维方式分不开的。就以生育巫术而言，原始人除了崇尚女神、女阴和男根外，就算以卵生巫术最为时髦了。这是为什么呢？我们认为有两个重要原因。

---

[1]〔美〕魏勒：《性崇拜》，第264页。
[2]〔日〕御手洗胜：《神与神话》，台湾联经出版事业公司1987年版，第396页。

首先，鸟是一种流行广泛的感生灵物或图腾膜拜物，对卵生巫术的盛行起着促进作用。

正如前面所言，人类在相当长的历史长河中，是弄不明白自己的来源的，最初只知自己是母亲所生，这是人类最早崇拜女神的社会根源，但是母亲又怎么能生儿育女呢？当时并不认为是男女性交的结果，因为母亲的配偶是不固定的，是生活在外氏族的男人，这对子女是很生疏的。加上神鬼充斥着世界，万物都有神灵，于是认为妇女与某种动植物或其他无机物有一种特殊的感应关系，从而生育了后代。如华胥踏巨人迹而生伏羲、女登与龙交而生炎帝、附宝见大电绕北斗而生黄帝、女节接大星而生少昊、庆都遇赤龙而生尧、握登见大虹而生舜、修己吞神珠薏苡而生禹、简狄吞玄鸟卵而生契、扶都见白气贯月而生汤、姜嫄履神人迹而生后稷、女修吞鸟卵而生大业、匈奴女与狼交合而生北单于、哀牢夷沙壶触沉木而生龙子、夜郎女始祖触竹而生夜郎王等等。

以上都是一种感生信仰，在这种信仰看来，女始祖是明确的，也都是共同的，是生育的载体和主体，这是一方。另一方则是有感于母体的神灵，有日、电、虹、龙、鸟等，其中的鸟与卵生信仰关系最为密切。当然，鸟图腾不限于商民族，在百越、苗族中也存在。须知，图腾或感生在史前时代曾盛极一时，具有支配作用，对物质文化和精神文化都有一定影响。反映在风俗上，人们也渴望有鸟那样的繁殖能力，取鸟的生殖物——卵为施巫的手段。

其次，人类从远古时代起就对鸟的旺盛生殖能力有较多的认识，特别是卵，它是鸟类繁殖的象征。人类在历史上曾有一个漫长的时期是以采集和渔猎为生的，人类无论是采集鸟类的卵，还是捕捉各种飞禽，在长期的实践中都会发现鸟能产卵，产卵甚多，卵又生鸟，鸟又生蛋，反反复复，周而复始，形成一套鸟类繁殖的过程。上述实践必然对人类利用鸟卵实行巫术有深刻影响。进入农耕时代以后，人类除了驯化野鸡为鸡媒、野鹰为猎鹰从事狩猎外，也把若干飞禽驯化为家禽。这些生产活动更加强了人类对禽类、蛋类的认识，明确了鸟类是各种动物中最富有繁殖力的，蛋又是这种繁殖力的表征物。同时，在原始思维中，主体与客体是不分的，处于混沌之中，你就是我，我也是你，你中有我，我中有你，人可变卵，卵可变人，鸟人不分，彼此转化。这样必然促使人类常常取鸟蛋施展巫术。"在所有时代，蛋都被认为是春天的神圣标记，是冬眠后自然复苏的标记。在异都的时代，为庆祝春天生命的复苏，要向朋友们赠送彩蛋。"[1] 外国是这样，中国也是这样，因为卵是生育万物的母体，也是人类的一个源头，后世的蛋卜、卵生巫术，都是蛋象征多产多育的产物，是新生命的标志。

---

[1] 〔美〕魏勒：《性崇拜》，第264页。

廿四、蝶形器

在浙江余姚河姆渡遗址第一次发掘中，曾出土 13 件蝶形器，这些器物以骨料为主，也有用木料和石料制成的，发掘者因其形状如飞蝶，故命此名。[1]

蝶形器是做什么用的呢？有人认为是一种生产工具附件，说它不是蝶形器，而是一种翼形器或定向器，是镖枪上的一种尾饰，起平衡和定向的作用。[2] 考古学、民族学所提供的有关资料表明，蝶形器不是翼形器，也不是定向器，而是别有他用。现在首先对定向器提出质疑。

认为蝶形器是镖枪上的定向器，主要有两条依据：

第一条是根据在白令海峡两岸的阿拉斯加和楚科奇地区出土的古代爱斯基摩人所用的翼形器，认定河姆渡文化的蝶形器与古代爱斯基摩人用的翼形器相同。该作者认为翼形器是镖枪上的尾饰，并且绘制了复原图，从而印证河姆渡的蝶形器也是镖枪上的尾饰，具有定向和平衡作用。

第二条根据是通过对箭羽的功能，说明"古代爱斯基摩人的翼形器顶部边缘和双翼上有的就有类似羽毛的纹饰，这同箭羽有相通之处。翼形器的用途亦与箭羽相同，它必是用于镖枪飞行过程中的定向和平衡，借以提高对目标的命中率"。

---

[1] 浙江省文物管理委员会、浙江省博物馆：《河姆渡遗址第一期发掘报告》，《考古学报》1978 年第 1 期。

[2] 王仁湘、袁靖：《河姆渡文化"蝶形器"的用途和名称》，《考古与文物》1984 年第 5 期。

事实并非如此。无论从力学原理、国内外考古资料对比分析，还是对蝶形器本身的研究，都不能证明蝶形器是镖枪上的定向器。我们剖析一下上述两条论据。

第一，先弄清古代爱斯基摩人的翼形器的结构和用途。关于这件文物的用途，至今尚无定论。有人说是猎具，是装在镖枪前边的；有人说是祭祀鲸鱼用的道具；还有人认为翼形器起初是皮艇上的肘板，后来变成皮艇上的饰件，是皮艇上的护符。上述诸说，表明蝶形器的用途还是一个谜。

古代爱斯基摩人使用的镖枪，虽然枪头的质地有不少变化，但是镖枪形制并没有改变，现在还为该民族所使用，其结构由枪头、前杆和后柄组成，在木柄上并没有一个定向器。出土的翼形器形制比较规整，其中背部粗糙，正面有装饰图案，下端有一长形、半圆形或方形的柄槽，有的柄槽宽度达6厘米，从残存的木槽来看，这种木柄很粗、较短，下部有两个段，很清楚，它到第二个段就结束了。这种段实为榫，是装插在另外一种器物上卯内的。可见翼形器不是镖枪上的定向器。

第二，箭杆尾部用箭羽，确为事实。其目的是起平衡和定向作用，正如《释名·释兵》所云："鸟须羽而飞，矢须羽而前也。"但是箭羽有两个特点：一是小巧，多呈柳叶形、飞鸟形，其大小往往与箭头相仿；二是轻便，多以鸟羽、芭蕉叶、竹叶、桦树皮制成，其重量比箭头轻得多，否则飞行失重，偏离方向。爱斯基摩人的翼形器和他们的镖枪头相比既大又重，显然两者是不相称的。至于说翼形器上有类似羽毛的纹饰来证明其本身也起箭羽的作用，以此论证翼形器为定向器，是不合理的，因此两者缺乏可比性。其实，翼形器上的纹饰主要是带有双目的人形纹，说明这种装饰具有神秘性。这种装饰本身不仅不能证明它是翼形器，也不是一般性的生产工具。

第三，把翼形器作为定向器也是违反力学原理的。投掷性长柄工具，都是利用人的臂力将工具投掷出去，以便射中一定的目标。无论是木矛还是镖枪，都要求尖端锋利，且有一定分量，才便于投掷和飞行，能击中目标，而木柄要长且轻。民族学资料说明没有一个民族在自己的矛柄末端或镖枪柄末端加安一个定向器的，更不用说是大而沉重的定向器了。弓所发射的箭虽然安箭羽，也是极轻的，必须镞重羽轻，才能飞行平稳，方向准确。古代有一种火药箭，也是把火药安在箭镞附近，而不是放在箭尾上。《武经总要前集》卷一二："放火药箭者，则加桦皮羽，以火药五两贯镞后，燔而发之。"这段文字说明两点：一是箭尾以桦皮为之，甚轻；二是火药安在镞后，说明保证镞重尾轻是弓箭的通例，也是镖枪必须遵守的常规。试想，如果将体型很大、又比较沉重的翼形器或蝶形器安在镖枪木柄尾部，势必使镖枪头轻尾重，不仅不利于投掷，飞行时也左右摇摆，失去准确性，甚至发生尾朝前而镖头朝后的现象。还应该指出，河姆渡遗址出土的蝶形器，实际有两种类型，一种是双翼式，一种是单翼式，如果说前者还有左右平衡的作用，那么后者就没有这种可能了，它又怎么起平衡和定向作用呢？这也是自相矛盾的。

此外，该论者还进一步认定蝶形器是安在带索镖或脱头镖上的，指出在河姆渡出土的石蝶形器上，"那个磨损很深的孔眼应是收镖绳的固定点，镖枪投出后即可挽绳收回"。从这段论述看出，该作者复原的镖枪是一种脱头镖或带索镖，其特点是在镖头与木柄或捕鱼者之间有绳索相连，这种镖头是活插在木柄上的，镖头上系绳，当刺中动物后，由于动物挣扎和水的阻拦，使镖头脱离木柄，捕鱼者可握柄或挽绳而取鱼，这条绳索的前端拴在镖头尾部，绳索另一端拴在木柄或直接握在手中。[1] 所以，绳索前端不可能拴在定向器上，石质蝶形器上的孔眼当另有用途。

从上述分析看出，把蝶形器看作镖枪尾部的定向器和平衡器是没有根据的，也是不符合运动力学原理的，它不是、也不可能是镖枪尾部的定向器。

---

[1] 见拙文《带索标——锋利的渔猎工具》，《中国考古学会第一次年会论文集》(1979)，文物出版社 1980 年版。

（一）蝶形器实为鸟形饰

对于蝶形器的用途，必须从蝶形器本身的特点和借助于民族学资料来说明，才能恢复其本来面目。

河姆渡遗址出土的蝶形器，据原发掘人报道："器形基本类似，共同特征是，外形似蝴蝶，而翼展开，上端较平，下缘圆弧，正面微微弧凸，错磨平整光滑，背面中部有二道平行的纵向突脊，两脊之间形成一道上端不通的凹槽，脊上部往往有钻孔，两翼上端亦常有横脊或钻孔。"[1]根据我们对实物的多次观察，与其说是蝶形器，不如说它是鸟形器更确切些，而且分为以下两种形式：

一种是立鸟式。这种类型较少，如T17④：91、T17④：52即是。皆由木料制成，形如站立之鸟，它的前端有一鸟头，嘴下垂，鸟身肥壮，其上有一孔，在鸟首与鸟尾之间有一纵脊，上下均外延，其下端像鸟足，有的立鸟背面有两道纵脊。在纵脊和孔之间为安柄处。其中T17④：91的鸟头上还有一圆形凹坑，如鸟眼，原来可能镶嵌一定物件。

一种是飞鸟式。这种类型的鸟形器较多，是主要形式，它如双翼展翅之鸟。其中T28④：41为石质的，高8厘米，宽11.3厘米，背面有两道突脊，两脊一端有横向钻孔，两脊相距2.5—3厘米，其间为柄槽。木制飞鸟形器较大，如T17④：37，高13.5厘米，宽22.6厘米，两翼整齐对称，背面中夹有纵向双脊，两者相距4厘米，双脊上端有一横脊，其上有孔。在两翼尖端各挖一穴，也是镶嵌饰物的部位。这是比较典型的飞鸟式鸟形器。

以上两种鸟形器，既有区别，又有联系。区别是两者姿态不同，一个是立鸟形，一个是飞鸟形；联系是两者都是鸟的形象。这种鸟形器是做什么的呢？现在进行一些具体分析。

第一，鸟形器不是生产工具。任何原始生产工具，都有锋利的刃和使用痕迹，

---

[1] 浙江省文物管理委员会、浙江省博物馆：《河姆渡遗址第一期发掘报告》，《考古学报》1978年第1期。

224　古代器物溯源

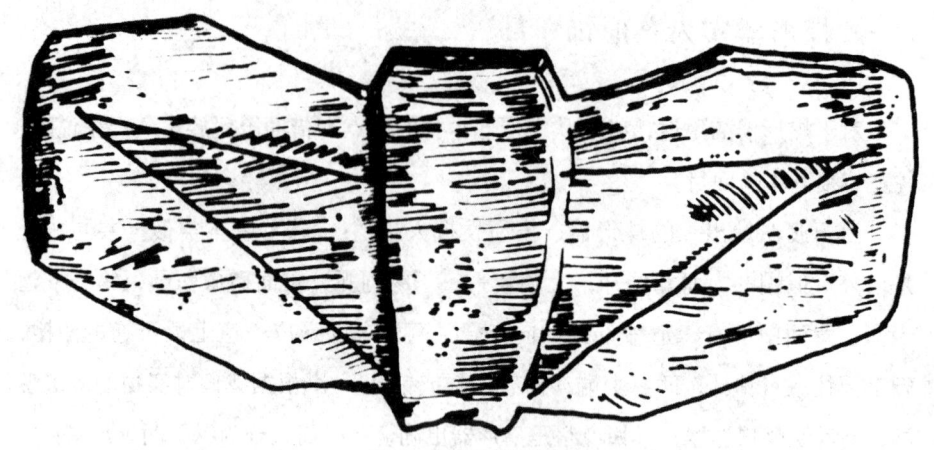

24-1　对称双翼形器

　　如石斧、石锛和石凿的利刃，镞、矛、镖枪的尖峰，以及捶击用的石锤等，鸟形器显然不具备工具的特点，也不具备工具附件的特点，因此它不是生产工具。

　　第二，鸟形器也不是人体的一般性装饰品。人体装饰品是人类最早发明的艺术品，在远古时期是大量存在的，如饰于耳朵上的耳环，套在手指上的戒指，套在手腕上的镯子，套在臂上的臂环，挂在脖子上的项链，插于发间的骨笄、梳子等，当时这些装饰品都比较轻便、美观，这与很大的鸟形器是格格不入的，所以鸟形器也不属于人体装饰品的范畴。

　　第三，鸟形器是一种较大的、固定性装饰物。

　　在鸟形器上，有两个特点应该引起重视：第一，鸟形器背面皆有较宽的浅槽，两侧为突脊，有的脊上有孔，这显然是安装木柄的部位。这类浅槽在河姆渡遗址出土的骨耜上也有，目的是便于拴柄[1]，说明这是河姆渡人经常使用的拴柄方法。在有的柄槽上部还有一横脊，其上有孔，这是为了进一步加固鸟形器和木柄的联结性能，也说明木柄是朝下安装的，鸟形器立于木柄之上，由于被

---

[1] 见拙文《河姆渡遗址出土骨耜的研究》，《考古》1979 年第 2 期。

横脊卡住，使鸟形器不至于沿着木柄下滑。第二，鸟形器正面光滑、精致，有的还有纹饰，然而后面粗糙，多留有砍凿痕迹，又安有木柄。这一特点表明，它是固定在一个地方，正面朝外以供人观赏，背面朝里，不甚讲究。根据民族学所提供的资料，我们认为它是建筑上的一种装饰物，即利用木杆将鸟形器支起，然后把木杆插在河姆渡人干栏建筑的屋脊或房门上，是一种具有一定宗教信仰的建筑上的装饰品。

民族学资料说明，原始人崇拜图腾，它不仅是一种宗教信仰，也是氏族的标志和象征，因而多把图腾雕刻成一定形象，装饰在住宅、舟楫、工具、器皿、服饰和成员身体上，其中在住宅上安装图腾柱是比较流行的艺术形式。

我国高山族的房脊上，就装有一件鸟形器，如武洛各社"以坚木为木牌，高三尺余，阔二尺，绘画云、鸟以蔽身"[1]。中国历史博物馆收藏一件高山族的鹿皮画，画上有三幢房子，正面房顶都有一木柱，柱上安一鸟形器，双翅飞展形状[2]，与河姆渡出土的飞鸟式鸟形器如出一辙。这种形象在《番俗图》也同样存在。[3]贵州黎平智寨的鼓楼顶上就有一鸟，在当地鼓楼墙有一个鼓楼设计图案，楼顶也站立一鸟。佤族头人住宅顶角，也有一个木雕鸟形饰物。[4]东北赫哲族从前在住宅外竖立的托罗神杆上就有一只神鸟。当萨满跳神祈求平安时，也要让儿童执一根神木前行，神杆上也有神鸟的形象。[5]

国外这类资料更多，如阿拉斯加鸟雅部落在酋长家前竖立的图腾柱，顶端就刻一鸟，嘴部突出，口中含一鲸头人身的形象。该鸟即是酋长的图腾鸟雅。"爱斯基摩的骨器也惯刻为鸟头……全系图腾同样化之结果。"喀洛林群岛居民在船首立一木板，涂有白黑红诸色，红色居中，黑白位于两侧，"木板上部突出，确系象征两只相向地合于一起的鸟形，左右细长而突出，或即代表鸟尾。

---

[1] 黄叔璥：《台海使槎录》卷七。
[2] 见拙文《一幅珍贵的高山族鹿皮画》，《民族研究》1983年第2期。
[3] 刘如仲：《十八世纪台湾高山族社会的形象记录》，《中国历史博物馆馆刊》1983年总第5期。
[4] 汪宁生：《试论中国古代铜鼓》，《考古学报》1978年第2期。
[5] 赵振才：《甲骨文形与图腾柱》，文物出版社1985年版。

24-2 鸟形器

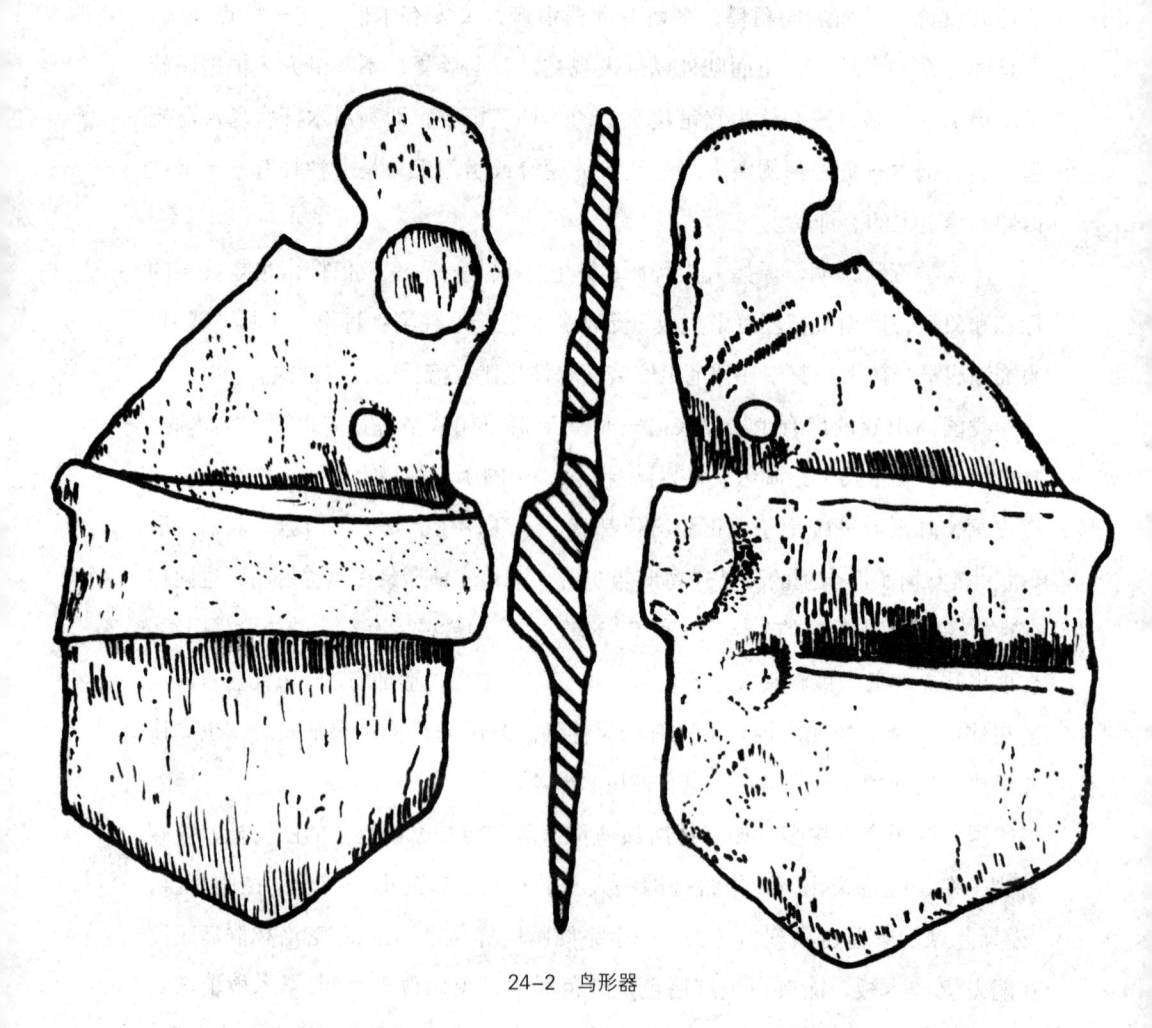

综观其全物，似鹁鸰的形象。中国有所谓鹢首也，也属图腾遗习"[1]。

这些资料说明，河姆渡文化的鸟形器，不仅安有木柄，这种木柄又比较粗壮，它与某些民族住宅的鸟形图腾柱一样，也是当时在干栏建筑顶部的一种建筑装饰。其所以雕成鸟形，与他们信仰鸟图腾是分不开的。

（二）鸟图腾柱

河姆渡人为什么那么酷爱鸟，把它作为建筑上的装饰呢？这是植根于人们对鸟图腾的信仰。这方面的论据是很多的。

第一是文献史料。

《山海经·大荒南经》云："有人焉，鸟喙有翼焉，方捕于海。"

《淮南子》卷一："夫能理三苗，朝羽民，徙裸国……其唯心行者乎。"高诱注："羽民，南方羽国之民。"

《博物志》卷九："越地深山有鸟如鸠，青色，名曰冶鸟……此鸟白日见其形，鸟也；夜听其鸣，人也……越人谓此鸟为越祝之祖。"

第二是民族学资料。

除了前面所举的民族学资料外，有些侗族传说鸟是其祖先，平时男子头上要插羽毛，妇女头上戴"宁卯"，衣襟上也拴一圈羽，即羽人形象。侗族进行宗教仪式时，芦笙队前必有一人跳鸟舞，打鸟形旗，领队人要穿鸟衣裳。[2]

第三是考古学资料。

河姆渡遗址出土鸟形象极多。在一件象牙制作的蝶形器上有双凤朝阳形象，实际是两只对称的鸟；有三件象牙雕刻品上也都刻有鸟形；在两件骨匕上也刻有鸟首形象；在一件陶器盖上也有一对鸟形塑像。

---

[1] 岑家梧：《图腾艺术史》，商务印书馆民国二十六年（1937）版，第60—85页。
[2] 林河：《论侗款与侗俗》，《湘潭大学学报》（民间文学增刊号）1982年。

24-3 爱斯基摩人翼形器

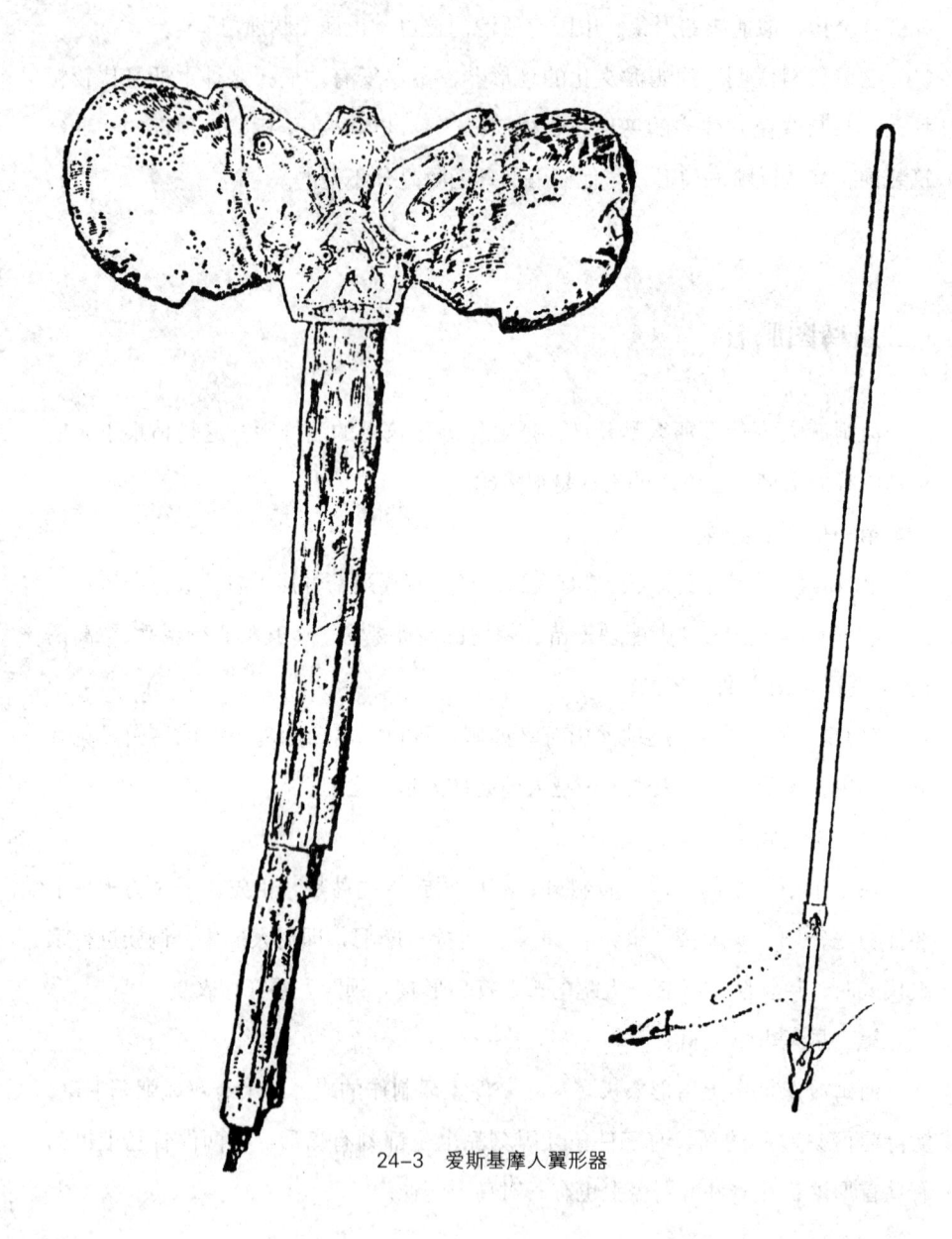

舟山群岛白泉遗址相当于河姆渡三期文化,该处出土一件鸟形盉。[1]

以上文献、民族学和考古学资料都说明古代越人是信仰鸟图腾的,并且在房屋、器物和服饰上装饰有鸟形象。其中河姆渡文化的鸟形器,就是他们在干栏建筑上安插的图腾柱。这是否是一件孤证呢?不是的,在年代较晚的考古遗物中仍然有鸟图腾形象。

在良渚文化的玉器上,常有鸟形图案,而且多数鸟都是站在屋顶一柱状的上端[2],这与河姆渡文化的图腾柱有异曲同工之妙。不久前在浙江绍兴出土的306号战国时期越国贵族墓内,发现了大批随葬品,铜器上多鸟、蛇形象,还出土一座方形铜房子,研究者认为它是越人祭祀社堂建筑,屋顶有一立柱,柱上站一鸟,这就是鸟图腾。[3] 以上两条材料虽然年代较晚,但房屋上柱状上的立鸟却与河姆渡文化的鸟形器有着共性,所不同的是,河姆渡文化的鸟形器应该是越人祖先鸟图腾的原生形态,良渚文化和年代较晚的房屋上的鸟形柱则是越人鸟图腾的残余形态。

在强调鸟形器是河姆渡人干栏建筑上的图腾装饰的同时,也应该承认,鸟既是越人先祖的图腾之一,那么它在河姆渡文化上的反映就不限于建筑上,也可以反映在生产工具、生活用品、衣服装饰上。事实上,在河姆渡文化的骨匕上、牙质圆雕上都打有图腾的烙印。北美印第安人有一种骨制发饰,形制与翼形器相同,说明鸟形器也可能作为发饰,只是这种实物尚待发现。

(三) 越人鸟图腾渊源

古代越人之所以信仰鸟图腾,是因为鸟与越人的水田农业有密切的关系,

---

[1] 王和平、陈金生:《舟山群岛发现新石器时代遗址》,《考古》1983年第1期。
[2] 〔日〕林巳奈夫:《关于良渚文化玉器的若干问题》,见日本《博物馆》360号,1981年第3期。
[3] 牟永抗:《绍兴306号越墓刍议》,《文物》1984年第1期。

所谓越人鸟田就是一个引人注目的问题,在文献中有不少记载。例如:

《越绝书》卷八:"大越海滨之民,独以鸟田。"

《吴越春秋》卷六:"虽有鸟田之利,租贡才给宗庙祭祀之费。"

《水经注》卷四十:"昔大禹即位十年,东巡守,崩于会稽,因而葬之。有鸟来为之耘,春拔草根,秋啄其秽,是以县官禁民,不得妄害此鸟,犯则刑无赦。"同书卷一"河水"注:"若苍梧象耕,会稽鸟耘矣。"

《论衡·书虚篇》:"舜葬于苍梧,象为之耕,禹葬会稽,鸟为之田,盖以圣德所致,天使鸟兽报佑之也。"

这类记载是很多的,兹不赘述。由此看出,所谓鸟田、鸟耘,倒不是鸟会耕耘,而是反映了鸟与越人的稻作农业有密切的关系。

首先,鸟是物候的重要体现者。

河姆渡文化已经有了发达的耜耕农业,大量种植水稻,说明长江流域是世界稻作农业的重要起源地。但是农业有强烈的季节性,从种到收,都要掌握农时。最初判断农时的办法就是根据日月星辰的变化和鸟兽草木的生长规律。《后汉书·乌桓传》:"见鸟兽孕乳以别四节。"《隋书·党项传》:"无文字,但候草木以记岁时。"在钱塘江和杭州湾两岸有许多沼泽地区,气候比较温暖,杂草丛生,每年冬末春初都有许多候鸟来此栖息。《论衡·偶会篇》:"雁鹄集于会稽,去避碣石之寒,来遭民田之毕,蹈履民田,啄食草粮,粮尽食索,春雨适作,避热北去,复之碣石。"说明候鸟来在丰收之后,去在春耕之前,自然是春种秋收的标志,因此对候鸟有一种特殊的感情。

其次,候鸟来集有助于耕耘。

候鸟不仅是农时的象征,它们飞来之后,吃草根,捕百虫,踏田地,下鸟粪,有助于地力的恢复,正如《论衡·书虚篇》所云:"象自蹈土,鸟自食苹,土蹶草尽,若耕田状,壤靡泥易,人随种之。"从而古越人认为鸟能耕耘,是丰收的保证。这种情况在民族学资料中屡见不鲜,如土家族祭祀五谷时,必须以糯米粑粑捏一只小鸟,涂上红色,还搓一条牛鼻索,放在鸟旁边,然后进行祭祀，据说这是以鸟耕田之意。湘西瑶族春耕前也用糯米粑粑捏一只雁鹅，拿到水田里祭祀，认为鸟能除虫。壮族有一个《雁的故事》，认为雁是由一个叫雁相的青年变的，他是耕田能手，与姑娘相爱后，变成一只雁飞上天了。这些传说和风俗，都说明候鸟与水田耕作有关。所谓象耕也是如此，即指野象踏田有耕耘的效果。新中国成立前有些黎族不会犁耕，他们就把牛轰到田里踩踏，结果泥水混合，然后播种，黎族称为"牛踏田"[1]，这与鸟耕是一个道理。

上述事实证明，越人是信仰鸟图腾的，其原因就是鸟对越人的稻作文化的起源和发展有过积极的作用，所以人们把鸟看作自己的祖先，经常进行祭祀，以保护自己和农业的丰收。这种图腾的象征就是建筑上的图腾柱——鸟形器。

应该指出，图腾不仅是氏族的标志和象征，也是氏族的保护神。此外还有一层意义，图腾崇拜也寓意于生育巫术，即通过图腾交感而促进人的繁衍和农作物的生长。所以图腾多成双成对出现，河姆渡文化也是如此。如河姆渡出土的象牙鸟形器（T22 ③：79）上，中心为五个同心圆圈，上半圈的外围为火焰，两侧各刻一鸟，喙部突出，两鸟为连体形状。在另一件双鸟骨匕（T21 ④：18）上，也以一个圆圈为中心，左右各刻一鸟首，大嘴钩喙，伸着脖子，也是异首连体形鸟。这种对称的动物图案，在远古时期是很多的，如河姆渡文化的猪纹钵上，两侧各有一猪纹；半坡彩陶盆上则有鱼纹对鱼纹、鹿纹对鹿纹、人面鱼纹对人面鱼纹；马家窑文化彩陶上则有蛙纹对蛙纹、狗纹对狗纹等，这种装饰的含义，除了对称美外，也与图腾交感有关，其目的是祈求人类的生育和农业的丰收。

总之，我们对河姆渡文化的蝶形器得出以下认识：蝶形器实为鸟形器，它不是镖枪上的翼形器或定向器，而是古代越人精心创作的鸟形装饰，即鸟图腾柱。不过，古代越人分布很广，人口众多，"自交趾至会稽，七八千里，百粤杂处，各有种姓"[2]。其中一定包括了许多氏族和部落，而作为氏族特征的图腾

---

[1] 见拙文《木牛挽犁考》，《农业考古》1984 年第 1 期。
[2]《汉书·地理志》引臣瓒语。

也会五花八门，千差万别，就是鸟图腾内部也会种类繁多，绝不会是一种模式。本文所论述的河姆渡文化所崇拜的鸟图腾，仅仅是古越人的图腾之一。河姆渡文化是不断发展的，他们所崇拜的图腾也会有所发展。"当一个氏族分而为二时，它的图腾也就具有局部的性质。例如在易洛魁人那里，就出现了灰狼氏族和黄狼氏族，大龟氏族和小龟氏族等等。"[1] 这种图腾的演变在河姆渡文化中间也会发生，只是具体过程有待考古学家的发现罢了。

---

[1] 《普列汉诺夫哲学著作选》第 3 卷，生活·读书·新知三联书店 1960 年版，第 385 页。

廿五、陪嫁画

台湾电视剧《京城四少》对旧北平民俗作了许多绘声绘色的描写。有一次，货郎担到百花楼出售衣料、化妆品，他从袖筒内取出一个爆竹大小的纸卷，围观的妓女看了惊叫不已。这个纸卷不是别的，乃是不便公开的春宫图。

（一）秘戏年画

上述纸卷有不同的名称：从形状上看，如同爆竹，古称爆仗画，公子王孙喜欢把它收藏在袖筒内，又称袖筒画、袖卷画；从内容上看，皆为春宫画，因此又称民间春宫画，与宫廷的春宫图相似；从功能上看，它是上层风流男子的玩物，又称秘戏年画，一般平民百姓则在嫁女儿的时候，为了性教育，把它放在陪嫁的箱子底部，待洞房之夜翻看，因此又称陪嫁画、箱底画。

秘戏年画是一种不公开的实用画，本为一般人所熟知。新中国成立之后，此物被视为黄色书籍，毁的毁，丢的丢，已经不容易看到了，所有年画产地也不印制了，目前能解释清楚的老人也寥寥无几了。那么，秘戏年画到底是什么性质的绘画，是怎么绘制的，有什么功能，这些都是应该弄明白的。最近有幸在旧货市场上看到一二，又在山东潍坊杨家埠拜访了年画艺人，收获不少。据说，秘戏年画，一般家庭把它藏在室内，有镇邪作用，防止火灾，因之叫避火图。年画店常常把它放在大门后边，或贴在大门后边的门楣上方，所以又称门后画。从以上种类繁多的名称上看，秘戏年画也够神秘了。事实上，秘戏年画有自己的特点。

第一是露骨性。民间把性、性行为视为秘密的事情，是种隐私，只能意会，不能言传，更不可外露，但是秘戏年画则把性行为绘于纸上，令人惊奇，又感神秘。

第二是隐晦性。尽管秘戏年画是赤裸裸的性暴露，但人们在保管、收藏和使用过程中还是比较慎重的，或藏于门后，或放之箱底，或置于袖内。据说过去货郎在出售秘戏年画时，有时还外包以油纸，放在粪桶内叫卖。有些秘戏图制作时就注意伪装，如扇页秘戏图，小展为美人图、风景，大展则为秘戏图。有一种玻璃秘戏图，第一张为美人图，第二张就是做爱画了，至于所配诗文也多为象征、比喻性，极为隐晦。

此外是年龄性。秘戏图是专供已婚或成年人使用的，严禁少年、儿童接触，防止给他们带来不良影响。从这一点也可以看出，它是一定年龄级的人使用的，是成年人的秘戏绘画。

（二）印制工艺

杨家埠老艺人杨洛书向笔者介绍了秘戏年画的印制工艺。他家祖籍四川，明末迁到山东，世代从事年画制作。他家有一幅巨大的"老画影"，即家谱画，道光年绘制，从家谱上看已有十几代了。杨洛书说，他小时候看到过避火图，家里也印制，"文化大革命"时把印版烧掉了。

印制秘戏年画，有以下几个步骤：第一步在宣纸上用毛笔画画稿，篇幅不等，画毕配以诗文；第二步砍伐唐棣树，制成木板，长20厘米，宽16厘米，这种木料细腻，不变形；第三步把绘画的纸稿贴在木板上，力求平整、光滑，然后阴干；第四步沿着画稿线条进行阴刻，两侧斜雕，刻刀为钢刀；第五步是印制，先把墨和好，适当掺入些糨糊，然后用鬃刷蘸墨，先在木板上抹一遍，接着铺上宣纸，用扫帚刷一遍，把宣纸取下来，这就是单色的秘戏年画了；第六步是着色，在单色秘戏年画上，绘有彩色的衣服、肤色，绘画美观、鲜艳，就完成了最后一道工序。后来改为套版印刷，就淘汰了手绘工序。

杨家埠较流行的秘戏年画，共八幅，每幅都以一种瓜果为背景，绘有不同形式的交合图，并且配以诗文。如"西瓜味砂糖，二人耍得强"、"桃是六月鲜，春景在里边"、"香瓜真可夸，春心酸又麻"等。天津杨柳青的秘戏年画，以蔬菜为背景，如曰"南园摘豆角"、"南园拔葱"、"背后栽葱"等，多整色印刷。苏州桃花坞则流行手绘秘戏图。

（三）性教育的画册

过去一提起秘戏年画就认为它是一种淫乱的作品，是黄色书刊，是不能见阳光的作品，因而历次运动都遭厄运，受到洗劫。但是，它却有性教育的功能。为了说明这个问题，不妨回忆一下性教育的历史。

人类从血缘婚向氏族外婚制过渡时代，当时把禁止氏族内婚作为氏族生活的根本原则，反映在性方面是以禁忌的形式杜绝同一血缘的人谈论性行为，更不准有性行为。为了确保外婚制，一个氏族往往利用文身、拔牙或服饰作为自己的标志，以便同外氏族通婚。进入文明时代以后，进一步认识到性是人的本能，是人的基本需要，是维持人类自身存在的纽带，从而出现了性教育。《礼记·内则》："出就外传，居宿于外。"周代的学宫设在郊外，供贵族子弟学习，15岁以后必住在学宫内，接受性教育。

反映在古代绘画上，也有性教育的遗存，如广西、云南、宁夏、新疆、内蒙古出土不少有关性题材的岩画，尽管它们有浓厚的宗教信仰成分，但也包括不少性教育的内容，应该是后世秘戏图的先河。在四川新都的画像砖上，就有秘戏图的内容，宜宾宋墓石刻上也有秘戏形象。在考古上，汉代出土过玉制春宫图镜、唐代出土过春宫铜镜。传说山西远在宋代已印制秘戏年画，后来传到其他省份。

由此看出，秘戏图题材的绘画由来已久，最早出现于史前时代，在当时的宗教仪式中经常出现性具、交合等内容，人们利用这种形式祈求生育，也借以进行性教育。当时的性教育是与宗教信仰结合在一起的。专门把性教育题材绘于纸上，以一定形式传播开来，是比较晚的事，应该说是宋代以后的事。大体有两种画本：一种是上层社会所用的春宫图，由专门画家绘制，技法高超，形式多样，主要供宫廷和贵族使用。这种艺术品已不多见。1960年故宫曾举办过一次春宫图内部展览，有些高干、将领看了，后来认为大逆不道，把珍贵的春宫图都封存了，至今未有启封。另一种是下层社会民间使用的，以年画形式为主，也有手绘的，画技较粗，篇幅窄小，便于携带，但流传广泛，是比较普及的性教育画本，秘戏年画就是其中的主要形式。此外，宋代以来出现的秘戏钱、秘戏镜也是同类性质，具有性教育的功能。

廿六、爱药

在民俗调查中，经常能听到各种有关爱药的神奇传说。一旦一位男子掌握了爱药，他就会把药投放在意中人的饭碗里，或者放在枕头下，不管女子原来愿不愿意，现在她都会发疯似的追求这个男子，直到美梦成真才算罢休。讲得神乎其神，有名有姓。

（一）壮族的求爱巫术

记得在1987年冬天，笔者在广西靖西县博物馆停留数日，顺便在乡村走些地方，这里是壮族聚居区，又是保留壮族传统文化最多的地区。笔者同该馆业务人员凌树东对壮族的爱药作了一些调查。

壮族称爱药为"闷"，意为迷魂、勾情之药。据说，把爱药施于某人后，该人在神态上失去理智，特别是感情和性方面，能赤裸裸地暴露自己，朝思暮想，主动接受施药者的支配，包括做爱、结婚在内。又说如果连续施放爱药能导致精神分裂症。当地有三种所谓爱药：

一种是由动植物制成的。采药人要到森林中寻找，如果发现有两棵缠绕在一起的青藤，就如获至宝，在五月初五端午节那天砍下来，精心切割，烘干，研成粉末，施以种种巫术，使青藤粉末成为一种爱药。动物性爱药是选择一窝燕子，通常只留三个蛋。当三只幼燕脱壳而出时，即把三只幼燕在水盆中溺死，三只燕子挣扎不已。如果有两只互相缠在一起，则认为是一雄一雌，遂捞出来晒干，在锅内烘为粉末，形成爱药。另一只幼燕也要烘干制粉，可作为解药。这种爱药不是任何人都能制作的，必须由巫师或在巫师指导下制成。男女都可使用。施术者往往趁对方不备，由自己或托他人将爱药放在对方的食物或酒中，对方食用后，情绪兴奋，行为固执，语言直爽，以施术者为追求目标，穷追不舍，形影不离，直到二人成为情人或眷属为止。

　　一种是咒语，但配以一定媒介物。如果一个小伙子看中了一个姑娘，可是

26-1　傣族的对孔雀爱药

姑娘看不上他，小伙子就在青年聚会的场合把姑娘的水烟袋取过来，对烟袋念若干咒语，大意是说："吸着烟袋，像抚摸着河水，吸着烟袋噜噜啦啦响着，像与烟水拉家常。河水给我爱的力量，烟水为我与姑娘撮合，用手轻轻地拍三下，用嘴温柔地吹三口气，把爱情的微笑带给姑娘。"

念完咒语后，还给姑娘，当然这是背着姑娘施术的。这时如果姑娘笑眯眯地接过烟袋，吸几口烟，据说必然中"闷"；反之，姑娘接过烟袋不吸烟，而用手把烟嘴抹一下，把烟水吹出来，"闷"就被解了，失去灵性。这种巫术多用于初恋，据说效力可维持一至五天。中"闷"的姑娘也表现兴奋，性欲发作，任凭小伙子追逐。

在路途中也可施展这种巫术。如小伙子在途中遇一意中人，但姑娘并不理睬，这时小伙子从地上拾起一个白色小砾石，放在手心上吹三口气，念咒语：

26-2 苗族爱药

拾起一枚小砾石，它带着我的情意。
抛向姑娘的身上，让我的洁白爱情，
像砾石一样纯洁，击中姑娘的心房。
你接受这枚砾石，就接受了我的爱，
美丽的姑娘啊，你回头给我笑脸。

念毕，小伙子向白砾石吹三口气，并且轻轻地抛到姑娘身上，如果她回头一笑，就算中"闷"了，小伙子可大胆追求，必然马到成功；如果姑娘不加理会，小伙子就失败了。

另一种是符，这种方法由巫师或道公主持，他们像开药方似的，先念咒语，然后绘符，并遵守一定的禁忌，即可使用。这种符，我曾看到不少，大体有以下几种：

男戴符：在纸上画有日月、男女结合的形象，符上书有"同心同睡"、"同床同合"、"同床恩爱"、"和合交会"等，认为把这些符戴在男子身上，夫妻会恩爱，情人会倾心。

女戴符：在纸上绘符，书有"迷闷"、"同心恩爱"，配以男女交合、鲤鱼连体、日月相交等形象。

路上自来符：在纸上绘符，书有"日急和合，寻凤成双"。施以符时，尽力把姑娘的脚印找到，然后放上符纸，姑娘会追找小伙子。该符上常书有符语，如："随女人，踏女人脚迹，三步即返，取脚印，不论土石一块，咒吐哈三次。""脚达脚，脚踏地，两边黑报嘛，两边两坡山，两脚两河水，拍而啊，念我不许吼，见天你而怒，见吓你而恶，见我而千般欢喜，准吾太上老君，急急如律令，画金字。"

男爱女食符：这种符画好后，念咒语，焚为灰烬，设法投入姑娘的酒碗或水碗中，姑娘饮服后即可产生性爱效应。该符绘一对男女，书有"年年同笑，鸳鸯相合"、"同坐同床睡"。

(二)爱药源远流长

上述所谓爱药，在我国南方少数民族地区十分流行，如海南黎族、苗族，广西侗族，贵州苗族、布依族、云南傣族、哈尼族、四川彝族、羌族等都有，并且有不少神秘的传说，在国外民族学资料中也屡见不鲜，说明它是一种比较流行的男女交往手段。事实上，这种巫术由来已久，应该起源于史前时代，在古代也存在过，如唐代敦煌文献中就有记载："凡男欲求女妇私通，以庚子日，书女姓名，封腹，不经旬日，必得。""凡男子欲求女私通，以庚子日，书女姓名，烧作灰，和酒服之，立即密验。"这些都是一种求爱符，是由爱药等巫术发展来的，与壮族的求爱符不谋而合。从文化人类学上看，求爱巫术来源于狩猎中的引诱巫术，这一点可从海南黎族的民俗中看出端倪。

黎族有一种魂草，其实有多种，如金不换、"花山芋"，统称"山猪药"，每家房前屋后都种植若干株，认为山猪药草长得茂盛，主人就会打到山猪，生活富足。上述山猪药草能引诱山猪、坡鹿的灵魂，猎手能随心所欲地捕杀。出猎前，猎人必须从山上采挖山猪草，种于房前屋后，精心浇灌，不能破坏，认为不同的山猪草能引诱不同野兽的灵魂，有的能引诱黄猄，有的能引诱山鹿，有的能引诱山猪，等等。

黎族的山猪草，实际上并没有引诱野兽的效能，只能是一种原始信仰，是一种引诱巫术而已。这一点很类似爱药，只是更加原始而已，但是它可能是爱药的前身。人类在社会生活中，不仅运用引诱巫术，还把这种巫术移用到人际关系，即用于求偶关系，发展为求偶巫术。不过，爱药所选择的动植物，都是一对雄雌动物，或者是一对缠绕在一起的同类植物，象征阴阳、两性交合。这是一种古老的模拟巫术，由动植物的交合，而影响人类男女相亲相爱。然而巫术是迷信，不是科学，爱药不能、也不可能使握有者随心所欲地追求意中人。

虽然求爱巫术是一种伪科学，但是它表达人们想随心所欲地追求意中人的幻想，这种幻想又在一定程度上激发人们去寻找真正的爱药。应该说，古代春药就与爱药有一定关系，尽管两者不是一种事物。《二十年目睹之怪现状》第八十九回对春药作了不少描写，这种春药正是在爱药的启发下发明的。半个世纪前，科学家发现动物的信息素会对异性的性行为产生影响，从而制成性引诱剂，捕杀害虫，这是科学技术的重大突破，可以减少农药对人类的危害。现在科学家又从人的汗液中提取人体外激素，可刺激女性鼻子后部的神经细胞，唤起女性的欢欣，这可能是真正的爱药。但是，它的发明对社会有什么积极影响，就不可得知了。

廿七、虎噬人铜杖首

近些年来，长江以南发现了很多商代青铜器，不仅形制、纹饰与北方青铜文化有别，在原料和铸造工艺上也不尽相同。说明长江流域的青铜文化有明显的地方和民族特色，从而改变了当地青铜文化是从北方传入的传统看法，扩大了探讨中国古代文明起源的视野，也提出了不少新的课题，如湖南出土的虎食人卣等器物上的人虎形象，两者是什么关系，曾引起不少学者的关注，发表了不少好文章。[1] 最近笔者有幸看到一件商代青铜二虎噬人杖首，颇有感触，对商代青铜器纹样中的虎人关系作一个粗浅的研究。

（一）虎噬人青铜器

最近看到的虎噬人杖首，是由杖首及两旁各一虎组成，杖首为柱形，前后各铸一人。该器通高 13.1 厘米，宽 11.7 厘米，厚 4.7 厘米。下为椭圆形器口，最宽径 5 厘米，最窄径 3.4 厘米，从形制上看，下边安有木柄，这是一个仪杖头饰。

---

[1] 石志廉：《谈谈龙虎尊的几个问题》，《文物》1972 年第 11 期；张光直：《商周青铜器上的动物纹样》，《考古与文物》1981 年第 2 期；周庆明：《周族姬姓虎图腾考》，《世界宗教研究》1984 年第 1 期。

244　古代器物溯源

27-1　虎噬人首杖首

　　整个器物以柱状杖首为中心，正反两面各立一人，眉毛以上为虎吞噬，不明发型和头饰，但其他面部清楚：眼较大，眼珠隆起；鼻子修长，两孔突出；大嘴，双耳下垂。上身裸体，二乳房明显，下为三角形饰，筋骨外露，双臂弯曲，且向上举。臂上有蛇纹。下肢分开，蹲立，脚较大，与虎尾平齐。腰部系裙，正中有一环形饰，两侧下垂二方卷纹饰物。在人两侧，从头至脚，各趴一只虎，至人头上方合为二虎头，虎耳为叶状，双眼圆睁，鼻子突出，张口吞人头，欲食而未咽。虎身修长，腰下凹，两肘各有一龙纹，四足踩在仪杖首上。虎尾上卷。虎身以雷、云纹为地。

　　虎噬人类纹饰、器物，过去多有发现。如果以虎噬人形式划分，又可分为三种形式，各有特色。

一是拥抱型。这种器物发现较早，罗振玉《俑庐日札》："徐吾生监丞吉，盛伯羲祭酒家藏一卣，形制奇诡，作一兽攫人欲啖状，殆象饕餮也。"徐氏为收藏家，该器后流落到日本泉屋古物馆，有多种书刊登载。[1]最初称该器为饕餮卣、乳虎卣，均不确切，后改为虎食人卣，这也不对，因为它不是虎吃人形象，而是二者有一种亲昵关系。高35.7厘米，重5.09千克。通体为虎形，踞坐，以后足和尾支撑，前爪拥抱一人，张口噬人首，人面向虎，双手附在虎肩上，脚踩在虎后爪上，头朝左视。虎肩端连提梁，虎背上部为椭圆形器口，有器盖，盖上立一鹿。双耳竖立，内有鳞纹。上唇有胡须，牙齿甚锋利。虎颈两侧有鳞纹，其下沿人手有蛇纹。虎背饰牛首纹，垂象鼻作为虎尾。人向后披发，态度静穆，着衣，为方口衣领，窄袖，大腿到臀部饰蛇纹，蛇身有三角形饰。

在法国巴黎赛努施基博物馆也收藏一件虎食人卣，高35厘米，其形制、纹饰和日本泉屋博古馆的虎食人卣大同小异。如前者牙齿相连，后者牙齿分开；前者左耳有孔，后者耳无孔；前者爪间有雷纹，双爪相近，后者人背上饰小饕餮纹；前者为叶形耳无角，后者则有"瓶形角"；前者人虎相对，后者人虎相向，等等。[2]

1972年在故宫武英殿举办了一次全国出土文物展览，其中陈列的一件广东博物馆收藏的虎食人卣，也属此类。[3]

笔者在私人收藏家手中也看到过同类器物。

从人虎关系上看，二卣虽然都是虎噬人首，但都是虎抱人，人抱虎，因此为拥抱型。

二是虎噬人首型。1975年在安徽阜南县朱砦区火星社出土一件龙虎尊，该器高50.5厘米，口径45厘米，足径24厘米。该器正中有一虎，实为一首二身，

---

[1]〔日〕梅原末治:《新修泉屋清赏》，泉屋博古馆，1971年；〔日〕樋口隆康:《酒器I》，泉屋博古馆，1984年；容庚、张维持:《殷周青铜器通论》，文物出版社1984年版;《中国美术全集·工艺美术编4·青铜器》（上），文物出版社1985年版。

[2] 叶理辅:《赛努施基博物馆所藏中国古代青铜器》，巴黎亚洲出版社1977年版。

[3] 石志廉:《谈粤博藏商虎食人形铜卣的真伪问题》，《中国历史博物馆馆刊》1989年总12期。

27-2 司母戊鼎耳部虎食人符图

虎口下为人形，人为正面，手脚与虎食人卣相近，虎身有云纹、鳞纹，象征虎斑纹，虎张口露齿，作噬人状，但未吞食。[1]

从虎与人的关系看，显然不是拥抱型，而是二虎共噬人首形象，前述的二虎噬人杖首，也属于此种类型，可视为虎噬人首型。

三是虎口欲吞型。在安阳出土的司母戊鼎耳部，两侧各有一只老虎，彼此相对，张开大口，欲吞中间的人头。[2]安阳小屯五号墓出土一件妇好钺，其上有两虎相对，中间有一个人头，"钺身两面靠肩处均饰虎扑人头纹，人头居于两虎口之间，圆脸尖颔，大鼻小嘴，双眼稍洼，两耳向前；虎作侧面形，大口对准

---

[1] 葛介屏：《安徽阜南发现殷商时代的青铜器》，《文物》1959年第1期。
[2] 中国历史博物馆：《华夏之路》第一册，朝华出版社1997年版，第141页。

人头，作欲吞噬状，以雷纹为地"[1]。殷墟吴家柏树坟园出土一件司母戊方鼎，其耳上也有同类纹饰。[2]

在此类人虎形象中，既无人虎拥抱形式，也无虎口吞噬人头之状，而是在人首两侧各有一虎，张口欲吞，又有一定距离。

（二）"虎食人"质疑

上述青铜器的人虎是什么关系呢？是"虎食人"吗，还是有其他解释？这是首先应该回答的问题。

目前学术界对此有以下两种不同的看法：

一种认为是虎吃人，是当时奴隶社会人际关系的缩影。"青铜礼器的虎噬人形象，渗透着奴隶主贵族的思想意识，从一定意义上说，反映了宗教迷信和神权思想。更因虎有着勇猛威武的特点，故受到人们的青睐和喜爱，贵族也会选用这种动物来为自己的思想统治和政治服务。虎张口露齿作欲噬人状，所代表的正是贵族'残民以神'的一种威慑力量，这一深沉的狰狞的形象是为奴隶制国家政治服务的。"[3]

另一种观念认为虎"吞食象征自我与具有神性的动物的合一"，而不是虎吃人。[4]具体地说，是一种巫师与助手的关系。"表现着作为巫觋助手的动物形态；它的动物形制与纹样，和太平洋区原始艺术与古代艺术常见的'同一个体的另一半'（Altereqo）的母题相符合，很可能说明动物身上的人像正是巫师的形象。这件卣又是件祭祀时盛酒的器物，可以说是巫觋通天的法器。"[5]

---

[1] 中国社会科学院考古研究所编：《殷墟妇好墓》，文物出版社1980年版，第105页。
[2] 《中国美术全集·工艺美术编4·青铜器》（上），文物出版社1985年版。
[3] 杜迺松：《巴黎收藏中国青铜器精品甚多》，《文汇报》副刊，1994年11月30日。
[4] 李学勤：《试论虎食人卣》，《南方民族考古》第1辑，四川大学出版社1987年版。
[5] 张光直：《考古学专题六讲》，文物出版社1986年版，第103页。

应该承认，虎是东亚地区百兽之王，体大凶猛，不但危害禽兽，虎害也威胁人类的生存。畏惧产生迷信，人类自然而然地把虎视为奇异的动物，作为有神性的动物加以膜拜，这是人类普遍经历过的动物信仰。上述青铜器上的人虎形象，是否是一种虎吃人呢？乍看起来，两只虎口对着人头，或者虎已吞住人的头顶，但是从整个形象分析，却不是虎吃人，这可以从两个方面加以说明。

从虎而言，在整个器物或图案中，占据主要位置，处于主导地位，它的形象远比人或人头高大，而人或人头是居次要地位的，与虎是一种依附、从属关系。人头虽然在两个虎口包围之中，或者抱在虎腹下，或者已

27-3 虎食人卣

吞含人的头顶，但是虎无饿色，也无凶悍表情，尤其是虎食人卣和虎噬人首杖首，虎是在和平的气氛中抱着人，或者亲昵着人的头额，两者处于一个共存的状态，虎护着人，人依靠着虎，是一种虎庇护人的关系，而不是虎吃人。

从人而言，在虎口下的人，没有畏惧，没有挣扎，而是心平气和地偎依在虎的腹前。虎"食而未咽"，不过是一种亲昵形象而已，如同慈母对怀抱的婴儿的亲昵关系。正如有的学者所指出的，欲吞而未食，"这一动作并不一定表示食人，特别是二卣所表现的是人抱着兽，兽抱着人，而且人的两足稳稳当当地踏在兽的两足上。大司母戊鼎和妇好钺的人头正正当当地放在两个兽头的当中，

27-4 两虎食人

都不似是食人的举动"[1]。这一看法是比较正确的。还应该指出，作为礼器上的纹饰，通常是神灵、吉祥图案、祖先伟业之类，而不会表现祖先的败绩，如为虎所食之属。特别像虎食人卣上的人物，有以下特点：第一，能看到发型者，为披发型，即垂发于后，在其他场合是比较罕见的；第二，人物有上衣，或着裙，衣饰华丽，说明他们不是褴褛的奴隶，而是有一定身份的人；第三，这些人物既无恐惧表现，又无欢快、诙谐之状，而是神态肃穆。由此看来，虎腹或虎口下的人是有特殊身份的，应该是氏族祖先或巫师，而最初的氏族长又兼有巫师之职，他们的肃穆表情、小心翼翼，正是祖先或巫师请神时的常态，因此把上述人物解释为巫师或祖先是完全可以的。

（三）巫觋拟兽化

巫师古称巫觋，女性为巫，男性为觋。《说文》："巫，祝也。女能事无形，以舞降神者也。象人两褎，舞形，与工同意。"所谓"无形"，即指来无踪去无

---

[1] 张光直：《中国青铜器时代》，生活·读书·新知三联书店1983年版，第133页。

影的鬼神，而巫觋是人与鬼神的媒介，以歌舞悦神是巫觋的重要特点。

巫觋信仰多神，其中包括不少动物神，这一点可从巫觋所崇拜的神谱中看出梗概。但是，巫觋又常常拟兽化，也就是模仿动物神的形象，从事巫事活动。试举例说明。

1. 鹿

东北通古斯诸民族，普遍崇拜熊，奉为图腾，但是萨满则模拟成鹿，因为鹿也是很凶悍的，特别是交尾期的公鹿，互相拼杀，决一雌雄，最后产生最勇敢的公鹿，进而与母鹿交配。因此雄鹿之首先受萨满崇拜，他们戴鹿角帽，穿鹿皮衣，在鹿角帽上叉越多越尊贵。如鄂温克族萨满第一次考验后，头戴6个鹿角叉，第二次考验后戴8个鹿角叉，第三次考验后戴12个鹿角叉。这些角叉是萨满经历、本领的标志，也是受人尊重的地方。有些萨满还在鹿角叉上插匕首，象征英俊、勇敢、所向披靡，可以驱除各种鬼怪。

2. 熊

四川北部白马藏人信仰巫觋，巫师用熊头皮做帽子，披牦牛尾巴，主持宗教仪式。他们的面具也是熊的形象，共有两个，一公一母。该族传说熊是最凶猛的动物，各种野兽都望而却步，据说连鬼都怕熊。所以巫师模仿熊的形象，头戴熊头帽，面戴熊面具，把自己装扮为熊，能够战胜各种鬼。

3. 马

广西壮族女巫请神时，上衣下裙，头蒙布巾，但是要去桌子上跳舞，仿马蹄声，如骏马奔驰，认为骑马速度快，能尽早抵达神界，而所请的神也会骑马下凡，这个神就是附体后的女巫。在这里马虽然不是神，但是女巫的骑乘、助手，是请神送神的工具。当地风俗，女巫死后埋葬时，必须用四个碗把手、脚扣住，防止把手足磨破，也防止她的灵魂跑掉。

4. 虎

西藏珞巴族巫师请神时，也头戴虎头帽，身披虎皮衣，肩挂黄鹰尾或牦牛尾。纳西族的巫师东巴则头戴羽冠，身着虎皮。珞巴族解释说，身穿什么动物皮就有什么功能，由于虎是最凶猛的野兽，有无穷的威力，人要猎取虎必须有虎一样的威力。珞巴族集体猎虎时，要选举首领和先锋，围住虎后，由先锋与之搏斗，其他猎手随之而上，轻而取之。猎后必须取虎头做帽子，给先锋戴上，插上黄鹰翅膀，这是对先锋的鼓励，也是一种纪念。巫师也效仿猎手，以虎装扮自己。

云南有些彝族也信仰虎。明代著作《虎荟》卷三："罗罗，云南蛮人呼虎为罗罗，老则化为虎。"楚雄有的彝族称虎为"罗"，自称虎族。当地有一种祭祀舞，由八人扮演，披毡如虎头状，驱鬼逐疫，但不入门户，可由二人扮猫入室，进食而出。相传该族死后"返祖化虎"，与巴人同俗。在云南南涧县虎街有山神庙，庙内供虎，三年一大祭。祭时由女巫率领六男五女，共十二人，跳十二生肖舞。为首者必戴虎面具，其他人扎虎尾，这是祭山神——虎神，也是驱疫仪式。

东北满族也崇拜虎，民国《双城县志》："山中居民最畏虎，遂称虎为山神爷，故立庙祀之。"有的姓氏还供奉各种各样的虎，包括飞虎神、母卧虎神、公坐虎神、悬犁虎、金虎、大黑虎神等。根据需要请不同的虎神附体。因此有些萨满必披虎皮，穿有虎骨的骨袍，举行野祭。《中华全国风俗志》下篇详细地记述了萨满跳虎神的情形。满族萨满是把虎视为动物神加以膜拜的，故跳虎悦神。

此外，也有用其他野兽武装巫师的，如彝族帽子上雕一只神鹰，壮族巫师则戴狮子帽，等等。[1]

从以上诸例看出，巫师所模拟的动物，实际是人与野兽的合一，因为人与神的交往是由巫师实现的，巫师具有两面性：平时代表人，是民众的代言人；请神附体后巫师又成为神，神要保护人、庇护人，又要驱逐危害人们生存的各

---

[1] 见拙著《巫与巫术》，四川民族出版社 1979 年版，第 26—74 页。

种鬼，因此要求巫师有一种超人的力量。这种力量不仅来自自身，还借助于自然的、神圣的力量，包括野兽，如虎、熊、鹿、狮、马、鹰等。不过，这些动物在巫师心目中并不具有相同的性质，如壮族的女巫把马作为自己通神的工具，使自己能更迅速地与神交往；其他如虎、熊、鹿、狮、鹰等，则是一种动物神，作为自己的保护者出现的。巫师所以装扮成不同的动物，是想让自己也具有所装扮的动物的品德——凶猛、机智、勇敢。而在巫觋的混沌观念支持下，人与动物神是混杂的，你是我，我是你，彼此为兄弟，是亲族，生则为伍，死则为伴。兽变成人，人变为兽，是巫觋的正常形象。由于巫师有猛兽的威力，自然能驱逐魍魉，所向无敌。

这些民族学资料对印证商代虎噬人青铜器及有关纹饰有重要借鉴。青铜器上的人虎关系，很清楚不是虎吃人的你死我活的对立关系，而是一种人神关系。在这里虎是主宰者，它庇护着人，亲昵着人，所以吞而不食，抱而不舍；人则依附于虎，在虎的羽翼下祈求具有虎的活力，因此，认为虎与人是一种神人关系是能够成立的。需要补充说明的是，青铜器上的人，是巫的可能性很大，但是最初的巫师都是由氏族长、部落首领兼任的，所以这种人也可能是铸器者的祖先，即祖先与巫师兼而有之。

（四）关于虎图腾

虎是什么神呢？这里有两种情况：一种把虎视为自然神之一——动物神。这是相当普遍的，它的特点是奉虎为神，信奉者与虎之间缺乏血缘关系，也没有把虎作为自己氏族的族徽和标志。另一种则是图腾，它的特点是：流行虎作为始祖的神话，奉虎为自己的亲族，即有一定的血缘关系，把虎作为氏族的标记，有一系列祭祀和禁忌。如傈僳族有一个虎氏族，传说其女始祖上山砍柴，遇见一位美男子，是由公虎变的，两者一见钟情，结为夫妻，生育子孙，发展为虎族。该氏族以虎为姓，禁止猎虎。普米族称虎为"虎祖先"，头人为虎头，俗语说："山中一老虎，村中一虎头。"门上必画虎防守，打猎、打仗必选虎日，这样才能旗开得胜，因为有图腾保护。保留虎图腾较多的是土家族，主要有以下几个方面：

1. 神话

土家族有不少虎图腾神话，如女始祖蒙易神婆，又称天后娘娘，小时候没有父母，是吃虎奶长大的。又如苡禾娘娘，也是女祖先之一，有一次上山采茶，口渴时嚼了几片茶叶，回村后怀孕了，过了三年六个月，一次生了八个男孩，但养不起。苡禾娘娘把儿子们丢在山中，他们靠吃虎奶长大成人，具有虎胆，能征善战，成为八部大王，为土家族建立过丰功伟绩，死后变成八部大神。这些神话表明土家族与虎信仰有一定关系。

2. 以虎为祖

土家族视虎为祖先，如永顺县土家族相传有两兄弟，一个是铜老虎，一个是铁老虎，由两兄弟衍生出土家族。长阳县遇丧事必跳丧，唱《十梦》歌，有一段唱道："三梦白虎当堂坐，当堂坐的是家神。"跳丧舞中也有"抱虎头"等姿势，表示人与虎有密切的关系。不少土家族在神龛上供白虎雕像，在门楣上挂虎头面具，保佑家庭安全。湘西地区跳摆手舞时，要供虎神像，无神像则摆一张虎皮。起初跳舞者也披虎皮，或戴虎巾，把自己打扮成为虎的形象。然而，土家族供的虎，为"坐堂白虎"，指本家白虎，能保护家庭，所以要定期祭祀；其他虎为"过堂白虎"或行脚白虎，与本家无涉，必驱赶之。

3. 白虎庙

土家族还在村落内建筑白虎庙，如唐人杜光庭《录异记·鬼神篇》载，隋唐时期仅在汉水中游的金、商、均、房四州就有白虎庙三十多处，可知巴人供白虎十分盛行。后来把供白虎与供巴人祖先合而为一，纷纷建立廪君庙或向王庙，视廪君为白虎。咸丰《长乐县志·寺观志》向王庙"供廪君神像,按廪君世为巴人立者,特务相为阛阓之主,有助于民,故今施南、归、巴、长阳等地尸而祝之,世俗相沿,但呼为向王天子"。由于廪君死后化为白虎,民间也把向王庙视为白虎庙。

4. 定期祭祀

土家族祭白虎早有记载,沈德符《万历野获编》卷三十:"杀人亦献首于其庙……闻楚徼外,保靖、石柱、酉阳诸土官皆然。"表明到明代末,土家族土官还杀人祭白虎和向王。后来改为"还牛头愿",即杀牛祭献,从而取代了人祭。在施恩地区还保留一种血祭,该县大集乡的向、覃二姓,在祭向王白虎时,要三天三夜,其中有一堂为"奸头",掌坛师用杀猪屠刀把自己的额部划破,取自己的血,洒在纸钱上,然后挂在供竿上,焚火烧掉,献给白虎。这种血祭实际是古代人祭的遗风。

5. 饮血为盟

过去土家族发生械斗和解时,必喝血酒,立盟誓。凤凰、吉首等县土家族不吃鸡血,而是杀猫血代之,将血滴于酒中。敌对双方发誓饮服,认为猫血代替虎血,虎又是自己的祖先,饮了血酒,就等于敌我双方为白虎之后,再不能刀戈相见,而是一家人;如果食言,则是对祖先的背叛。

上述所列的土家族崇虎事实,不仅表明虎是一种神,而且与土家族有一定血缘关系,有一定的祭祀活动,还在青铜器上铸有虎的标志,说明白虎是巴人、土家族的图腾或族徽。这不是偶然的。远在我国史前的仰韶文化时期,已发现了龙神信仰,如濮阳出土的龙虎蚌塑,与死者合葬在一起,这是我国最早的虎形象,距今 6000 年前后。尽管学术界对它解释不一,但是虎在此是作为一种神性动物出现的,这是没有争议的。虎与死人有一种神秘的关系。到了商周时期,虎信仰有重大发展,其中有两个地区最为突出:

一处是虎方。甲骨文、金文中多处提到虎方,胡厚宣先生说:"甲骨文中记'虎方'甚多……金文中亦有'虎方'。……周成王战胜淮夷之后,命南宫进伐楚而亲自进踏居奄以督之也。反虎方即反荆方。"[1]

另一处为西北氐羌。《山海经·大荒西经》:"昆仑之丘……有人戴胜,虎齿豹尾,穴处,名曰西王母。"西王母本为西北一位女性部落首领,在《山海经》中变成了一位虎齿豹尾、善于呼啸的神灵,这可能是把人拟兽化了。

两地虽然相距遥远,但是在历史上却有密切的关系。西北地区为氐羌住地,他们从事游牧生活,信仰虎神,西王母的拟兽化就是一个突出的例证。至今在青海黄南同仁县年都呼村的土族人,每年农历十一月二十一至二十二日,必须跳"於菟舞",由人扮虎,在身上画虎纹,裸着上身,在街上跳虎舞,还入门户,寻食,进行祭虎驱邪活动。当地称虎为"於菟"。有趣的是,楚地也称虎为"於菟"。《左传》楚语"谓乳(为)谷,虎(为)於菟"。有人说这是楚文化影响了西北文化,事实恰恰相反,因为氐羌是一个游牧民族,有不少支系沿川西走廊南下,有些进入川南和滇境,如彝族、纳西族、怒族等,有些则沿岷江、长江东去,长江中游的巴人中就有不少羌人的成分。巴人通称巴氐蛮夷,内部有不少支系,先称巴人,后称賨人、白虎夷。《湖北通志》卷二一《舆地志·风俗·归州》引《晏公类要》:"荆州之风,夷夏相半,有巴人焉,有白虎人焉,有蛮蜑人焉。巴人好歌,名曰踏蹄。白虎事道,蛮蜑与巴人事鬼,纷纷相浸以成俗。"

巴人崇虎是闻名的。《后汉书·南蛮西南夷传》:"廪君死,魂魄世为白虎,巴氏以虎饮人血,遂以人祀焉。"《蛮书》卷十:"巴氏祭祖,击鼓而祭,白虎之后也。"在巴人留下来的青铜錞于、戈、剑、钺、印上常饰以虎形,这些文物基本为军旅用具,以虎壮威,鼓舞士气,是巴人敬虎的反映。值得注意的是,土家族是巴人的后裔,其中保留不少巴人的文化,上述土家族的敬虎信仰,就是巴人敬虎的"活化石"。

---

[1] 胡厚宣:《楚民族源于东方考》,广西民族研究所:《少数民族论文集》(一),内刊。

通过上述对虎信仰的资料分析看出,由于虎在地球上分布广,又为兽中之王,长期以来虎都对人类造成严重威胁。恐惧产生迷信,人类把虎加以神化,奉为神灵,加以顶礼膜拜。所以在自然崇拜流行的时代,虎是人类普遍信仰的自然神,自然成为巫觋神谱的重要成员。但是,虎神并不等于虎图腾。后者与崇拜者应该有更亲密的关系。从巴人、某些彝族和土家族的图腾神话、以虎为神偶、定期祭祀、恪守禁忌以及人虎转化等事实看出,这些民族确实信仰过虎图腾。同时应该指出,巴人和土家族的分布地区包括今湖北西部、湖南西部、四川东部广大地区,而两件虎食人卣出土地点恰恰位于湘西地区范围内,说明虎食人卣上的人虎形象,可能与巴人以虎为图腾有关。如果这一前提成立的话,两者应该是巴人祖先与虎图腾的舐犊关系。

  关于巫师以虎为助手通天的问题,也是存在的。不过,最初的巫觋信仰,只有生、死两界观念,人死归故里,形成活人世界与死人世界。当时尚无三界观念。巫师是沟通人与鬼神的媒介,为神为鬼,任其由之。人类进入文明时代以后,出现了阶级关系,统治阶级成为人王。他们认为是受命于天,成为天子,反过来又按人间的阶级关系,把人鬼神也等级化,出现了三界说——天界、人界、地界,于是巫觋才有通天之举。这当然是统治阶级的大巫师。此时的虎神也由兽王变成人王的象征,成为王权标志。因此,虎食人卣应该是人王与兽王的合一,是虎神附体于祖先的产物。同样原因,青铜虎噬人杖首、龙虎尊上的人虎形象,也是这类性质。

廿八、木燧

在我国西北新疆、青海等地由于气候干燥,终年缺雨,容易在墓葬中保留一些植物性遗物,如木器、纺织品、食品等,其中也包括几件钻木取火工具。但是它们是怎么取火的,一直是一个未解之谜。现在根据民族调查所见的取火方法,对考古发现的取火工具作一个解释。

(一)考古发现的取火遗物

我国考古所发现的取火遗物,主要出土于西北干旱地区。

1980年发掘了新疆鄯善县苏贝希遗址,其中有两座墓都出土了取火遗物。

在3号墓出土两件取火工具:一件为取火板,呈长方形,长9.1厘米,宽2.8厘米,厚1.8厘米,圆头,其上有一孔,拴一皮带,在板一侧有11个圆穴,其下有槽;另一件为取火棒,其中有一件呈锥体状,长12.8厘米,直径0.9厘米,粗细与上述取火板上的穴径相当。

该地27号墓亦为竖穴土坑墓,长260厘米。墓口为二次葬,有男女成人和婴儿三人。在墓深102厘米处有一成年女骨架,在屈肢墓中央,随葬有陶罐、羊头。在深189厘米处,有一老年男子,仰卧直肢,头枕皮枕。穿皮衣,着皮鞋,左侧随葬陶器、木器、铁器、肉块、小米、羊头,右侧有一皮口袋,袋内有取火板、骨扣。

　　据考古发掘者研究，该墓有 19 具尸体，其中有欧洲人种支系 13 具，蒙古人种支系 3 具，混合人种支系 3 具。年代为公元前 5 世纪至公元前 3 世纪。其中共出土 5 套取火器，包括取火板和取火杆，每套 2 件。[1]

　　在青海都兰吐蕃墓地，环境与新疆类似，因此也出土了一件取火板，呈长条形，长 10 厘米，宽 2.9 厘米，厚 1.5 厘米。形制比较完整，一头为尖嘴状，有一孔，但已无绳带。该具两面均有使用痕迹，一面短边有四个沟槽，皆穿透，已经不能继续钻火；长边有三个穴槽，一个穿透，两个完好，有明显的使用痕迹。另一面长边有四个穴槽，其中有两个穿透，两个穴槽未穿透，穴底往下有上下竖槽；短边有四个穴槽，也未穿透，看来是正在使用的取火板，但钻火杆已无存。这件实物的其他有关详情已不得而知，仅知该具为唐代吐蕃人所用，形制与新疆出土同类器物相似。说明从远古时期至唐代，西北民族一直在使用取火工具。

　　从以上资料看出，尽管远古和古代普遍流行钻木取火，但一般遗址、墓地很难保存有木制取火工具，基本都腐烂了，只有个别干旱地区能保留下来。这些工具是怎么使用的？由于考古遗物本身不会说话，与其有关的非物质文化如钻火技艺已经消失了，所以仅凭考古资料很难复原钻木取火方法，在此只能借助于活态的民族学资料了。

（二）活态的取火方法

　　我国是一个统一的多民族国家，但社会发展极不平衡，反映在取火方法上，也各有不同，基本上分为以下三种类型：

---

[1] 新疆文物考古研究所、吐鲁番地区博物馆：《新疆鄯善县苏贝希遗址与墓地》，《考古》2002 年第 6 期。

一种为摩擦取火型。摩擦取火指用两件非金属物件，让其发生不同速度的摩擦而产生火花，从而用一定引燃物引出火来。五代道士谭峭在《化书》中提到"动静相磨，所以化火也"。其中又有不同的方法，最简单的是用铁矿石与火石（石英玛瑙类）相击，即可快速生火。我国许多民族都利用过此法取火。鄂伦春族利用两个速转的石盘相碰取火。佤族利用绳索在木杆上摩擦取火。拉祜族用两块竹子相锯取火。这种方法在台湾少数民族中也流行过。乾隆《凤山县志》卷三原住民"取竹木相锯而出火"。苗族也用此法，称发明者为"竹王"。黎族盛行钻木取火方法。[1] 傣族、景颇族、布朗族用一根竹竿或牛角杆，顶端置艾绒，然后在一竹筒或牛角筒内压击取火。

一种为火镰取火型。这是文明时代各民族普遍的取火方法，它是在打击取火的基础上，利用刀片形钢，迅速打击火石，手捏火石的同时，在火石边上也附带一些引燃的艾绒，从而引起火来。

据专家研究，火镰取火是钢产生以来才有的，可能产生于战国时期。唐诗中已出现有关诗句。刘言史《与孟郊洛北野泉上煎茶》："敲石取鲜火，撇泉避腥鳞。"自商周以来还有一种利用青铜镜聚日光的取火方法，该具称阳燧，由于此法只能在天晴日

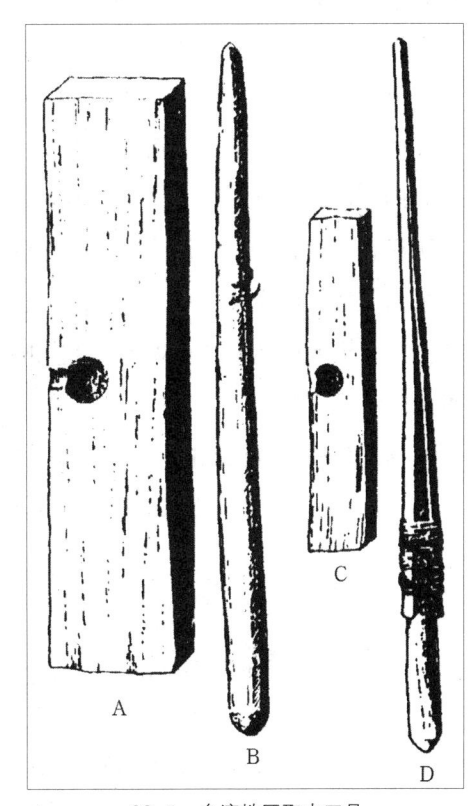

28-1 台湾地区取火工具

---

[1] 张寿祺：《海南岛黎族人民古代的钻木取火》，《文物》1960年第6期。

光下进行,工具又珍贵,所以流行不广。《说郛》:"遂,日中取火镜也,夜则当以石……必先焚于钵中候之。"我国许多民族都利用火镰取火,但配件必须有火石、艾绒,日夜均可以取火。

一种为现代取火型。现代取火型,主要指火柴和打火机,这两种取火方法虽然简单、易行,流行广泛,但是它不是孤立存在的,而是在摩擦取火和火镰取火的基础上发明的。它们都有两个取火步骤:

第一步是摩擦生火,无论是哪种摩擦取火的方法,都是利用摩擦生热的方法,把机械能转化为热能,如摩擦生火,火镰击石生火,火柴摩擦生火,打火机转轮生火,这是它们的共性。

第二步是引火,各种摩擦所生的火花,是极其渺小的、微弱的,是肉眼看不见,只能通过引燃方法,把微火变成火苗,小火变成大火,从而达到取火的目的。可以回顾一下,以上各种取火方法都有一个引火过程,如摩擦、火镰取火必在石英石一方附加一点艾绒等易燃物,以便把微小的火引燃。火柴取火已不用艾绒,但火柴头是硫黄做的,它既可当摩擦物,本身又是引燃物,也便于引燃。至于打火机,转动磨轮是打击生火,火能把附在打火机上的汽油点燃,变成旺旺的火苗。

以上是我国各民族的取火方法,虽然所用工具很多,方法多样,水平也有高有低,但它的基本原理是一样的,都包括摩擦生火和引燃火苗的过程。

(三) 黎族的钻木取火

虽然我国各民族保留不少取火方法,但与考古所出土的取火工具比较起来,因为同钻木取火属于同一类型,所以现在以保存钻木取火最多的黎族取火为例,进一步阐明考古出土取火工具的具体使用方法。

过去笔者曾多次去海南省黎族地区进行田野调查,搜集不少钻木取火资料。

在五指山市洪远乡洪开村的钻木取火调查给笔者留下很深的印象。

那是1995年11月28日，我们在当地为民族文物培训班讲课，后来到五指山市郊区实习，头一天在洪远乡，第二、三天在毛枝大村。

洪远乡是一个小坝子，过去称洪远洞，住一个小部落，史前就住过人，人们在雨后常拾到石斧，当地居民先叫哈黎，后来改为杞黎。黎族的三月三节就起源于

28-2 黎族钻木取火

此。我们曾拜访一些老人，如黄老懂83岁，邢阿念60岁，黄文开81岁，黄德明72岁。他们为我们讲了不少民俗知识，提到取火，人人都像说家常一样。

洪远洞的人们说，取火工具有两件：一件是下边放的木板，软质为佳，多山麻木，在一侧挖若干孔，供钻火杆钻火用；另一件是钻火杆，要硬一点，多用荔枝木，但下边削尖，正好对准钻火板的孔穴。据说也可用槟榔木钻火。钻头可以是木头的。为了加速取火，也可在钻头上挖穴，安一个小石子，这样既使钻头坚硬，又可增加摩擦力，能较快地取出火来。钻火时，一般由一个人用双手搓动钻火杆，力要向下，快速；也可由一人扶按顶端，一人搓动钻火杆。有时也用弓钻，即左手扶住钻火杆，右手拉动弓钻取火。也可以用较大的取火工具，由一人扶着钻火杆，另外二人分别搓动上下，但还是由上而下搓动，当第一个搓到底部，可放手，再从上边往下转动，如此类推，很快取出火来。

钻出的火星极小，肉眼几乎看不见，只有时间久了，才发现钻火板的穴内

呈黑色，这时已有火星存在。因此在穴下孔槽下边必放置引火物，黎族多用山麻叶、木棉、香茅草的绒、芭蕉纤维等。一旦发现有火星，就捧起来，用嘴吹气输氧，这样火焰就大了。

我们曾问一些老人，是否还有其他取火方法，他们说"有"。

一种是用两块石头相击取火，据说一块是白色的，半透明，应该是石英石，另一块发黄，可能是赤铁矿石，二者相击可冒出火花，但一定垫有引火物。

一种是用镰刀头，猛击白石头，方法同火镰，但也要垫引火物。后来才从汉族地区传入火镰。

还有一种是在丁加坡村，当地人把竹筒去一头隔膜，再取一个小竹筒，后者往前者打压，内部放火草，也可打出火来，这种方法颇类似傣族的压击取火。

李露露在《热带雨林的开拓者》一书中，曾详细地介绍了黎族的钻木取火，还有以石钻火法等。[1] 这些资料对研究考古有关发现也有一定帮助。

（四）钻木取火的方法

钻木取火在我国有悠久的历史，也是主要的取火方法。《韩非子·五蠹》："有圣人作钻燧取火，以化腥臊，而民说之，使王天下，号曰'燧人氏'。"《白虎通》引《礼纬·含文嘉》："燧人始钻木取火，炮生为熟，令人无腹疾，有异于禽兽。"由此看出，有关文献记载是很早的，考古还出土了有关实物。更有趣的是，在我国民族地区还保留了活态的钻木取火资料，这对研究考古出土的取火工具有重要启发。

第一，关于定名问题。

我国考古工作者把出土的取火工具定名为"取火板"、"取火杆"。乍看可

---

[1] 李露露：《热带雨林的开拓者》，云南人民出版社 2003 年版，第 332—337 页。

以，但仔细推敲，似乎还有研究的余地，因为历史上的取火工具和方法很多，各不相同。事实上，新疆、青海出土的取火工具，属于钻木取火性质，而钻木取火有三种工具：一是钻火板，二是钻火杆，三是引燃物。从上述分析看，考古出土的"取火板"、"取火杆"过于笼统，欠专业性，可否称为"钻火板"、"钻火杆"？

第二，钻火工具的原料。

钻火工具有两种原料，一是制作钻火工具的木料，一是引燃用的艾绒、芭蕉纤维，由于后者只要求易燃，各地都可选择本地特有的易燃物，我们重点是讨论钻火用材。

从文献记载上看，商代钻木取火已讲究选材，当时有"五火"之说。周代沿用之。《周礼·司爟》："掌行火之政令，四时变国火，以救时疾。"注引《鄹子》："春取榆柳之火，夏取枣杏之火，季夏取桑柘之火，秋取柞楢之火，冬取槐檀之火。"《论语·阳货》"钻燧改火"，马融注："一年之中，钻火各异木，故曰改火也。"看来先秦钻木取火，每个季节用原料不同，并且有改火风俗。[1]

关于古代改火，具体时间不详，但以冬至、清明节最流行。一年改火几次也不得而知，有四次、五次之说。改火的目的是"去兹毒"，"以寿民也"。从民族学资料看，认为火用久了，就容易招来火鬼，必须更换之，改用新火。如云南佤族认为发生火灾，是火鬼作祟所致，必请祭司把火鬼送走，最好用河水冲走，然后请有经验的老人锯竹取火，改用新火，火灾就不容易发生了。云南盈江景颇族也认为火鬼是火灾元凶，也要请巫师送走火鬼，再锯竹取火或压击取火，使用新火，这是防止火灾的重要手段。听说浙江有些山区在清明节实行改火，但汉区一般都无改火习惯了，但讲究取火用材。以黎族为例，一般要求钻木取火工具用料要干燥，不过钻火板与钻火杆用不同的材料，前者要求松软，以山麻木、柳木为之，后者要求坚硬，以榆木、花梨为多，一硬一软，利于摩

---

[1] 见拙文《钻木取火及其在历史上的作用》，《中国历史博物馆馆刊》1992年第18、19期。

擦生火。揭暄《璇玑遗述》："如榆刚取心一段为钻,柳刚取心方尺为盘,中凿眼,钻头大,旁开窦寸许,用绳力牵如车,钻则火星飞腾出窦,薄煤成火矣。"其中的榆木比柳木硬,二者正合钻木取火的要求。考古发现的钻火板为水曲柳,钻火杆为榆木,正符合一硬一软的原理。

第三,具体钻火方法。

钻木取火基本分两个步骤：

第一步是摩擦。先将钻火板放在地上,要求放实、平稳,不能晃动。接着把钻火杆下端插入钻火板某一穴槽内,穴槽下边放一点引燃物,然后由一人或二人合掌转动,也可一人利用弓钻,即左手扶持钻杆,右手拉动弓钻。操作要力朝下,向下使劲,经过三五分钟的转动,在钻火杆与钻火板穴槽间由摩擦生热,且出现燃烧的粉末,其上有微小的火花,沿穴槽边的竖槽降落到易燃物上,使后者变黑褐色,这就象征取出火来了。

第二步是引火。起初摩擦下来的粉末落在易燃物上使其发黑褐色,表示已经燃烧,但由于火焰甚小,是一种低档的燃烧,是肉眼难以看见的,也不能立即生出来火焰。这时怎么才能把低燃变成高焰,变成可以利用的火苗呢？会钻木取火的人往往把易燃物快速地放在干草上,以嘴吹气输氧,从而把干草点着,冒出火花,这样才能取出火来。

明代《宋学士文集》对钻木取火做了生动的描写："夏季改火,不用桑柘,取赤槲占二尺,中折之,剜成小穴,穴侧开以小隙,刮圆,大与穴齐,稍锐其两端,上端截竹三寸冒之,下端置穴内,以细绹缠其腰,急旋转之,二槲相轧摩,穴木成尘,烟𬂩起,尘自隙流毛上,候其相蓊蔚,以虚掌复穴郁之,则烟焰生矣。"

第四,钻木取火工具的携带。

从黎族社会生活看,他们对钻木取火工具并不太重视,一般是现用现做,取火后就丢了,只有个别老人能留其一二。一般人也不携带取火工具。

在考古出土的钻火板头上,往往有一孔,且拴一皮带,说明平时钻木取火

28-3　佤族取火方法

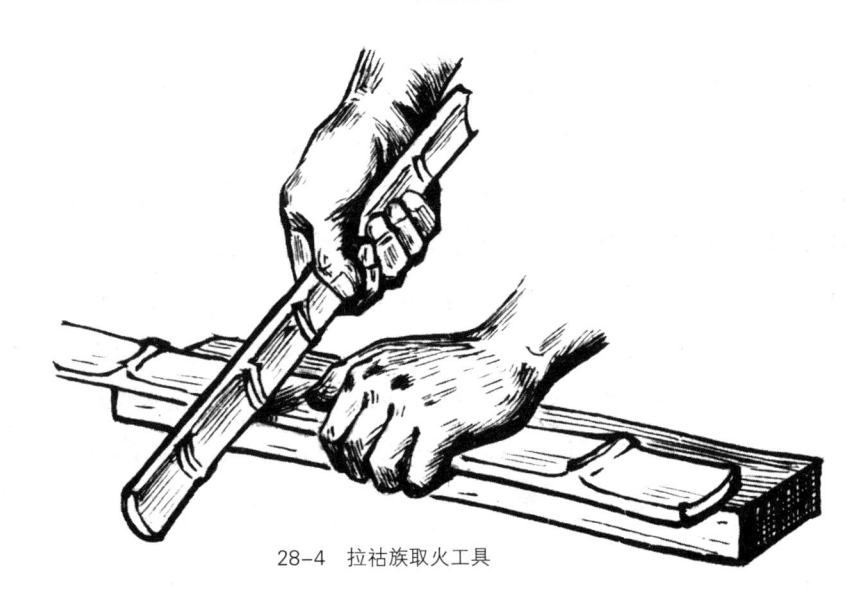

28-4　拉祜族取火工具

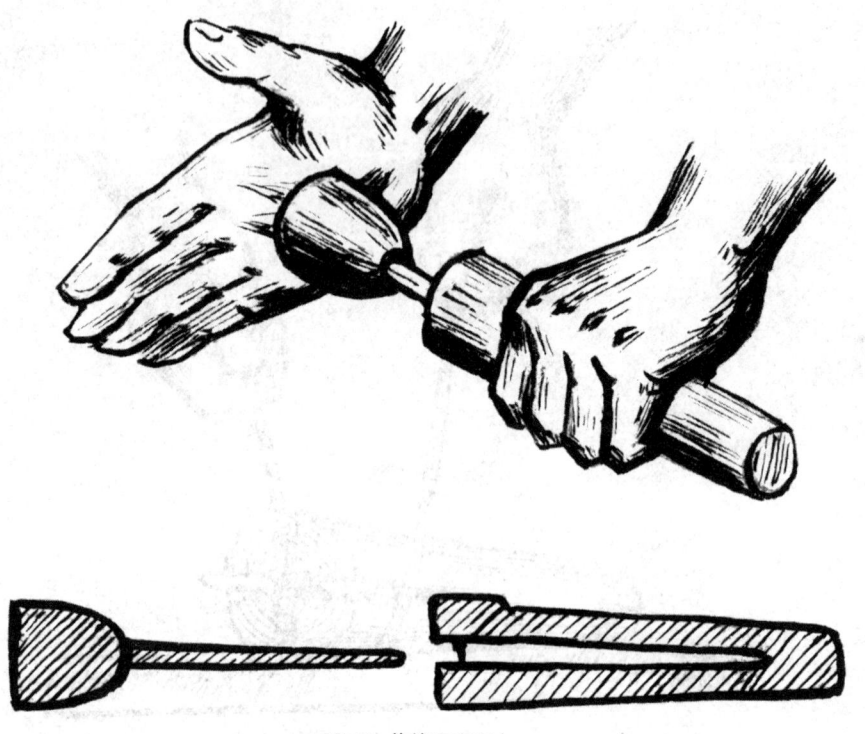

28-5　傣族压击取火

工具是带在身上的，可能拴在腰带上，这与鄯善苏贝希遗址的老人腰部随葬钻火板是吻合的。当然，当时携带钻木取火工具的方法也不限于一种。在上述遗址第27号墓内，钻木取火工具也放在皮口袋内，说明当时也把钻木取火工具放在皮口袋内，挂在腰带上携带的。从文献上看，钻木取火工具也是男子必备工具之一。《礼记·内则》："子事父母……左佩纷帨、刀、砺、小觿、金燧，右佩……大觿、木燧。"郑玄注："金燧，可取火于日；木燧，钻火也。"文中所说的金燧就是阳燧，白天可取日光为火，木燧就是钻木取火工具，日夜都可钻木取火。

从考古出土的钻木取火工具看，都比较小巧、规范，有长期使用痕迹，又有携带部位，而且多在老人腰际发现，说明当时对钻木取火工具是珍视的，多携带在身，往往由老人保护和使用。

廿九、火镜

火镜是一种取火工具，但是有两种类型：一种是不透明的铜制阳燧；一种是透明的玻璃。两种火镜原理一样，但取火方法不同。

（一）阳燧

阳燧是一种凹面铜镜，即利用阳光反射而取火的工具。

我国周代已经有阳燧记载。《周礼·秋官·司烜氏》："掌夫燧取明火于日。"此处的"夫燧"即阳燧，从日取火，执行人是司烜氏，说明周朝已设取火之官。《抱朴子·黄白篇》："水火在天，而取之以诸燧。"认为水、火均是一种自然现象，但必须利用阳燧才能取出火来。《太平御览》卷七一七魏名臣高堂隆奏曰："阳符，一名阳燧，取火于日；阴符，一名阴燧，取水于月。并入铜作镜，名曰水火之镜。"《元史·祭祀二》："光禄卿以阳燧取明火供爨，以方诸取明水实尊。"类似记载还可例举若干，说明古代确实有一种阳燧取火方法。

在考古工作中，也发现一些阳燧，如河南陕县上村岭春秋墓出土一件阳燧，直径7.5厘米，后有一钮，可系绳拴在腰上。浙江绍兴出土一件，直径3.5厘米。辽东丹东出土一件，直径12.3厘米。从上述出土实物看，古代确实用阳燧取火，

268　古代器物溯源

但直径较小。

　　现在民间使用阳燧取火的现象已经不见了。笔者多年在民族地区调查，看见各种木燧、火镰取火，但未发现使用阳燧的实例。但在古苓滩、旧货市场还偶尔能看到有阳燧出售。阳燧又称阳符、火镜。记得儿时在乡间还看到有关现象，平时老人把阳燧放在布袋内，使用时把阳燧取出来，对着阳光。由于阳燧朝日面是凹的，又是不透明铜质的，阳光照射后又反射过来，所有光线都交叉在镜面前的中心点上，

29-1　阳燧

温度特高，即在燃点之上，一旦把易燃物质如艾绒放在焦点上，艾绒就会燃烧。因此老人常用阳燧取火，这是取火的过程。

　　古代人对火还不甚了解，因此分为明火与暗火，其中阳燧取自太阳，故曰明火。《旧唐书·李敬贞传》："准郑此注，则水火之器皆以金锡为之。今司宰有阳燧，形如圆镜，以取明火。"所谓明火就是太阳之火。其实，阳燧取的火，并不是阳火、明火，只是光线取的火，与木燧取的火并没有两样。阳燧的特点是金属制作，是不透明的，所以才有反射作用，加上是凹透镜，才能取出火来。《留青日札》："阳燧，金也。"《本草纲目》："阳燧，火镜也，以铜铸成。"当然，一般铜镜是平面的，并不能取火，因为其反射光分散，温度低，不能引起燃烧。只有经过凹透镜反射于一点的光才形成高温，产生火星，这一取火原理，在崔豹《古今注》卷下有具体描述："阳燧以铜为之，形如镜，照物则影倒，向日则火生，以艾炷之则得火。"由此看出，阳燧通过阳光射于一点而升热，然后"以艾炷之"而得火，这是两个重要环节。

(二) 凸透镜

凸透镜是用玻璃制作的双面镜，透明，也是一种取火工具，方法与阳燧不同。它是对着阳光，阳光通过镜面，在对方表面附近，众多光线交于一点，形成高温，把引燃物点着，从而取出火来。这也是火镜，是玻璃火镜。

文献记录较多。《异述记》："南蛮多利火珠，大者如鸡卵，光照数尺，以艾藉珠，辄有火出。"《旧唐书》卷一九七《林邑国》："遣使献火珠，大如鸡卵，圆白皎洁，光照数尺，状如水精，正午向日，以艾承之，即火燃。"《太平御览》卷八〇三引《唐书》："婆利东罗刹国……时与邑人作市……其国出火珠，状如水精，日午时，以珠承影，取艾依之，即火出。"《外台秘要》："阳燧是以火珠向日下，以艾于下承之，便得火也。"从上述记载看，都是利用透明火镜取火，其形状"大如鸡卵"，应该是球状或扁圆状，而且多为外来品。

我国商周时已有玻璃，唐代以前称琉璃，都是人工烧制的，但件小，早期未发现取火的玻璃镜。不过外国人用玻璃较多，由于"时与邑人作市"，也从外国传入一些玻璃，考古出土要晚一些，应该在魏晋时期。在安徽亳县曹操宗族墓出土五件聚光玻璃镜，呈扁圆状，直径1.5—2.4厘米，可放大三四倍。在南京郭家山东晋墓也出土过水晶镜片，直径2厘米，厚0.5厘米，凸面，也可放大三四倍。

宋代以后，我国取火有很大改进，一是利用火镰取火普及开来，二是利用玻璃火镜也多了。《苏沈良方》："凡取火者，宜敲石取火，或水玉镜子于日得者，太阳火为妙。"其中的"敲石取火"应该是火镰取火，水玉镜子则可取阳光之火。《本草衍义》："以水精珠，或心凹铜鉴，向日射之，以艾承接其光聚处，火出。"《证类本草》也说："火燧珠向日取得火。"

用玻璃镜或水晶珠取火，还是罕见的，而且多为医疗作用。李时珍《本草纲目》说："凡灸火者，宜用阳燧火珠，承日取太阳真火。"当时的引火材料有两种：一种是艾绒，一种为草纸。《留青日札》："古人以阳燧取火于日……以水精大珠向日对照，以草纸承其下，一点透明，纸焦烟起，即得火矣。"

近代因玻璃生产普及，制作玻璃火镜也多了。小时候在乡间就经常看见老人用玻璃火镜取火，该镜有一柄，老人握柄取火。但这种取火与阳燧一样，都有一个共性，必须在白天阳光充足时可行，阴天夜晚就不行了，远不如火柴、火镰、木燧便捷。

通过以上分析可以看出，无论是哪种火镜取火，都是利用光学原理实现的，基本分两步：第一步聚光而生热，第二步以易燃物引燃。这应该是较进步的取火方法，出现较晚。但是人们对透明物的认识较早，如冰就是一种。《博物志》："削冰令圆，举以向日，以艾于后承其影，则得火。"火镜起源于冰球取火，还是先有火镜，后来才削冰为取火球，两者谁早谁晚，是应该探索的。

那么，在火镜取火之前，利用什么方法取火呢？这有一个历史发展过程。

最初是摩擦取火，如两石相击、两竹摩擦、用钻火竿在木板上钻木等。我国古代流行钻木取火，西北出土不少汉唐时期的取火工具。黎族至今还有钻木取火风俗。我国周代还在不同季节用不同的钻火材料，称为"改火"。自从发现钢以后，才出现了火镰，后来才有了火镜取火。近代还出现了火柴，现代有了打火机。

过去研究取火方法，多偏重于对取火工具的研究，对引燃物研究较差。其实古代对引燃物有许多种类，如艾、草纸、发烛、硫黄片、引火奴等。关于引燃物的起源，有多种说法：一种认为起源于汉代，高承《事物纪原》："汉淮南王招致方术之士，延八公等撰《鸿宝万毕方》，法烛是其一也，余非民所急，故不行于世，然则法烛之起，自刘安始也。"其中就讲到了利用发烛取火。一种认为起源于北齐，陶宗仪《南村辍耕录》："史载周建德六年，齐后妃贫者，以发烛为业。"还有一种观点认为起源于五代，陶谷《清异录》："夜中有急，苦于作灯之缓。有知者批杉条，染硫黄，置之待用。一与火遇，得焰穗然，既神之，呼引光奴。今遂有货者，易名'火寸'。"

所谓引火奴，并不是取火工具，而是引火工具。关于它的起源，应该追溯到史前时代，因为钻木取火时就必须有引火物，可能利用艾绒、易燃纤维，把肉眼不易识别的火苗引燃。在人类历史上，取火工具在发展，引火物也在发展。从艾绒到硫黄，到汽油，就是一个发展过程。

还应该看到，取火并不是随时进行的，家内的火塘、灶都是保存火种的设备，用时现引。在这种场合，引燃物已经不是艾绒之类，而变较大的引火物，如松明、火寸、引火奴等。

过去笔者在少数民族地区作田野调查时，发现黔、川、滇诸省许多居民都使用火塘，作为炊事设备，也是保存火种设施。他们所用的引火物是松明，即先把松树下边砍掉树皮，松明就流出来，然后从松树上砍下一条条的松片，背到家中，松片极其易燃，收藏后点火用。当地不仅用松明引火，还把它点燃，放在灯架上，作为松明灯，可以照亮昏暗的房间。过去在宁夏菜园遗址曾发现窑洞内有一种壁灯，烧的就是松明，说明史前时代已经使用松明引火、照明了。

中国早有炼丹术，其中就应用硫黄，将该物与木片结合起来，就变成引火奴了。因此，木片涂硫黄式的引火奴，应该是较进步的引火奴，可能先起源于炼丹术，后来普及到民间。宋代市场已经出售上述引火奴。《武林旧事》卷六《小经纪》中已有"发烛"记录，罗贯中《三遂平妖传》第二十回"示儿卖泥烛诱王则"中，也讲及发烛："有一个没安死尸处专一帮闲的沈待诏，替他去茶坊里讨些火种，把与妇人。那妇人去篮儿内取出一片硫黄发烛儿，在火上淬着，去泥蜡烛上从头点着。"这段记载颇有意思，当时还用炉灶保存火种，已经利用硫黄发触，引火，照明已使用蜡烛。这对元代用火、照明研究颇有帮助。

三十、石烹法

人类在发明用火之前是吃生冷食物的。这是没有争议的。自从会使用火以后,就出现了五花八门的熟食方法,这一点在民俗学中保留甚多。

(一)古老的烧烤

最简单的烧烤方法是把兽肉、鱼、鸟、鼠等丢在火中烧熟,讲究一点的是把肉片串在树枝上,放在火中翻动、烧烤,这就是烤肉串了。有人说烤羊肉串是新疆维吾尔族的发明,我看未必。在曹魏时期的嘉峪关画像砖上已经出现不少烤羊肉串的现象,说明此种食肉法来源已久。

直接在火上烧烤兽肉,虽然有一种特殊的美味,但是容易烧焦,造成浪费,后来人们把食物涂上泥巴再丢进火中,情况就改变了。《礼记·内则》郑注:"以土涂生物,炮而食之。"这种方法至今在农村还保存着。如北京郊区居民以泥土包上刺猬,经过烧烤而食之。海南黎族把田鼠用泥包起来,丢在火塘内烧熟。贵州有些苗族人以泥巴包鸟烧烤,等等。上述"以土涂生物"而烧食,都是防止火焰把食物烧坏了,这是熟食方法的一大进步。《礼记·礼运》注"加于烧石之上而食之",也是一种比较高明的熟食方法。这个烧石可能是先烧炽热，然后在其上放食物。可以肯定地说，它是现代餐馆烧烤的先河，当然也可能是在火上架一石板，在其上熟化食物。其实这是一种石锅，云南独龙族的石锅就是一个圆形石板，使用时将其搭在火塘上的三脚石上，下边烧火，上边烤食物。

（二）石烹法

所谓石烹法指以烧炽热的石块，丢入盛水的器皿中，把水烧沸腾，从而把水中的食物烧熟。这是最古老的煮食方法。过去东北的鄂伦春族就盛行石烹法。《朔方备乘·考订龙沙纪略》："刳木贮水，灼小石淬水中数十次，瀹而食之。"据笔者在内蒙古鄂伦春族地区的调查，他们的石烹法并不是"刳木贮水"，而是利用当地盛行的桦皮水桶盛水。该桶是以桦树皮缝制的，圆桶状，以狍筋线缝合，接口处涂以树胶，既轻便，又不漏水。平时以其打水、盛粮食，煮肉时盛半桶

30-1　鄂伦春族石烹法

30-2　印第安人石烹法

水，放入兽肉，同时在篝火中烧若干石块，待石块炽热时，再一一投入桦皮桶内。大约投二三十块，桶内的水就滚开了，从而把兽肉煮熟。

　　这种石烹法在中外许多民族中都比较流行，是一种古老的煮食方法。但是所用工具有些不同，除桦树皮桶外，还有兽皮桶、木桶、竹桶等。广东连山瑶族是在地上挖一坑，内垫牛皮，盛上水，装好肉，以石烹法煮食。傣族则以粗大的竹筒石烹。

（三）胃煮法

1961年冬初，笔者在鄂伦春族地区看到一种古老的胃煮法。当时正是国庆节，从各地来的鄂伦春人都聚集在阿里河镇南边的诺敏河北岸，点燃一堆堆篝火，升起缕缕炊烟。人们团聚在篝火旁述别、烤火、喝酒，其间也跳起鄂伦春族的舞蹈。在篝火上方，多搭一木三脚架，有一人多高，其上吊一个鹿胃，在篝火上烘烧。笔者不解其意，问陪同我们的干部："脚架上吊着什么？"他说："这是鹿胃，里面是水和狍子肉，这是我们民族古老的煮肉方法。"从中得知，这是以鹿胃为锅，进行煮食。

所谓胃煮法，是把刚刚猎取的野兽胃割下来，翻个个儿，洗净，再翻过来盛水和兽肉，然后吊在篝火上方，既接近火焰，又不直接烧烤。经过一个小时时间，胃近烧焦，里面的水也滚开了，兽肉也煮熟了，这时再把胃取下来，把肉和汤倒在桦皮桶内，让人们吃肉、喝汤。据鄂伦春族老人说，犴、鹿、熊、狍子的胃都可以煮肉，只是每种胃煮肉多少不一样。

30-3 鄂伦春族胃煮法

（四）竹釜

在南方民族地区还有一种竹釜，也别有一种用法。陈鼎《滇游记》："腾越铁少，土人以毛竹截断，实米其中，炽火煨之，竹焦而饭熟，甚香美，称为竹釜。"这种炊具不是别的，就是一种竹筒，做好的饭称竹筒饭。过去在云南、广西、海南、四川、贵州多有流行，现在已经成为极为时髦的野味佳品。

记得1992年笔者在海南省通什市保国乡调查时，正赶上黎族群众上山打山猪，笔者为了观察狩猎过程，也随狩猎队伍出发了，参加了狩猎活动。当时在野外就餐时，由于没有带锅，就是利用竹筒煮米饭。具体方法是砍几根毛竹，割断若干节，每节都有一个竹隔膜，作为竹釜的底，另一头不用隔膜，锯为开口，也就是竹釜的口部。煮饭时，先把米淘一下，装入竹筒内，但只能装多半筒米，其他部分装水，然后用竹叶把口部略微盖上，把竹筒斜插在篝火旁，接近火焰而不在火焰上直接烧。大约四十分钟，竹筒快烤焦了，饭也熟了，发出竹香、米香滋味，这时把竹筒打开，就可以品尝竹筒饭了。

上述事实说明，远古时期虽然有五花八门的烧烤方法，但是这些方法费时费力，也造成食物的浪费，特别是农业兴起以后，粮食成为主食，其中的大米、小米再用传统的烧烤方法就不适合了，因此人类积极探索新的炊具，尤其是蒸煮炊具。人类正是在石烹法的基础上，一方面认识到煮食是最节省粮食的熟食方法，应该推广、发展；另一方面又感到石烹法、胃煮法、竹釜法、泥包法都有局限性，即炊具不结实、不耐烧，从而发明了制陶术，使人类的熟食方式发生了根本变化。

卅一、针管

针是重要的生活用品，借以缝制衣裳，但是针又小又轻，难以保存，尤其远古时期流行的骨针，更加脆弱，因此当时如何保护骨针成了一个重要的问题，从而发明了针管，又称针筒。这是当时保护缝纫工具的利器。

(一) 民族地区的针管

笔者在从事民族学调查时，曾看见一些藏针容器——针管，现举三个例证。

1. 藏族的针管

记得1979年笔者在青海湖地区曾搜集了一件藏族的针管，以动物肢骨制成，长8.7厘米，直径1.8—2厘米，呈管状，内空，但上略窄，下较宽，外表有七层花纹，其中第三、五层为阴刻圆圈，内有点纹，其他层次饰为几何纹。在骨管内穿一皮囊，上端为皮带，可拴系在腰带上；中间为皮囊，是放针的部位；下为皮穗，具有装饰作用。使用时，握住皮穗往下拉，皮囊外露，可以贮针或取针；不用时，将皮带往上拉，皮囊入骨管内，使针得到很好的保存。

2. 蒙古族的针管

在内蒙古呼伦贝尔盟蒙古族地区还使用骨针管。1991年笔者在海拉尔搜集到一件。骨管长7.1厘米，上细下粗，上口径1.2厘米，下口径1.4厘米。外边刻有三组几何纹。使用时，从骨管中穿一细绳，绳长25厘米，最下端为玻璃球和线球，相当于坠饰，由于球大，不能入管内，起阻拦作用。在球上方为柱形袋，长6厘米，直径0.8厘米。该布袋即是贮针之袋。布袋上方为线，长6厘米，再往上又拴三个玻璃珠，它们也不能入骨管内，也起阻拦作用。三球之上为线套，便于手提和挂在腰带上。使用时，往下拉即露出布袋，可以插针或取针，然后上拉线套，布袋正好进入骨管内，可以保存针。

3. 纳西族的针管

1981年笔者在四川省木里县俄亚纳西族村调查时，也曾搜集到一件针管。它是以铁打的，呈双管并列形，管长8.1厘米，宽1.8厘米。从两铁管内各穿一皮袋，上边两端拴在一起，作为绳套，可挂在腰带上，下边两头也拴在一起，成为皮穗。其使用方法同上，但由于有两个皮袋，可贮存较多的针。

以上三例大同小异，有一定特点：(1) 该器中空，呈管状，大小相若，外表多有装饰图案；(2) 管内皆穿一皮囊或针囊，上为皮套，可系于腰带上，下为皮穗，具有装饰作用；(3) 管内的皮囊可利用皮套和皮穗上下拉动，也就是使用时把皮囊拉出，以便盛针或取针，不用时把皮囊藏入骨管内保存。

由此可知，针管是由骨管（后来出现了金属管）、针囊、提绳和穗饰组成的。这是盛针的容器，又是一种装饰物。

（二）考古所见骨管

在考古工作中发现不少骨管，试举几例。

卅一、针管　279

（1）圆点纹骨管。该器以动物肢骨制成，管状，长 4.9 厘米，直径 1.5—1.6 厘米，中空，外表有五层纹饰，中间以双线纹隔开，中间一层为三组由七个圆点纹组成的图案，其他各层均以圆点纹组成一圈。

（2）几何纹骨管。该器长 6.1 厘米，宽 1 厘米，中空，直径 0.8 厘米，外廓为正方形，外有纹饰，其中上下有两道横纹，中央为三格，各格均为斜十字纹。

（3）凹纹骨管。该器也以动物肢骨制成，长 6.6 厘米，上口径 1.3 厘米，下口径 1.6 厘米，在上口径两侧各有一孔，口径距孔眼距离为 0.8 厘米，周身有十五道凹形纹饰。

（4）竹节纹骨管。该器长 8.6 厘米，上细下粗，上口径 1.4 厘米，下口径 1.6 厘米，中空，上口沿两侧各有一孔，下口径两侧也各有一孔，器身有五道竹节纹饰。

以上四件皆为内蒙古夏家店文化遗物。

（5）龙纹骨管。该器厚重，长 10.4 厘米，直径 2—2.2 厘米，中空，在上下两侧各有一孔。器表有三层纹饰，上下二层为几何纹，中间为浮雕盘龙纹。

（6）景物纹骨管。该器长 11 厘米，上细下粗，上口径 1.7 厘米，下口径 2.1 厘米，在上下口两侧也各有一孔，中空。外有较复杂的阴刻纹饰：最上层为云彩和七只飞鸟；其上为山峰、松树，还有一位官吏；下为四层多角塔；在塔一侧有一巨石，石上落一只鸟；塔另一侧为一棵松树。

以上二器为辽代遗物。

上述骨管是做什么用的呢？如果孤立地观察这些器物，颇有"丈二和尚摸不着头脑"之感，但是将它们与少数民族的针管联系起来，就会发现两者有许多共性：（1）考古出土的骨

31-1　骨针

管与民族学的针管大小相若；（2）两种骨管中空，内部可容纳针囊，也就是两者结构相同。由此分析，考古发现的骨管应该是古代的针管。

（三）针管由来已久

我国骨针管不是在夏家店文化才有的，在仰韶文化中已有出土。如龙岗寺仰韶文化遗址出土 11 件骨管，其中有一件长 5.1 厘米，口径 3.2 厘米，中空，外饰几何纹，[1] 与前面所述针管大同小异。在内蒙古大南沟后红山文化墓地也有发现，如第 28 号墓出土一件骨管，长 8 厘米，直径 1.2 厘米；在第 54 号墓出土一件骨管，长 7.75 厘米，直径 1.4 厘米，该管无孔，应该是提拉式针管，内有针囊装置，上系提绳，下有线穗。有趣的是，在骨管内还有骨针[2]，可知骨管为贮针用具，也表明骨针管的使用应该起源于原始社会。

从出土针管资料分析，针管基本是由动物的肢骨制成的，最早的形态仅仅是一节骨管，如仰韶文化、后红山文化、夏家店文化的针管基本如此，它是在管内安一皮囊组成，属于牵拉式。在往后的发展中，放弃了牵拉式针管，改用有底式针管，如夏家店文化的凹纹针管、竹节骨管及辽代骨针管都是如此，即在该器下部两侧，均有二孔，供安底时固定，上有二孔系绳。这种针管放弃了抽拉方式，使用更加方便。

在出土的辽代文物中，还有一种银制的针管，如内蒙古陈国公主墓就出土一件，长 11.7 厘米，直径 1.2 厘米，壁厚 0.03 厘米，重 19 克。以银片打制，有盖，口外有钮，系有金链，外雕刻有缠枝忍冬纹，衬以鱼子纹底。[3] 这是契丹贵族用的银针管，然而它并不是孤例。

---

[1] 陕西省考古研究所：《龙岗寺——新石器时代遗址发掘报告》，文物出版社 1990 年版，第 159 页。
[2] 辽宁省文物考古研究所：《大南沟——后红山文化墓地发掘报告》，第 80、110 页。
[3] 内蒙古自治区文物考古研究所：《辽陈国公主墓》，文物出版社 1993 年版，第 29 页。

在内蒙古克什克腾旗二八地第 1、第 2 号辽墓中出土 6 件所谓银角号，其中三大三小，大者长 32 厘米，后边较细的一端有透孔；小者仅 6.5 厘米，皆银制，中空，有人说是"鹿叫子"。[1]

在内蒙古上烧锅的辽墓中，尸体脚下有两件，"用薄银片打制，呈弧三角形，中空，内垫塞一鹿角，经磨制，形制与银号相同"，长 12.8 厘米，也被视为"银叫子"。[2]

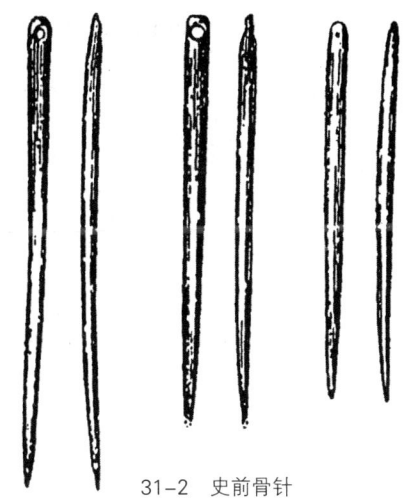

31-2 史前骨针

所谓鹿叫子，又称鹿笛，是一种模拟公鹿鸣叫的拟声工具，一般都较大。[3] 上述银号显然不像鹿笛，加上银号有底或塞，也不能吹奏，所以它不是鹿笛，而是一种容具，其中有些当与针管有关。同时说明，自从进入文明时代之后，由于贫富分化的出现，针管也发生变化，即富人已经使用银制的针管，而广大民众依旧使用古老的骨针管，这一点在少数民族地区尤为明显。

---

[1] 项春松：《克什克腾旗二八地一、二号辽墓》，《内蒙古文物考古》1984 年第 3 期。
[2] 项春松：《上烧锅辽墓群》，《内蒙古文物考古》1982 年第 2 期。
[3] 见拙著《最后的捕猎者》，第 173 页。

卅二、桦皮器皿

过去在考古发掘中，出土不少桦皮"圆盘"，它是干什么用的，众说纷纭。为了更好地进行解释，孤立地看考古资料是不够的，必须借助活态的民族学资料，尤其是东北民族使用的桦皮器具，来解读考古出土的"圆盘"，这应该是民族考古的重要内容。

（一）桦皮器由来已久

提到桦皮器皿，必然想到它是我国北方文化的特点，但桦树是如何分布的呢？应该说它是世界性的分布，但基本在北半球。西半球主要在北美洲，北纬65度以南，到北纬40度之间。东半球主要在西伯利亚，北起北极圈，约北纬70度以南，南抵我国新疆阿勒泰和东北地区，在北纬45度以北广大地区。

在东北文献中，多有记载。

《钦定盛京通志》卷一〇六《物产》："桦树皮似山桃有花纹，紫黑色，可裹弓及鞍镫诸物。诸山中皆有之，而嫩江、混同江之间尤多。"

《柳边纪略》："拉发北数十里，特设桦皮厂。"

《吉林外纪》："乌拉向有桦皮屯，世管佐领带有兵丁剥取入贡。雍正年间，裁

卅二、桦皮器皿　283

去世管佐领，将兵丁拨给官地交粮，改为八旗官兵剥取。"

由此看出，我国东北北部盛产桦皮，自古以来就使用桦皮制作器皿，清代还在东北设桦皮屯，派兵丁扒取，把桦皮作为贡品之一。

在考古工作中也出土不少桦皮器遗物。过去认为最早是鲜卑人使用桦皮器皿，其实在兴隆洼文化中已出土过桦皮器皿残片，距今7000年之久。1981年秋在青海循化苏志卡约文化基地出土一件箭箙，位于棺内右侧，长方形，其上有压印的半圆形花纹，距今3000年左右。

32-1 剥桦皮

在内蒙古、东北的汉书文化中有不少桦皮器造物。以吉林大安县月亮泡渔场墓地为例，当时已定居，以渔猎为业，大多数墓中随葬桦皮器皿，主要有箭箙，用桦皮缝制，筒状；还有弓套，也有两件，以双层桦皮缝合。这是汉书二期文化，相当于汉代。在内蒙古海拉尔、伊敏河、南相家营子、扎赉诺尔、完工、拉布达林等遗址都出土过弓套、壶形器、钗形器、圆盘等物。

金代女真人也大量使用桦皮器皿。如黑龙江绥滨奥里古城附近金墓中出土过桦皮桶。该县中兴、古城第8号金墓出土有陶钗、瓷器、铁器、金银器，还有一件桦皮篓、一件桦皮托，后者是包在陶钗上的。该篓为圆口、方底。

明清时期，东北许多民族都使用桦皮器皿，满族也不例外。《明一统志》卷八十九："以桦皮为屋，行则驮载，止则张架以居，养马弋猎为生。"在吉林扶余女真墓中，尸体还垫有桦皮，上盖桦皮，说明当时以桦皮为葬具。还出土桦皮粮囤及若干不知名器皿。

（二）民族志的桦皮器物

为了解释考古发现的器物，必须先关注东北诸民族使用桦皮制作器物的情况，然后才能作比较研究。据笔者所知，桦皮器物有以下几类：

1. 生产工具

西清《黑龙江外纪》卷八："山谷多桦木，土人以为弓箭笴，为鞍板，为刀柄，皮以贴弓，为车盖，为穹庐，为扎哈，缝之如栲栳。大担水，小盛米面，谓之桦皮斗。"反映在生产工具方面，首先是桦皮弓，以桦皮制弓套、箭箙。还有采集用的"古约文"、狍哨、水桶、鱼膘、簸箕等。在《三朝北盟会编》中称女真以"桦皮为角，吹作呦呦之声，呼麋鹿，射而啖之，但存其皮骨"。鄂伦春族有三种猎哨：（1）鹿哨，以木为之，扁长形，桦木制，是吸气法，仿母鹿叫，引公鹿、母鹿来；（2）犴哨，也以桦木为之，圆长形，是吹气法，引母犴来而射杀之；（3）狍哨，以桦皮制，小巧，含在嘴里，能吹出幼狍叫，引诱母狍来而射杀之。上文称"吹作呦呦之声，呼麋鹿"，应该是狍子，模拟幼狍叫，当为第三种，即狍哨。

2. 桦皮为屋

利用桦皮盖房子也由来已久。古代女真人就住桦皮房子。《三朝北盟会编》卷三：女真"其俗依山谷而居，联木为棚屋，高数尺，无瓦，覆以木板或桦皮，或以草绸缪之"。很明显这是以桦皮为瓦，鄂伦春族则用桦皮帐篷。《吉林外纪》卷七："又以桦皮盖窝棚，并有剥薄皮，缝联作油单，大雨不漏。"笔者在1961年曾在鄂伦春族地区作调查，当时该族还住帐篷，这是用木杆搭成半圆锥形，外围一定的东西，有桦皮围子、兽皮围子、布围子。此外，该族还以桦皮为垫单，为摇篮，说明桦皮是他们住宿的必用材料。

3. 交通工具

最主要的是桦皮船，该船流行于东北和西伯利亚地区，内蒙古地区则没有使用。桦皮船以桦木为船架，外包桦皮，文献中称"快马"。鄂温克族有一支使用驯鹿，所用驮鞍也是用桦皮制作的。鄂伦春族骑马用的马镫也是用桦皮制作的。与汉族为邻的鄂伦春族用车，车棚也是桦皮制作的。

4. 生活用品

赫哲族有一种"保如"帽，实为尖头桦皮帽。鄂伦春族有一种尖锥形帽盒，也是利用桦皮缝制的。鄂温克族还穿一种桦皮鞋。由此分析，桦皮是重要的生活用品。

桦皮用器较多，有桦皮桶、桦皮盆、桦皮碗、桦皮篓、桦皮盒、勺、杯、烟盒、筷桶等，而且功能不限一种，具有多种用途。以桦皮桶为例，它是采集工具，也是水器、食器，还可当炊具，这就是文献记载的石烹法。一般先在桦皮桶盛水，放入兽肉，然后烧红一堆石头，再一一把炽石投入水中，令桶内水沸腾，从而把兽肉煮熟。这是发明陶器以前的重要煮食方式。

5. 文化用品

桦木可制成写字板，笔者在大兴安岭曾搜集到一件，类似乒乓球拍子，抹油掺灰，可在其上写字或做记号。在青海海西吐谷浑和吐蕃墓中发现一种泥塔，打开之后有两件东西：一是桦皮经咒，写有老藏文，皆为咒语；一种是泥饼，其上

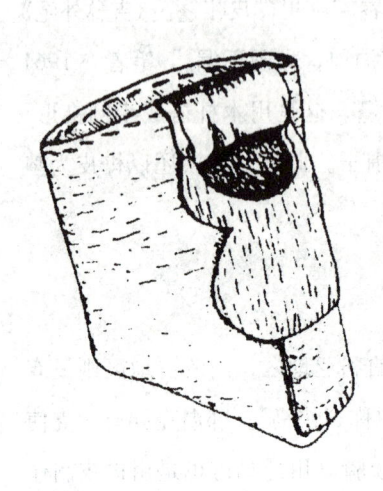

32-2 桦皮用具

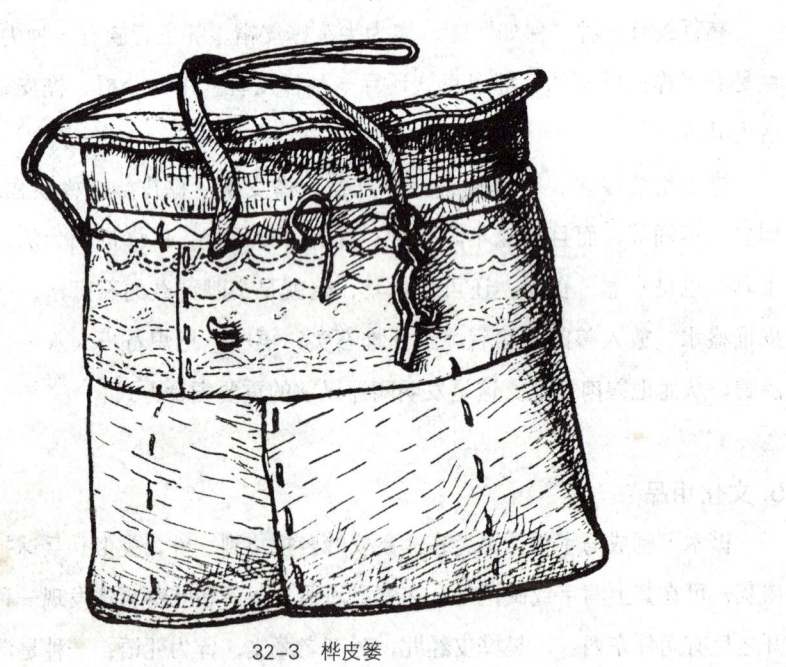

32-3 桦皮篓

写有经咒。过去在布达拉宫看见一部唐代桦皮藏经。汉族流行剪纸艺术，鄂伦春族无纸，却流行剪桦皮艺术，把桦皮剪成鹿、猪、犴、狍子、人物，也用桦皮制成蝈蝈笼等玩具。

6.宗教实物

在北方信仰萨满教的民族中，普遍用桦木制作神像，基本有两种：一种用桦木削制的，有鹰神、龙神、祖先等；一种为桦皮剪的祖先、神偶等。达斡尔族有一张"华咪巴尔汗"像，其上有日、月、蛇，是一种蟒神像。为了盛神像，鄂伦春族、鄂温克族还用桦皮制成长方形盒。鄂伦春族过去用桦皮制面具，后改为小型木制面具，称为"面具神"。鄂温克族也有一种面具，称"德力格丁"，是为疮神，谁家有人面上生疮，必在仙人柱前方挂上此神。

以上民族流行树葬，即把棺材架于树上，任风吹雨打，所以又称"风葬"。棺材是桦皮制的，有时也以桦皮包尸。

（三）"圆盘"实为器底

从上述事实看出，桦树皮在生活、生产和文化方面有许多用途，尤其是生活器皿，对印证考古发现的遗物有重要帮助，其中包括所谓"圆盘"遗物。

考古发掘出土桦皮器皿，主要在东北、西北和内蒙古地区，也就是历来生产桦皮的地方。出土种类有三：

一种是"圆盘"。这类器皿，又称"器盖"，主要是1987年在拉布达林古墓中发现的，特点是圆盘状，中央上凸，周边下凹，且有针孔。这是干什么用的？报告者说是"扣于头顶墓底上"的，也就是说是随葬用的，垫于头下。

一种是"桦皮钱"。在扎赉诺尔古墓中发现不少桦皮钱，仅呼盟文物站就有13枚，大小相若，直径2.7—3.2厘米，厚0.15—0.3厘米。各件并不太圆。有些

32-4 桦皮器底

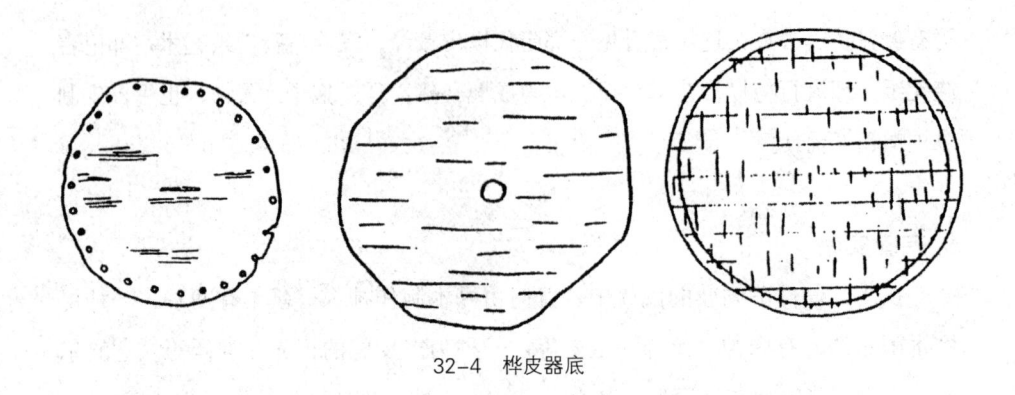

人认为这是当时的实用钱。

一种是桦皮制的"苂子"。它是缝制的，主要出土于吉林汪清县罗子沟原始文化中，应该是沃沮的遗物，相当于汉代。[1]

以上三种器皿是干什么用的，定名是否正确，都是一些问号。对桦皮古器物的研究，除对证物本身考察外，必须借助于民族学资料，先看看使用桦皮器皿的民族是怎么制作桦皮器皿的，这对研究古代桦皮器皿有重要帮助。

桦树皮加工，有一定工具和技巧。

所用工具，过去用石刀，后来改猎刀。这是剥取桦树皮的工具，也可裁剪。缝桦皮则用筋线和树根线，离不开针、锥。桦树皮要粘合，必用胶质类东西，当地取桦树或松树汁液，认为这是最好的弥合剂。制好以后要装饰，用"托克托文"（雕刻工具）在器皿上加雕花，该具是用犴骨或鹿骨制作的。

桦皮加工有一定程序：

第一步是扒树皮，一般在夏天，当时桦树长势好，皮质含水多，也容易扒下来。通常选择 50 厘米直径的桦树，在树干上方用猎刀切一圈，再往下六七十厘米，又切一圈，然后在两圈之间自上而下切一条线，然后从切线处扒起，一

---

[1] 文物编辑委员会：《文物考古工作三十年（1949—1979）》，文物出版社 1979 年版，第 103 页。

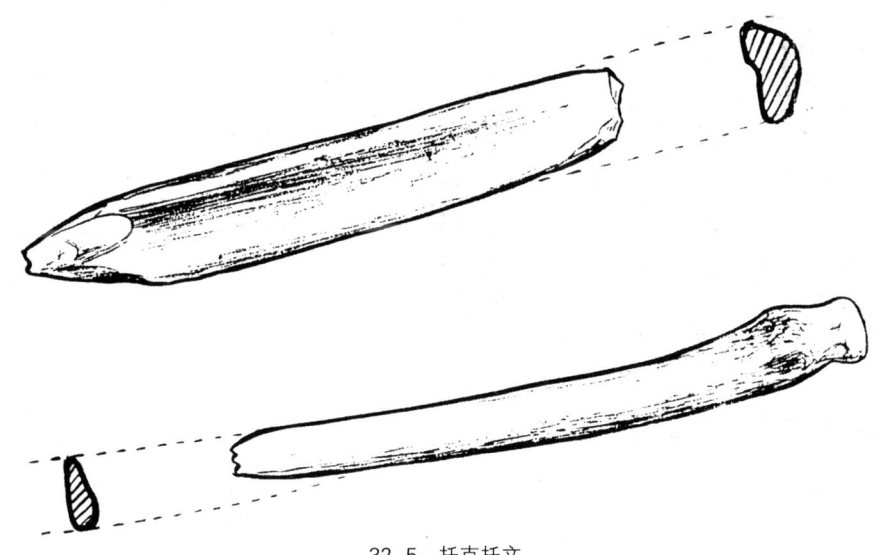

32-5　托克托文

块长方形桦树皮就取下来了。

第二步是压平。刚扒下来的桦皮并不立即使用，而是存放一段时间，但树皮高低不平，或呈圈筒状，因此必须把桦皮铺在地上，用石块或木料压平，现用现取。

第三步是软化处理。长期保存的桦树皮比较坚硬，又不甚平整，在取出来加工前必须进行软化处理，具体方法有三：一是用火烤软，多在火塘上烧；一是水煮，把桦皮放在吊锅或大锅内热水中煮，到一定程度就软化了；三是用马粪和土，把桦皮放在其中埋起来，加一定水，经过几天也可软化。

第四步是裁制。每种器皿都是由若干片桦皮组成的，呈方形、长方形或圆形。因此事先必须把桦树皮削薄，然后裁剪成一定形状，为下一步缝合提供有利条件。

第五步是缝制。据我们在大兴安岭各民族调查，他们缝制桦树皮不用现代针线，而是用骨针或铁针，穿引狍筋线、鹿筋线，把桦皮缝成碗、盆、桶、盒

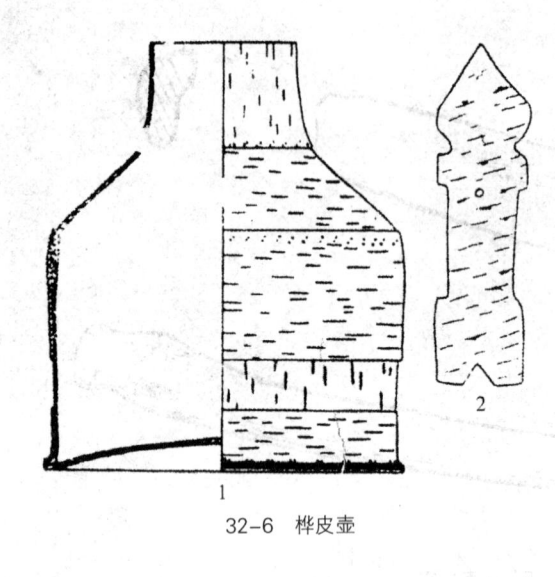

等器皿。对于盛水的器皿，在其结合处要涂黏合剂。

第六步是装饰。古代桦皮多有装饰，而且是压纹，这是因为桦皮比较柔软，用力压就可以。据在鄂伦春族地区调查得知，他们最后一道桦皮加工工序，也是装饰花纹，是用托克托文，按一定图案，在上用力打，从而留下美丽的纹饰。

32-6 桦皮壶

通过以上分析看出，考古发掘没有发现大件桦皮制品，如桦皮帐篷、桦皮船等，但是小件器皿较多。通过对它们与民族学发现器物比较研究，大体有以下几种情况：

首先，所谓"圆盘"器、"器盖"定名均不对，因为形如"圆盘"，实际它不是独立使用的，圆盘不可能盛东西，因为它是上凸的，盘是内凹的，而且边缘均有缝孔，当为他用。它应该是桦皮桶的底部，所以要缝合。至于为什么上凸，边缘下降，是因为缝合时必把其边与桶边挖合在一起，便于缝合，从而中央上凸。这些孔均有勒线痕迹。在拉布达林第3号古墓内出土的壶，类似鸡冠壶，其底为圆盘状，与出土圆盘一样，该壶也用此类底。

其次，所谓"桦皮钱"也存在一定问题，当时仿文钱随葬是可能的，把它归于钱币也有此可能，但是钱币是有方孔的，"桦皮钱"为什么没有？这是一个问题。该钱较小，直径2.7—3.2厘米，可能是一种装饰品，但又缺乏穿系部位。所以此物何用，还是一个问题。

此外，所谓"芡子"，体型较大，是一种容器，应该是一种室内贮藏工具，相当于囤子、围子。

（四）两种文化的碰撞

严格地讲，农业民族使用陶器，渔猎民族不用陶器，而流行桦皮器。由于陶器易坏，他们没有、也不可能发明陶器，所以不能说二者是两个发展阶段。但是二者是两种经济类型的产物。

在我国东北地区，绝大部分地域是以农业经济维生的，有发达的制陶手工业，生活比较稳定。在东北北部，由于水域广泛、森林密布，那里更适合渔猎经济的存在和发展。桦皮器皿就是他们的文化产物，对陶器则生疏得多。这是应该明确的。

两者是否没有关系呢？也不然，在农业民族与渔猎民族交叉或接近的地区，两者是互有影响的。首先，渔猎民族也使用一些陶器，这在近代民族学资料中有证明。农业民族也效仿桦皮器皿制作陶器。例如吉林大安县汉书文化中，有一种筒形器，像桦皮桶似的，可见两者的互相影响关系。[1]

黑龙江肇源白金宝出土一种陶缸，素面，土褐色，泥质，形如桦皮桶，上有仿缝合针孔，高 11 厘米，厚 0.5 厘米。

白金宝遗址还出土一件小口鼓腹缸，也是泥质，印有压纹，仿针缝之，说明受桦皮文化影响。

美国宾夕法尼亚州北部也出土过类似陶器。

上述事实说明，游猎民族和农业民族的交往是很频繁的，在生活器皿上也互为影响，或者借用陶器，或者从桦皮工艺中展示陶器文化的影响。

我们从人工取火方面，也能看出上述民族文化的交往。

东北民族都使用火镰，最早以石击法取火，但都用桦纤维引火，这一点极为重要。这是取火的资料。关于这一点，过去是有争论的，主要是有人在机床上试验取火，他取不出火来，于是写文章否定"摩擦取火"的存在。这遭到很

---

[1] 吉林大学历史系考古专业等：《大安汉书遗址发掘的主要收获》，《东北考古与历史》第 1 辑，文物出版社 1982 年版。

多人的反对。其实摩擦取火是普遍存在的，他为什么取不出火来呢？原来钻木取火分两个步骤：一是摩擦生火，二是必须引燃。试验者是把火取出来了，因火苗极小，不容易为肉眼所识，所以认为没取出火来，至于引燃就更忽视不问了。因而没取出火，而且写了不受欢迎的文章。事实上，任何取火方法都有一个引火步骤，如火镰用艾绒，火柴用硫黄，打火机用汽油，没有一个例外。而引火的材料都是易燃的，如艾绒、棉条、芭蕉根。

鄂伦春族原来把两个石轮悬于树上，各有绳索之，先贮不少劲，最后放开，两轮摩擦生火，以桦皮引燃。据文献记载，桦皮也作蜡烛。《玉篇》："桦，胡化切，木皮可以为烛。"在古诗中也有歌颂桦树皮的佳句。白居易《长庆集》卷一九："宿雨沙堤润，秋风桦烛香。"苏轼《分类东坡轼诗》卷二十三："小院檀槽闹，空庭桦烛烟。"认为桦皮油性大，易燃，可做成桦皮卷，内置蜡，这更容易燃烧。

桦皮易燃是肯定的，用途也较多，但是在桦皮上长的一种菌类——"包尝库特"却十分坚硬，而且外硬内空，里边耐燃。鄂伦春族利用上述特点，往往从树上取一件桦树包，再削一根带尖的木棍，将带尖一端插入桦皮包子，变成贮火工具。

使用时，从桦皮包子一端用火点燃，这样内燃，有微烟，可燃一天之久。猎人出猎时，可带上桦皮包子，把木柄插在腰带上，可带到几十里、几百里之外。使用时，把桦皮包子敲开，把内燃的火苗吹燃、引大，就变成熊熊烈火了。

卅三、角杯考

从历史根源上说，中国也使用过角杯，但是自从青铜文化兴起以后，角杯就从主流社会生活中消失了。但是，到了唐朝时期又突然出现一种角杯类酒器，令人深思不已。笔者是在一位唐代金银器收藏家手中看见一件联珠纹羚羊角银杯，爱不释手，并想到了角杯的来龙去脉。

唐代是一个盛行饮酒的时代，当时不仅留下许多瓷器类酒器，还出现大量金银酒器，包括煮酒类、贮酒类、饮酒类和罚酒类等四大类酒器。联珠纹羚羊角银杯仅是唐代饮酒器中的一种。

联珠纹羚羊角银杯高 19 厘米，座高 7.4 厘米，口径 10 厘米。该器是一件立式酒杯，口呈椭圆形，一侧高，一侧低，口下有一对羚羊头，两耳为饰。两羚羊头间有一圈联珠纹环袋，其上有 11 枚鎏金圆珠。在口沿低边下方有一个突出的羚羊头，其眉、眼皆鎏金，两角后附于杯壁上。在羊角上各有 11 枚鎏金圆珠，在羚羊颈下又有一圈联珠纹飘带，也由 11 枚鎏金圆珠组成。以上三组鎏金联珠装饰，构成了上述角杯。角杯下有一座，其中分两部分，上为扁鼓形，下为俯鼓座，这种座的形制在唐代佛像中十分流行。整个角杯以米字纹为底，上有不少葡萄缠枝纹。

羚羊角银杯并不是一件孤证，还有若干同类器物。

例一：1970 年陕西西安何家村窖藏发掘时，出土一件玛瑙兽首杯，长 15.5

厘米，高 6.5 厘米。上口为椭圆形，下为兽首，其首有二羚羊角，当作杯柄，下口有金，可以盖住鎏口。

例二：在陕西三原李寿墓石棺上，有一位侍女，左手提壶，右手持角杯。该酒杯虽然不及何家村出土角杯精美，但更有原始性。

例三：内蒙古李家营子出土一件银角杯，可能是粟特人的酒器。

例四：西安市文物管理委员会收藏一件玉铊，尾上雕一位胡人，盘腿坐于地毡上，左手撑地，右手举杯饮酒。

33-1 联珠纹羚羊角银杯

例五：在一位唐代金银器收藏家手里，还看见一件粟特人饮酒银盘。该盘银制，直径 19.6 厘米，高 1.2 厘米，呈八角形，每个角上有一朵花，金器为米字底，盘中有一位半身粟特人，披发，长须，左手持一角杯，作饮酒状。其中的人物和八朵花皆为鎏锡之作。

例六：陕西西安南郊唐墓出土一件唐三彩象牙首杯，象鼻子上卷成为把手。其实这类仿制角杯的唐三彩角杯很多，如陕西博物馆收藏的三彩龙首杯、河南郑州后庄王唐墓出土的三彩孔雀杯、洛阳苗湾出土的唐三彩龙杯、河北沧县前营村唐墓出土的三彩龙首杯、甘肃宁县唐墓出土的三彩鸭形杯等。

在世界其他国家也有不少角杯，例如土库曼斯坦旧尼萨古城出土一批象牙"来通"，上雕神话人物，下为妇女头、怪马等，这是一种象牙角杯；6—8 世纪片治肯特遗址的壁画中也有羚羊角杯形象；美国克利夫兰艺术博物馆收藏一件银"来通"，下部兽首为瞪羚，器身中部有狮子、犀牛、羚羊等动物在一树下。

从上述分析看出，在中亚及中国都有角杯，质地不一，但年代在唐代。

如果仔细划分，角形杯是可划分类型的，基本有两种形式：

一种为平式角杯。该角杯基本保留了羊角的形制，是没有底座的，一般由手持之，不用时以绳拴系，可挂在一定的地方。如马王堆的木犀牛角杯、粟特人饮酒的角杯、何家村出土的玛瑙兽首杯、李寿墓的角杯、片治肯特壁画上的羚羊角杯等。应该说此类酒杯保留了较多的原始形式，更适合游牧民族使用。

另一种为立式角杯。该角杯包括两部分：上部为角杯，呈立状；下为座，或者由角杯底部雕成，或者在角杯下安一座，使角杯可以稳定置于地上或桌上。如联珠纹羚羊角杯、克利夫兰艺术博物馆的银制"来通"、西安南郊出土的唐三彩象牙首杯等均是。

从两种类型的形制比较分析，两者的共同点是都是角形杯，但有一定差别。前者基本保留了畜角形状，或者有一定变异，但基本平放，不能立置，常系绳索提拿，适合游居生活使用。后者除保留角杯形态外，下部都有一座，或雕或装，使角杯能立起来，平稳置于一定的地方，这一点适合稳定的定居生活，可能更适合农耕定居生活的需要。很明显，后者较前者进步。

酒器是在一定历史条件下出现的。在远古的时代并没有酒，也没有酒器。人类发明酒以后，最初的酒是一种发酵食品，酒和糟是混在一起的，吃法也跟吃稀饭一样，酒和糟一块儿吃，当时没有专门的酒器，只要用碗、杯、钵就可以吃。这就是最初形态的酒，中国新石器时代早、中期大体如此。

随着人类酿酒技术的进步，饮酒水平的提高，大约从新石器时代中期开始，就已经掌握了把酒与糟分离开来的技术，从而制作了专门的酒。《诗经·小雅·伐木》："酾酒有薁。"《毛诗》："以筐曰酾。"即以竹筐把酒与糟过滤一下，糟留于竹筐内，酒滴于筐下。过去安阳出土一件青铜尊，内有一小竹篓，应该是当时滤酒的设备。春秋战国时期，以茅草过滤酒，后来又用丝织品滤酒。上述制酒工艺的变化，改变了酒、糟混杂的状态，出现了没有糟的液体，这才是真正意义上的酒。

正如前面所说，最早的酒与糟是混合的，依然用食器——碗、钵食用，还不用专门的饮酒器皿。酒是液体的，它对容器要求必有一定容量，不讲究宽窄、肥瘦，只要便于饮用即可。在这种情况下，除了依然可以沿用碗、钵之外，还出现了专门的饮酒器皿，其中角形器、竹筒也被派上用场。畜角类酒器是由有机质组成的，难以保存下来，但陶制的陶角号却有所发现，如陕西华县井家堡仰韶文化遗址、山东莒县大米村大汶口文化遗址都出土过陶角号，这是召集民众的号角。《北史·獠传》："獠王各有鼓角一双，使其子弟自吹击之……用竹为簧，群聚鼓之，以为音节。"既然当时已经能够仿制牛角和羊角制作号角，自然能以牛羊角为酒器。

1983年笔者走访苗寨，主人就以牛角为酒器向我们敬酒，号称"敬牛角酒"，容量很大，角杯上还有一条绳带。

龙山文化虽然没有发现牛角杯，但已经有成套的酒器，有陶盉、陶碗、陶杯等饮酒器。

良渚文化和石家河文化的酒器也不少，有平底杯、圈足杯、高圈足杯、高柄杯、曲腹杯、觯形杯等。

商周时期饮酒器还有陶质的，也有青铜类饮酒器，有觚、觯、杯等。此外还有一种兕觥，就是仿牛角杯来的。山西石楼桃花寺村就出土过一件青铜觥，已经可以平放，有盖和底。当时的甲骨文中已有角字，说明牛角还是一种酒器，但容量较大，是一般民众用的饮酒器。《礼记·礼器》："卑者举角"，贵者用爵；"有以小为贵者，宗庙之祭，贵者献以爵"。郑注："凡觞，一升曰爵……四升曰角。"说明爵仅能容纳角量的四分之一。爵是一种小巧、精制的饮酒器，故贵人用之，能够敬神。秦汉到南北朝时期，饮酒器多用漆色、耳杯，以漆器为主，也有陶和铜器制作的，现实生活中已经不大用角杯，但图像上还有木犀角杯。

隋唐时期出现了大量瓷器，有高足杯、圈足杯、带柄杯、曲柄杯，还出现了金银制作的碗、耳杯等。

从上述资料看出，我们虽然也有过以畜角为酒器的历史，但自商周青铜文化崛起以后，角杯就退出主流社会了，到了唐代已经过去了近2000年，唐代金银类酒器基本是长杯，多曲形、船形。这些酒器距角杯相差十万八千里，但就在此时，出现了一些角形杯，这是为什么呢？

有一种说法认为，"这种角形制特殊，在我国传统器物中未见有此类型者，从而应从西方来寻找其渊源"。这种说法是欠全面的，可以说是对了一半。也就是说，我们也有过以角杯为饮酒器的历史，但是进入文明时代以后，它就退出主流社会了，只能在民间还保留以畜角饮酒的习惯，像苗族的牛角酒就是例证，因此说角杯未见于中国历史是站不住脚的。但是关于羚羊角杯的历史，应该"以西方来寻找其渊源"还是对的。

远在史前时代，人类就以动物角为饮器。但是进入文明时代以后，各地的人们对角器就发生了认识上的分歧：像商周以后的社会，礼制森严，在这种思想支配下，有一套符合礼仪要求的饮酒器皿和制度，其中的爵是高贵的，由贵人使用，而"卑者举角"，从而使角杯失去了应有的社会地位；但是中亚民族多从事游牧，对角、角杯有深厚的感情，并把它发展为品位较高的酒器，以玛瑙、金银制作，使角杯成为他们的主要饮酒器皿。

唐代中国是一个开放的国家，文化自信心很强，当时从周边国家引进许多先进文化，如从中亚吸收了许多胡人、粟特人，他们不仅经商，还进行文艺表演，从事手工业，有的还充任武官。其中有些酒器就是从中亚带来的，如玛瑙兽形角杯、粟特人饮酒盘就是他们从异域带来的。他们也根据中土的社会需要加工一些金银酒器，其中就包括羚羊角银杯。

总之，羚羊角银杯有两大特点：首先，它多有外来文化因素，主要指角形杯、联珠纹、葡萄纹、羚羊首等，由此看出，它是外来因素占主要成分的酒器；其次，它已不是简单的粟特人角杯特点，主要是有了一个稳定的座，使酒杯由平式变为立式,从这一点上说,它应该是中土化的产物,与农业定居生活有关。该器物的制作,可能出自粟特匠人之手。

　　这些文化特点说明,羚羊角银杯具有中西文化合璧的特点,是唐朝文明与西域文明交流的产物。

卅四、筷子

筷子本来是拨饭、夹菜的食具，其物甚小，不足挂齿，但是它却是古代文物中一件有意义的事物，在笔者的记忆中留下不少故事。

按理说，人呱呱落地就要吃食物，与筷子发生了关系，直至死亡。但是母乳喂养时期或食物喂养时期，起初并不用筷子，也用不了筷子。刚刚会吃饭时，也是妈妈用筷子喂食，自己是不伸手的。三四岁时才自己使用筷子，这个技术是母亲教的。

通常的握筷方法，是使用右手，拇指与食指、中指对握，并利用上述三个指头的不同动作，变化筷子的形式和作用，其他二指是闲着不用的。

在使用筷子过程中，有不少讲究。

首先要进行选择。一个家庭可能有许多筷子，但在待客时，必须进行一定选择：其一是大小、长短一样，不能长短不一，否则是诅骂客人；其二是两只筷子颜色一样，不能杂色，否则象征主客意味不合，等于下驱客令；其三是一双筷子要放整齐，即粗头在上，细头在下，千万不能颠倒乾坤，贬低宾客。

其次是有一定摆放方法。不使用筷子时，基本都插在筷篓或筷筒中，也是上小下大，不能玷污了筷子尖部。使用时则取出筷子，放在主客人桌上，往往是饭碗的右侧。如在敦煌唐代宴饮壁画上，明代《骄红记》、《红拂记》，清代《红楼梦》，日本《清俗纪闻》等书的宴饮图上，均把筷子放在饭碗右侧，说明这是一个通例，但是必须并列，不能参差不齐。民间最忌一双筷子"三长两短"或交叉成十字状。

再次是使用中有一定禁忌。使用筷子方法很多，因人而异。但是禁忌是一样的，握筷子必须牢固，不能把筷子掉在地上，因为地下为诸神所居，不能"落地惊神"。夹食物也要牢固，不能掉在桌子上，这不仅造成浪费，也表现出持筷者欠稳重。此外还有，右手食指不能抬起，筷子不能乱翻或扒菜，也不能用筷子敲饭碗。最忌的是不能把筷子直插或斜插在饭碗中，因为这是给亡灵上供的做法。

最后，现在人吃完饭后，往往把筷子平放在饭碗上，这也是要不得的。这种做法叫"碗口筷"，即把筷子放在碗口上。一般人对此并不介意，但在沿海和岛屿地区就不同了，渔民和船民认为"碗口筷"是搁浅、倒桅杆、翻船的象征，这是万万不可使用的方法。事实上，吃罢饭，还是把筷子放在原处，即饭碗右侧的桌子上。

通过以上分析看出，使用筷子并不是一件简单的事，其中也有不少文化内涵。这是少年步入社会最早接受的教育之一，是家教的一部分，学校是不管的。对于这种传统文化，城里人是不注意的。有一次笔者在北京举办一次家宴，但是在饭店。除家人外，还有一位从东北来的姑姑，小女可能去斟酒，把筷子插在饭碗上，笔者看着别扭，也没说话，姑姑却不客气地说："这样插筷子的办法可不好，是给死人上供才有的，平常不能这样。"这么一说，小女脸通红，笔者也自愧缺失，把几十年前的家教淡忘了。

不过，真正去探索筷子的历史还是到中国历史博物馆之后。1961年笔者调到博物馆工作，分配在陈列部，从事研究和展览设计，但是也有一定讲解任务，主要是接待外宾。他们经常提出一些具体问题，让我们回答，其中就有"中国人为什么喜欢用筷子，而不用刀叉"，这是笔者经常要回答的问题。

筷子是后起的名字，原称箸。《韩非子·说林上》："纣为象箸，而箕子怖。"《礼记·曲礼上》："饭黍毋以箸。"说明筷子原称箸，又称筯，取助人进食之意。

34-1 用筷子（画像石）

后来游人、船夫认为不妥，而改为箸的反意"快"字，于是箸变成筷子。明代《推篷寤语》："有讳恶字而呼为美字者……立箸讳滞，呼为快子……今因流传之久，至有世大夫间亦呼箸为快子者，忘其始也。"由此看出，应该明确由箸转变为筷子的历史过程。

筷子的用途是很多的，主要是用餐时使用，可以拨饭，可以夹菜，也可以叉肉等。此外加工蔬菜时也可利用筷子，在宋代厨娘画像砖上，就有一位厨娘用筷子加工食物的形象。银质筷子则可检验有毒与否，在古代小说中常有类似记载。《狄仁杰前传》中有一个叫色子的人，就藏有一双银筷子，饮酒时必先测验一下，防止误饮毒酒，而此法是他从江湖哥们儿处学来的。民间有一种扶乩迷信，就是利用筷子在米或灰上写字以求吉凶，说明筷子在民间信仰中也占有重要地位。

至于说到东方不用刀叉而用筷子的习俗，则有一定的历史背景。

东西方文化，最初都是攫取经济，主要是依靠采集和渔猎为生，所用饮食用具也差不多，这在石器时代文化中可以找到共性。但是进入文明时代和金属时代以后，东西方文化就发生了重要分歧：西方文化在发明农业之时，也重视畜牧业，粮食和肉食都是主食，地中海居民食肉比例甚大。为了加工肉食，他们必然重视刀、叉，后来又在刀、叉基础上，发明了以刀、叉为主的金属食具，这就是著名的西餐食具。东方文化则突出农业生产，畜牧仅仅是一种家庭副业，粮食、蔬菜成为主食，尽管在食物加工上也利用刀、叉、勺，但是它们在厨房内就止步了，东方人又发明了适合农耕文化生活的筷子，它在餐桌上与西餐的刀、叉一样，也可胜任一切，这是东方餐饮文化的特点之一。当然，东方也有游牧经济，肉乳也是他们的主食，古往今来无不如此。他们的食具同样需要刀、叉，在甘肃嘉峪关魏晋画像砖上，有一幅烤肉串形象，就是利用铁叉烤肉。在从事游牧的藏族、蒙古族和哈萨克族生活中，也重视利用匕首、猎刀食肉，而不用筷子，说明不同的经济类型和不同的饮食习惯对食具要求是不一样的。

卅五、胡床与胡掰

在北京市讨论非物质文化名录时，有一项"胡掰制作工艺"，已经上了北京市非物质文化名录，是由延庆县申报的。笔者认为该项用具使用便捷，制作技术复杂，应该加以保护。但是它是哪来的，与胡床是什么关系，却不为讨论者所知道。其实它只是胡床的一个类型，或者是胡床汉化后的一种产物。

（一）胡床名称、用法

胡床是最早的名称，后来又有交床、绳床之称。宋人程大昌《演繁露》卷一四《交床》："今之交床，制本自虏来，始名胡床……隋以谶有胡，改名交床。……又名绳床。"

南朝诗人庾肩吾有《赋得咏胡床诗》：

传名乃外域，入用信中京。
足敧形已正，文斜体自平。
临堂对远客，命旅誓初征。
何如淄馆下，淹留奉盛明。

关于胡床的具体形制，古人已有说明，其中以胡三省说得最详，他在《资治通鉴》卷二四二注中说："交床以木交午为足，足前后皆施横木，平其底，使错之地而安。足之上端，其前后亦施横木而平其上，横木列窍以穿绳绦，使之可坐。足交午处复为圆穿，贯之以铁。敛之可挟，放之可坐，以其足交，故曰'交床'。"

胡床的使用方法，是人以臀部坐于胡床之上，而两足垂于地上，这种坐式称踞坐，是对汉族传统坐式的挑战。

汉族原来有三种坐式：跪坐、箕坐和踞坐，由于后两种坐式不符合礼法，皆被排斥、压抑，未得到流行。而跪坐极为流行。

跪坐又称席地而坐，它是人在席或床上，先跪下，脚掌朝上，臀部坐于脚掌之上，即以膝着席，以臀着蹠，直腰立体，纹丝不动。按照上述方式坐久了，

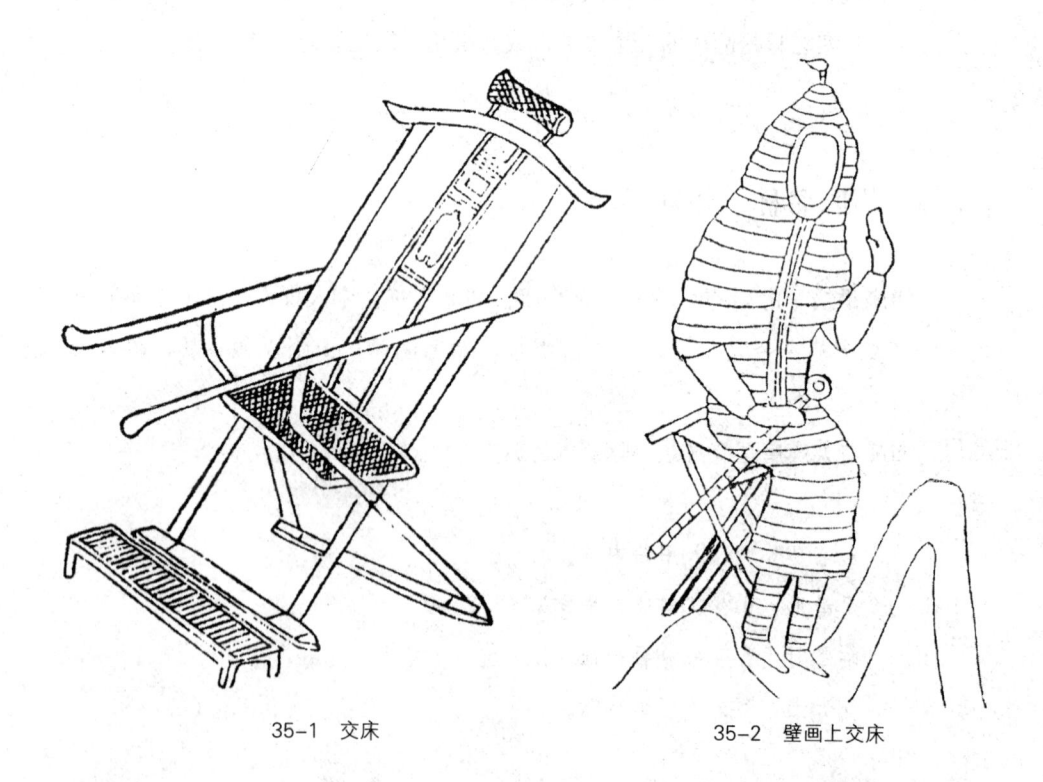

35-1 交床　　　　　　　　　35-2 壁画上交床

会很累。《韩非子·外储说左上》："腓痛、足痹、转筋。"如此坐式，偶尔待客尚可，坐久了极为劳累。所以有地位的人，跪坐必依靠几，即凭几而坐。几是一种长形木架，不高，放在席或床上。跪者可将膝纳于几下，肘部附于几上。这叫隐几而坐，又称几坐。尽管有地位者均实行凭几而坐，但各级并不一样。《西京杂记》卷十："汉制，天子玉几，冬则加绨锦其上，谓之绨几。……公侯皆以竹木为几，冬则以细罽为橐以凭之，不得加绨锦。"

随着胡床的流行，踞坐也流行起来，从而与跪坐一争高下，即很多人使用胡床，实行踞坐，这样就冲击了过去以跪坐为主流的坐式。

胡床是外来的。所谓胡床，就是指胡人或境外少数民族，很可能是中亚传入的游牧民族的坐具。《后汉书·五行志》："灵帝好胡服、胡帐、胡床、胡坐、胡饭、胡空侯、胡笛、胡舞，京都贵戚皆竞为之。"灵帝为东汉末年皇帝，这说明胡床是从上层贵族开始使用的，后来才传入民间。

（二）胡床的优点

胡床传到中国后，传播极快，这与胡床有若干优越性有关。

1. 结构简便，可折叠。

农业民族的家具，一般是固定的，体型较大，胡床则不然，它小巧，能够折叠，使用极为方便，这一点在考古中有不少佐证。

1973 年陕西三原李寿墓石棺上发现有不少图案，有歌舞、侍从，其中有两个侍从就捧一个胡床，呈交叉状，即是打开后可供坐着的胡床，说明它极为小巧、便捷。

1974 年河北磁县东陈村发掘的东魏赵胡仁墓，出土不少仕女俑，其中就有一个仕女挟着一个胡床，呈折叠状，更突显了胡床的小巧、轻便等优点。

2. 出行可以携带、使用。

一般家具都是在家庭生活中使用，不便外出携带，但胡床却可在各种外出活动中，如出门、狩猎、征战时携带。

出行

《南齐书·刘瓛传》："瓛姿状纤小，儒学冠于当时……游诣故人，唯一门生持胡床随后，主人未通，便坐问答。"

《南齐书·荀伯玉传》："（张）景真白服乘画舴艋，坐胡床。观者咸疑是太子。"

狩猎

《三国志·魏书·苏则传》：魏文帝出猎，"槎桎拔，失鹿，帝大怒，踞胡床拔刀，悉收督吏，将斩之"。

竞技

《世说新语·汰侈》："武子一起便破的，却据胡床，叱左右速探牛心来。"

盗劫

《世说新语·自新》：戴渊使少年掠劫，"渊在岸，据胡床麾挥"。

征战

《三国志·魏书·武帝纪》引《曹瞒传》："公将过河，前队适渡，超等奄至，公犹坐胡床不起。张郃等见事急，共引公入船。"

《晋书·苏峻传》：苏峻败北，"（张）健复与马雄、韩晃等轻军俱走，（李）闳率锐兵追之，及于岩山，攻之甚急。健等不敢下山，惟晃独出，带两步靫箭，却据胡床，弯弓射之，杀伤甚众"。

《北齐书·神武纪下》："帝（魏孝武元修）据胡床，拔剑作色。"

《南齐书·柳世隆传》：沈攸之叛齐，"攸之乘轻舸从数百人，先大军下住白螺洲，坐胡床以望其军，有自骄色"。

在敦煌莫高窟第420窟隋代商人遇盗故事的壁画中，有一处丛林，其中一武士正坐在胡床上。

3. 不用胡床时可以挂起床，防潮防坏，这也是其他家具难以办到的。

《三国志·魏书·裴潜传》引《魏略》："潜为兖州时，尝作一胡床，及其去也,留以挂柱。"

《晋书·佛图澄传》:天竺僧佛图澄在后赵都城襄国(河北漳县)祭龙求雨,即"坐绳床烧安息香"。

《北史·后妃传》:北齐武成后胡氏"自武成崩后,数出诣佛寺,又与沙门昙献通。布金钱于献席下,又挂宝装胡床于献屋壁,武成平生之所御也"。

(三) 胡床的流行

由于有上述优点,胡床很快在中国传播开来,上自朝廷,下至民间,到处都使用胡床。从东汉传入,到魏晋已广为流行。《搜神记》卷七:"胡床、貊盘,翟之器也。羌煮、貊炙,翟之食也。自太始(晋武帝)以来,中国尚之,贵人富室,必畜其器,吉享嘉宾,皆以为先。"

宫廷上层社会首先用胡床。北方东魏孝静帝令舍人温子昇草敕致高欢,"子昇逡巡未敢作。帝据胡床,拔剑作色。子昇乃为敕曰……"

南方侯景篡梁后,在宫中"床上常设胡床及筌蹄,著靴垂脚坐"。床上可置胡床,说明后者较小。

民间使用胡床更多。《北堂书钞》引《郭子》:"谢万尝诣王恬,既至,坐少时……乃踞坐于胡床,在于中庭晒头,神色傲上,了无惭怍相对,于是而还。"

《晋书·庾亮传》:"亮在武昌,诸佐吏殷浩之徒,乘秋夜往共登南楼,俄而不觉亮至,诸人将起避之。亮徐曰:'诸君少住,老子于此处兴复不浅。'便据胡床,与浩等谈咏竟坐。"

《南齐书·张岱传》:岱兄铄曾与颜延之为邻,"(延之)于篱边闻其与客语,取胡床坐听,辞义清玄,延之心服,谓宾客曰:'彼有人焉。'"

《语林》:"谢镇西着紫罗襦,据胡床,在大市佛图门楼上,弹琵琶作大道曲。"

男人用胡床,居家妇女也用胡床,这类例子也不少。《隋书·尔朱敞传》:

"遂入一村，见长孙氏媪踞胡床而坐，敞再拜求哀，长孙氏愍之，藏于复壁。"《隋书·郑善果母传》："母性贤明，有节操，博涉书史，通晓治方。每善果出听事，母恒坐胡床，于鄣后察之。"

通过以上分析看出，自魏晋以降，历史文献中经常有胡床记载，这是当时社会生活中普遍使用胡床的反映。这种家具的使用，首先是从上层贵族开始的，在宫廷中广为使用，后来又流行于移动性活动中，如出征、狩猎、出行等场合，最后为民间广泛使用。它的使用和推广，对中国家具史的演变有重要影响。

（四）胡掰解

在北京讨论胡掰制作工艺为市级名录时，有人认为胡掰是北京地方发明的，又是地方性家具之一，对此笔者不敢苟同。

首先，怎么看待北京的胡掰呢？胡掰是一种北方方言的称谓，是一种用一块厚木板雕制的马扎。它具有胡床的基本特征，如胡掰比较小巧；打开呈交叉状，与胡床无异，其上可坐；合起来是二板合一，为折叠状；居家可用，出行可携带；等等。这些特征都是胡床所特有的，所以胡掰具有胡床的基本特征，是胡床的一种。

其次，胡掰来自胡床，又高于胡床。主要有三点：第一，更为小巧，呈长方形，把胡床发展到了极致；第二，胡掰由独木雕制，合为一块厚板，打开为交叉的马扎或胡床；第三，两板之间无铁轴，床面也无孔，不穿绳，但可坐人。这些都是胡掰比胡床进步之处。由此看出，胡掰来自胡床，又有一定发展，就形状而言，基本保留了胡床的特点，但在雕刻技术上看，又较胡床大大进步。

至于说胡掰为北京地方发明，又是当地地方性家具，就不够科学了。首先，胡床是其他国家的发明，人家是源头，我们是流，不能本末倒置；其次，不要说胡床中国到处都有，就是胡跰之类的木雕胡床，也不独北京才有，在全国各地、各民族中都有。1962 年中国历史博物馆在西双版纳傣族地区搜集民族文物时，就找到一件木雕胡床。1994 年中央工艺美术学院的胡增庆教授曾到中国历史博物馆询问有关资料，后来得到俞伟超馆长支持，让他看了原件，他还写了有关文章，此事也说明胡跰在全国广为流行。

卅六、腰舟和皮船

一提到水上交通工具，马上会想到筏子、独木舟和各种木板船，其实还有不少其他水上交通工具：一种是以葫芦为漂浮工具，古代称腰舟；一种是游牧民族的皮筏和皮船，这也是应该介绍的。

（一）腰舟

葫芦是自然界最古老的物种之一，由于它具有得天独厚的性质和功能，在人类发展史上曾有过辉煌的一页。

1. 文献中的腰舟

洪水传说是世界性的神话题材，不管其母题如何划分，有一点是共同的，即在洪水中求生的人们，总是借助于某种漂浮工具而达到生存的彼岸。在诸多救生工具中，又以葫芦为大宗。

闻一多先生对49个洪水故事进行了分析，认为当时的救生工具有葫芦、瓜、臼、木桶、床、鼓、舟等，其中自然物最多，占57.2%。在总数为35件的7种工具中，葫芦占17件，居救生工具之首。其实，还有两种因素应该考虑进去：一、瓜在东南亚地区与葫芦同义，因此葫芦在救生工具中的比例还要大得多；二、在上述救生工具中的臼、木桶、床、舟，都是晚起的工具，洪水传说时代尚不存在，这是应该排除在外的。由此可知，洪水传说时代的救生工具，主要是葫芦、瓜。

为了探索葫芦在洪水时代所起的作用，有必要在文献中找到支持。在浩如烟海的古籍中，有不少关于葫芦的记录。葫芦古称匏、瓠、壶，后来又称壶卢、藤姑、浦卢、偏浦等。葫芦不仅是食物，成熟后还可制作容器，由于它体积大、重量轻、防湿性强、浮力大，因此从远古的时候起就作为人类漂洋过海的水上交通工具——浮具。《物原》："燧人以匏济水。"燧人是发明人工取火的英雄，按历史发展脉络推断，他生存于渔猎时代，农耕尚未发明，当时燧人采集野生葫芦为济水工具，是完全合乎逻辑的。

从文献上看，葫芦在先秦时期首先是重要的水上工具：

《诗·匏有苦叶》："匏有苦叶，济有深涉。"

《国语·晋语》："夫苦匏不材于人，共济而已。"

《庄子·逍遥游》："今子有五石之瓠，何不虑以为大樽，而浮于江湖？"

《释文》引司马："樽如酒器，缚之于身，浮于江湖，可以自渡。"

《鹖冠子·学问篇》：鹖冠子曰："中河失船，一壶千金，贵贱无常，时使物然。"陆佃注曰："壶，瓠也，佩之可济涉，南人谓之腰舟。"

《通雅·杂用》："若今所谓腰舟。"

陈世俊《番俗图》有一幅渡溪图场面，有人拉着牛尾巴过河，有人挟着一个大葫芦过河，配以注文："腰掖葫芦浮水，挽竹筏冲流竞渡如驰。"这是台湾少数民族以葫芦为舟的情形。

在《琼州海黎图》上也有一个以葫芦为舟过河的场面，说明海南省黎族也使用腰舟。

从上述事实看出，在我国辽阔的地区曾流行一种轻巧的葫芦船，又称腰舟。可见葫芦是古代较流行的交通工具，洪水传说中以葫芦为救生工具是可信的，有大量的文献、图像为证。

有一种说法，认为葫芦船是由葫芦生人信仰衍生出来的，葫芦并不能载人。其实不然，正如文献所述，葫芦虽然不如船大，里边不能坐人，但是如果人能抱一个大葫芦，或者腰部拴一串小葫芦，同样能增加人的浮力，帮助人战胜江河险阻。葫芦的这种实用性，是最早被人类发现的，以其为食物，以其为用具，以其为浮具。在长期应用的过程中，才发现葫芦多子，寓意生殖，于是产生葫芦生人信仰，这种信仰应该是晚起的，对葫芦的实用早于葫芦的信仰。

2. 腰舟的"活化石"

葫芦船是什么样的，又是怎么制作和驾驶的，文献并没有具体说明。礼失求诸野。那么，民间是否还使用葫芦船呢？这是笔者一直关注的问题。

1992年至1995年间，笔者在海南省五指山从事一个热带雨林与黎族文化的课题，顺便对黎族以葫芦为浮具作了详细调查。

黎族是一个海岛民族，尽管其主体来自大陆的越人，但也从周围迁来其他岛屿的居民，久而久之融合在黎族之中了。所以黎族同海洋打交道较多，同时，海南岛内江河纵横，黎族在捕捞、狩猎、农耕等生产活动中，也常常遇到江河的阻隔。因此，该族从古代起就利用各种水上交通工具，战胜江河，谋求生存。他们所用的水上交通工具起初就是葫芦，后来才有独木舟、竹筏和木板船。

海南岛地处热带、亚热带，加之黎族善于种植葫芦，每家都有一个葫芦架，其上吊着大大小小的葫芦。有一次笔者看见房东正从一个青嫩的大葫芦上切下一块葫芦做菜吃，而缺损的葫芦照长不误，主人还可从上取食。据房东说，这是吃鲜、保鲜的好办法。当地产的葫芦，品种多，体积大，如长形葫芦达1米许，圆形葫芦高70多厘米，直径60多厘米，前者多用于背水，后者则制作葫芦船。

黎族通常选择较大的圆形葫芦，外边编以竹篾或藤网罩，上有提梁，下有圈足，平时可以储藏谷物，放在地上有圈足支撑，比较平稳。不用时则挂起来，因为当地鼠患严重，放在地上不行，房梁、房椽上多有挂钩，所有食物容器都挂起来。出行则携带葫芦舟，作为水上交通工具。游渡时，有两种操作方法：

一种是用一只臂挟住葫芦，另一只手和双脚划水，类似侧泳姿态；另一种是把葫芦置于头前，双手抓住葫芦上的竹篾或藤网罩，双腿上下交替击水，如狗刨式游动。由此看出葫芦船上的竹、藤网罩，不仅是起保护作用，利于放置，还便于操作时掌握。

值得注意的是，黎族的葫芦舟不单是过河的浮具，也是一种简单的运载工具，因为黎族的葫芦舟上部皆开口，口径10—13厘米，外套以皮盖。皮盖制作很特殊，即在葫芦船做好以后，取一块泡软的水牛皮，将葫芦船口包紧，用绳扎住。待水牛皮干固后取下，割掉毛边，剩下的就是一个倒扣的皮盖了。过江时，游者把怕湿的衣服、干粮等物装在葫芦内，然后加盖，即使遇到风吹浪打，葫芦内的衣物也不会受潮。抵达彼岸后，再从葫芦里取出衣物穿上，又背着葫芦赶路了。

笔者在海南曾沿昌化江及其支流走访了二十多个村寨，凡是依江河而居的黎族，每户都收藏三四个葫芦船。挂在房檐下，有些已使用两三代人，油光可鉴。笔者曾探问道："可以卖给我们一件吗？带回北京展览。"主人说："这是不能卖的，我们过江少不了它。"这句话表明，主人对葫芦船爱惜备至，因为葫芦船是他们同大自然作斗争的武器。

黎族的葫芦船并不是孤证，还有很多有关资料。

台湾少数民族也使用葫芦船，从《番俗图》上看，是挟在腋下过海的，与黎族头一种使用方法不谋而合。

云南西双版纳傣族除使用圆形葫芦过江外，还把若干细腰葫芦串拴起来，扎在腰部，也能帮助人顺利过江；哀牢山下礼杜江地区的彝族过江或捕鱼时，要在腰部拴一个或几个葫芦，前者较大，以网套罩之，后者较小，用绳串起来，可以增加浮力。

广东沿海客家人在下海捕鱼时，往往会把葫芦系在小孩背上，一旦小孩落水，葫芦会把小孩漂起来，为大人前往抢救提供方便。

湖北清江流域的土家族，在雨季也常常以圆形葫芦为浮具，外面包以竹篾，

36-1 葫芦船

下有圈足，形状与黎族的葫芦船相同。

山东长岛地区捞海参时，通常把四个大葫芦拴在一起，扎成方形葫芦船，下垂一绳，拴在捞参者的腰上。捞参者一会儿沉入海底取参，一会儿又借助葫芦的浮力露出海面换气。

河南民间也用葫芦船。住在黄河南岸的农民，有些要到北岸种地，这些农民就是抱着葫芦过黄河的。山西黄河北岸的农民也利用葫芦为浮具。当地的旅馆多以葫芦为幌子，认为葫芦是救生的象征。

上述事实说明，以葫芦为游渡工具并不是神话，而是客观存在的事实，并且一直在民间使用着。葫芦是水上交通工具，可以渡江过河，也可以帮助人过海。笔者在山东长岛调查时，当地渔民告诉笔者，过去青年到其他小岛上串门，往往抱着葫芦游水，从一个岛到另一个岛，最后可游到辽东半岛。过去朝鲜称船公为瓠公，因为起初人们也腰拴葫芦过海，改用船只后，船公依然携带葫芦作为救生工具，故称为瓠公。

现在我们回过头来看看腰舟在洪水传说时代的重要地位。

人类发展史上是否有过洪水时代？当然有过，而且不止一次。据地质学家和地球物理学家研究，在距今1万多年前，我国尚处于大理冰期。大约从1.2万年前开始，由于天体运行的变化，地球上的气候由寒转暖，积雪大量融化，冰川只占极盛时期的三分之一，广大地区气候湿润，河流湖泊众多，降雨量大增，植物茂盛，动物繁衍，不少外迁的动物又回来了。海平面上升达百米以上，陆地上江河的水面也相应地升高了，洪水四虐。如果说冰川期是冰雪的世界，现在则是汪洋的世界，洪水淹没大地，这是距今1万年前后的自然景观。

当时的洪水对人类冲击很大，为了逃避洪水，寻找新的采集地和狩猎场，人类只能不断迁徙，居无定所，过着艰辛的生活。洪水神话就是对这段历史的记忆。但绝不像神话传说所说的那么严重，仅剩下兄妹二人。因为考古学家证明，当时的文化遗址并不见减少，恰恰相反，旧石器晚期遗址数量很多，分布地域也扩大了，在较寒冷的地区也出现了。更为重要的是，人类在当时有许多发明，如人工钻木取火、带索鱼镖、弓箭等，说明人类在洪水的冲击下，并没有遭到灭顶之灾。有些氏族部落还走出森林，开发平原，在采集经济的基础上发明了农业，开始了新石器时代的经济革命。当时为了战胜洪水，也发明了不少水上交通工具。

人类在水上使用的交通工具，最早并不是船，而是漂浮工具。因为当时生产力极端低下，尚不会制作独木舟、竹筏，而是利用一些浮力很大的物体为水上工具，葫芦就是最早为人类所应用的漂浮工具。那么，葫芦的栽培历史是否与洪水传说时代相符呢？这要作具体的分析。

葫芦是一种古老的野生植物，人类在攫取经济时代就采集嫩葫芦为食物，或者采集成熟的葫芦为容器，当然也以其为漂浮工具。洪水时代所用的葫芦应该是野生葫芦，当时农耕尚未发展。农业生产发展之后，野生葫芦又驯育为人工栽培植物。过去有的学者把葫芦想象为起源于南亚某个具体国家，经过漂洋过海才传到世界各地。不过，这种观点并没有得到考古学的证实。相反，在亚、非和美洲都发现过古老的葫芦，如埃及古墓中出土的葫芦，为公元前3500—前3300年的产物，我国浙江余姚河姆渡新石器时代遗址出土有人工栽培的葫芦皮、葫芦种子，说明我国是最早培植葫芦的国家之一。游修龄教授认为，葫芦是我国南方部落培养成功的。从现有的资料分析，如同水稻的起源是多元的一样，葫芦也不会起源于一地，而是在不少地方栽培的。

商周时期，葫芦栽培已经很普遍了。甲骨文中的"葫芦"形如葫芦，但有盖、有座，显然是葫芦外边有竹篾，其形制与黎族的葫芦船相若，说明当时还沿用葫芦船。周代诗歌中经常提到瓢。《诗·豳风·七月》："七月食瓜，八月断壶，九月叔苴。"七月吃的嫩葫芦，八月葫芦成熟了，可以摘下来制作葫芦器皿。东周时期农业技术有重大进步，栽培葫芦技术也改进了。《庄子·逍遥游》："惠子谓庄子曰：魏王贻我大瓠之种，我树之成而实五石，以盛水浆，其坚不能自举也；剖之以为瓢，则瓠落无所容。"能长出五石之瓠，这要多么高超的栽培技术！汉唐以后，葫芦栽培又有改进，一是体积更大，如

《蛮书》卷二南诏"瓠长丈余，冬瓜亦然，皆三尺围"；二是欣赏性葫芦栽培技术的发展。

根据现代植物学家的分类，葫芦共有五种，这一点在明代李时珍《本草纲目》中记录最详细：

> 后世以长如越瓜、首尾如一者为瓠；瓠之一头有腹而长柄者为悬瓠；无柄而圆大形扁者为匏；匏之有短柄大腹者为壶；壶之细腰者为蒲芦。

从笔者所见到的葫芦船看，基本有两种类型：一种是壶，有短柄大腹者，即大圆葫芦，这是做腰舟的主要类形，多单独使用，抱着或挟着使用。另一种是蒲芦，即细腰、亚腹葫芦，由于这种葫芦较小，常常把若干个细腰葫芦串拴在一起，拴在腰部，这是腰舟的真正来历。

（二）皮船

笔者对文献记载的皮船，过去只是凭想象去理解，一直缺乏感性认识。自己真正接触羊皮船，还是在田野调查中。

1963年笔者从泸沽湖去金沙江边收购东巴经，当地居民就以羊皮囊过江，但是笔者没有乘过羊皮船。1981年3月6日我们从俄亚回泸沽湖过冲天河时，就乘坐了羊皮船，增加了许多感性认识，并对羊皮船的制作、用法进行了调查。

1. 走近羊皮船

在金沙江支流冲天河两岸，居住着不少民族，有纳西族、普米族、藏族和西番人，他们都使用羊皮船。笔者在纳窝村调查期间，曾了解了羊皮船的制作方法，有以下步骤：

首先，在宰羊时，先把羊头割去，留下颈部，并且从颈部开始，仅扒下羊皮，不能开膛，也不能划破羊皮，即是把羊颈部吊在树上，翻扒羊皮，拉一段，以刀割离一下，再往下扒羊皮。扒到前蹄时，把蹄割去，后蹄也如此，最后把羊皮完整地扒下来，正如文献所说"以大羊空其腹"。

其次，把带毛的皮子浸泡在水中，以温水为宜。通常夏天泡两三天，冬天泡七八天，等羊皮开始发酵后取出来，拧干，把羊皮放在一根圆木上，毛朝外，鞣皮者以铁刮刀把羊毛刮掉，再把羊皮翻过来，利用刮刀把羊皮上的肉丝、脂肪刮去，再以脚踩进行鞣制。最后往羊皮上抹酥油，使羊皮光滑、柔软，既结实，又能防水。

再次，将皮子鞣好后，仅留一条羊腿为充气、排气孔，其他三条腿、颈部和生殖器部位都扎死，不能泄气，从而制成了羊皮囊。

制成的羊皮囊，有两种使用方法：一种是单独使用，即把羊皮囊拴在胸前，作为个人游渡时的漂浮工具，如同葫芦腰舟一样。

我们事先在冲天河西岸纳窝村住一天，作了一些采访，该村过去是丽江土司的哨所，至今还有一座碉堡屹立在村北，是纳窝村的重要标志。该村居民皆为西番人，与云南的普米族同源，由于地处四川，都划归藏族。我们离开纳窝村时，除赶马人外，还有两位水手：一位身材较矮，大眼睛，叫扎巴阿巴若；一位身材高，小眼睛，叫养朱独基。他们既能盘庄稼，又会捕鱼，水性非常好。他俩带七八个羊皮囊，但到河边才泡在水中，充好气。水手一个人下水，仅在腹前放一个羊皮囊，上端绳索系于颈上，下端绳索拴在腰间。下水后羊皮囊在下，人压其上，双手划水，两足交错击水，自由来往于冲天河两岸。这就是羊皮囊。

另一种是把六个或八个羊皮囊并排拴在一起，形成羊皮筏，作为运货、载人的水上交通工具。

拴羊皮筏子时，先把6个羊皮囊充气，放在水中浸泡，同时由另外一个人从山上砍若干树棍，长近2米，直径5厘米。刮掉树棍上的枝叶，然后拴成长方形木架，其中纵者7根，横者6根。把木架平放在河边，在其上拴两排共6

36-2　皮囊

个羊皮囊。具体数目多少依载人载货量而定，但是通常是按偶数递增。

　　拴好羊皮筏子后，置于水中，羊皮囊在下，木架在上。在木架前后各拴一长绳，分别由站在两岸的人来回牵引。当皮船向东岸行驶时，东岸船夫紧急拉绳，西岸船夫则不断松绳。如果皮船回西岸，则由站在西岸的船夫收绳，东岸船夫放绳。如此往返，一去一来，轻快如飞。[1]

　　由于我们有五个人和不少行李，皮船共运行了六次，其中五次运人，一次装行李，水手则是抱着皮囊自己游过去的。

---

[1] 见拙著《日月之恋》，第 32 页。

笔者坐船过河时，手握木架，轻飘飘的，一会儿就抵达东岸。如果是运行李，则把行李置于木架上，以绳索固定，防止风吹掉。不难看出，羊皮船具有轻便、便于携带、不用船桨的优点，同时取材方便，便于制作，皮革坚韧挺拔，结实耐用，因此世界许多地区都使用羊皮船。当然，藏族还制作比较庞大的牛皮船，可以承载多人，或者运输木材、石料。笔者曾见到一张"唐卡"（藏族卷轴画），其上绘有修建布达拉宫的场面，当时就是以牛皮船运输建筑材料的，说明皮船的作用不可低估。

有趣的是，1999年笔者访问西藏时，在雅鲁藏布江上看到不少牛皮船，由一人划桨，一人乘坐，或者运输货物。在去山南的途中，笔者还专门下车对牛皮船作了观察。该船呈梯形，一头窄，约1米，另一头宽，约1.5米，船长2米多。它是以柳树枝为船架，纵向三根，横向七八根，并弯折为船帮。在船帮安四根较粗的木杆，然后把牛皮缝在木架上。木桨是独木砍制的，平时立在江边丛林中；使用时则由一人扛到岸边，放在水中。这是笔者所见到的牛皮船的形制，但是藏族的皮船类型较多，还有圆形、筏子等皮船。牛皮船是比较轻的，一个人就能搬动。在西藏有一种牛皮船舞，道具就是一只牛皮船。

2. 文献中的皮船

从上述事实看出，所谓皮船的内涵是很复杂的，包括不少类型，但它的历史相当久远，而且在边疆民族地区保存下来，这方面有不少文献为证。

《国语·吴语》："乃使取申胥之尸，盛以鸱夷，而投之于江。"

《战国策·燕策》："昔者伍子胥说听乎阖闾，故吴王远迹至于郢。夫差弗是也，赐之鸱夷而浮之江。"

《史记·伍子胥列传》：伍子胥"乃自到死，吴王闻之大怒，乃取子胥尸盛以鸱夷革，浮之江中"。

《史记索隐》引韦昭："以皮作鸱鸟形，名曰鸱夷。鸱夷，皮榼也。"张守节《正义》："鸱夷，用马革为之，形如榼也。"《说文》："榼，酒器也。"说明鸱夷是用马皮制作的，形如榼，即一种酒器，而最流行的酒器是葫芦，葫芦古代称"腰舟"，也可作为渡河工具，榼当源于葫芦。

《水经注》"叶榆水"条："过不韦县，县故九隆哀牢之国也……汉建武二十三年，王遣兵乘革船南下，攻汉鹿茤民。"

《后汉书·邓训传》："（邓）训乃发湟中六千人，令长史任尚将之，缝革为船，置于箄上以度河，掩击迷唐庐落大豪，多所斩获。"

《后汉书·南匈奴传》："其年（65）秋，北虏果遣二千骑候望朔方，作马革船，欲度迎南部畔者，以汉有备，乃引去。"

《北史·附国传》："附国有水阔百余丈，并南流，用皮为舟而济。"

《隋书》卷八三《西域·附国传》也有上述记载。

《新唐书·东女国传》："其王所居名康延川，严险四缭，有弱水南流，缝革为船。"

《旧唐书》卷一九七《西南蛮·东女国》也有类似记载。

《元和郡县图志》卷三二《剑南道》："泸水，在县西一百十二里，水峻急而多石，土人以牛皮作船而渡，一般胜七八人。"

李筌《太白阴经》卷四："浮囊以浑脱羊皮，吹气令满，紧缚其空，缚于胁下，可以渡之。"

《蛮书·途程第一》："从目集驿至河子镇七十里，泸江乘皮船渡泸水。"

王明清《挥麈前录》卷四引《奉使高昌行程记》："次历茅家喝子族，临黄河，以羊皮为囊，吹气实之，浮于水，或以囊驰牵木筏而渡。"

《元史·世祖本纪》："至金沙江，乘革囊及筏以渡。"卷一五五《汪世显传》也有类似记载。

《陶园诗集·洛中行》："以大羊空其腹，密缝之，浸以麻油，令水不透。"

明人叶子奇《草木子》卷下："北人杀小牛，自脊上开一孔，逐旋取去内头骨肉，外皮皆完，揉软用以盛乳酪酒湩，谓之浑脱。"

清人陶保廉《辛卯侍行记》卷四："皮筏，即浑脱，牛羊皮为囊，鼓以气，联四五具或七八具,浮水如筏,惟不能逆流而上。"

《中华风俗志》下篇卷九:"番子造船以木制框,以牛皮张其表,以血及石灰涂之,水不能入。"

类似记载不少[1],此不赘述。

从这些记载看,所谓皮船,并不是一种形制,而是三种:一种是以整羊、牛皮充气而成的皮囊船,特点是不用一针一线,而是利用天然的羊皮筒,把三肢扎实,从第四肢的脚部充气,充满后扎死。基本保留了羊或牛的形状。这是原始的皮囊船,它实际是人们在游渡时的浮具,尚不是船,如《太白阴经》所说的"浑脱"、普米族和西番人的羊皮囊就是这种工具。一种是把若干皮囊拴在一个木架上,变成各种皮筏子,如《挥麈前录》的羊皮筏子、《辛卯侍行记》的牛皮筏子等均是。还有一种是以木拴成船架,外包牛皮,变成牛皮船,如《唐书》中的皮船、现在藏族还在使用的牛皮船等,均是"缝革为船"。

3. 发明皮船的主人

皮船是谁发明的?过去认为是游牧民族发明的,其实猎人早已使用了皮船,只是没有在考古中保存下来。但是民族学资料说明,猎人最早使用了皮船。如北极地区的爱斯基摩人用海豹皮做船,共有两种:一种称"卡雅克",只能乘坐一个猎人,它以桦木为架,外包缝海豹皮,上边留一圆孔,人坐在其中划船,但要穿皮大衣,可以防水;另一种皮船较大,设两三个座位,船上仅有船桨、渔叉及绳索,这种船流行于阿拉斯加和阿留申群岛土著地区。[2] 在南美洲印第安人地区有一种"皮罗塔",是用鹿皮缝制的船,它是由阿根廷高乔印第安人传入的。

在古代两河流域的美索不达米亚、巴比伦都有皮船,这是从当时留下的石雕上看到的。在底格里斯河上,有一艘皮船正在航行,船下是以水牛皮缝制的船帮,上部为货物,由一人划船,还有一人在船尾推船行进,在他身下还有一

---

[1] 顾颉刚:《史林杂识初稿》,中华书局1977年版,第132页。
[2] 〔德〕利普斯:《事物的起源》,四川民族出版社1982年版,第188页。

个羊皮囊。[1] 在印度旁遮普地区五大河也使用水牛皮船，船是由牛皮囊组成的，人抱牛头，但人伏于牛腹上，由二足击水前进。

由此看出，皮囊只是一种水上漂浮工具，它同竹子、树木、葫芦一样，都是人类发现的最早的浮具。这种知识既可为采集者所掌握，也可为猎人、渔人所掌握。

从历史上看，长期使用羊皮船的民族都是游牧或半游牧民族，如古代中国的羌人、哀牢夷、室韦、东女国、喝子族、吐蕃、西番，近代的纳西族、普米族、彝族、羌族、藏族、摩梭人、蒙古族、撒拉族、土族还在使用羊皮、牛皮船，说明它是少数民族的重要发明。赵翼《陔余丛考》卷二三："以革为舟夜渡，是牛皮为船，由来久矣，皆出于番俗也。"这个结论在中国也是正确的。

皮船不仅是猎人、游牧民族的发明，而且是自古至今必备的水上交通工具，具有旺盛的生命力，这不是偶然的。

第一，相对来说，牧区比农业区河流少，水流也较小，尽管他们迁徙不定，但涉水相对不多，对船的需求不大，更缺乏改进的动力，所以习惯使用古老的皮船。

第二，游牧民族由于居无定所，经常迁徙，他们不可能制作和携带大型的木船。居住在高山大川地区的民族，虽然早已实现定居，但距河流较远，用船机会甚少，也不可能把船停放在江边，所以不便于用木船，而利用皮船更为有利，既取材方便，便于制作，易于迁徙，又携带、操作方便。所以皮船是游牧民族的代表性船只，而且当地生产皮革，原料充足，也为制作皮船提供了有利条件。

---

[1] 〔日〕西村真次：《文化移动论》，商务印书馆1936年版，第158页。

卅七、覆面

在我国文献记载中，有不少覆面的记录；在考古工作中，也经常碰到覆面实物。该物是葬礼中为死者蒙面的遗物，有纺织物、金属制品，起初称幎目，后来称覆面、面衣。但是这种葬俗是怎么发生的，在历史上有什么变化，覆面与实用的帷冠有什么区别，都是应该回答的历史课题，对探索考古发现的覆面也有一定帮助。

（一）为覆面正名

在古代文书中，有"幎目"、"覆面"、"面衣"诸称，当代学者也多用之，究竟哪种名称正确呢？

学界一般认为覆面始于春秋末年的吴王夫差，高承《事物纪原》卷九"面帛"条："今人死以方帛覆面者，《吕氏春秋》曰：夫差诛子胥，数年越报吴，残其国，夫差将死，曰：'死者如其有知也，吾何面目以见子胥于地下？'乃为幎以冒面而死，此其始也。《风俗通》曰：'吴王羞见子胥，以帛幂面而死，故后人因之制面衣。'《说苑》亦曰：越袭吴，吴王将死，曰：'吾不用子胥之言，至于此，死者有知，吾何面以见子胥也？'遂蒙絮覆面而死。"

37-1　覆面复原图

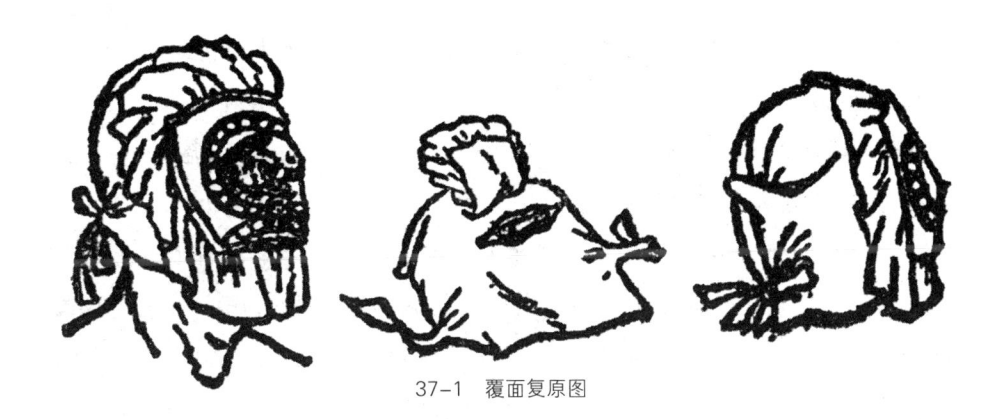

以上记载说明，我国覆面起源于春秋末年吴地，当起于羞耻观念，当时称此俗为"覆面"。但是这只是传说而已，事实上覆面起源较早，名称也有异。

《仪礼·士丧礼》："幎目，用缁，方尺二寸，䞓里；著，组系。"郑玄注："幎目，覆面者也。幎，读若《诗》云'葛藟萦'之萦。䞓，赤也。著，充之以絮也。组系，为可结也。"孔颖达疏："郑读从'葛藟萦'之萦者，以其葛藟萦于树木，此面衣亦萦于面目，故读从之也。"由此可知，幎目仅方尺二寸，只盖上死者面部，缁为黑帛，里子用红绢，中间为絮，四角有带子，可拴在死者头后边。

《仪礼》为春秋时的礼制汇编，说明在战国以前已经有为死者蒙面的习俗了，当时称"幎目"。至于说幎目俗称蒙眼罩也欠确切，因为幎目较大，远不止于蒙目，也把死者面部都蒙上了，所以称为覆面较准确。事实上在魏晋以后普遍称为覆面。

阿斯塔那395号墓文书中，有一件建元二十年（384）文书，在"缺名随葬衣物疏一"中有"絓覆面一枚"诸字，絓为平纹组织，以废丝为之，看来该覆面较粗糙，是平民使用的。在"缺名随葬衣物疏二"中有"帛缝覆面一枚"，该覆面是用绸丝制作的，显然是富人用的。

阿斯塔那1号墓出土有"西凉建初十四年（418）韩渠妻随葬衣物疏"，其中就有"故缝覆面一枚"。

哈拉和卓91号墓出土文书中，有"覆面一枚"，纪年为建初四年（408）、永和五年（437）。

阿斯塔那2号墓文书中，有"北凉永和六年（438）随葬衣物疏"一件，其中就有"故帛缣覆面一枚"。

哈拉和卓99号墓文书中，有"建平六年（405）张世容随葬衣物疏"一件，其中有"故缣覆面一枚"。在"苻长资父母墟墓随葬衣物疏"中有"故覆面一枚"。[1]

通过以上分析，可知魏晋时期普遍称幎目为覆面，这是比较准确的名称。因为幎目仅指蒙眼睛，俗称眼罩；但是覆面较大，不仅蒙住死者眼睛，还蒙上了鼻子、耳朵、嘴，是把面部都蒙上了，故名。在考古工作中发现的覆面都是较大的，与蒙面完全吻合，没有单纯的眼罩。在阿斯塔那322号三人合葬墓中，曾发现过铅制眼罩，但它不是死者覆面工具，因为在铅制眼罩之外，死者脸上都有覆面。[2]因此我们称其为覆面为好，至于后起的面衣，容易与实用面衣混淆，还不及覆面准确。

（二）覆面的起因

我们要讨论的是，覆面是怎么产生的。在宋代高承《事物纪原》引《吕氏春秋》所讲的夫差死后用覆面故事，在考古中也有发现，如乾陵刘浚夫妇墓志上也称"临绝之际，叹曰：'古有失行者，耻见亡灵，所以用物覆面，后人相习，莫能悟之。吾内省无违，念革所弊。子孙敬遵遗训。'"这些史料都说明覆面起于羞耻观念。其实，人类的羞耻观念是晚起的，正如前面引文所述覆面远远早于战国时代，在史前时代已经有面具出土，尽管当时的面具不全是覆面，

---

[1] 国家文物局古文献研究室等编：《吐鲁番出土文书》第1册，文物出版社1981年版。
[2] 王㺀：《覆面、眼罩及其他》，《文物》1962年第7、8期合刊。

但与死人覆面信仰有关。

众所周知，人活着都是一样的，要穿衣，要吃饭，并没有"覆面"一事。人死了，就变成鬼。《礼记·祭法》："大凡生于天地之间者皆曰命，万物死曰折，人死曰鬼。"鬼与人不同，它没有肉体，是无形的，但有灵魂，虽然鬼生活于冥界，但又干扰人生活动，从而出现了灵魂和祖先崇拜。

既然人死为鬼，但他还像人一样，生活在另一个世界，需要饮食，所以要给他饭食，随葬饮食，他要穿戴，所以要沐浴、更衣，穿深衣冥服；他也要花销，所以有手握，为其提供阴间生活所需，这在葬俗有明显反映。比较特殊的是，为什么在死者脸上蒙上东西呢？人死为鬼，一般是为生人所畏惧、惧怕的，除了敬而远之外，还要把死者脸部蒙上，尽量减少人们的恐惧感，这是原因之一；其二，在死者脸上蒙一物，也是死者或作为鬼者的一种符号，以便把活人和死人区分开来。民间谚语说："戴着面具是鬼，摘掉面具是人。"覆面正是死者成鬼的标志。这就是覆面的由来。

最初的覆面，应该是一块麻布、一块丝绸、一块羊皮或一块树皮。古代楼兰美女死后就覆盖一块羊皮。[1]《水浒传》讲武大郎死后则以"白绢盖了脸"。考古发掘的覆面应该是比较进步的形式。不过，唐代人在鬼故事中，都说鬼是有面具的，即佩戴覆面，这类记载很多。

《御史台记》称陆余庆"少时，尝冬日于徐亳间夜行。左右以囊橐前行，余庆缓辔蹑之。寒甚，会群鬼环火而坐，庆以为人，驰而邃下就火。讶火焰炽而不暖，庆谓之曰：'火何冷？为我脱靴。'群鬼但俯而笑，不应。庆顾视之，群鬼悉有面衣。庆惊，策马避之，竟无患。其旁居人谓庆曰：'此处有鬼为祟，遭之者多毙，郎君竟无所惊惧，必福助也，当富贵矣。'"[2]

《灵怪集》："兖州王鉴，性刚鸷，无所惮畏，常凌侮鬼神。开元中，乘醉往庄，去郭三十里，鉴不涉此路，已五六年矣。行十里已来，会日暮，长林下见

---

[1] 穆舜英、梁越：《楼兰》，外文出版社2005年版，第54页。
[2] 《太平广记》卷三二八。

一妇人，问鉴所往，请寄一襆，而忽不见。乃开襆视之，皆纸钱枯骨之类。鉴笑曰：'愚鬼弄尔公。'策马前去，忽遇十余人聚向火。时天寒，日已昏，鉴下马诣之。话适所见，皆无应者。鉴视之，向火之人半无头，有头者皆有面衣。鉴惊惧，上马驰去……周岁，发疾而卒。"[1]

《纪闻》："青龙寺禅师仪光，行业至高。开元十五年，有朝士妻丧，请之至家修福。师往其家数日，居于庑前，大申供养。俗每人死谒巫，即言其杀出日，必有妨害，死家多出避之。其夜，朝士家皆出北门潜去，不告师。师但于堂明灯诵经，忽见二人侍之。夜将半，忽闻堂中人起取衣开门声。有一妇人出堂，便往厨中营食，汲水吹火。师以为家人，不之怪也。及将曙，妇人进食，捧盘前来，独带面衣，徒跣。再拜言曰：'劳师降临，今家人总出，恐斋粥失时，弟子故起，为师造之。'师知是亡人，乃受其献。……（天明）家人谒师，问安否。见盘中粥……师乃指所造粥以示之，其家惊异焉。"[2]

《集异记》："唐宪宗葬景陵，都城人士毕至，前集州司马裴通远家在崇贤里，妻女辈亦以车舆纵观于通化门。及归，日晚，驰马骤至平康北街，有白头妪步走，随车而来，气力殆尽。至天门街，夜鼓时动，车马转速，妪亦忙遽。车中有老青衣从四小女，其中有哀其奔迫者，问其所居，对曰：'崇贤。'即谓曰：'与妪同里，可同载至里门耶？'妪荷愧，及至，则申重辞谢。将下车，遗一小锦囊，诸女共开之，中有白罗，制为逝者面衣四焉。诸女惊骇，弃于路，不旬日，四女相次而卒。"[3]

《酉阳杂俎》前集卷一三："遭丧妇人有面衣，期以下妇人着帼，不着面衣。""期"为期朝，一天一夜，《仪礼·内则》："期朝，今旦至明旦也。""帼"为覆发巾，《玉篇·巾部》："帼，帨也，覆发上也。"整句话的意思是说，人死后头一天仅覆发巾，供吊讣用，一夜后，才戴面巾。

[1]《太平广记》卷三三〇。
[2] 同上。
[3]《太平广记》卷三四五。

通过上述分析,可知覆面是在人类迷信有鬼之后才出现的,即为变鬼的尸体面蒙一覆面,把人与鬼分开,又减少了人们对死者的恐惧感。

(三) 覆面的形制

我国最原始的覆面,应该是实用的、植物质的,如树皮、树叶、麻布、丝织品等。但由于植物容易腐烂,很难在考古工作中发现。但是史前时代已经有玉面具、陶面具,大小不一,当时使用覆面也是可以理解的。进入文明时代,商周的富人已经用青铜铸造面具,在洛阳、侯马和三门峡虢国墓还出土过缀玉覆面,就是覆盖在死者脸上的。在甘肃武威磨咀子48号汉墓女尸头部已发现了丝绸面罩,内有丝絮。[1] 自魏晋到唐代,由于新疆、青海等地地理条件特殊,先后出现了数以十计的覆面,加上其他地区出土的覆面,基本上有四种形制。

1. 方形或长方形覆面

这类覆面较多,在新疆、青海出土较多,可举几例。

茱萸回纹锦覆面。1995年民丰尼雅1号墓地3号墓出土,长方形,62厘米×58厘米,以锦制作,三边缝缀红色绢宽缘饰。织饰为白色底,以白、绿、红、黄色经线显花,形成立体茱萸纹和回形纹。

"世毋极锦宜二亲传子孙"锦覆面。1995年民丰尼雅遗址1号墓地3号墓出土,长方形,长52厘米,宽35厘米,由整块兰底二色锦制作,黄色幅边,在三周缝制红色绢宽边,锦系在蓝色底,显蓝色曲折纹,在折线凹曲处填充方形点圆纹和夹织汉字隶书"世毋极锦宜二亲传子孙"十个字。覆面上两端二角各缀绢带,出土时系于死者脑后。[2]

---

[1] 甘肃省博物馆:《武威磨咀子三座汉墓发掘简报》,《文物》1972年第12期。
[2] 王㺿:《覆面、眼罩及其他》,《文物》1962年第7、8期合刊。

此外在阿斯塔那 138 号墓出土的联珠猪纹覆面也是此类。其特点是在覆面三边有红色滚边，边角上有丝带，在脑后结扎，不会脱落。这些考古遗物与中原的典籍记载是一致的。《仪礼·士丧礼》："幎目，用缁，方尺二寸。"宋聂崇义《三礼图集注》卷一七："幎目，用缁，方尺二寸，赪里，著以絮。"明刘绩《三礼图》卷三："幎目，用缁，方尺二寸。"

2. 椭圆形覆面

该类型覆面没有突出的四角，而呈椭圆形。中心为圆形或长方形，正盖于死者面部，其上无任何挖凿痕迹。周边缝一圈带褶的丝绸，利于下垂后呈圆状，可盖住死者的面部，包括死者耳、发等。从目前发现的遗物看，其上无带条，不用拴结。

比较有代表性的椭圆形覆面有：阿斯塔那出土的高昌时代的绿地对羊锦覆面，阿斯塔那出土的唐西州龟背纹锦覆面，阿斯塔那出土的唐西州联珠戴胜鹿纹锦覆面。[1]

以上覆面是在长方形覆面基础上形成的固定的、规范化的形式，而且彼此差异不大，应该是魏晋时新疆地区覆面的重要形式。

3. 帽套式覆面

该式覆面较大，盖在脸上后，顶部上方后折，与左右两边缝成帽状，把死者整个头部套住，或者套于死者头上。1959—1960 年阿斯塔那出土 40 座墓，其中出土覆面 32 件，绝大部分为帽套式。王㐨先生对此做过复原图。[2] 除新疆的考古发现外，在黑龙江阿城金代墓女尸面部也发现过类似覆面。[3]

---

[1] 于颖：《新疆出土覆面调查》，《大漠联珠》，东华大学出版社 2007 年版。
[2] 王㐨：《覆面、眼罩及其他》，《文物》1962 年第 7、8 期合刊。
[3] 赵评春、迟本毅：《金代服饰》，文物出版社 1998 年版，第 28 页。

4. 面具式覆面

该式覆面是仿真人脸部做的，有耳、目、口、鼻、嘴，与傩面大同小异。由于实际需要，这种面具都是硬质的，种类也不少，举例说明。

新疆营盘 15 号墓死者戴一面具，长 23.4 厘米，宽 19.8 厘米，以三层麻布粘成人面形，绘有眼、眉、口、鼻、嘴形象，做法类似麻胎漆器。[1]

新疆还出土一件银嵌红宝石金面具，全部以黄金铸成，有明显的五官，高 17 厘米，宽 16.5 厘米，重 245.5 克，大小与真人面部一样。[2]

在内蒙古地区辽墓中，也出土不少金属覆面，有黄金的，也有铜鎏金的，还有银质的，分为两种，男面具和女面具，五官突出，宛如生人，背部残留有丝绸，说明是先在死者脸上盖丝巾，然后覆盖金属面具。[3]

此外，战国时期出土的缀玉覆面，多由许多玉片组成人的面部特征。有趣的是，在这些玉片背后边缘皆有针孔，可见它是缝在丝绸上的，然后覆在死者面部，可称玉覆面，应该属于覆面的一个类型。[4]

（四）面衣的分化

在南北朝和隋唐时期，对覆面多称为面衣，但是当时活人用面衣，死人也戴面衣，不过两者并不一样。

首先看看活人使用面衣。

面衣是实用的，是唐人普遍穿戴的衣物，它与头衣、身衣、足衣是一样的，问题是面衣有什么作用呢？主要有两点：

---

[1] 周金玲等：《新疆尉犁县营盘墓地 15 号墓发掘简报》，《文物》1999 年第 1 期。
[2] 安英新：《新疆伊犁昭苏县古墓葬出土金银等珍贵文物》，《文物》1999 年第 9 期。
[3] 赵芳志：《草原文化——游牧民族的广阔舞台》，上海远东出版社 1998 年版。
[4] 上海博物馆：《晋国奇珍——山西晋侯墓群出土文物精品》，上海人民美术出版社 2002 年版。

一是防沙。北方、西北风沙大，贵族妇女出门必戴面衣。《事物纪原》："面衣前后全用紫罗为幅，下垂，杂他色为四带，垂于背，为女子远行乘马之用，亦曰面帽。"

一是防寒。《晋书·惠帝纪》："行次新安，寒甚，帝堕马伤足，尚书高光进面衣，帝嘉之。"唐代亦然。唐沙门慧立《大慈恩寺三藏法师传》卷一：高昌王鞠文泰为玄奘法师打点盘缠，"以西土多寒，又造面衣、手衣、靴、袜等各数事"。上述记载表明，面衣也是男子防寒的衣物，帝王、高僧也不例外。

应该指出，从南北朝到唐代，面衣也是随葬之物，这一点在出土文书中有不少记载：

哈拉和卓90号墓文书中，记载柔然永康十七年（480）"高昌阿苟母随葬衣物疏"一件，其中就写有"故面衣一枚"、"故首衣一枚"。

阿斯塔那170号墓文书中，有"高昌章和十三年（543）孝姿葬衣物疏"一件，其中有"故树叶锦面衣一枚"。

阿斯塔那170号墓文书中，有"高昌章和十八年兴妃随葬衣物疏"一件，其中有"大文锦面衣"诸字。

阿斯塔那170号墓文书中，有"高昌延昌二年（562）长史孝寅随葬衣物疏"一件，其中有"右面衣一颃"。"颃"为喉咙。

阿斯塔那169号墓文书中有"高昌建昌四年（558）张孝章随葬衣物疏"，其中有"细锦面衣一枚"。

阿斯塔那169号墓文书中，有"高昌建昌十六年信女某甲随葬衣物疏"提及"面衣一具"[1]。

经过以上对活人用面衣、死人也用面衣的分析看出，在唐代葬俗所用面衣与活人使用的面衣都使用同一个词，但是两者的用意截然不同。活人用的面衣是出于防沙、防寒，而且是出行时用的，必须能看见路，因此所用面衣质地应

---

[1] 国家文物局古文献研究室等编：《吐鲁番出土文书》第1册。

该是透明或半透明的，甚至五官，尤其是眼睛未必蒙盖得目不视人。死人用的面衣，是掩盖死者面目，以厚为宜，这样活人才看不见死者，防止恐惧感，并把死者覆面作为鬼的象征，因此唐代文书中多把鬼与面衣联系起来。

在这种情况下，死人面衣和活人面衣在形制上应该是不同的，只是考古工作难以确认二者的区别而已，但也有端倪可寻。

唐宋时多称活人用的面衣为帷帽、帷冠，这一称呼是比较好的，可以把它同死人戴的面衣区别开来。阿斯塔那出土一件泥质俑，头部就戴有帷帽，形制是在帽檐的左、右、后三边皆围有纱巾，但面部外露。东京国立博物馆藏有《树下美人图》，其上妇女也戴有帷帽，是用长巾把头、颈部全部包扎起来，但除耳外其他五官是外露的。西安王家坟出土的三彩俑，妇女的头、颈均围起来，脸部外露。这种形象与死人面衣完全不同。《清明上河图》上有的妇女戴的大帷帽，是在大帽子的帽檐处，下垂纱巾，主人能看见外界景物，而外边行人却看不见主人。

这些资料对理解活人所用的面衣有重要帮助，也使我们相信活人面衣和死人面衣有重要区别：

第一，两者的用料不同。活人用的面衣，实际是帽子的延伸，基本是在帽檐下垂有纱巾，它是薄而透明的，以利于出行、观景；死人用的面衣，是想蒙盖住死者的脸部，用料较厚，有的还加里，加絮，这一点在活人面衣上是不存在的。

第二，两者形制不同。活人用的面衣，是帽子的一部分，突出特点是露出五官而包其头颈，称其为帷冠、帷帽是确切的；死人用的面衣则相反，必须首先覆盖住五官、面部，包头则是附带的。

卅八、五服图

中国号称礼仪之邦，礼仪包括吉礼、宾礼、嘉礼、军礼和凶礼，反映了祭祀、国际交往、军事调动、婚姻大事和丧葬制度。其中的凶礼主要指葬礼，它是人生礼仪中的重要内容，涉及丧、葬、祭三个环节。丧指活人与死者在丧期的行为规范，葬指死者应享受的待遇，祭是活人与死人之间的中媒形式。其中又以丧为核心内容。丧礼中活人穿什么服饰，是中国古代亲属关系的等级规范，是等级的一种符号，具有重要的文化价值。雷镈、雷学淇《古经服纬》称："礼别尊卑，严内外，别亲疏，莫详于服。"

最早记录丧服的是《仪礼·丧服》、《礼记》。从秦汉至清末，统治阶级、儒家学者都遵循五服制，视为正统文化内容之一，2000年来一贯制，但五服制是发展变化的，应用范围不断缩小。现在以一件明代五服文书为例，谈谈五服内容及其变化。

（一）明代五服图表

我们发现一件明代五服文书，最后写有"大明崇祯三年七月十六日"，由山西晋祠印制。该文书以宣纸写成，横240厘米，纵48厘米，均以图表形式表示，内填有一定文字，自右而左共有九图：丧服总图、本宗九族五服正服之图、妾为夫、出嫁女为本宗降服之图、外亲服图、妻亲服图、三父八母服图、族亲服图、妾为家长族服之图。这是明代重要的五服图，现在具体说明之。

1. 丧服总图

该图为头一部分，纵48厘米，横25厘米。自上而下分为五格，实为五大格，每格写有五服种类：斩衰、齐衰、大功、小功、缌麻。

五服内又各有规定：斩衰下写有"用至粗麻布为之，不缝下边"；齐衰下写有"用稍粗麻布为之，缝下边"；大功下写有"用粗熟布为之"；小功下写有"用稍粗熟布为之"；缌麻下写有"用稍细熟麻布为之"。

在齐衰大格与小格之间还有五行字，分别写"三年"、"杖期即一年"、"不杖期亦一年"、"五月"、"三月"，说明齐衰期内又分五种。

2. 本宗九族五服正服之图

该图纵48厘米，横48厘米。其内容与《明会典》上的《本宗九族五服正服之图》一样，仅在手写表上把"袒免亲"误写为"祖免亲"，一字之差，意思相反。先秦时"袒免"指本宗五世亲属，唐宋时五服之外亲一律称为"袒免亲"，包括先秦时的袒免和无服二种，并加有外亲五服外亲属，如舅母。元代改"袒免"为"无服"，范围与唐宋相同。明代仍沿用"无服亲"，但范围有扩大。

3. 妾为夫

在《明会典》中无此图，但手抄五服图中为"妾为夫"，而且与清代的同类图表不同。该图为48厘米×23厘米。前有一段文字："夫为祖父母及曾高祖父母承重者并从夫服"。上下共九格，代表九族或九代，左右各五格。其中左行九格，标志各代死者，右边各行，代表与死者远近关系。

第一代：夫高祖缌服。

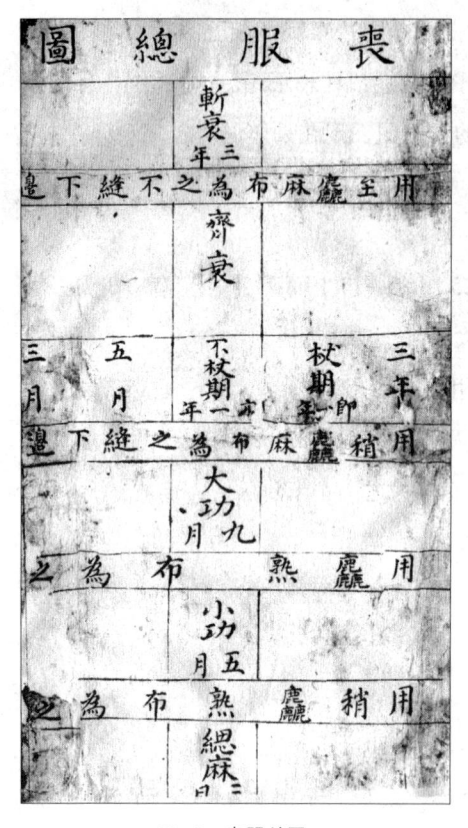

38-1　丧服总图

38-2　妾为夫

第二代：夫曾祖缌服。右有一格，写有"夫族曾祖父母无服"。

第三代：夫祖，即夫之公婆。右有二格，分别写有"夫伯叔祖父母，即夫之伯公伯婆叔公叔婆缌服"、"夫族伯叔祖父母无服"。

第四代：舅，即公，服斩衰。右有三格，分别写有"夫伯叔父母，即夫伯伯姆姆叔叔婶婶大功"、"夫堂伯叔父母缌麻"、"夫族伯叔父母无服"。

第五代：妻为夫，斩衰一年。右有四格，分别写有"夫九弟及妻，即大兄曰伯、大弟曰叔小功"、"夫堂兄弟及妻缌麻"、"夫再从兄弟无服"、"夫族兄弟无服"。

第六代：长子期年，长子妇期年。右有三格，分别写有"夫侄期年，夫侄妇大功"、"夫堂侄小功，夫堂侄妇缌麻"、"夫再从侄缌麻"。

第七代：孙大功。右有二格，分别写有"夫侄孙小功，夫侄孙妇缌麻"、"夫堂侄孙缌麻"。

第八代：曾孙缌麻。右一格写有"夫曾侄孙缌麻"。

第九代：玄孙。

4. 出嫁女为本宗降服之图

《明会典》称"出嫁女为本宗降服图"，手抄本上称"出嫁女为本宗降服之图"，两者基本相同，后者仅多一个"之"字。又书上"太太公太太婆"比《明会典》上的"太公公婆"多"太太"二字。又书为"大功"，抄本上为"小功"。

5. 外亲服图

手抄本《外亲服图》与《明会典》上的图基本相同，但有两点差异：一、《明会典》上外祖父为"大功"，手抄本上为"小功"；二、《明会典》上有"舅之孙"、"姨之孙"、"姑之孙"皆为"无之服"，手抄本上则为"无服"。

6. 妻亲服图

该图纵48厘米，横26厘米。内容和形式与《明会典》上的《妻亲服图》相同，个别字有增减。

7. 三父八母服图

抄本与《明会典》上基本相同，个别文字有出入。

8. 族亲服图

该图为48厘米×22厘米。自左而右共五行：

第一行第一格为"夫为人后，其妻为本生男姑服大功"。第二格为"夫族姑无服"。第三格为"夫再从姊妹无服"。第四格为"夫再从侄女，在室缌麻，出嫁无服"。

第二行有"夫堂祖姑无服"、"夫堂姑，在室缌麻，出嫁无服"、"夫堂姊妹，缌麻"、"夫堂侄女，在室小功，出嫁缌麻"、"夫堂孙女缌麻"。

第三行有"夫曾祖姑无服"、"夫祖姑即夫之姑婆，在家缌麻，出嫁无服"、"夫亲姑即夫之姑小功"、"夫姊妹即姑小功"、"夫侄女，在室期年，出嫁大功"、"夫侄孙女在室小功，出嫁缌麻"、"夫曾侄孙女缌麻"。

第四行，自上而下，有"父母麻"、"父母麻"、"父母大功"、"姑即婆，三年"、"夫为妻齐衰杖期，父母在不杖期"、"众子期年，众子妇大功"、"孙妇缌麻"、"孙麻"、"孙麻"。

9. 妾为家长族服之图

抄本与《明会典》上的《妾为家长族服之图》基本相同，文字有增减。

以上是对明代抄本五服图的介绍，其中大部分与《明会典》、《孝慈录》相同，两者虽然有文字减增，也是抄录的结果。由此可知，抄本五服图基本保留了传统，但是《丧服总图》、《族亲服图》、《妾为夫》却是明代文献上没有的，说明它又是明代实行五服改革的产物，与唐宋元等时代的五服制度不同。

（二）五服制规则

1. 斩衰三年

子为父母，女在室并已许嫁者，及已嫁被出而返在室者同，子之妻同。

子为继母、为慈母、为养母，子之妻同。

继母，父之后妻；慈母，谓母卒父命他妾养己者；养母，谓自幼过房与人者，即为人后者之所从母也。

庶子为所生母，为嫡母庶子之妻同。

为人后者为所从父母，为人后者之妻同。

嫡孙为祖父母承重，曾高祖承重同。

妻为夫、妾为家长同。

2. 齐衰

齐衰有若干类型：

（1）齐衰杖期

嫡子、众子为庶母，嫡子众子之妻同，庶母父妾之有子者，父妾无子不得以母称矣。

子为母、亲生母父老而改嫁者。

子为出母，亲生母为父所出者。

夫为妻，父母在不杖。

嫡孙祖在为祖母承重。

（2）齐衰不杖期

祖为嫡孙。

父母为嫡长子及嫡长子之妻及众子及女在室及子为人后者。

继母为长子、众子。

前夫之子从继母改嫁于人为改嫁继母侄为伯叔父母、父之亲兄弟及父亲兄弟之妻也。

为己之亲兄弟及亲兄弟之子女在室者。

孙为祖父母，孙女在室、未出嫁同。

为人后者为其生父母。

女出嫁为本宗父母。

女在室及虽适人而无夫与子者，为其兄弟姊妹及侄与侄女在室者。

女适人为兄弟之为父后者。

妇为夫亲兄弟之子及女在室者。

妾为家长之正妻。

妾为家长之父母。

妾为家长之长子、众子与其所生子。

为同居继父而两无大功以上亲者。

（3）齐衰五月

曾孙为曾祖父母，曾孙女同。

（4）齐衰三月

玄孙为高祖父母，玄孙女同。

为继父先曾同居，今不同居者，自来不曾同居者无服。

为同居继父而两有大功以上亲者。

3. 大功九月

祖为众孙，孙女在室同。

祖母为众孙，嫡孙。

父母为众子妇及侄女已出嫁者，侄妇兄弟子之妻，侄女兄弟之女也。

妻为夫之祖父母。

妻为夫之伯叔父母。

为人后者为其兄及姑及姊妹在室者，既为人后则于本生亲属服皆降一等。

夫为人后其妻为夫本生父母。

为己之堂兄弟、姊妹在室者，即伯叔父母之子女也。

为姑及姊妹之已出嫁者，姑即父之姊妹，姊妹即己之亲姊妹也。

为己兄弟之子为人后者。

出嫁女为本宗伯叔父母。

出嫁女为本宗兄弟及兄弟之子。

出嫁女为本宗姑姊妹及兄弟之女出嫁者。

4. 小功五月

为伯叔祖父母、祖之亲兄弟。

为堂伯叔父母、父之堂兄弟。

为再从兄弟及再从姊妹在室者。

为同室姊妹出嫁者。

为同室兄弟之子及女在室者。

为从祖姑在室者,即祖之亲姊妹。

为堂姑在室者,即父之同堂姊妹。

为兄弟之妻。

祖为嫡孙之妇。

为兄弟之孙及兄弟之孙女在室,即堂侄妇、堂姑,即夫之伯叔祖父母所生也。

为外祖父母,即母之父母。

为母之兄弟姊妹,兄弟即舅姊妹即侄孙之妻。

为姊妹之子,即外甥。

妇为夫兄弟之孙,即侄孙,及夫兄弟之女出嫁者。

妇为夫之姑及夫姊妹在室出嫁同。

妇为夫堂兄弟之子及女在室者。

女出嫁为本宗兄弟及堂姊妹在室者。

为人后者为其姑及姊妹出嫁者。

5. 缌麻三月

祖为众孙妇。

曾祖父母为曾孙,玄孙同。

祖母为嫡孙、众孙妇。

为乳母。

为族曾祖父母，即曾祖之兄弟及曾祖兄弟之妻。

为族伯父母，即父再从兄弟及再从兄弟之妻。

为族兄弟及族姊妹在室者，即己三从兄弟姊妹所与同高祖者。

为族曾祖姑在室者，即曾祖之姊妹。

为族祖姑在室者，即祖之同室姊妹。

为族姑在室者，即父之再从姊妹。

为族伯叔祖父母，即祖同堂兄弟及同室兄弟妻。

为兄弟之曾孙及兄弟之曾孙女在室者。

为兄弟之孙女出嫁者。

为同堂兄弟之孙及同堂兄弟之孙女在室者。

为再从兄弟之子及女在室者。

为从祖姑及堂姑及己之再从姊妹出嫁者，从祖姑即祖之亲姊妹，堂姑即父之堂姊妹。

为同堂姊妹之女出嫁者。

为姑之子，即父姊妹之子。

为舅之子，即母兄弟之子。

为两姨兄弟，即母姊妹之子。

为妻之父母。

为婿。

为外孙，男女同，即女之子女。

为兄弟孙之妻，即姊侄孙之妻。

以上都是大明崇祯三年七月十六日五服图的内容。从中可以看到明代中国民间实行五服制的情况。

（三）丧葬仪式

丧服只是丧、葬礼仪中穿的衣服和装饰品，表达当事人与死者的亲近关系，但是这些衣饰是什么时候穿的？在丧、葬仪式中占什么地位？也是一个重要问题，因此必须先了解丧礼、葬礼过程，从而才能深入认识五服的作用。

1. 理尸

人断气后，将其抬到正厅，进行"属纩"，即以丝絮或棉花放在鼻孔处，测试断气与否，无误后为亡者穿上明衣，以衾被盖尸。明衣是上下相连的衣服。此时一定要"楔齿"，即用筷子把上下牙支开，为后来饭含做准备。再由一人拿着死者穿过的衣服，自屋前爬到屋脊，呼叫三次死者名字，然后卷起衣服，盖在尸体上。亲人则易服，按五服规定穿上自己的衣服，赤足、素食。

2. 讣告

办理丧事，除家长主事外，要确立丧主，多由死者长子担任，主妇由死者妻子或丧主妻子主持。另外选一位护丧、一位主宾和一位相礼，还有司书和司货。丧主请护丧、司书写讣告，发给亲友，告之天下。执事们以白布缝帷幕，内设尸床，以别内外。丧主在帷幕外致哀、接客。亲友得到噩耗后，前来吊讣、致哀。在尸床前设灵座，设铭旌。

3. 小殓

死后第二天，在灵堂西侧设殓床，床上放垫席，席上铺被，再横放三条、竖放一条被子，用绳固定，再放被、衣，把殓床抬至尸体之南，将尸体移至殓床上，去掉枕头，改为叠好的衣服，并在两肩、两脚空当处放卷好的衣服。把死者衣服皆打死结，衣衽向左。再以衾被把尸体裹好，上盖以被。

在致哀声中，取三匙米放死者口中，加三枚铜钱，先后三次，取出筷子。

此称"饭含"。其后把剩米或饭放在陶鬲内，称"重"，并悬吊在一种木架上，称"悬重"。在木主未来前，往往以"重"代表神主或木主。先秦时"悬重"之风盛行，每个死者"重"多少不一，挂于中柱的横木上，但宋代已极少，明清时废弃。死者为男性，必加冠巾、加充耳。面部要戴幎目。穿深衣，结大带，放置握手，下穿鞋、袜，在尸体上盖衾被。

4. 设灵座

尸体前放一衣架，挂布帕和棉被。其前放一椅子，即为灵座。座上放衣物、被褥。衣上置魂帛，这是死者依附之处。灵前放一桌，其上供香炉、香盒、酒盏、酒壶、茶瓯、果盒、茶碟。

在灵座之右设铭旌，又称明旌，以竹子、红布制成，其上书写死者官职、姓名，以此识别死者身份。出殡时打着铭旌在前，落葬时放在灵柩上。尸体停放后，把奠桌放在尸体东首的当肩处，酌酒，以帛盖之。

丧主坐灵床之东，向北祭奠；齐衰、斩衰三年男子坐于丧主之下，坐在蒿草上；其他丧服男子依次自南而北坐在丧主之后，面向西，坐在席上；主妇坐在灵床之西，面对丧主；其他服三年男子的妻子坐在主妇之下，面向丈夫，坐蒿草上；同姓妇女自南而北落座，面向东方。死者长辈中的女性，以长幼为序，从东到西坐于灵床西北的墙壁下。异姓男子自西向东坐于孝帐外的东侧，面向北方。异姓妇女自东而西坐于孝帐西侧，也面向北方，坐于席上。

一切准备停当之后，执事们撤去孝帐，搬走袭床，将殓床移到袭床处，即灵堂正中。在司祝的指导下，全家亲友对死者进行首祭，司祝烧香，斟酒，丧主以下皆大哭不止。

5. 大殓

第三天举行大殓仪式。执事把棺材抬到灵堂的偏西处，架在两个条凳上。棺内放被褥，四边露于棺外。死者子孙、妇女以小殓用的被盖住尸体头部，然后把尸体移入大殓床上，用大殓床上的被子盖尸，并以布结成竖三道，横五道。然后把尸体移入棺内。并把死者的掉牙、头发、刚剪的指甲放在棺内四角，以卷的衣服填实，以尸体不动为宜。最后把棺内四角填实，先掩足，次掩首，再掩左右。丧主、主妇痛哭，然后盖棺、下钉。

这时搬走大殓床，在灵柩东设灵床，床上置帐、枕、衣、被、屏风、鞋，视死如生，样样具备，最后祭灵。

6. 成服

人死后第四天为成服日，家人、亲友根据自己与死者的辈分、远近，按五服规定，穿好孝服。丧主和死者兄弟必吃粥，其夫人吃素、饮水，不能吃水果、蔬菜。

7. 出殡

在上述活动中，还要安插一些其他活动，如开茔域、祀后土、遂穿圹、作灰隔、刻墓志、造明器，出殡前一天要祭祀，宣告次日出殡；先抬棺到祠堂拜祖先，后改由司祝捧箱子、举魂帛去，进行象征性告别祖先仪式，然后把灵柩移至厅中，举行大祭。

第二天早上抬棺到丧舆上，进行祭祀，启灵柩，摔盆。司祝举魂帛上灵车。前有方相氏开道，驱鬼祛邪，接着为抬明器——纸人、纸马、纸车等。铭旌在前或位于灵车两侧，灵车后为丧舆。灵车两侧还有黻翣，接着为香案、食案、丧主、家人、亲友随后。妇女戴盖头，外有布围。抵达墓地前，在墓道右侧设灵幄，其后设妇人幄。抵达后，道士仿方相氏以戈刺墓四角，驱鬼求净。明器列于墓前，魂帛在灵座之上。丧主站于墓左，面向右方，妇女在幄内向左方。亲友、客人纷纷远去。

8. 落葬

棺材放入墓穴，前方放墓志，明器放前后左右。铭旌平铺在灵柩上，相当于帛画，黎族的龙被则取下再用。填土时在墓左祭后土，书写灵板，供于灵座上。收起魂帛，放箱内，置于神主之后。此时进香、斟酒、念祭文。祭毕司祝捧神主登灵车，返回家中。同行者有丧主、家人，但必留一人，看填土完成。

到家后，把神主放在灵座上，事后摆在祖先牌位之列，在家或在祠堂。

到此为止，丧、葬、祭基本完成，当然主要是丧、葬两个仪式，祭还要持续不断地进行。每人所穿的衣服，依五服规定，必须穿一定时间，作为等级、地位的一种符号。

（四）五服样式和制作

五服是什么样式？又是怎么制作的呢？

1. 斩衰服

斩衰服要穿三年，"斩"字为撕裂心肺之痛，该服不缝边，指在衣前有一块布，长6寸，宽4寸，此布为"衰"，指痛苦铭记在心上。所用原料为粗麻布，包括衣、裳、冠、绖带和杖、履。

上衣有身、衰、袂（袖）、袪（袖口）、适（两边辟领）、领（中间加领）、带下尺（腰带）、衽（下摆）。前有衰，后有负版，左右有辟领，表示孝心无处不在。

下裳由前三块、后四块组成，共七块，每幅打三个褶，类似裙子，必扎腰带。

冠由冠、武和缨组成，先以硬纸为架，宽三寸，以较细麻布包梁，在梁上的细布要向右纵缝，缝出纵跨梁顶的三条褶子，当时称"三辟积"。梁的两边向外卷折，叫"外辟"，头上系的麻绳为"武"。该绳缝于"外辟"处，随后下垂，称为"缨"。最后系于颐下，即拴于下巴下边。

绖带是三条有麻籽的麻绳。其中有几种：

首绖是将黑色有籽麻绳从左耳上方经额前围至原处，再用两根细麻绳分别系于该麻绳之上。位置在两耳之上，故曰"首绖"。

腰绖是扎在腰上的有籽麻绳。小殓时丧主要拴腰绖，并把首绖下垂的两根麻绳拴在腰绖上，在交结处分别用细麻绳系住。

绞绖是在腰部系的有籽麻绳。

杖男女有别，男用竹杖，女用桐木杖，形制为上圆下方。

履以菅草或粗麻扎成，鞋边必向外翻。

斩衰服有三种用法：正服，子为父服；加服，本来孙为祖父服齐衰，如果父亲早亡，孙承重，孙要服斩衰，称"加服"；义服，媳妇为公公，承重孙媳为祖父、妻妾为丈夫，本无血缘关系，行斩衰礼是出于道义，故名"义服"。

以上为男子的斩衰服。

妇女斩衰穿大袖上衣，下着六或十二幅拖地裙，也以粗麻布制作，下缝边，再以细麻布为盖头，三幅宽，从头到脚。发根以一根长八寸的略细麻布条系扎，余者垂下。发插竹簪，长五六寸。脚穿粗麻布鞋，扎带籽麻绳腰带。妇女不用衰、负版和辟领。

2. 齐衰

齐衰仅次于斩衰，"齐"相当于缉，衣边可以缝制，说明它比斩衰不缝边进一步。齐衰分五等：(1) 齐衰三年。其中分三等：正服，指儿子为母亲服丧；加服，父亲已亡，孙子承重，他为祖母、曾祖母、曾高祖母以及母亲的嗣子必加服齐衰三年；义服，儿子为继母、养母，儿媳为婆婆，继母为长子以及侍妾为夫君的长子所服的丧服，男子在此服中也用杖。(2) 齐衰杖期。该服又称"期"或"期年"。实为阴历十三个月，并用杖。分正服、降服和义服。正服，祖父在，父已亡，嫡孙为祖母所服之丧；降服，儿子为改嫁或被休的母亲所服之丧；义服，丈夫为妻子，儿子本应为母服齐衰三年或斩衰三年，但父已亡，随改嫁继母到了人家为儿子必为继母所服。(3) 齐衰不杖期。该丧有四种：正服，男子为祖父母、伯叔父；加服，祖父母为嫡孙或作为后裔的曾孙、玄孙；降服，出嫁女为父母；义服，侄子为伯、叔母。(4) 齐衰五月。该丧分两种：正服，曾孙、曾孙女为曾祖父母；义服，出继为他人子嗣者为曾祖父母。(5) 齐衰三月。该丧也分为两种：正服，玄孙、玄孙女为曾高祖父母；义服，族人为宗子、宗族的母亲、妻子。

齐衰服有一定特点，通常用稍细麻布做衣服，可以缝边，不用衰、负版和辟领。齐衰冠用布条，不用麻绳。齐衰绖带可用无籽麻绳或布条做成。齐衰杖不用竹子，仅用桐木。齐衰鞋用草、麻均可，鞋边向内收卷，而不是向外卷。

3. 大功

该丧服也用粗麻布制作，穿服九个月，不用衰、负版和辟领，可用布做鞋，妇女可用更细的麻布。共三种：正服，男子为堂兄弟；降服，男子为出嫁女；义服，女子为丈夫之祖父母。

4. 小功

该丧服为五个月，所用衣料为细麻布，丧冠上的三条褶子不是向右，而是向左。首绖、腰绖更加短小。鞋子可用白布制作。其中也有三种：正服，男子为伯叔祖父；降服，男子为出嫁的孙女；义服，男子为堂伯叔祖母。

5. 缌麻

缌同丝，缌麻指加更细的麻布，以此制作丧服。该服为时三个月，共三种：正服，男子为曾祖父；降服，男子为兄弟、已出嫁的孙女；义服，男子为曾祖母、家庭成员和朋友。

通过以上介绍看出，无论是哪种丧服，都有一定特点：一、它是生者与死者亲戚或血缘关系的标记；二、上述关系是单向的所属关系，如臣为君服斩衰，民为君服齐衰，子为父服斩衰，而无相反现象；三、丧服所用的原料是有变化的，一般由粗而细，从简单到复杂。

总之，中国古代基本实行五服制度，自秦汉到明清没有发生大的变化，但历代均有一定增减，以明代最为突出。洪武七年（1374）孙贵妃死，无子，礼部认为按《周礼》、《仪礼》定式，太子、诸王为庶母无服，朱元璋大怒。《明史·礼志十四》："子为父母，庶子为其母，皆斩衰三年；嫡子、众子为庶母，皆齐衰杖期。"并著《孝慈录》，从而导致明初丧服的改革，基本内容如下：

（1）子为母服斩衰三年，原来的子为母服齐衰三年自然就不存在了。

（2）庶母为父妾，先秦时册封为庶母，要服丧三个月，士大夫以上为庶母无丧，明初为庶母服齐衰杖期。《明史·孙贵妃传》："众子为庶母期，自妃始。"

（3）先秦时父在为妻不杖期，但仅限于大夫嫡子。汉魏以来贵贱同服。因此父在为妻不杖期较流行。明初为母之服改为斩衰，与为父之服同。

（4）为嫡长子改服齐衰不杖期，嫡长子即正妻之长子。历代称长子或嫡子。《孝慈录》：父母为嫡长子及众子均服齐衰不杖期，嫡子、众子同服。这与长子衰微有关。庶母、长子丧服更强调辈分。

（5）为堂兄弟之妻服缌麻。过去无服，《孝慈录》增至缌麻三月。

（6）扩大无服亲范围。无服亲指原应在五服之内的，因一定原因压在五服之外，如出妻之子，母期服，但出妻之子为父后为出母无服。唐宋时五服以外者，一律"袒免"。元代舅母也袒免为无服。明代沿用之，并超出以前无服范围。

（7）废止殇服。先秦时未成年人亡故，称殇。实行大功、小功、缌麻。唐以后开始忽视。南宋朱子《家礼》称："凡为殇服降一等。"取消长殇、中殇、殇。明代《孝慈录》则废除殇服。

卅九、地画

1982年10月，甘肃省文物工作队在该省秦安县五营乡大地湾遗址的一座房址上发现一组绘画，因用炭黑绘在地面，发掘者称其为地画。[1]

（一）地画的发现

大地湾地画是在房屋内发现的，因此必须从房屋的结构谈起。房址位于大地湾遗址东南部，是在平地建筑的。房址平面为长方形，东北壁正中有一向外延伸的门道。门口有一小长方形门斗，与房屋的主室构成吕字形。该屋的墙壁和东北部居住面已经破坏，其他居住面保存完整。房址长5.80米至5.90米，宽4.65米至4.74米。门道宽0.39米，长0.55米。地面均经过修整，下层先将原地平铺夯实，然后抹一层草拌泥，表面再抹一层料浆石灰面，并往四周墙壁上抹一层白灰面。上层居住面则在上述地面的基础上，垫一层干净夯土和草拌泥土，表面也抹一层白灰面。在居室正中对门处有一个圆形火塘，但是火塘已被烧成红色，说明火塘是经过使用后废弃的。在火塘与后壁之间有一对柱洞，四周墙

---

[1] 赵建龙：《大地湾遗址仰韶晚期地画的发现》，《文物》1986年第2期。

基内也有许多柱洞。综观房屋结构和火塘情况，此房是仰韶文化常用的居住房屋，而且是经过长期使用后才废弃的。所不同的是，在室内地基上发现了一幅地画。

地画分布在靠近后壁附近的中间居住面上，绘画面积1.2米×1.1米。画以黑色颜料绘制，据有关专家鉴定黑色颜料为炭黑。题材由人物组成。这是一幅较大的绘画。

根据发掘者的描述，画面分上下两个部分：

第一部分，上部正中有一人，头部较模糊，宛如长发飘散，肩部宽平，上身近长方形，下身两腿交叉直立，似行走状。左臂向上弯曲至头部，右臂下垂内曲，仅存黑色颜料的残迹，但可识为人的形象。在上述人物的左侧，也有一个人物形象，头近圆形，颈部细长，肩部左低右高，胸部突出，两腿相交而立，也似行走状，左臂弯曲上举至头部，右臂下垂，也作手握器物之状。

39-1　地画

第二部分是在上述两个人像的下面,还有一组内容。据发掘者报道,认为是"绘一略向右上方斜的黑线长方框,长 55 厘米,宽 14—15 厘米。框内画着两个头向左的动物。左边的一个长 21 厘米,头近圆形,头上方有一条向后弯曲的触角,身躯呈椭圆形,有弧线斑纹,身上侧绘有两条向后弯曲的腿,身下侧有四条向前弯曲的腿,身后还有一条向下弯曲的长尾巴。右边的一个长 26 厘米,头为椭圆形,头上有三条触角形弧线,呈扇形分散,长条形身躯上有弧形斑纹,身上侧绘有向不同方向弯曲的四条腿,身下侧有四条向前弯曲的腿"[1]。

发掘者对大地湾地画的报道是准确的,具体解释基本上也是正确的,如认为上面两个人物为跳舞形象。但是对长方形框内具体形象的解释却是不能令人信服的,笔者认为它不是两个动物,而是两个安葬在墓穴内的死者。

(二) 丧舞形象

大地湾地画的内容,是比较丰富的,意义也比较深远。大体说来,地画包括两个部分:上部为舞蹈形象,下部为丧葬形象。现在进行一些具体的剖析。

地画上部的人物呈舞蹈形象,是比较清楚的,学术界也无异议,但是下面长方形框内的形象就有争论了,它是"供奉神灵的牺牲之物",还是两个特殊人物形象呢?这不仅是争论的焦点,也是解决地画主题的关键。仔细观察,长方形框内的形象,并不是两个动物,也就是非猪非羊,而是两个仰卧屈肢的人物形象,也就是一种埋葬形式,而长方形框是一种长方形墓穴。

在地画上,并没有神灵象征或形象,仅有跳舞的人,所以说框内为"供奉神灵的牺牲之物"不能令人信服。然而长方形框位于舞人的足下,舞蹈又有悼念之情,将长方形框解释为墓穴是顺理成章的。再说,框内的形象,一望即知

---

[1] 赵建龙:《大地湾遗址仰韶晚期地画的发现》,《文物》1986 年第 2 期。

是两个仰卧的人形，四肢皆屈，所谓头上的触角，实际是一种发饰或发辫，其中的"尾巴"，应该是一种人体装饰，而不是尾巴。以上两种装饰在大通舞蹈盆上早有发现。[1]

舞蹈是依靠节奏、有组织和美化的人体动作来反映生活、表现思想感情的艺术形式。其中除有乐器伴奏外，还注意人体装饰。尾饰就是常见的一种形式。在青海大通舞蹈盆、云南石寨山铜器上均有佩戴尾饰的风俗。过去笔者在西昌还收购一块东汉尾人画像砖，现藏于国家博物馆。文献记载更屡见不鲜，《说文解字》："古人或饰系尾，西南夷亦然。"《后汉书·南蛮传》载盘瓠之后，"衣服制裁，皆有尾形"。《后汉书·西南夷列传》哀牢夷"种人皆刻画其身，象龙纹，衣皆著尾"。《太平御览》卷七九一《四夷部》引《永昌郡传》："郡西南千五百里徼外，有尾濮，尾若龟形，长三四寸。欲坐，辄先穿地空以安其尾。若邂逅误折尾，便死。男女长，各随宜野会，无有嫁娶。犹知识母，不复别父。"《南中志·永昌郡》："衣后着十尾。"这类记载得到了考古学的印证，如云南石寨山出土的铜人衣后也有一长布幅，状如尾饰。我们在四川西昌地区考古调查时，也发现不少画像砖上有跳舞的形象，人皆着尾饰。现代民族学资料也有这种遗风。我国东北通古斯语系诸民族的萨满上衣后襟多下垂一尖状尾饰，象征鸟尾或蛇尾。贵州《三合县志略》卷四十一水族"吹笙跳舞，以兽尾为饰，顿足为节"。云南小凉山彝族在祭祖时，要组织男青年跳舞，他们皆披一个牦牛尾巴，模仿牦牛跳舞，并手持武器，驱赶鬼怪，为祖先开路，俗称跳牦牛尾巴舞。大量史料表明，尾饰在我国古代是很流行的，尤其在西南地区，而当地的彝族、纳西族又属于氐羌后裔，发源于西北地区，他们之间均有尾饰习惯是不足为怪的，也可证实大地湾地画上人物形象上的尾饰确实存在。

那么，大地湾地画所描绘的墓穴中的人物为什么呈屈肢状呢？这也是耐人寻味的。众所周知，无论在考古还是在民族学资料中，均发现不少仰卧屈肢或

---

[1] 见拙文《青海大通舞蹈彩陶盆画新析》，《活页文史丛刊》第109期。

蛙人形象，如在甘肃彩陶中就有不少蛙纹，南方越人的铜鼓上也有蛙饰，在广西左江流域崖壁画中也有不少蛙人。据考古学家的研究，它是跳蛙舞的巫师，目的是祈水神。至今壮族还有一种青蛙节，即在正月上半月天天为青蛙祭祀，唱青蛙歌，最后像安葬死人一样，把青蛙安葬在村外。壮族认为雷神主管雨水和农业丰收，而青蛙是雷神之女，专门沟通人间和雷神的联系，所以巫师在请神时必跳蛙舞。[1] 平时在祖先牌位和门楣上也贴有蛙人。由此看出，大地湾地画上的死者呈蛙形，是与某种信仰有关的。

舞蹈有多种多样，包括生产舞、战争舞、恋爱舞、祭祀舞等。大地湾地画上舞蹈显然不是生产舞、战争舞，联系到画面上的墓圹和舞蹈情景分析，它应该是为丧葬而跳的丧舞，这在民族学资料中是屡见不鲜的，可举出不少例证。

《隋书·地理志》："其左人则又不同，无衰服，不复魄。始死，置尸馆舍，邻里少年，各持弓箭，绕尸而歌，以箭扣弓为节。其歌词因说尽平生乐事，以至终卒，大抵犹今之挽歌。歌数十阕，乃衣衾棺敛，送往山林，别为庐舍，安置棺柩。"其中的"左人"，即为土家族先民，至今在湖南清江流域土家族地区还有一种跳丧、绕棺舞蹈，后者又称绕棺打转，它是祭祀已故长辈的高潮，一般五至七人表演，前一人由巫师执引导灯，即引魂灯，死者亡魂才能跟着灯光回到自己的祖先那里去。所以这个巫师又是跳丧舞的带头人，其他人随之而舞。舞蹈内容有农业生产、战争场面、日常生活等，歌词则是叙述死者生平及其功业的。[2]

丧舞在其他民族中也很流行。《炎徼纪闻》卷四龙家苗"人死，以杵画椎塘，和歌哭。椎塘者，曰也"。这种舞蹈在黎族地区称杵舞。海南岛陵水县哈黎办丧事时，将尸体移入棺内后，灵柩停放在家里达12天之久。主人悲痛欲绝，但是前来吊唁的男女们可在门口唱歌、跳舞，这些活动既是对死者的送别，也是生者交往的手段。出殡时必须鸣枪击锣，小女孩要坐在棺上送葬，表示与死

---

[1] 见拙文《左江崖壁画考察记》，《文物天地》1986 年第 2 期。
[2] 见拙文《鄂西土家族的拾骨葬和绕棺习俗》，《中南民族学院学报》（社会科学版）1986 年第 1 期。

者有骨肉之情。[1] 四川盐源左所摩梭人在出殡前夜，要举行一个隆重的跳牦牛尾巴舞，参加跳舞的人皆为青年，他们头戴钢盔，身披皮甲，甲片上系有小铜铃，舞者像武士一样，跳舞时铜铃发出清脆的响声。据说铜铃有两种作用：一是为跳舞者伴奏，二是能吓走鬼怪，起着辟邪作用。每个舞者身后披一根牦牛尾巴，在裤口、刀柄上也拴有牦牛尾巴，使舞者像牦牛一样。跳舞时，人们一边跳着牦牛的动作，一边唱着歌曲。这种舞蹈是为了安抚亡灵和为死者送行，将其灵魂送到遥远的发祥地。[2] 类似舞蹈还有不少，如畲族的盘瓠舞、景颇族的金再再舞、傈僳族的死舞等，都属于丧舞的性质。

其次，在丧舞中为什么有男女对舞的形象呢？此事与祈求生育有关。海南岛本地黎在送葬中有一种去灾舞，这是送葬时跳的舞蹈，一般有六人，三男三女，两人为一组，即男女对舞。其中一组为一男猎手和一头野猪，表演古代黎族狩猎情形，另两组则男女对跳，其中有一组男子还在身上拴一个草编生殖器，跳一种交媾舞。这绝不是孤证，苗族在吃牯藏——祭祀仪式中，也有一种交媾舞。[3] 湖南和湖北土家族有一种"茅古斯"舞，男性也以草编的生殖器为装饰，与女子跳一种交媾舞。这些事实表明"原始民族的恋爱舞，在我们看来好像是极其猥亵的"[4]。其意义不仅是男女求偶的一种形式，也是祈求生育的重要手段。因为死亡是氏族的重大损失，补救的办法是生育新生命，为此目的，必须进行婚配，上述交媾舞就是祈求生育的一种巫术。当然，两人对舞也有反映两性关系或两个氏族、两个家族进行舞蹈竞技的性质，如凉山彝族、纳西族就如此。

在上述墓葬形象和丧舞形象中看出，大地湾地画题材主要是对已故亲长的一种悼念，人们表演的正是丧舞。凉山耳苏人有一种《送魂经》，就是送亡灵归故乡的画卷，其中也有不少送葬舞。

---

[1] 王国全：《黎族风情》，广东民族研究所，1985年。
[2] 见拙文《左所纳西人的葬礼》，《世界宗教研究》1985年第3期。
[3] 见拙文《台江苗族的祭祖盛典——吃牯藏研究》，《世界宗教研究》1984年第1期。
[4] 〔俄〕普列汉诺夫：《论艺术》，生活·读书·新知三联书店1964年版，第103页。

（三）丧迁习俗

　　大地湾地画是画在室内地面上的，显然它不是人们在居住期间绘上的，否则不便于房屋的使用。从地画所用的颜料看，用的是炭黑，可能是锅底灰。这种颜料不耐久，容易脱落，可知是临时绘制的。因此，大地湾地画是在特殊的情况下绘制的，即人们即将废弃这种住宅、并要迁居他方时画上去的，然后房屋的主人就与房屋告别了。

　　人们为什么要废弃自己的住宅呢？原因是多种多样的，从民族学资料分析，主要有以下几种情形：

　　居住习惯是受经济条件支配的，迁居是早期人类的重要生活规律。在采集和狩猎时代，人类为了寻找猎捕对象，过着一种不断迁居的生活；进入农耕之后，特别是在火耕条件下，仍然过着定期迁徙的生活。如云南苦聪人以火耕农业为生，因火耕地只能种一两年，所以每年都要迁居，一般是在秋后收割完毕，从甲地迁到乙地；在乙地住一年之后，秋后又迁往丙地。迁徙时家长捧着祖先牌位，拿着火种；其他人则携带生产工具、家具，抱着鸡，赶着猪，穿林过山，寻找新的土地。土地选好后，即通过占卜确定住地，方法是挖三个土坑，每个坑内放三粒谷子，然后盖上芭蕉叶，过一段时间揭去芭蕉叶，如果三粒谷子挨着为吉兆，可在此建房，三粒谷子分散则为凶兆，要重新选择住地。上述火耕和迁徙，是房屋废弃的基本原因，但不是唯一的原因，事实上还有许多偶然因素。

　　一种是火灾往往导致人们更新房屋或迁徙他乡。有人认为远古大部分遗址的废弃是出于火灾。从民族学资料看，火灾的确是遗址兴废的原因之一，尤其对竹木或土木建筑威胁最大。如壮族、布依族和苗族往往因火灾而放弃原来的住地。正因如此，人们对火灾十分警惕，傣族住竹楼，每村都有防火人员，经常扛一个防火牌游村串巷，提醒人们防火。侗族也有类似风俗。说明火灾是严重的。我国新石器时代某些房址有明显的火烧遗迹，当是火灾流行的佐证。但是火灾有一定偶然性，不是原始村落废弃的主要原因。

一种是特殊的葬俗引起迁徙。台湾有些高山族把房屋分为两部分，从中柱分开，西部为死人住处——墓地，东部为活人住处——住室。家里死人先在西面埋葬，由此往中柱延伸，直到中柱为止，否则认为会危害活人。因而当房屋西部埋葬死者后，就要放弃房屋，举族迁徙新的住地。有些民族则在出现丧事后即废弃原来的住宅。如苦聪人家里死人后，一般要把死者埋在房内，然后把房屋烧掉，全家迁往新的住地。康熙《楚雄府志》卷一拉祜族"遇有死者，停尸而去，另择居焉"。《云龙记往·云龙记》阿昌、景颇等族"人死，则以所用物缠尸焚野，并焚所居，生者移他处"。

一种是战争所引起的迁徙。四川大小凉山彝族在打冤家时，不仅要凭武力决定胜负，还请巫师进行巫术战，以图克敌制胜。其中败方常取一只山羊角，内贮若干羊毛、烂布，偷偷将其丢在对方的饮水处。巫师认为羊角内有"灵哥"鬼，谁喝了附有"灵哥"的水谁就会生病身亡，使对方不战而亡。对方发现羊角后，要立刻请巫师占卜，驱走"灵哥"，同时举族迁徙。在打冤家时，根据战争的需要也常常迁徙，所以战争也是引起迁徙的原因。

此外，瘟疫也迫使人们迁徙，如凉山彝族、黑龙江赫哲族遇到人畜瘟疫经治疗无效时，就采取迁徙的办法。他们认为瘟疫是鬼所为，人们迁走就甩掉了鬼，瘟疫就留在原地了。这种巫术实际上具有隔离作用，对于防止瘟疫蔓延是有益的。

不难发现，原始村落和房屋的废弃是由多种原因造成的，其中经常起作用的是社会经济，也与火灾、疾病、葬俗和战争等偶然因素分不开。因此，在探讨村落和房屋废弃的社会原因时，应该具体问题具体分析。大地湾地画所处的时代，生产力已经有一定发展，虽然尚保留火耕残余，但耜耕已经有相当发展，所以大地湾房屋的废弃与经济因素关系不大，室内也没有火灾遗迹，排除了火灾的可能性。但从房屋废弃时又留下了清晰的地画分析，显然与丧葬习俗有关。

大地湾人实行土葬，住地和墓地是分开的。地画说明当时的人们除把死者送到墓地安葬外，也相信亡灵依然在住室内徘徊。这对生者当然是一种威胁，因而人们一旦安葬完死者，就废弃了原来的房屋，让亡灵在此安息，而生者迁徙到新的住地。在迁徙前夕，人们还在室内地上画上死者的墓葬和丧舞形象，使死者不要扰乱活人。这就是大地湾地画形成的原因，它是与当时的丧迁习俗密切相关的。

四十、猪埙

在一位货币收藏家的家里,笔者看到一件精美的猪形陶埙,该器以泥质红褐陶捏成,高8.7厘米,宽8.5厘米,呈猪头状,内部挖空。观察其做法,是先做一个空心球体,在上方两侧安两尖耳(左耳已残)。两耳下前方各穿一音孔,作为猪的眼睛。从两耳根部往猪唇有两条突起纹饰,象征猪的面纹,面纹在猪鼻上交合,且有一圆饼形装饰。前下方安有猪嘴,向前延伸,有明显的鼻孔和嘴。在猪埙后上方有一吹孔。猪埙上圆下平,放在桌面上,如猪伫立,栩栩如生。陶埙呈红褐色,局部烧黑,看来是"小火烧"。

据收藏主人说,这件陶埙是在内蒙古赤峰郊县收购的,为夏家店上层文化,属于战国东胡时期的文化遗物,已有2000多年的历史,是一件珍贵的文物。

埙又名壎。《乐典》称埙"烧土为之,大者如鹅子,小者如鸡子,锐上平底,形如钟"。不难看出,猪埙具有埙的基本特征,如陶制、圆球状、锐上平底、有吹孔和音孔,造型别致,生动美观。不过,猪埙又有自己的特点:一是体型较大,是我国先秦时期遗留下的最大的埙;二是外形为猪头形,这是比较罕见的。

埙是一种原始的吹奏乐器,是我国最早的乐器之一,对理解乐器的起源有重要启迪。史前史告诉我们,人类最初以狩猎谋生,人们除利用手斧、棍棒、镖枪、飞石索和弓箭等猎具主动袭击禽兽外,也利用一定手段引诱禽兽靠近自己。如鄂伦春族利用口技模拟狍崽叫,彝族以吹树叶仿野鸡鸣叫,以便把禽兽引诱过来，伺机射杀之。这是诱惑野生动物常用的方法。后来发明了鸡媒和鸡哨、狍哨、鹿笛等拟声工具。有些学者认为这是乐器，其实不然。因为狩猎用的拟声工具，只是简单地模拟禽兽鸣叫，还不能抒发人的思想感情，也缺乏节奏感。但是，狩猎用的拟声工具对乐器的发明有一定启发。

最初的埙，可能是一节竹子或一个葫芦，类似拟声工具鸡哨，有吹孔而无音孔；后来为了具有节奏感，增设音孔，发明了有音孔的陶埙。而制陶是新石器时代的特征，陶埙当出现于新石器时代。从目前的考古发现看，我国史前出土的乐器甚多，有骨笛、骨哨、陶角号、陶铃、陶埙、响球、石磬和各种形式的鼓。其中又以陶埙、骨哨和骨笛出现最早。在浙江河姆渡文化、中原仰韶文化等遗址中都出土过陶埙，在其他如大汶口文化、龙山文化、齐家文化中也有一些发现。这说明陶埙是最古老的乐器，可以追溯到7000多年前。

那么，陶埙是一种什么样的乐器呢？考古出土的遗物是不会说话的，但是在民族学资料中还能找到陶埙的遗迹。不久前，我国各地的祭孔仪式中，还吹奏陶埙，这是证据之一。其二是，云南白族、彝族还在使用古老的陶埙，不妨举一两例加以说明。

昆明市郊区官渡有一支彝族，称"子君"支系。该支系自称"萨摩都"，又称"子间"。道光《云南通志》引《伯麟图说》："子间，归化久，服食皆同华人。嫁娶必乘马，平时负薪以行。云南府属有之。"他们有一种"布里拉"儿童玩具，以泥土烧成，有菱形、人头形、月牙形、鸟形等，有一吹孔，两音孔。吹奏时，以两手拇指、中指托住两侧，食指各按一音孔，以嘴吹吹孔，并移动手指，可发出不同声音，全按音孔能发出 do 音，开右边音孔发 re 音，两孔皆开发 mi 音。音色明亮，清雅迷人，有《阿乌歌》传统曲调。在云南文山地区彝族有一种土洞箫，又称笛老挪，也为泥制吹奏乐器，呈梨、葫芦状，中空，有三孔，演奏方法同上。正月初二、初三，小伙子都流行吹土洞箫，象征春耕开始了。当地流行一种《催春曲》，就是由土洞箫演奏的。

云南大理州白族有一种吹奏乐器，名曰土吹鸡，也以泥捏成烧成，如芒果、鹅蛋、蛇头、猪、牛、鸡诸形，有一吹孔，一至三个音孔。有些陶埙上还涂有彩色。吹奏方法同上。

藏族有一种"扎令"吹奏乐器，又称"扎窝令"、"法令"，流行于藏北和后藏地区，以黏土捏制，呈鹅蛋形、鸟形，中空，有一吹孔，二至四个音孔，是儿童和牧民的吹奏乐器。

宁夏回族有一种泥哇呜，又称泥箫、泥娃娃，有鹅蛋形、牛形、牛角形多种，皆中空，有一吹孔，二至六个音孔。事实上，回族的泥哇呜基本是儿童的玩具，多在放牧时吹奏。

在汉族地区也有不少陶埙，如河南淮阳人祖庙就出售陶埙。许昌地区货郎担叫卖的"叫曲"，也是小儿吹奏的陶埙。

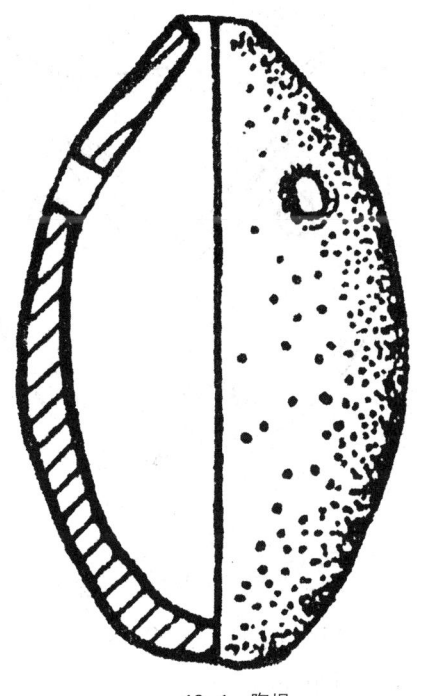

40-1 陶埙

以上所列民族学资料中的"布里拉"、土洞箫、土吹鸡、扎令、泥哇呜，都是陶埙的范畴，说明其源远流长，分布广阔。这些资料对研究古代陶埙有重要借鉴。

现在再来看看考古发现的陶埙。一般说来，乐器是由发声体和共鸣体组成的。猪埙的吹孔是发声体，整个埙为共鸣体。当人吹奏吹孔时，气流入内，旋流发音，产生一定音量，从音孔处发出醇厚、浑圆的声响，并且根据手指仰起的动作，奏出有节奏的乐曲。

陶埙的演奏，通常是由一个人独奏的，后来也与篪配合使用。《诗经》："伯氏吹埙，仲氏吹篪。"篪为竹制管乐，单管横吹。埙篪同奏，声音和谐。《诗经·大雅·板》："如埙如篪。"毛传："如埙如篪，言相和也。"《荀子·乐论》："埙

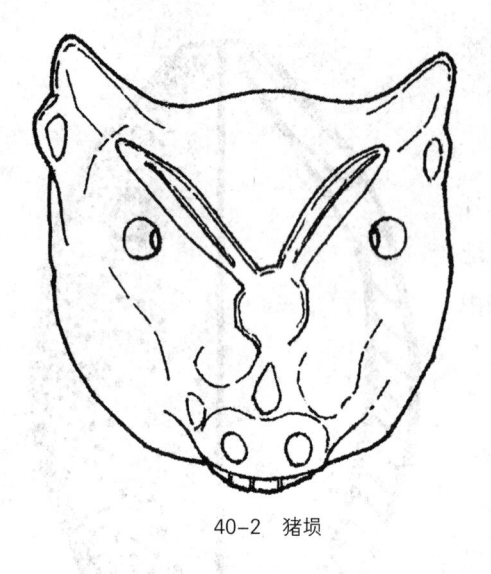

篪翁博。"后世多以埙篪为赞美兄弟和睦之词。

通过以上分析看出，猪埙是一件宝贵的乐器，具有重要的学术价值。

首先，埙是最古老的乐器之一，在八音中占有重要地位。《乐记》："土曰埙，竹曰管，皮曰鼓，匏曰笙，丝曰弦，石曰磬，金曰钟，木曰柷、敔。此所谓八音也。"八音是对中国古代乐器的通称，其中以埙为首，一说明其重要地位，二说明其古老。《路史》："庖牺灼土为埙。"清末吴浔源著《棠湖埙谱》，是对埙的总结性力作。

40-2 猪埙

其次，埙是儿童的重要玩具。从白族、彝族、藏族、回族使用陶埙看，埙既不是巫师的乐器，乡间乐队也不以埙伴奏，而是儿童们的吹响玩具。在青海柳湾马厂文化遗址出土的陶埙，也是儿童的随葬品，表明陶埙起初是一种儿童玩具。藏族的扎令，除作为儿童玩具外，牧民在放牧时，也作为驱赶、召唤牛羊的拟声信号，后来发展为乐器。所以陶埙原为玩具、拟声之物，后来才发展为乐器，成为八音之一。

再次，猪埙是埙有一定发展的产物。据有关音乐史专家研究，认为最原始的埙只有吹孔没有音孔，有音孔的陶埙应该是按照一定的音阶或调式制成的旋律乐器。猪埙有吹孔也有音孔，应该是原始乐器和埙有一定发展的产物。在此之前，埙应该有一个发生、发展的过程。

更为有趣的是，猪埙造型也具有一定的社会意义。在当时的历史条件下，猪是重要的家畜，居六畜之首，是人们的饲养对象，是祭品和肉食的重要来源。同时，猪也是当时重要的动产，是财富的代表。因此，猪埙包含着丰富的象征性意义。

四十一、陶响球

我国原始社会有许多玩具和娱乐工具，但是往往不为学者们所重视，在这里，我们想把考古发现的一种比较特殊的陶球——陶响器提出来，作为探讨远古球戏的引玉之砖，并且就教于同志们。

在我国石器时代考古发掘中，发现了许多陶球、陶弹丸，也有石球、石弹丸，这些文物形相似而作用不同：有些是供飞石索投掷的石球[1]，有些是狩猎和保护农作物用的以弹弓发射的弹丸[2]，有些石球和弹丸则是一种玩具。不过同时还发现一种球状陶响器。由于这种陶球较大，内部中空，贮有弹丸和石粒，摇动时沙沙作响，故名陶响器。这种陶球无论是其结构还是使用方法，都是耐人寻味的。据我们的初步研究，认为它是一种古老的玩具和娱乐工具。陶响器源远流长，可以追溯到旧石器时代中期就发明的飞石锤，作为玩具和娱乐工具则盛行于原始社会晚期，但是直到进入文明社会，它还在民间保存下来，只是做法和玩法有许多发展和变化而已。

---

[1] 见拙文《投石器和流星索》，《史前研究》1984 年第 2 期。
[2] 宋兆麟等：《中国原始社会史》，第 152 页。

（一）考古发现的陶响器

这里所谓的陶响器，实际上是指空心而能摇之有声的陶球。这种文物在新石器时代遗址中有不少发现，例如：

在四川巫山大溪遗址的发掘中，曾发掘出若干陶球，红色，内空，摇之有声。[1]

四川宜昌清水滩遗址出土4件陶响球，皆中空，内贮石子，摇之有声，外表有镂孔和各种纹饰。其中有一件陶响器有6个镂孔。[2]

湖北江陵毛家山遗址也出土陶响器，其中有一件以三股一组的箆纹彼此相交构成六个对称的米字纹，交点上都有圆形镂孔。这些器物内部皆空，贮有弹丸，直径3厘米左右。[3]

湖北松滋桂花树遗址出土许多陶响器，发掘者认为从纹饰可划分为三种形制：一是以双股锥刺纹组成的米字格，有对称的8个极点，每个极点都有一个小镂孔；二是由锥刺纹组成的6根经线，1根纬线，相交处均为镂孔，另外在相邻两格有对称的4个镂孔；三是由双股锥刺纹组成4根经线，交叉处均有镂孔。在以上陶响器内都有弹丸，摇动时发出响声。[4]

湖北黄冈螺蛳山遗址也出土一件陶响器，形制和结构同上。[5]

湖北京山屈家岭遗址出土了数十件陶响球，发掘者根据大小分为三种：直径在4厘米以上者为大型陶响器，直径在3—4厘米者为中型陶响器，直径在3厘米以下者为小型陶响器。这些陶响器的外部多饰以麻面纹、米字纹、方格纹

---

[1] 四川长江流域文物保护委员会文物考古队：《四川巫山大溪新石器时代遗址发掘纪略》，《文物》1961年第11期。
[2] 湖北省宜昌地区博物馆、四川大学历史系考古专业：《宜昌县清水滩新石器时代遗址的发掘》，《考古与文物》1983年第2期。
[3] 纪南城文物考古发掘队：《江陵毛家山发掘记》，《考古》1977年第3期。
[4] 湖北省荆州地区博物馆：《湖北松滋县桂花树新石器时代遗址》，《考古》1976年第3期。
[5] 中国科学院考古研究所湖北发掘队：《湖北黄冈螺蛳山遗址的探掘》，《考古》1962年第7期。

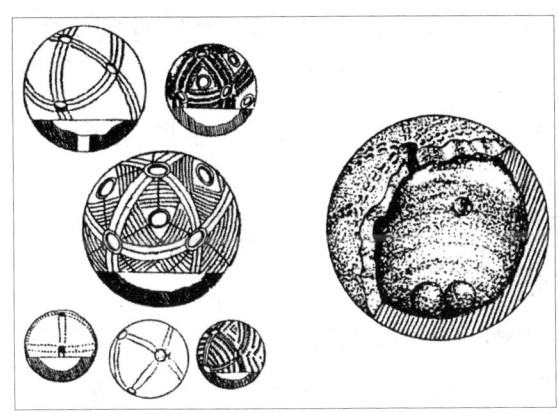

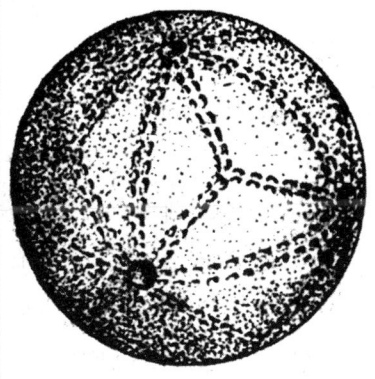

41-1　各种陶响球　　　　　　　　41-2　陶响球

和镂孔。其中还有几件精美的彩绘陶响器。[1]

京山朱家咀遗址第一次发掘时共出土20件陶响器，其中有3件比较完整，呈球状，中空，有黑、灰两种颜色，周身有对称的6个镂孔，孔径0.3—0.4厘米。在镂孔之间锥刺的圆点有线纹相连。球内装有15或更多的陶弹丸，摇动时有声响。大型陶响器直径8.5厘米，小型陶响器直径3.5厘米。[2]

当阳冯山遗址出土一件陶响器，以泥质褐陶制成，也呈球状，中空且有弹丸，外有镂孔和弧线三角纹，直径4.8厘米。[3]

大冶上罗村遗址出土一件陶响器，内空且有弹丸，直径5.5厘米，外饰圆圈纹。[4]

河南唐河寨茨岗遗址出土6件所谓陶弹丸，其中有一件直径达3厘米，外表有镂孔，内空且有弹丸，实为陶响器。[5]

---

[1] 中国科学院考古研究所：《京山屈家岭》，科学出版社1965年版。
[2] 湖北省文物管理委员会：《湖北京山朱家咀新石器遗址第一次发掘》，《考古》1964年第5期。
[3] 湖北省博物馆、武汉大学历史系考古专业：《当阳冯山、杨木岗遗址试掘简报》，《江汉考古》1983年第1期。
[4] 黄石市博物馆：《大冶上罗村遗址试掘简报》，《江汉考古》1983年第4期。
[5] 河南省文化局文物工作队：《河南唐河寨茨岗新石器时代遗址》，《考古》1963年第12期。

唐河茅草寺遗址出土一件陶响器，球状，内空，贮有陶弹丸，摇之有声，外面有手摇痕。[1]

湖南澧县梦溪三元宫遗址出土7件陶响器，泥质红陶，中间挖空，内有数枚弹丸，摇之有声，直径2.8—4厘米，外表皆有纹饰。[2]

江苏圩墩遗址第二次发掘时，出土了4件陶响器，外部有圆点纹装饰，中间挖空，内有若干砂粒，摇之有声。[3]

安徽潜山薛家岗遗址出土陶球69件，其中没有镂孔者7件，有镂孔者62件，后者都是陶响器。这些陶响器内部挖空，贮有弹丸，外面镂孔不一，少者1个，多者达36个。直径为4.6厘米至8.8厘米。[4]

湖北蕲春易家山遗址出土19件陶响球，完整者15件，皆为手制，分泥质红陶和夹砂质陶两种，球内挖空，有砂粒或弹丸，直径2厘米至4.8厘米。球表面有圆圈纹、螺旋纹、点纹、叶纹、三角纹和细划纹。[5]

出土陶响器的遗址还有几处，此不多举。从上述例子看出，在长江的广大中下游地区曾普遍使用过陶响器，其中心地区是湖北省境内，另外在四周也有发现，东到苏南，西抵川东，南到湘北，北至南豫。从年代上说，陶响器在大溪文化中就出现了，并且有一定发展，到屈家岭文化时期有很大发展，并且一直延续到青龙泉三期，即到了湖北龙山文化阶段。

陶响器虽然有大中小之别，但共同的特征比较明显：形制呈球状，内部挖空，贮有弹丸或砂粒，球面有镂孔，并且饰有纹饰。摇动时能发出声响。从这种特征上说，称其为陶响器是可以理解的，但是这种器物除了具有摇之有声而外，还是一种圆球状，这也是不可忽视的特征之一。因此，与其说是陶响器，不如称其为陶响球更正确。

---

[1] 河南省文化局文物工作队：《河南唐河茅草寺新石器时代遗址》，《考古》1965年第1期。

[2] 湖南省博物馆：《澧县梦溪三元宫遗址》，《考古学报》1979年第4期。

[3] 吴苏：《圩墩新石器时代遗址发掘简报》，《考古》1978年第4期。

[4] 安徽省文物工作队：《潜山薛家岗新石器时代遗址》，《考古学报》1982年第3期。

[5] 湖北省文物管理委员会：《湖北圻春易家山新石器时代遗址》，《考古》1960年第5期。

过去学术界对陶响球已有一定的研究，但看法不尽相同，有人认为是纺织工具——纺砖，有人认为是玩具。主张是纺砖的理由是，纺纱用纺轮，合纱或纺线则用纺砖，从而肯定考古发现的石球、陶球和陶响球为纺砖。[1] 我们认为这种看法是站不住脚的。

第一，据我们在民族地区的多年实际调查，原始的纺纱工具的确是纺轮，这是肯定无疑的，质地有石、陶、木、葫芦等，形状有扁平圆盘形、柱形、半

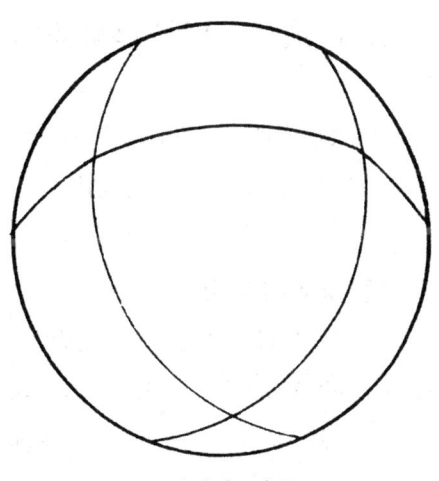

41-3 陶响球示意图

球形、梯形等。至于纺线或合纱，同样也用纺轮，只是两者大小、轻重有些区别而已，也就是说，原始的纺纱和纺线工具在形制上并没有严格区别。因此考古发现的纺轮不仅用于纺纱，也用于合纱，尤其是某些较大且重的纺轮。[2]

第二，从民族学资料看，原始的纺纱工具由轮盘和纺杆组成，但是所谓陶响球式的纺砖没有安纺杆的部位。陶响球上虽然有不少镂孔，但是上下两镂孔并不在一条直线上，孔眼也极小，不能安装纺杆，所以陶响球不是纺线工具，而别有他用。

第三，在考古发掘中，一般都出土有大量的纺轮，同时也出土不少球类。两者并存不能说明它们分别用于纺纱、纺线，恰恰相反，在民族学资料中也有同样的并存现象，但纺轮用于纺线、纺纱，而球类则有他用，有的是狩猎工具，有的是玩具，然而绝不是纺线工具。

由此看出，陶响球不是合纱工具，要阐明它的用途仅仅依靠考古资料是不够的，必须借助于民族学和民俗学资料进行综合性研究，才能找到比较理想的答案。

---

[1] 王若愚：《纺轮与纺专》，《文物》1980年第3期。
[2] 见拙文《从民族学资料看远古纺轮的形制》，《中国历史博物馆馆刊》1985年第8期。

（二）民族学资料等提供的实例

据我们的调查，在民族学和民俗学资料中有许多球类及其游戏，其中有几种与陶响球关系很密切，现在按球的种类和不同的玩法分别介绍如下：

1. 河南汉族的摇响当

当地小孩有一种玩具，称摇响当。它是以黄土捏制的，先做两个半球形泥坯，挖空，外表饰以花纹，有若干镂孔，然后将两个半球合在一块，内装几个弹丸。晒干后，小孩可握在手中摇动，能发出沙沙的响声。每个小孩都有一两枚。其实，这种玩具在安徽、山东、北京、河北、辽宁等地也有流行，除泥制外，也有陶烧的，或木雕。有些地方还在球上安一木柄，称拨郎锤。苗族也有类似玩具，称为金铎，以其伴舞。陈鼎《滇黔土司始礼记》称苗族"元夕立标于野，大会男女，男吹芦笙于前，女振金铎于后，盘旋跳舞，各有行列，讴歌互答，有洽于其心即奔之"。

2. 河北汉族的踢石球

在河北保定、清苑、新城、蠡县、南宫等县农村，有一种踢石球游戏，石球直径6—8厘米，组成两队，互相攻门为胜。过去北京地区也有此戏。《燕京岁时记》："十月以后，寒贱之子琢石为球，以足蹴之，前后交击为胜。盖京师多寒，足指瘃冻，儿童踢弄之，足以活血御寒，亦蹴鞠之类也。"还有一种玩法，"二人以石球二个为赌，用些碎砖瓦块铺地，用一球先摆一处，两球离七八尺远，每人踢两次。踢中为赢，不中便输"[1]。

3. 贵州仡佬族的打篾鸡蛋

仡佬族的球戏所用的球，是以竹篾编制的，其中分两种形式：一种是打篾

---

[1]《北京民间风俗百图》六十四，书目文献出版社1983年版。

鸡蛋，一种是打花龙。

打篾鸡蛋：在贵州织金县境内居住的仡佬族以斑竹编织篾鸡蛋，先将砍下来的竹竿劈成竹片，削去粗糙的黄篾，再把青竹篾劈成细丝，进而进行编织。该器呈球状，直径4—12厘米，其内装有稻草、破布和棉籽。表面涂有红绿诸色。游戏时，在平坦的地上画一根中线，线两端各立一木杆，在木杆间拴一绳为界。参加人分为甲乙两队，每队三五人，但人数要相等。打球时，两队各站半场，主要以手拍打，有推、扣、拍、托等方法，必要时也可以手送、脚踢。如果都是球术高手，有时打一两百个回合都不落地，一旦球打不过去，或者没有拍回，或者球触身体，都算输局。最后计算双方胜负。

打花龙：打花龙主要流行于贵州遵义、仁怀等县，在广西也有少数仡佬族打花龙。花龙也是一种篾球，内贮瓦片、砂粒、铜钱等，摇之有声。有两种玩法：一种是两人一组，互相对掷，是男女青年的主要游戏之一；一种是"牛撑牛"，一般是在荒山旷野举行，人数不限，由一位球手开球，他竭尽全力，把花龙丢到荒山上，其他人闻球声而动，争先恐后地去追找花龙，谁找到后谁再往远处丢，有时要跑一二十里路。

4. 湖南瑶族的曲棍球

在湖南南部瑶族地区有一种"毛莱"活动，"毛莱"是木球之意，由硬杂木削制，直径9厘米，另外有球棍若干，长1.2米，直径2—3厘米，柄部垂直，棍头略曲。球场为长方形，长20米，宽14米。在球场中央有一条线，该线中央有一土坑，直径12厘米，深6厘米，作为发球点。球场两端各有一门。打球时，双方组织相等的球队，每队3—20人。裁判员一声令下，双方各出一名球员，将土坑内的木球拨出，互攻对方球门。比赛以攻入对方球门次数多少为胜负。

类似球戏，在海南岛黎族地区和内蒙古达斡尔族地区也有，球以木或椰子代替，球棍呈弯曲状，故曰曲棍球。另外，高山族有一种打羊毛球，不用球棍，以手递脚踢为戏。

5. 高山族的叉球

高山族有一种叉球游戏,《番社采风图考》六十七:"番以藤丝编制为球,大如瓜,轻如帛,画以五彩。每风日清朗,会社众为蹋鞠之戏,先以手送于空中,众番各执长竿,以尖托之,落而复起,如弄丸戏弹,以失坠者为负,罚以酒。男女堵观,以为欢娱。"在台东县达仁乡土板村排湾人中还保留一种托高或叉球游戏。这是在祭祀活动中举行的,头一天由巫师和贵族在大头目家里举行祈祷仪式,然后在户外选一块场地,把竹竿排列开来。第二天清早,大头目率领贵族去拜祭竹竿。第三天参加者各就其位,共有28根竹竿。仪式开始时,由大头目的弟弟向空中投掷10个藤球,其中5个为吉祥球,5个为凶球,每个持竹竿者均用力向空中刺球,刺中吉球万事如意,刺中凶球不得安宁,必须请巫师去凶化吉。

6. 壮族的抛绣球

朱辅《溪蛮丛笑》称:"土俗节数日,野外男女分两朋,各以五色彩囊豆粟,往来抛接,名曰飞䌽。"现在,壮族在三月三时,必搭一座歌棚,男女分站两边,先由一方将布缝的绣球从歌棚顶上抛过去,对方再抛回来,如此往返。如果落地或出界就算输局。每负一次,胜方就俘虏一人。比赛完毕,胜方和观众则对输者说:"要风,还是要雨?"要风就是以斗笠扇风,要雨就是向输者泼水,以示惩罚。

这种游戏在其他民族中也有流行,布依族称掷花球,康熙《贵州通志》第六十一册:"仲家……于孟春跳月,用彩巾编为小圆球,如瓜,谓之花球,视所欢者掷之。"云南西双版纳傣族称丢包,云南富宁县的瑶族也有丢包活动。玩时男女青年各站一方,相距三四米,每人有两个花包,右手抛,左手接,反复循环,彩球飞舞,这是青年恋爱的重要媒介。

在上述民族学和民俗学的资料中,有不少种类的球戏活动,其中汉族的响当是小孩摇晃的玩具;石球是脚踢的;黎族、瑶族的木球是地滚球;高山族的藤球是叉着玩的玩具;仡佬族的篾鸡蛋是拍打玩的,花龙是投掷用的;壮族、布依族、傣族和瑶族的绣球是男女互相投掷的娱乐工具。这些球戏都是两个人以上玩耍的，具有集体性，但社会功能不一样，有些是儿童玩具，有些是青年交游和娱乐工具，有些是体育用具，还有的与宗教祭祀有关。但是，就球类本身而言，则有明显的发展上的差别：石球、木球和陶响当是很古老的，远在我国的旧石器时代或新石器时代就出现了；藤球、篾鸡蛋和花龙则出现较晚，但从南方许多新石器时代遗址出土陶响球判断，也应该是新石器时代晚期的产物；绣球则是晚起的球类，它可能是陶响球的一种派生形态。这些资料生动具体，附有必要的情节，对印证和解释考古发现的陶响球有重要借鉴。

（三）陶响球是一种娱乐工具

在分别介绍了考古的陶响球和民族学、民俗学的球戏之后，让我们对二者进行一个比较分析，看看陶响球究竟是一种什么样的球类游戏。

首先，无论是以球棒推打的木球，竹竿托叉的藤球，还是以脚踢的石球，所受冲击力都较大，多数在地面滚动，球面损伤一定相当严重，但许多陶响球保存完好，外表都有精美的花纹，有些还绘彩色，这显然不是受冲击很大的玩具，所以陶响球排除了以棍打、脚踢和竿叉的可能性。

其次，壮族、布依族、傣族和瑶族丢包所用的绣球、布包，与陶响球相距甚远，说明陶响球也不是丢包的性质。这样就使得陶响球在更小的范围内选择自己的类比资料。

再次，我们认为汉族和苗族所保留的陶响当相似。陶响当与考古发现的陶响球如出一辙，具体反映在以下几点：（1）两者皆为球形；（2）两者均为内部中空，贮有砂粒和弹丸，摇之有声；（3）球外表有镂孔、刻画图案，甚至绘有彩色。以上共同特征说明，陶响当就是陶响球，后者为源，前者为流，两者有发展上的联系。此外，仡佬族打花龙所用的竹编响球，虽然在质地上与陶响球、陶响当有别，但是两者都呈球状，内部有砂粒，摇之有声，某些同类器物外表绘彩，大小相若，说明花龙也与陶响球接近，可能是由陶响球演变来的。

通过以上分析可以看出，陶响球是一种娱乐工具，或者像汉族的陶响当一样，是儿童握在手中摇晃着玩的音响玩具；也可以像苗族跳舞所用的金铎一样，作为舞蹈的伴奏乐器；也可能是男女青少年在游戏和恋爱过程中，像仫佬族打花龙一样，将陶响球放在网兜内，兜上有彩绳，其下有线穗，供男女互相投掷的娱乐工具。投掷时，陶响球如凤飞舞，又能发出清脆的音响，这不仅能使投掷者闻其声而知球至，提高接球的准确率，也能活跃参加者的愉快气氛。因此，陶响球是一种多用途的娱乐工具，又是男女青年恋爱传递感情的交际工具。

陶响球游戏，是比较进步的游戏，其起源是耐人寻味的。托尔斯泰有句名言："游戏是真正动作的模拟，艺术也是一样。"[1] 这种模拟，是说儿童在游戏时多模仿成年人的动作。由于生产劳动是社会活动的基本实践，因此，生产劳动对儿童游戏的内容和形式具有着决定性的意义和影响。如妇女经常采集野菜，儿童也拿着尖木棒挖野菜玩；猎人以木矛、弓箭狩猎，弓箭也就成为儿童最常见的玩具；成年人骑马放牧，儿童也以木马为骑乘，模仿成年人的动作。妇女主持炊事，分配食品，小女孩也跟着玩过家家、摆菜碟。此类例证不胜枚举。这些事实都说明先有成年人的劳动，后有儿童们的仿劳动游戏，游戏是劳动的产儿。最初的玩具一般都是实用工具，尚没有出现专门性的玩具，如新石器时代早期的石球，既是成年人以飞石索投掷的狩猎工具，也是儿童玩具；陶弹丸既是猎鸟和保护农作物的工具，也是儿童用弹弓发射的玩具；等等。在这里实用工具和玩具是结合的。后来，随着娱乐活动的频繁，仅仅使用原来的生产工具和其他器物进行游戏就不够了，而且有些工具较大，也不便于儿童玩耍，于是成年人专门为儿童制作小弓箭和小镖枪，妇女为儿童捏制一些陶质小动物，诸如仰韶文化遗址出土的泥塑动物、河姆渡文化遗址出土的木陀螺、大汶口文化遗址出土的弹丸、龙山文化遗址出土的陶埙等，都是专门玩具出现的重要标志。正是在上述情况下，长

---

[1]《列夫·托尔斯泰全集》第 30 卷，苏联国家文学出版社 1951 年俄文版，第 54 页。

江中下游的原始居民,在已有球类游戏的基础上,对陶球进行改进,将其挖空,雕出镂孔,内贮砂粒或小弹丸,发明了具有地方特色的陶响球。

无论从考古学还是从民族学资料分析,陶响球不仅是古代一种重要的球类玩具,也是一种原始的乐器。音乐分声乐和器乐两种,都讲究节奏和韵律。乐器是如何产生的呢?一般认为:"他们的简单的音乐作品是以劳动工具与其对象接触时所发出的声音中产生出来的。"[1] 如人们在打制石器、砍伐树木、鞣制皮革、拉弓射箭、舂米等活动中,都使生产工具与劳动对象发出一定声音,尤其是某些听之入耳的有节奏的音响,能启发人们不断制造出好听的音响,从而发明了乐器。《峒谿纤志》卷中:"苗人合乐,众音竞发,击竹筒以为节。"《畲民考》:"少年群集而歌,劈木相击为节。"黎族的杵臼舞中的杵臼,就是最原始的乐器。陶响球显然已经不是生产工具与劳动对象的简单接触所形成的乐器,而是经过人们精心设计,利用弹丸与球壁互相撞击而发出的有节奏的音响,因而古代苗族以陶响球(后改为金属球)伴奏舞蹈。

在远古社会生活中,游戏和娱乐占有重要的地位,尤其是对于少年儿童。因为它能够给予少年儿童以生产、生活知识,是培养和教育氏族成员的手段。少年儿童正是在生动活泼的游戏中学到许多采集、渔猎和农耕知识。同时,许多游戏能促进人体发育,有助于身体健康,"在游戏中所得到的各种器官的练习,对于游戏者个人以及最后对于整个氏族,都是有用的"[2]。游戏还有重要的传承性,有助于传授知识,"它是把各个不同的世代结合起来而且正好把文化成果从一代传给一代的联系之一"[3]。从大溪文化出现的陶响球,直到现在民间还有这种玩具存在,几千年来永存不衰,这正是陶响球具有生命力的表现,它是由玩具的传承性所决定的。从而看出,有关远古玩具史的研究意义,远远不在玩具本身,它对了解远古的工艺制作、原始教育、少年儿童的风俗,都有重大益处。

---

[1] 〔俄〕普列汉诺夫:《论艺术》,第36页。
[2] 同上书,第71页。
[3] 同上书,第82页。

四十二、舞马衔杯

过去从古代文献上得知，唐代有一种会跳舞的骏马，数以百计的马，列为两队，按照鼓点和音乐旋律踏步、跳舞，还能登上高台跳舞，甚至舞马衔杯，为主人敬酒。然而，具体形象化的资料却极少。过去西安何家村出土一件皮囊壶，两侧分别有一只舞马衔杯形象，但属于浮雕，有些部位还难以详解。

最近有幸在一位收藏家手中看见一件立体的舞马衔杯银马，它对研究舞马的形象有重要帮助。

(一) 舞马英姿

我们所见到的银马极为健俏。该马高 28.5 厘米，长 38 厘米，臀宽 12 厘米。以银制作，有打制和铸工，最后把几部分焊接起来，经打磨组成一匹骏马。在马的腹部，还有明显的焊接缝。但该马身上有许多鎏金的地方，包括眉、眼、颈带、马鬃装饰结，马肩两侧各鎏一只凤鸟，臀部两侧各鎏一只朱雀，其爪踏于一个莲瓣边的舞筵上。

整个舞马呈跳舞状，但各个部位表现不一。

马头前伸，嘴朝下，两颌叼一杯，但杯后沿外露。马颈向上伸，在颈部有

四十二、舞马衔杯　　375

42-1　衔杯银马

一带饰，为鎏金状。马鬃向左右分并往下垂，在马鬃上方有一修长的飘带，高 7 厘米，长 15 厘米，飘扬欲仙，十分美观，飘带中间打一个太阳纹结，也鎏金装饰。两前足挺直，斜向前伸，这样马嘴随之下降，更便于叼起地上或桌上的酒杯。马胸部较宽，这是该马善于奔跑的特征。在马肩两侧各有一只鎏金凤鸟。马后蹄朝下，后腿屈跪，也就是说舞马为蹲跪状，前高而后低。臀部较宽，两侧各一跳舞朱雀，其爪踏于莲瓣边的舞筵上。马尾为自然状，尾鬃自然蓬松，尾巴上翘。

在舞马腹部有一个长方形框，内有"大唐贞观"四字，框外为缠枝纹花边。从此可知该马为唐初作品。

以上是对舞马的概括描述，那么它与舞马衔杯壶上的舞马有什么异同呢？

首先，基本形制相同。乍看，两者是一样的，仿佛是壶上的舞马脱壶而出，成了一匹立体舞马，两者基本相若，如口叼杯，鬃饰、蹲跪姿势、翘尾等。这些特征都说明两者出于一辙，是唐代舞马的典型形象。

其次，两者有明显差异。第一，舞马衔杯壶上的马只是一种浮雕，属于平面形象，只能看到马的一侧，其他部位就看不见了。衔杯银马是立体的，不仅能观察左侧，也可看到右侧，还能看到上下，给人一种完整的马匹形象。第二，衔杯银马是有很丰富的装饰的，舞马衔杯壶上的马仅有鬃带一项可展示给人，远不如古代文献上所说的复杂，从《御览》卷五七四引《明皇杂录》上看，唐玄宗曾"命衣以文绣，络以金银，饰其鬃鬣间，间杂珠玉"。尽管衔杯银马装饰不及文献所言，但立体舞马除鬃饰外，全身錾以缠枝纹，其上还有多处鎏金凤鸟，这些应该是"衣以文绣"的反映，而在马颈处有一条鎏金饰带，应该是"饰其鬃鬣间"的反映。

42-2 舞马衔杯壶

再次，年代记载有差别。舞马衔杯壶并无年代记录，我们在收藏家手中看到的舞马衔杯壶也无年代记载，一般都根据文献记载，推断它是中唐时期作品。但舞马衔杯银马腹部是有纪年的，由此看出唐初已很流行舞马表演。

（二）衔杯之舞

人们在谈到舞马表演时，往往只注意它能衔杯表演，其实这里有两个问题值得研究。

首先,"舞马衔杯"是否准确?"衔杯"一词,本源自一首唐诗,但所有舞马衔杯的形象中,所衔都不是杯,而是碗。这里应该加以正名。

杯是一种高柄酒具或茶具,呈桶状或高足小杯,容量较小,杯身细长,但马嘴较大,用两个马唇是伸不进杯内的,也就是马叼不起酒杯。碗是较大的,比杯具宽大,碗口是敞的,直径较大,能容下马的上下唇,所以马能用嘴叼起碗来。由此看出,"舞马衔杯"是一种夸张,就马所叼的器皿看,应该是碗,而不是杯,因此它是一种舞马碗。

其次,舞马表演活动较多,主要有:(1)按音乐鼓点跳舞。从古代文献上看,最好看的舞马表演是找100匹或400匹马,列为左右两排,这些马能按音乐鼓点跳舞、旋转,多达几十首曲子,整齐划一,有一定的节奏感。《御览》卷五七四引《明皇杂录》:"明皇在位,尝命教舞马四百蹄。分为左右,各有部目,为某家宠、某家骄。……奋首鼓尾,纵横应节。"唐诗中也多提及。(2)登高起舞。舞马表演的高潮是舞马登高表演,具体有两种形式:一种是把三层画案或床榻相叠,骑者驱马上最高层,在其上表演舞姿。《御览》卷五七四引《明皇杂录》:"又施三层板床,乘马而上,旋转如飞。"另一种是骑者在板床上表演,下由一力士将板床及舞马一起举起。《御览》卷五七四引《明皇杂录》:"或命壮士举一榻,马舞于榻上。"(3)后脚立人表演。初识"后脚立人"还不知其详,后来看见几种唐代前足抬起、后足直立的银马,才知道这是舞马表演之一,即舞马直立,前足抬起、后足直立于地,像人一样翩翩起舞,故称"后脚立人"。(4)舞马衔杯。在唐诗中有"更有衔杯终宴曲,垂头掉尾醉如泥"等佳句,也就是说,皇帝与达官贵族饮酒时,台下有舞马进行各种表演,该马把酒杯叼起,向主人敬酒,如此这般,令饮酒者兴奋不已,无形中进入"醉如泥"的状态。

这里除了是衔碗不是衔杯外,还有一个问题令人深思:怎么理解马"垂头掉尾"呢?

众所周知,站着的舞马的头是高昂的,难以把地上或案上的酒杯或酒碗叼起来,必须降低马头的水平位置,才能达到衔杯的目的。前面所介绍的银制舞马，前足是直的，但是斜向前伸，前腿与地面呈45度角，这样马头就降低了，可以把酒杯或酒碗叼起来，这是舞马"垂头"的奥妙。至于"掉尾"，另有他意，即摇摆之意，不同的是，唐代马的尾巴是拴起来的，形成短小马尾，这是唐马的一个特点。但舞马有所不同，它的马尾是自然的，尾鬃是松散的，而且修长，摇摆起来格外漂亮，所以才能引起观赏者仰天大笑，烂醉如泥。

（三）舞筵何物

在舞马衔杯银马臀部两侧，各有一只朱雀作起舞状，但是下踏一个莲瓣边圆毯，这种圆毯是什么呢？在古代文物中多有此形象，如西安兴福寺残碑侧面有一组跳柘枝舞图像，其上就有一种圆毯。宁夏盐池唐墓门上有一组跳胡旋舞的场面，其上也有圆毯形象。敦煌的舞蹈壁画场面，也多有上述的圆毯内容。它究竟是何物呢？在唐诗中经常提及。刘禹锡《乐天寄忆旧游因作报白君以答》："池边绿竹桃李花，花下舞筵铺彩霞。"白居易《青毡帐二十韵》："侧置低歌座，平铺小舞筵。"王建《宫词》："玉箫改调筝移柱，催换红罗绣舞筵。"由此看出，上述圆毯应该叫舞筵，筵是一种席子，是人们席地而坐的用席，跳舞也要垫一种席或毯子，故叫舞筵。这种舞筵是中亚产的，以毛织成，有的绣花，是中亚国家向唐朝进贡用品之一。既然人间跳舞用舞筵，作为神灵跳舞也是踏舞筵。

（四）舞马何来？

中国本土的马比较矮小、笨拙，从事力役尚可，如骑乘、耕作、拉车等，也可组成马帮，从事山区交通运输。这些马的耐力强，适应性大，但均不适合表演。不过，西域马匹比较高大、灵活，最适合杂技表演，还出现了一些杰出的舞马。这种西域马是从什么时候传入中国的，一直是一个谜。

其实，中土与亚洲中部早就有交往，不仅传入不少西域的传说，也传入不少西域物产，但史无记载。张骞通西域后，标志着汉朝通往西域之路已经打开，应该大量引进西域的名马——大宛马或汗血马，但也缺乏记载。不过，三国时期的魏国已经引进了舞马。《御览》卷八九四引《魏志》："陈思王（曹植）表文帝曰：'臣于武皇帝世得大宛紫骍马一匹，形应图法，善持头尾，教令习拜，今已能拜。又能行与鼓节相应，谨以奉献。'"从中看出，曹魏时已引进大宛马。该马能"善持头尾"，"行与鼓节相应"，可知是一种舞马，再经过驯育，"今辄已能"，所以才进献给魏文帝。

在南北朝时期的史书上，多有舞马记载，其中特别提到吐谷浑。该族是一个游牧民族，从东北迁到青海后，建立了强大的地方政权，在经济上既保留了本民族的特点，如《梁书·河南王传》："多善马。"又从周边吸收不少先进文化，也引进不少西域马匹，这在《北史·吐谷浑传》中有明确的记载：

青海周回千余里，海内有小山。每冬冰合后，以良牝马置此山，至来春收之，马皆有孕，所生得驹，号为龙种，必多骏异。吐谷浑尝得波斯草马，放入海，因生骢驹，能日行千里，世传青海骢者也。

吐谷浑有丰富的饲养本地马的经验，又大量引进西域波斯马，经过杂交、驯化，利用青海湖的自然条件培养了杰出的"龙种"、"青海骢"等名马。反映在文化上还出现了"舞马歌"。《宋书·鲜卑吐谷浑传》："世祖大明五年（461），拾寅遣使献善舞马四角羊。皇太子、王公以下上舞马歌者二十七首。"当时著名文人谢庄作《舞马赋》，宋朝孝文帝令乐府人歌之。由此看出，舞马在社会生活中占有重要地位。

吐谷浑不仅自己驯马，还大量向周边国家献马。除了上文所引外，还有几点值得注意：

向西魏献马。《北史·吐谷浑传》："西魏大统初，周文遣仪同潘濬喻以逆顺之理，于是夸吕再遣使献能舞马及羊、牛。"

向南朝梁献马。《梁书·河南王传》："（天监）十五年又随使献赤舞龙驹及方物。"《御览》卷八九六引《凉州记》："吕光麟嘉五年，疏勒王献火浣布、善舞马。"

到了唐代，西域经常向唐朝贡马，如开元五年（717）于阗就向唐朝贡献打马球之马。贡纳舞马更为流行。《御览》卷五七四引《明皇杂录》："每千秋节，常命舞于勤政楼下。其后明皇既幸蜀，舞马亦散在人间。"前面所述的衔杯银马、舞马衔杯壶等文物，正是唐代流行舞马游戏在工艺上的反映。

以上事实说明两个问题：

首先，舞马原产于中亚地区，可能与当地有发达的游牧经济有关。其中的大宛马最为突出，比较善于马戏。但传入中土后，又经过杂交、驯化，逐渐发展为比较成熟的舞马。从我国民族史上看，吐谷浑、吐蕃在舞马的引进和驯化上有重要贡献。

其次，舞马是什么时期传入中土的？过去一般认为是唐玄宗时代，其实这一看法太保守了。从文献上看，远在曹魏时已引进舞马，南北朝时期记载极多。唐代贞观衔杯银马的发现，更进一步证实舞马传入中土已久，这是中国古代文化史上的突破。还应该指出，西域进贡之马，并不是完全驯化好的，到中土后还会再驯化，如曹植、唐玄宗时均如此。1987 年在洛阳 152 工程局小学出土一件彩绘驯马俑，由胡人牵马驯育，这就是一个物证。

四十三、舞蹈盆

1973年秋天,在青海省大通县上孙家寨发现了一座马家窑文化的墓葬。墓内有烧焦的人骨、木灰和红烧土,还有骨纺轮、海贝、带孔蚌壳、骨珠、彩陶钵和四件彩陶盆等随葬品。其中有一件彩陶盆除在唇沿、内外壁施彩外,在内彩壁上还有集体歌舞的形象。[1]这是极为罕见的原始艺术珍品,也是研究当时氏族生活的重要史料。

(一) 舞蹈盆

舞蹈是依靠有节奏、有组织和美化的人体动作来反映生活、表达思想感情的艺术样式。大通舞蹈盆为此提供了活生生的例证。

首先,这是一幅集体舞蹈的缩影。

大通舞蹈盆的彩陶画面上的人物可分三组,每组5人,计15人。她们并肩携手,连臂踏歌。在三组舞蹈者之间,还以内向弧线纹、斜形柳叶纹为衬托,巧妙地烘托出美丽的自然环境:在丰收的季节里,夜幕刚刚降临,皎月悬空,

---

[1] 青海省文物管理处考古队:《青海大通县上孙家寨出土的舞蹈纹彩陶盆》,《文物》1978年第3期。

微风吹拂，四处飘香。氏族成员共进晚餐之后，纷纷来到平坦的广场，人们手挽着手，在歌声或乐器的伴奏下，翩翩起舞，飘然若仙。这是多么欢乐、愉快的场面啊！

原始社会的生产力极其低下，单个人是无法生存的，"生存的困难，同自然斗争的困难使原始人受到十分沉重的压抑"[1]。只有依靠集体的力量，才能补充个人能力的不足，维持最低限度的生活水平。因此，在原始社会的很长时间里，氏族既是一个血缘集团，又是一个生产和生活单位。生产资料归氏族公社所有，实行集体劳动，共同消费。这是原始社会最根本的原则。存在决定意识。当时的舞蹈也普遍流行集体舞，独舞极其少见。舞蹈的集体性，是原始舞蹈的重要特点。

其次，这是一种环形舞蹈。

在一个浑圆的彩陶盆的内壁上，有机地绘制15个人的欢舞场面，布局合理，前后呼应，并排环绕，面向中央。这不单单是人为的艺术加工，也反映了当时舞蹈的特有形式。

氏族生活是集体的。许多生活生产行为的场面采取圆圈的形式。狩猎时，人们先分散在山脚下，举着火把，手持弓矛，围歼野兽于山巅。我国鄂伦春族、瑶族都有这种狩猎形式，有的民族称狩猎为"围猎"或"打围子"，说明集体围攻野兽是原始狩猎的主要形式。祭祀时，人们团团围成一圈，观看杀牲祭祀（尤多围绕某种"神柱"或"神树"），接着环行而舞。独龙族、傣族等剽牛仪式就是这样。吃饭时，人们席地团团而坐，在火塘周围实行共食。这种现象在少数民族地区屡见不鲜。在住宿上也是如此，如蒙古族的"古列延"[2]，陕西临潼姜寨的房屋布局[3]，都是"环居"的反映。

在上述生活实践的基础上，经过艺术升华，发展为形形色色的环形或圆圈舞。云南景颇族的"金再再"舞，由两个男子用黑白两色绘身，扮演雄雌两鸟。

---

[1]《列宁全集》第5卷，人民出版社1959年版，第89页。
[2]〔苏〕符拉基米尔佐夫：《蒙古社会制度史》，中国社会科学院民族研究所社会历史室，1978年，第57页。
[3] 中国历史博物馆：《简明中国历史图册》第1册《原始社会》，天津人民美术出版社1978年版，第71页。

四十三、舞蹈盆

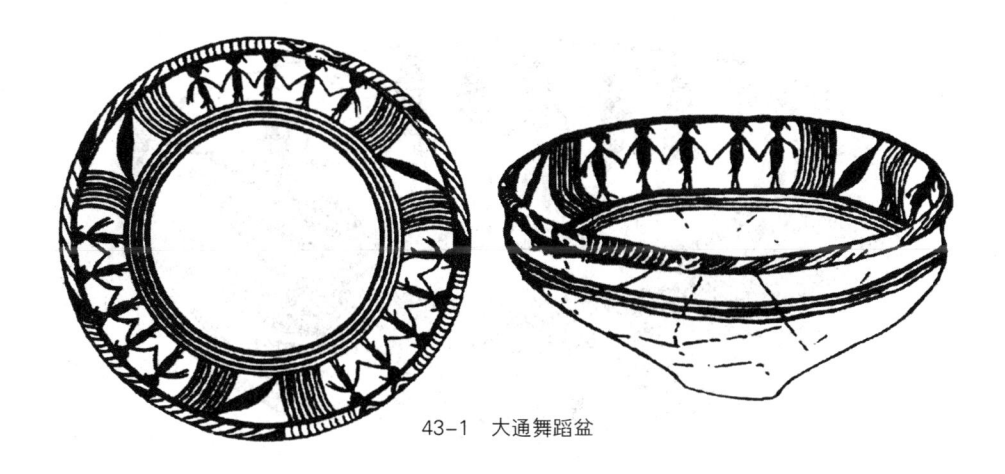

43-1　大通舞蹈盆

其他人形成围猎之势，追捕"鸟人"。鄂伦春族的转圈舞、佤族的圆圈舞，都采用环舞的形式。

大通舞蹈盆画也是一种环舞的形式，从图像里可以看出：舞者正以左脚为中心，向左移动右脚，然后再移动左脚，按顺时针方向移步，但是头往后顾，时而向右移步，头转向左边，反复而舞。

此外，可以看出此舞已经有一定的韵律。

舞蹈与音乐有着极密切的联系，可以说是一对孪生姊妹，它们都注重节奏。舞蹈者形体上顿挫往复的变化，情绪上波澜起伏的转折，都是以音乐感为基础的，随着音乐的变化而变化。所以，"音乐"感是舞蹈艺术的特点之一，简直可以说是舞蹈的灵魂。特别是集体舞蹈更需要音乐的配合，为了步伐一致，互相配合，必须有一定的节拍和曲调进行伴奏。人类为了增加舞蹈的节奏感，很早就发明了伴奏方法，最简单的方式是以踏步、击掌或装饰品的摩擦而发出的音响。云南拉祜族跳舞的时候，就以脚伴奏，纳西族有的舞蹈每跳几步就跺一次脚，并随着顿脚而呼喊。唱歌也是最盛行的伴奏方法。

乐器的发明是很早的，浙江余姚河姆渡文化的骨哨、仰韶文化的陶埙等，都是比较古老的乐器。其实，人类远在旧石器时代晚期就利用口技或者拟声工

43-2　五人舞蹈盆

具模仿禽兽的鸣叫，引诱禽兽靠近自己，进而猎取之。[1]这对乐器的发明有重要启发。《尚书·益稷》："击石拊石，百兽率舞。"人们披着兽皮，伪装成动物，以两块石头相击伴奏而跳舞。不久前新疆维吾尔族还跳一种击石舞，舞者双手各握两片天然石块，随着手指的弯直和手腕的抖动，发出清脆响亮的声音，人们边击石边跳舞。[2]此种伴奏工具和方法，可能是石器时代"击石拊石"的遗风。福建畲族"少年群集而歌，劈木相击为节"。广西壮族跳扁担舞时，不仅以木杵撞击木桩，还配击竹筒，增加节奏感。[3]佤族把粗大的树干挖空，做成木鼓，人们敲鼓而舞。鼓的声音洪亮、沉重，起伏多变，有高昂的旋律和强烈的节奏感，是人类最常用的乐器。

马家窑文化使用哪些乐器，尚缺乏足够的考古旁证。不过，手足的表演是舞蹈的基本动作。大通舞蹈盆上的舞者，面向一致，呈现出上身柔美、脚掌轻盈落地、步法整齐、两足交错移动、手脚配合默契的情景。这些都是以音乐节拍为前

---

[1] 见拙文《远古狩猎的一项重要发明》，《化石》1978年第3期。
[2] 于旋焰：《维吾尔族民间舞蹈（续）》，《中央民族学院学报》1978年第2期。
[3] 黄现璠：《广西僮族简史》，广西人民出版社1957年版，第80页。

提的。所以，当时很可能使用乐器伴奏，还可能以手足击节，并以唱歌相伴奏。

（二）舞者装饰

有人认为大通舞蹈盆上的"五个舞人完全是露体的。缅想当时原始人还未有冠服衣履"[1]。其实不然。远在我国旧石器时代晚期的山顶洞遗址里就出土过骨针，四川资阳黄鳝溪出土过骨锥，当时人已经过着"食肉衣皮"的生活。到了新石器时代晚期的马家窑文化，发掘的骨针、骨锥和纺轮就更多了，当时除衣皮防寒外，还人工种麻，以纺轮捻线，开始织布，人们业已穿上麻布衣裳了，这是衣服的重要改进。事实上，舞蹈盆上的人物形象，已经相当讲究服饰了，例如他们头上梳有发辫，身着长裙，长及膝部。在后襟下端还有一个较长的尾饰。说明人们不仅穿衣服，还有专门的跳舞装饰。

而舞者身下所垂之物，学术界一种意见认为是男子的性器官；一种意见认为是尾饰。[2]

从跳舞者的形象上看，每个人的身体都比较苗条，穿着长裙，头上还有一个发辫，说明她们很可能是一群女子。如果襟下垂饰物是男子的性器官，那应该在身体的前面，而画上饰物却分明是身后。

按，汉代西南的哀牢夷"皆刻画其身，象龙文，衣着尾"（《后汉书·西南夷列传》）。古代西南地区的濮人也以饰尾闻名，永昌"郡西南千五百里缴外有尾濮，尾若龟形，长三四寸"（《御览》卷七九一引《永昌郡传》）。类似记载还有不少。不久前，我们在四川西昌发现几块汉画像砖，其中一个舞人就着有长尾，它无疑是古代西南少数民族流行尾饰的遗迹。

马克思主义认为："那些为原始民族用来作装饰品的东西，最初被认为是有

---

[1] 常任侠：《从彩陶盆上的原始乐舞谈起》，《舞蹈》1978年第3期。
[2] 金维诺：《舞蹈纹陶盆与原始舞乐》，《文物》1978年第3期。

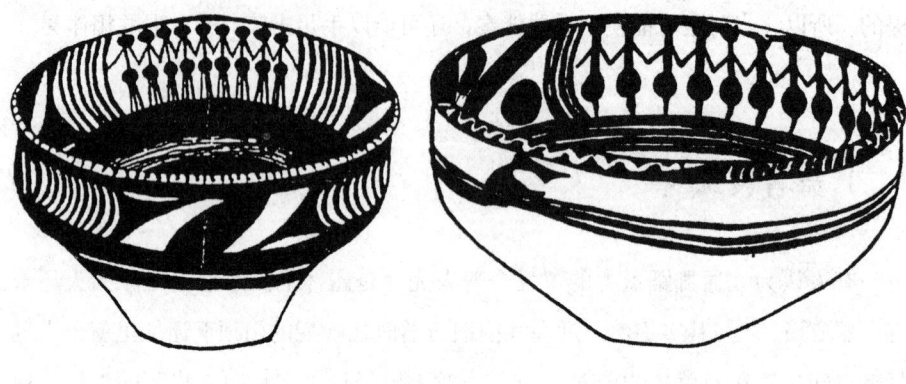

43-3　九人舞蹈盆　　　　　　　　43-4　十一人舞蹈盆

用的，或者是一种表明这些装饰品的所有者拥有一些对于部落有益的品质的标记，而只是后来才开始显得是美丽的。使用价值是先于审美价值的。"[1] 原始人把兽牙穿系在项链上，因为兽牙有穿孔的功用，也是勇敢的象征。他们把兽皮、羽毛、蹄爪作为装饰品，这是因为他们认为谁战胜了灵巧的野兽，谁就是灵巧的猎人，甚至认为熊的强悍也会传给用它的爪做装饰品的人，这些都是"对于部落有益的品质的标记"。尾饰的起源也不例外。

最初，人类为了抵御严寒，以兽皮为衣裳，加以狩猎的需要，还尽力把自己伪装成猎物的形象。法国旧石器时代文化的洞穴壁画下，就有伪装成赤鹿的猎人，头戴鹿角，身披鹿皮，后边有尾。鄂伦春族反穿狍皮，头戴狍角帽，也是便于迷惑和接近野兽，伺机偷袭。上述兽角、兽皮和兽尾都是"有用的"，是从事狩猎的手段。同时，尾饰的流行也与原始宗教——图腾信仰有关。原始人认为自己氏族都起源于某一种动物、植物或其他自然物，并以之为图腾。图腾是神化了的祖先，是氏族的保护者，又是"表示氏族的标志或符号，例如狼是氏族的图腾"，于是"就以图腾组织起来表示氏族组织"。[2] 这样，在氏族生活、服装和艺术活动中

---

[1] 〔俄〕普列汉诺夫：《论艺术》，第125页。
[2] 〔德〕马克思：《摩尔根〈古代社会〉一书摘要》，第134—135页。

都留下许多图腾的遗迹。《山海经·大荒西经》称昆仑之丘"有神,人面、虎身,有文,有尾,皆白,处之。……有人戴胜,虎齿,有豹尾,穴处,名曰西王母"。这种人面虎身,佩戴虎齿、豹尾,均与狩猎、图腾有关,而且与尊敬女性相联系,说明居住在西北高原的西王母部落尚处于母系氏族社会,把猛虎之类作为他们的图腾。《后汉书·南蛮传》称南蛮为盘瓠之后,"好五色衣服,制裁皆有尾形"。

近代民族也保留了有关遗迹。我国东北通古斯系统各民族的巫师萨满上衣的后底襟上,一般都下垂一个尖形尾饰,象征鸟尾。[1] 有些地方的鄂温克族不久前还信奉鸟图腾。云南小凉山彝族在祭祀祖先的宗教仪式过程中,要组织一些男青年,背上吊着牦牛尾巴,模仿牦牛的动作,边歌边舞,叙述人类的起源,祖先的迁徙,既送别死者,也安慰生者,名曰跳牦牛尾巴舞。永宁纳西族举行二次葬时,也披挂牦牛尾巴跳舞。世界民族志也表明,在图腾崇拜仪式中,以鸵鸟为图腾者,跳舞时就模仿鸵鸟;以野牛为图腾者,就头戴野牛角,穿牛皮和系牛尾为装饰。这些模仿图腾的舞蹈动作,是人类对自己所信仰的图腾的颂扬。

大通舞蹈者的尾饰,距离模拟野兽已远,但是与图腾信仰有密切关系,人身兽尾的统一和组合,正是崇拜某种动物图腾的反映。

(三)舞蹈起源于劳作

大通舞蹈盆还揭示了一条重要的真理:舞蹈与其他艺术一样,都起源于生产劳动。舞蹈是劳动的产物,劳动先于舞蹈。

最初的艺术形式,无论是绘画还是舞蹈,往往是劳动行为及对象简单的模仿。在仰韶文化早期的彩陶图案中,动物题材占相当比重,像奔跑的鹿、游动的鱼、跳跃的青蛙,生动活泼,跃然其上。当时用陶土塑造的动物也形态逼真,

---

[1] 〔波兰〕尼翰拉兹:《西伯利亚各民族之萨满教》,中国社会科学院民族研究所油印本,第44页。

栩栩如生。这是对狩猎对象的描绘。后来植物装饰与日俱增，动物形象减少了。从动物装饰过渡到植物装饰，是新石器时代经济革命进步性的反映之一，即从狩猎过渡到农业的重要记录。

民族学资料保留了很多狩猎舞蹈。北美达科泰人的野牛舞，从服装到动作，都是对野牛的模拟；曼丹人跳舞时，把带有牛角的野牛头皮与假面具戴在头上，还穿带上野牛皮、蹄和尾巴。[1] 傈僳族的鸟王舞、彝族的斗鸡舞、傣族的豹舞、景颇族的猎人舞等等，都是这一类性质的舞蹈。由此看出，狩猎舞是狩猎活动的重演。

原始人在野菜成熟、狩猎归来、农业丰收、劳动余暇、婴儿降生、少年入社、血族复仇、婚丧仪式和社交活动中，都充分利用舞蹈，以表达美好的愿望、劳动的欢快、丰收的喜悦，从而解除肉体上的疲劳，增加精神上的快感。这也有助于巩固氏族的团结，加强同自然界作斗争的信心和对未来生活的憧憬。

景颇族有一个"龙洞戈"舞蹈，由一人领先，众人尾随，回旋曲折而舞。舞者时而挥刀示威，时而齐声呐喊，鼓点声声，歌声阵阵，动作强烈，姿态粗犷。此类舞蹈能使人们听其声如临其境，视其舞如观其猎，气势雄壮，激动人心。

而某些狩猎舞同时也是狩猎技术的表演，狩猎技巧的传授。其他如捕鱼舞、捞虾舞、火耕舞、采集舞等也具有劳动和教育的性质。这些模拟性较强的原始舞蹈，随着人类生产的发展和思维能力的进步，逐渐发展为操练式舞蹈，前进了一大步。

大通舞蹈盆所描绘的舞蹈内容，显然超出了对狩猎对象的模仿和翻版，也不是简单的罗列生产过程，而是经过精细的加工和组合，而上升为操练式的舞蹈。这里既有浓厚的生活气息，又有抒情成分。和谐的手势、飘动的发辫，一致的面向，规范的步法，随风而动的尾饰，协调而柔美的手势，表现出自然、亲切和优美的特点，说明当时的舞蹈已经达到了相当高的发展水平。

---

[1] 岑家梧：《图腾艺术史》，商务印书馆1937年版，第56页。

（四）远古人善舞

在脑力劳动尚未从体力劳动中分化出来的条件下，创造这样杰出的绘画珍品，是颇具匠心的。当时，"灵巧的舞蹈者，通常是强壮的战士和灵巧的猎手"[1]。同样，描绘劳动行为和舞蹈的画家也需要细腻的观察能力和熟练的技巧。舞蹈盆的制作者，一定是制陶和绘画的能手。

在母系氏族社会，广大妇女肩负着繁重的社会劳动，她们从事采集、渔猎和农业生产，也是制陶、纺织和家务活动的承担者。丰富多彩的生产活动使妇女熟悉生活、热爱生活，这是她们进行艺术创作的源泉。有些妇女根据自己在舞蹈中的感受，凭着她们特具的细腻心理，在制陶过程中用简明的线条，流畅的笔法，在极为有限的画面上集中勾画了氏族成员载歌载舞的情景，为人们展现了活生生的舞蹈场面。应该指出，随同舞蹈陶盆出土的还有骨纺轮、海贝、有孔蚌壳和骨珠，这是马家窑文化常见之物，基本都是妇女的用具和装饰品。出土的几种陶器也是饮食器皿，说明该墓主人是一位妇女。她生前喜欢装饰，佩戴骨珠、蚌壳。她不仅从事纺织，也能制作陶器。很有可能，舞蹈盆就是出自她的手。她死之后，氏族公社为了怀念这位灵巧能干的妇女，寄托哀思，或者从原始宗教信念出发，将其生前最喜欢的用具、装饰品和贝壳加以随葬，供其死后享用，另外还有牛蹄、羊蹄等食品，则是供她食用的。由此可见，这位妇女艺术家能歌善舞，又擅长制陶和绘画，从而曲折地说明母系氏族制度下的"妇女不仅居于自由的地位，而且居于受到高度尊敬的地位"[2]。

---

[1] 〔俄〕普列汉诺夫：《论艺术》，第 143 页。
[2] 《马克思恩格斯选集》第 4 卷，人民出版社 1972 年版，第 43 页。

四十四、鹿皮画

最初有岩画、壁画，后来又有纸画、绢画，其实还有树皮画、皮画。以皮画而言，西北和西南民族地区有羊皮画，海南黎族有牛皮画，台湾高山族有鹿皮画，其中的鹿皮画给我留下深刻的印象。

中国历史博物馆藏有一件高山族的古代鹿皮画背包。背包高43厘米，宽63厘米，包带已遗失，正面有一舌形盖，以三枚骨制纽扣上下扣合。背包正反两面用红、黄、黑、绿四种颜色绘出两幅图画，画面内容朴实生动，具有独特的民族风格。这是一件珍贵的高山族古代艺术品。

鹿皮背包正面图画为民居图和行车图，两图以舌形背包盖的边缘为界。

上部为民居图。画面以两棵槟榔树为中心，一男子正在爬树，准备摘取槟榔。另一男子站树下，双手上举，准备接受树上的果实。树右侧有一座高大的房屋，屋顶歇山式，铺草。房基较高。屋正面两侧立两根木柱，上绘彩色图案。房屋门前蹲一狗。槟榔树和房屋右侧有两棵香蕉树，树下有一男孩。一妇女正向槟榔树下走去，同时回顾香蕉树下的孩子。槟榔树的左侧后部可见秀丽的山林，一妇女肩挑柴担，正从山上归来。

下部为行车图。画面上绘有两辆牛车：前一辆车由两牛挽拉，水牛在前拉套，黄牛居中驾辕。一男子在前用力牵牛，一男子在后扶辕赶牛。车木制，双辕直，以曲轭套牛。车轮较小，系以整块木板砍制，并在轮上安一井字形木框加固。车上有一大篓筐，内盛粮食，后有若干盛酒的陶罐。后边一辆牛车形制与前者同，但仅用一黄牛挽拉，驾车者站在车后辕上，扬鞭赶牛。车上有一竹囷，盛满谷物。

背包背面的图画为鹤鹿图。图四周为框花图案，画面表现一片山林景色，群山逶迤，林木繁茂。山林之间有四只形体矫健的梅花鹿，正在疾速奔驰。鹿群的左上方和右下方各有一只丹顶鹤。

我国古代鹿皮画保存至今的十分罕见。这种画是在熟制的鹿皮上用毛笔绘制，画面色彩鲜明，鹿皮坚韧耐磨。这件鹿皮背包上的两幅画表现的是什么地区和民族呢？我们可以从画中所展示的地理特征、文物制度和人物服饰等方面进行分析。

鹿皮画中动、植物表现特点最突出的是槟榔树和鹿群。槟榔树是我国南方热带地区的植物，在广东、福建、台湾等地均有生长。《诸罗县志·物产志》：台湾的高山族人民习惯于在"舍前后左右多植槟榔……（树）森秀无旁枝，修耸浓阴，亭亭直上。夏月酷暑，扫除其下，清风徐来，令人神爽"。至于鹿，在我国南北方都有活动，但以台湾为盛，"台山无虎，故鹿最繁"。所以，皮画中表现的自然风貌应与我国南端地区，包括台湾岛有关。

从建筑形制看，皮画中所绘的房屋已相当进步，接近中原地区汉族住宅建筑式样。而我国南方各少数民族中，无论黎族的船形房屋，还是佤族、哈尼族、布朗族或傣族的竹楼，都十分简陋，难以与皮画上的建筑相比。台湾高山族明代以前也流行木建筑，兴建干栏式房屋。自清统一台湾后，汉族人口大量迁移岛上，汉族人民的砖石结构建筑开始传入台湾，对高山族建筑产生积极影响。清前期完成的台湾《番俗图》中，已经出现皮画上所绘的建筑式样，尤其是房基和歇山式房顶更与中原地区和皮画上的十分相像。当时的高山族已经懂得了房基的重要，建房时"营基高地五尺，周围砌以石，中填土"，"封土墩为址，作室于上"。皮画中的房基，正符合这种情况。

至于木轮牛车，我国南方仅在傣族、黎族和高山族中使用。皮画上的车制

44-1　建筑皮画

与康熙时台湾《诸罗县志》插图中及《番俗图》上的牛车完全相同，与《番社采风图考》记载的高山族"每当花红草绿之时，整洁牛车。番女梳洗盛妆饰，登车往邻社游观，麻达（未婚男子）执鞭为之驱"和《台湾县志·风土志》记载的"至于五谷柴炭之类，无非驾牛以运，连夜而行，人省永日之功，牛无酷热之苦"，可互为佐证。从牛车运载粮食的情况看，皮画所描绘的颇似台湾的平原地区，以诸罗、台湾和凤山三县的可能性最大。

再从服装和发式上看，皮画中有六名从事驾车、牵牛、爬树等劳动的成年男子，皆上身赤裸，下身仅一块遮羞布，赤足，脑后垂一发髻。这与《东番记》台湾"地暖，冬夏不衣"，《台海使槎录》卷七："男裸全体，女露上身，自归版图后，女著衣裙，裹双胫，男用鹿皮蔽体，或毡披身，名戟纹；青布围腰下，

44-2 歌舞皮画

即桶裙也"的记载相符。这些男子的发式也见于《番俗图》。皮画中还有两名从事担柴、照看孩子等家务劳动的妇女，她们上着右襟上衣，下着花布筒裙，并有绑腿和鞋，与上文记载相符。她们头上均包布巾，并出二角状，头有布制垂饰，与《诸罗县志》中描述的高山族"女无脂粉，不结发，不膏汁，盘发以青布，大如笠"的头饰相同。

综上所述，这件鹿皮背包画所表现的应是居住在台湾的我国古代高山族人民的生活、生产情况及当地的自然风光。

高山族是我国统一多民族大家庭的成员，是台湾最早居民的后裔。大量文献记载和考古材料说明，台湾岛至迟在3万年前的旧石器时代晚期，仍与大陆连接在一起，原始文化也与大陆相一致。后来，因几百里海峡相隔，台湾岛偏居一隅，高山族的经济文化发展一直很缓慢，直到明代还基本处于原始社会状态。16世纪中叶以后，我国杰出的民族英雄郑成功赶走了盘踞在台湾的荷兰殖民者，并在台湾采取了一系列发展经济文化的措施。到清朝前期，台湾的社会经济已经有了很大的进步。这件鹿皮背包画所描绘的房屋形制、车辆特点及服装、发式，都与《番俗图》、《诸罗县志》中的形象、记载相同或接近，说明皮画的创作年代可能在清朝前期的康熙、乾隆时期。

四十五、太和二年扁平铜鼓

最近笔者在为泸沽湖摩梭文化博物馆收集文物的过程中，看见一件唐代吐蕃用的铜鼓，无论其造型、纹饰还是操作方法都相当独特，为过去所未见。

（一）一种特殊类型的铜鼓

该件铜鼓，以黄铜制成，呈扁圆状，直径约44厘米，厚约9厘米。在铜鼓的上方，有三个环状的钮，环高约4.5厘米，孔径约2厘米。鼓的下方有一长方形的开口，长约9厘米，宽约7厘米，应该是出音孔。

铜鼓两面有较复杂的图案，两面内容基本相同，以一面为例。从鼓的中心向外，呈同心圆状，大致分有四个区域：中部为直径9厘米的圆心区，图案是由象征莲心的9枚乳钉组成的，并以一枚为中心，其他8枚呈放射状均匀排列一周。"9"当是一种吉数，总的看为花蕊或莲子。从中心向外第二个环带部分，宽度约为4.5厘米，为线状荷花瓣，依次重叠排列，共有20瓣，与前者共同组成莲花图案，这种图案是佛教所常用的。第三个环带部分，宽约4.5厘米，对称分布有两对变形的凤鸟图案，凤鸟体长约14厘米。第四圈环带宽约5厘米，均匀分布着四线状龙纹变形图案，龙体长约21.5厘米。以上纹饰皆为铸造的阳文。

最为珍贵的是，在铜鼓一侧的肩部分布有一条铭文带，其内容为："太和贰

45-1　太和二年铜鼓

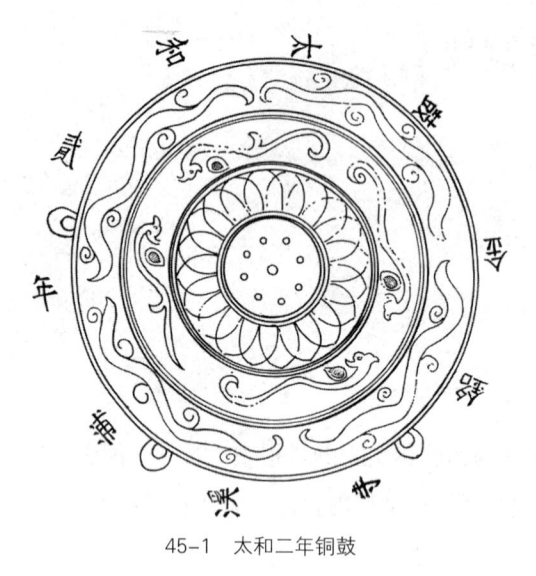

年浦溪寺铭金鼓",其中"鼓"字有残缺。"太和贰年"当为唐文宗太和二年,即公元828年,距今已有近1200年的历史。

该鼓是由什么民族遗留下来的呢?从以下三条史料可以看出些端倪。

第一,它是佛教寺院浦溪寺铸造的,这在铜鼓铭文上写得一清二楚,但该寺位于何处是个关键问题。笔者就此事曾请教过当地的考古学家、凉山彝族自治州奴隶制博物馆副研究员黄承宗先生,他说浦溪寺位于盐源县雅砻江畔,遗址尚存,但未做发掘工作。据文献记载,西汉武帝元鼎六年(公元前111年)曾设越嶲郡,管辖15县,其中就包括定筰县(盐源县)。唐初在当地设中都督府,管辖越嶲郡的苏祈、台登、邛都、可泉、昆明、会川诸县,其中的昆明县即盐源县。肃宗至德二年(757)吐蕃占领越嶲全境。德宗贞元二年(786)剑南西川节度使韦皋击败吐蕃,收回嶲州。懿宗咸通年间(860—874),南诏又占据嶲州。不难看出,铜鼓是公元828年铸造的,而且先有寺后铸鼓,当时的盐源县应该在唐代的管辖下,但当地居民主要是吐蕃人,浦溪寺也不例外。由此观之,太和二年铜鼓应是吐蕃僧人铸造的。

第二,从太和二年铜鼓形制上看,也应是藏式鼓。从民族学资料看,在我国少数民族地区流行两种两面鼓:一种是有木柄的,其中又分大小两种。小型的,如北方萨满用的有柄双面单皮鼓;大型的是有柄双面大鼓,如藏族、门巴族、蒙古族的查玛鼓,直径约为90厘米。古格王国壁画上也有这类手持两面鼓,且有柄。[1]

---

[1] 孙振华:《西藏古格壁画》,安徽美术出版社1989年版,第115页。

另一种是无柄双面鼓,如摩梭人达巴、纳西族东巴、藏族本教沙巴、普米族汉规等祭司都使用这种鼓,又有大小之分,故有"大鼓和尚"、"小鼓和尚"之称。

上述的两面鼓与太和二年铜鼓不谋而合,而且藏传佛教也继承了本教两面鼓的形制。藏族有一种大鼓,它的周边有9个环,系在一个方形木框内,可两面击鼓,其功能是寺院聚会、讲经活动时才敲打的,以便召集众僧来聚。[1] 又如云南中甸归化寺所用的两面鼓,不仅形制,连悬挂方法都与太和二年铜鼓如出一辙,这是太和二年铜鼓为吐蕃铜鼓的又一旁证。

第三,从悬挂方法上看,太和二年铜鼓是悬挂式的,与藏族悬鼓别无二致。如中甸归化寺有一种法鼓,该鼓为两面皮鼓,形制与铜鼓相似,鼓架为木框,两面蒙皮,在鼓腰缝合。悬挂的方法,上有一环,系于上方,为固定,两侧腰上也各有一环,分别用绳子系于一定地方。上述鼓不仅形制与铜鼓相似,而且悬挂方法也一样。[2]

因此我们可以确认,两面铜鼓是悬挂起来使用的,即上边中央一环钮是垂直悬挂铜鼓的,但仅有一根绳还不够,因为这样会使铜鼓摇摆,难以准确地敲击,再以两侧二钮引绳拴住,鼓面就固定了,敲击演奏也能得心应手,这是两面铜鼓操作的重要特点。

通过以上分析看出,太和二年铜鼓应该是唐代吐蕃佛教寺院所使用的乐器,具体是浦溪寺铸造和使用的乐器。

(二)两面铜鼓的宗教性

明代王阳明《征南日记》:"铜鼓金川自古多,也当军乐也当锅。"此鼓多用

---

[1] 〔意〕图齐、〔西德〕海西希著,耿昇译:《西藏和蒙古的宗教》,天津古籍出版社1989年版,第154—155页。
[2] 杨学政:《藏族、纳西族、普米族的藏传佛教》插图,云南人民出版社1994年版,第128页;孙振华:《西藏古格壁画》,第115页。

途，显然指的是釜型铜鼓。但是我们知道，从金川（金沙江）到雅砻江流域，是多民族居住的，既有从南北上的傣族，也有从北南下的氐、羌等民族。但是在隋唐时期，当地则为吐蕃的辖地，藏族是当地的主要居民，并信仰本教和佛教。

佛教是在松赞干布以前传入西藏的，并且是在与当地的本教不断斗争中传播的。松赞干布为了政治的需要，大力发展佛教，建立了大昭寺和小昭寺，当时的吐蕃同唐朝、尼泊尔的和亲政策，进一步促进了佛教在吐蕃地区的发展。赤松德赞（755—797年在位）继位初期，出现了一次"禁佛运动"，毁寺院，逐僧人，但不久又恢复了佛教信仰，并请莲花生入藏，把本教神祇收为佛教护法，建立桑耶寺和僧人集团，突显印度式、汉式和藏式三种文化，确立了佛教在西藏的主体地位。赤松德赞死后，先后由其子牟尼赞普、赛那累继位，依然扶持佛教，僧人参政。赤祖德赞继承赛那累王权后，把佛教发展到登峰造极的地步，如从内地和印度请大法师，统一藏文，翻译、校注佛经，实行"七户养僧"制度，由名僧主持朝政。因此，松赞干布、赤松德赞和赤祖德赞被奉为"三大法王"。但是，到了9世纪40年代，复辟势力又占了上风，杀了赤祖德赞，焚佛经，杀僧人，弃佛归本，出现了近百年来的第二次禁佛期，或者称"灭法期"。此时藏区不仅寺院尽毁，连穿袈裟的僧人也不见了。

通过以上时代背景看出，太和二年铸造的两面铜鼓，正是在赤祖德赞兴佛时产生的，从中看出若干值得重视的问题：

首先，太和二年铜鼓是当时藏族地区佛教高度发展的产物。鼓是藏族宗教重要的乐器和法器，但一般是由木框蒙皮革制成的，自古至今，基本如此。然在当时能以铜制法鼓，这是不同寻常的，也就说明当地此时佛教的高度发达，致使浦溪寺以铜铸鼓。

其次，该鼓也是本教与佛教交融的产物。众所周知，扁鼓是本教的祭司乐器，至今还在民间保留着。浦溪寺为佛教寺院，取本教乐器形式，制成精美铜鼓，这是取本教文化服务于佛教的见证。事实上，自佛教入藏以来，就同本教斗争不已，最后还是与本教结合，佛教才能在藏区得以较大发展。太和二年铜鼓就是上述文化发展的物证。

再次，太和二年铜鼓，其形制是藏族式的，但其上文字采用的是汉文，年代、寺院名称也是取自汉族文化。鼓面上的图案，如龙等，也与汉族文化有着密切的关系。说明早期的藏传佛教吸收了大量的汉族文化内容。可见藏传佛教在其形制中包含多种文化来源，其中的汉文化也占有重要地位。

（三）我国铜鼓的类型

在我国考古实践中，早已发现了商代的铜鼓。如1977年在湖北崇阳出土的一件商代铜鼓，通高75.5厘米，重42.5千克。该器呈横位筒形，两面为鼓面，上蒙皮革，周边有三排钉纹，鼓身上方有一枕形座，底部有孔，鼓身下方为长方形圈足。鼓身以雷云纹衬地，上有兽面纹。不难发现，这是仿独木鼓制作的，是古代中原地区最为流行的鼓制。在我国民族地区还发现了别具特色的鼓，有过去常见的釜型铜鼓和手持铜鼓。现在又出现了双面扁圆铜鼓，说明民族地区至少应有三种类型的铜鼓：

一种是釜型鼓。即南方和西南地区铜鼓类型，俗称釜型鼓。该类型鼓主要流行于我国南方及西南少数民族地区。由炊具釜演变而成，呈筒状，上为鼓面，下部是开孔（出音孔）。使用时，利用鼓腰上的耳，系绳，将鼓吊起来，打击。这种铜鼓最早出土于云南楚雄万家坝，大约在春秋早中期，后来传至楚雄周围地区。战国至西汉时期，铜鼓在滇池地区有很大发展。同时在岭南、长江上游、沿海和东南亚诸国也发展了铜鼓。东汉时期铜鼓分布更为广泛。[1]

古代文献中有许多铜鼓的记载。《隋书·地理志下》："自岭已南二十余郡……并铸铜为大鼓。初成，悬于庭中，置酒以招同类。来者有豪富子女，则以金银为

---

[1] 云南省博物馆：《云南省博物馆建馆五十周年论文集》，云南教育出版社2001年版，第82页。

45-2 南方铜鼓

大钗，执以扣鼓。竟乃留遗主人，名为铜鼓钗。"唐代杜佑《通典》："铜鼓，铸铜为之，虚其一面，覆而击其上。"宋代范成大《桂海虞衡志》："其制如坐墩，而空其下，满鼓皆细花纹，极工致，四角有小蟾蜍。"周去非《岭外代答》："其制正圆，而平其面，曲其腰，状如烘篮，又类宣座，面有五蟾，分踞其上。"等等。

关于釜型铜鼓的操作方法，在石寨山文化中有明确的反映，共有两种敲法：一种是把铜鼓平置于地上敲击，如石寨山 M12:2 铜鼓形贮贝器上，就有阴刻的铜鼓被置于地上，由一人敲鼓，一人演唱。该地 M12:26 贮贝器上也有此种表现，演奏者双手各持一槌，一槌击鼓面，另一槌击錞于。另一种是将铜鼓挂起来敲击。近代广西瑶族也采用这种方法敲鼓。

一种是手鼓。过去在文献中得知西北民族也用铜鼓，元代马端临《文献通考》卷一四八乐器引《夷部乐·西戎·高昌》："西魏与高昌通，始有高昌部之乐以备宴飨，隋开皇中，尝来献圣明乐曲，唐太宗伐其国，尽得其乐。其器有竖箜篌、琵琶……腰鼓、羯鼓、鸡娄鼓、铜鼓、铜钹具等十五种。"其中即有"铜鼓"乐器。该鼓是什么形制，长期以来不得而知。有的学者认为是西南式的，即釜型铜鼓，是西南铜鼓西渐的产物[1]，这种说法有一定道理，尚缺乏物证。

可喜的是，1985年6月考古学家在新疆库车兰朵村一个洞穴中发现一件铜鼓，该鼓高 16 厘米，直径 10 厘米，底径 24 厘米，呈覆钵状。该鼓以黄铜打制，形小胎薄。在鼓腰上有 4 个耳，在各耳之间有 3 个乳钉，腰上多晕圈，而且为双弦。其中的耳是系绳用的，便于携带。使用方法是"以左手下托，革面朝右，

---

[1] 杨德鋆：《西南铜鼓的西渐》，《新疆艺术》1987 年第 3 期。

以右手相击"[1]。该鼓鼓体是铜铸的，但鼓面是空的，不过在鼓面周边有12个乳钉，显然是绷皮鼓面用的，说明它是一种铜鼓皮面，这是库车铜鼓的又一特点。在新疆维吾尔族地区有一种"纳格拉"，史书称为"哪噶喇"、"姑古拉"、"冬巴"，汉族称为铁鼓。清代属于"回部乐"。该鼓鼓身以铁制成，中空，上大下小，其上蒙羊皮或驴皮，两侧各有一环，大鼓面直径27.5厘米，小鼓面直径20厘米。演奏时放在地上，一般为两个一组。[2] 这种鼓与库车出土的铜鼓类似。

有人说库车铜鼓是从南方传来的，其形制也与南方铜鼓一模一样。[3] 这种看法显然是不符合事实的。首先，两者形制不同，一个为开口釜型器，一个为蒙皮面封闭式。其次，使用方法不同，一个是悬挂或平置式，且与助音筒配合敲击，一个是手握式，以手击鼓。再次，大小不一，一个较大，一个较小。因此二者不是同一类型铜鼓，不存在南方传入库车的问题。

还有一种是两面扁鼓，也就是前面介绍的太和二年铜鼓。它既无釜型鼓那样厚重、浑实，也不如手鼓那样小巧，而是一种悬挂起来可以两面敲击的鼓，故名两面铜鼓，又因为铸于太和二年，也可称之为太和二年铜鼓。

以上事实表明，我国古代的铜鼓不限于一种。[4] 从目前的考古资料看，民族地区应该有三种类型的铜鼓，包括釜型鼓、两面扁鼓和小型手鼓。这三种铜鼓有明确的地理分布，其中釜型鼓主要分布于南方和西南地区；两面扁鼓分布在西南及川西南地区；小型手鼓则分布在西北新疆地区。聚居在这些地区的居民分属于不同民族，也就是说在我国古代不同的民族发明了各自的铜鼓。其中南方的越人、西南的昆明人发明了釜型鼓；西南藏族先民发明了两面扁形鼓；西北新疆民族发明了小型手鼓。总而言之，我国古代的铜鼓文化是由各民族分别创造的，这大大丰富了我国古代的文化宝库。

---

[1] 刘增祺：《库车新发现的古代铜鼓》，《新疆艺术》1987年第6期。
[2] 中央民族学院少数民族文学艺术研究所编：《中国少数民族乐器志》，新世界出版社1986年版，第311—312页。
[3] 毛君周：《藏传佛教美术》，河北美术出版社1996年版，第8—12页。
[4] 蒋延瑜：《铜鼓史话》，文物出版社1982年版，第7页。

四十六、大定三年扁平铜鼓

一提到铜鼓，就想到南方和西南诸民族用的釜型铜鼓，写文章、出专著者大有人在。笔者在广西壮族和贵州苗族地区还看过用铜鼓的情景：在铜鼓腰部钮孔上拴绳，吊在木架或鼓楼梁上，然后由一人扶鼓，且当击鼓手，所以左手扶鼓，右手拿鼓槌，从而不断敲击。还有一人双手捧一木桶，桶口对鼓口，但要不断移动，使出音更加洪亮，因此该木桶在扩音效果上十分必要。以上应该是对铜鼓的通常了解。殊不知，此外还有一种扁平铜鼓，其用法和扩音方式与上述不同。前文对唐代太和二年扁平铜鼓已经有所介绍，现在对辽代大定三年扁平铜鼓作一介绍。

大定三年扁平铜鼓以青铜铸成，扁平形，直径36厘米，厚8厘米。在鼓肩部有突起的脊棱，在脊的上部和两侧各安一铜钮，钮长5.5厘米，高3.3厘米。中央有孔，直径2厘米。以上3个钮是悬挂用的，应该悬挂在木架上，以便两面敲击。

鼓面两边为相同图案，现在以一面为例，逐一介绍。

第一圈为中心，圈较小，直径3厘米，正中有一较大的铜钮，似乎象征太阳，为鼓面的中心。

第二圈较大，直径5.5厘米，有11瓣莲花，每个瓣上有一个小铜钮，似乎为星星。但11个星星与正中的太阳共12个乳钉纹，可能与十二地支有关。

第三圈有一圈莲花纹，但图案与第二圈莲花不同，共有27个，该圈直径3.5厘米。

第四圈依然是一个圆圈，直径3.5厘米，共有34瓣莲花。

第五圈直径4厘米。在该圈内有四组云彩纹，在各组间又有两个字，共四组八个凸铸文字，连称为"大定三年铭金铜鼓"，此纹饰对铜鼓断代极为重要。

在道圈之间，均有一圈突起的脊棱，以把五圈内容隔开。在鼓的下方有一个开口，长10厘米，宽4厘米，应该是铜鼓的发音孔。

类似铜鼓还有一些。除了上边提到的唐代太和二年扁平铜鼓外，听说辽宁省博物馆收藏一件扁平铜鼓。该省虽然是笔者的故乡，笔者却不知其详。有一次去韩国首尔历史博物馆看历史展览，其中就有一件唐代扁平铜鼓。又有一次在北京程田旅馆，看见一件无铭文的扁平铜鼓，钮部粗壮，为湖南民间所用，要价较高，故没有购买。这些资料说明，我国铜鼓是很丰富的，应该分为若干类型，其中扁平铜鼓就是一种类型。

大定三年扁平铜鼓的发现还有一个过程。2002年冬天，笔者带几名学生去潘家园旧货市场实习，在靠近东边的摊位上看见一个小伙子，前面摆一件扁平铜鼓。笔者看了一下，上边还铸有"大定叁年铭金铜鼓"诸字，笔者见过多面扁平铜鼓，自然十分激动，只是形状略小。不过，一个出土于西南地区，一个出土于北方，一个唐代，一个金代，彼此是什么关系，耐人寻味。笔者内心很想买下这面铜鼓，但又不知价格，所以很矛盾，但同卖主谈了不少问题，他也谈了不少情况。他说，他已来过两次北京，只带一件铜鼓，没人过问，只有一个韩国人感兴趣，看过多次，又担心是假的，所以没有成交。笔者问："你要多少钱？"他说："400元。"笔者听了很高兴，认为可以购下，回价为380元。小伙子首肯。笔者又问："还有吗？"他说："有，如果要，我下周还来。"笔者顺便给他一个小灵通电话。果不其然，下周六他又来了，打电话邀笔者，说又拿一个铜鼓。笔者说："今天下雪，不想去潘家园，如果铜鼓是老的，可以拿来看看。"他说："保真，但价格跟上次一样。"我们约在鼓楼附近一个饭馆见面，看

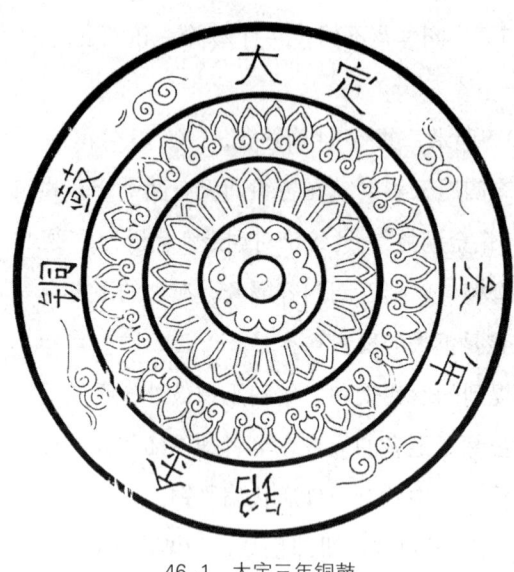

46-1 大定三年铜鼓

到实物后果真不假，于是又做成第二笔生意。后来又购一件，共三件。笔者又问："还有吗？"他回答说："没有了，在取土烧砖时，就挖出三件，全给你了。"地区是张家口郊区。以上就是购铜鼓的经过。

应该说，十年前，当时旧货市场还有不少老古董，可以捡漏。但是，文物是有限的，必然会越来越少，加上仿制品崛起，在旧货市场捡漏已不大可能，所以至今已不大去潘家园了。

也许有人会问："这三件铜鼓今何在？"笔者回答比较简单：有一件已捐给中央民族大学民族博物馆，因为该校是笔者的第二母校，又是民族院校，把大定三年金代铜鼓捐给民族大学是很必要的；其他至今收藏在手，才有今天的研究机会。

首先是断代问题。

金朝是东北少数民族女真人建立的。最初由完颜阿骨打于1115年在会宁府（今黑龙江阿城）建立的。金朝先后消灭辽和北宋，1153年迁都中都，对中原进行统治。13世纪初蒙古族兴起，金朝衰落，又迁都汴京（今河南开封），至1234年灭亡，先后共传了10个皇帝，历经120年。金世宗从1161年登基，至1189年驾崩，先后29年，是为大定年号。其中的大定三年为1163年，相当于南宋孝宗隆兴元年，西夏天盛十五年。因此该铜鼓为金代铜鼓，或说为南宋时代的产物。

其次是扁平铜鼓的起源。

扁平铜鼓是怎么起源的呢？过去根据唐代太和二年扁平铜鼓的发现，以为起源于西南少数民族地区，特别是藏族寺院还有一种挂鼓，其悬挂方法与扁平铜鼓相同。两者是什么关系，值得认真研究。原以为此鼓起源于藏族佛教信仰，后来发现还有其他反证资料，那么藏族的挂鼓是流，而不是源。所谓其他史料就是在战国的楚墓中已经出土一种挂鼓，其上也有三个悬挂的钮，且由两面敲打，当与扁平铜鼓出于一辙。另外，商代也有这

46-2 大定三年铜鼓

种两面敲击的鼓。因此扁平铜鼓应该起源于中原地区，或者与楚国的挂鼓更接近。值得研究的是，在复原楚国挂鼓时，对"挂"虽然具体化了，但过于强调双凤座。也就是说，该鼓本来是悬挂的，但紧挨着安一个双凤座，敲击时必然不利于扩音效果，所以双凤座如何安置是值得推敲的。笔者认为，双凤座应该是鼓架的座，而不是鼓座，这样就要把鼓和双凤座拉开了，而且能发现扩音效果。

再次是扁平铜鼓的用途。

在这方面有两点值得谈一下：

第一，扁平铜鼓应该是寺院的乐器。在太和二年扁平铜鼓上，铸有铭文："太和贰年浦溪寺铭金鼓"，这条资料证明这种鼓是寺院的。金朝也不例外。金朝女真人信仰萨满教，崇尚多神，尤其有一套祭天仪式。在汉族、契丹人和渤海人的影响下，也传入了佛教和道教文化，其中"奉佛尤谨"。特别是汉族聚居的张家口地区，流行寺院是肯定的。这些寺院也会使用扁平铜鼓，使用时应该有一木架，把铜鼓悬挂起来，两边敲击，以迎合祭祀、诵经的需要。

第二，扁平铜鼓可能用于弋猎。大定三年铜鼓有两大优点：一是小巧，二

是便于携带，因此适合出行和弋猎的需要。《辽史拾遗》卷一七引宋人徐昌祚《燕山丛录》中记载：

> 潞县（通县西南）西有延芳淀，大数顷，中饶荷芰，水鸟群集其中。辽时每季春必来弋猎。打鼓，惊天鹅飞起，纵海东青擒之，得一头鹅，左右皆呼万岁。海东青，大仅如鹊，既纵，直上青冥，几不可见。俟天鹅至半空，欻自上而下，以爪攫其首，天鹅惊鸣，相持殒地。

这是辽代在中都郊区利用海东青捕捉天鹅的具体情形。其中所用的鼓有两种作用：一是起惊动作用，即利用击鼓声音把天鹅惊起来，令其飞翔，然后才能用海东青捕捉。二是捕猎以鼓为坐具。《续资治通鉴长编》卷八一称："每初获即拔毛插之，以鼓为坐，遂纵饮最以此为乐。"说明鼓也可放在地上，可供进行弋猎后皇帝等坐用。既能敲又能坐，在野外最好使用扁平铜鼓了。

四十七、龙舟竞渡

中国是人类发源地之一，距今一万年前后，中华民族的祖先已发明了农业，黄河流域以粟作为主，长江流域以稻作为主。在农耕文化的基础上，实现了定居生活，发展了制陶、制丝和舟楫之利，并且流行划龙舟活动，这是农业文化的特色。反之，通过对上述文化现象的分析，也能深刻了解中华民族文化的源远流长。比如划龙舟是祭祀还是娱乐，是纪念屈原还是出于其他原因，"礼失求诸野"，边疆民族学资料为此提供了活生生的实证。

（一）苗族划龙舟仪式

清代徐家干《苗疆闻见录》中称苗族"好斗龙舟，岁以五月二十日为端节，竞渡于清江宽深之处。其舟以大整木刳成，长五六丈，前安龙头，后置凤尾，中能容二三十人。短桡潊水，行走如飞"。据在贵州台江地区调查，在该省台江、凯里、黄平、施秉、镇远、三穗、剑河等县清水江流域几十个村寨还保留着划龙舟风俗，江边还停放着巨大的龙舟。

贵州苗族划龙舟都在农历五月，但各村时间不同。传说远古苗族曾与恶龙相斗，最后苗族用火把恶龙烧死了，尸体冲到山洞外，漂浮在清水江上，各村群众都来抢龙肉吃。胜秉寨在五月初五得到龙头，平塘在五月初六得到龙须，龙塘寨在五月二十五日得到龙身，榕山在五月二十六日得到龙腰，寥洞在五月二十七日得到龙尾。因此除胜秉寨五月初五划龙舟外，其他各寨都先在平塘、龙塘、榕山活动一天，然后分开划龙舟，称为"分龙日"。

每个村寨都有一至三艘龙舟，平常停放在江边长亭内，龙舟节时抬下江使用。苗族龙舟分三部分：

第一部分是龙头，包括龙颈，以水柳木雕成，镶一对龙眼，龙嘴吞一个珠子，配有龙须。龙头涂金、红、绿和白等色，唯独杨家的龙涂深绿色，认为是青龙，为群龙之首。

第二部分为龙体，即船身，以泡桐或杉木制成，舱内挖空，分为四格，但龙体有母龙、子龙之分，前者 20 米，后者 15 米。

第三部分为龙尾，占一格，雕为凤尾状。

过龙舟节有一定准备，主要是粉刷龙头、修龙身，把龙舟扎在一起，即母龙舟居中，两侧各一子龙舟。鼓头要准备鼓、锣、衣服、饮食，还要组成水手队伍。

划龙舟有三种人：

一是鼓头，由男子担任，他是划龙舟的主持人，是整个活动的核心人物，要穿夏季布长衫，外着红边，穿青边背心，戴黑色眼镜，头戴麦穗帽。他坐在龙颈处，背靠龙头，面向水手，前面置一鼓。划龙舟时，鼓头要依一定节拍击鼓，指挥水手进退。在划龙舟期间，鼓头负责水手的饮食。每天要蒸一甑糯米饭，准备肉、菜和酒。蒸饭由老妇主持，甑上不能有盖，而把鸡、鸭、鹅、猪肉覆在上面。划完龙舟，鼓头还要杀猪备酒，请房族各家男子聚餐。鼓头是选举产生的，每次完毕都重新选举，然后把龙头、鼓送到新鼓头家保存。新鼓头产生时，也要请客，鼓头开支较大，多由头人或富人担任。

一是打鼓手，由十几岁少年男子担任，由鼓头指定一定家族，经选举产生，打鼓手要聪明、能干，但要男扮女装，穿女裙，佩戴项链。关于男子作妇女打

47-1 划龙舟

扮，有一个传说，是子为父报仇留下的古规。打鼓手的责任是打锣，他站在距龙头约一米之处。面对水手，他要伴着鼓点打锣，为划龙舟增加节奏感，以协调一致，加快划行速度，但到拉巴河口的龙塘时，必须息鼓停锣。据说该处为龙的住所，不能惊动龙神。

一是水手，是划船和掌艄的人，皆由青年男子担任，要求身体强壮，敏捷机智，有一定划船经验。他们都戴马尾斗笠，笠顶有三条银片。上身为紫色青土布对襟短衫，多缀银扣，下为蓝色仁丹士林布裤，扎腰带，穿草鞋。过去皆披蓑衣，求雨状。

划龙舟的早晨，把龙舟抬入江中，此时鬼师必以刀头肉、酒、香等祭龙舟，并往龙舟上撒供品，以示为龙进餐。鬼师在沙滩上祭山神，杀鸡为供品。山神实为埋在沙滩上的木桩，其上支一把伞，祈求山神保佑划龙舟安全。同时，鬼师要诵念龙舟的起源。祭毕，在龙舟上鸣铁铳、推龙舟入龙潭、转三圈，然后驶向集合地点。在划龙舟活动中，有若干禁忌，如不准动山神，不许翻船板，不准往江中倒米水，不准卷裤腿，不准翻锅内的饭菜，妇女不能上龙舟，有产妇的家庭成员也不能上龙舟。

龙舟进入赛场后，水手都手持茅草，在江中划一圈，并将茅草丢进江中，认为这是敬龙神，祈求龙神保护安全。在比赛中，母船上人数较少，除前面的鼓头、打锣手外，还有两个撑竿者和一个专门登记和管理礼品的人。绝大部分水手分别站在两只子船上，子船也分为4格，每格站4人，两只子船共站32人。在船尾站三五人。水手用的船桨不大，长140厘米，全凭体力和集体配合。除鼓声、锣声外，时常也有铁铳鸣响。

在比赛中，以领先者为胜，他受到各村欢迎，接受礼品也最多。最后一天各村要出肉、酒、香等祭龙神，共同聚餐，只能抓饭，不用筷子，保留着传统饮食方法。最后各村把龙舟抬上岸，放在长亭内，但要涂一层油，防止干裂，以便来年再用。

以上是划龙舟活动，但不是龙舟节的唯一活动。此外还有若干活动：一是文化娱乐，如斗牛、斗马、踩鼓跳舞；二是串亲戚，青年"游方"，谈情说爱；三是民间贸易，如买工具、家具和生活日用品。所以参加者众多，少者几千人，多者达万人以上。

（二）苗族自己的龙舟传说

一提到龙舟赛会，总想到是拯救和纪念屈原。《荆楚岁时记》："屈原以是日死于汨罗，人伤其死，所以并将舟楫以拯之。"南朝宋刘敬叔《异苑》："长沙罗县有屈原自投之川，山水明净，异于常处。民为立庙，在汨潭之西岸侧，磐石、马迹尚存，相传云：原投江之日，乘白骥而来。"类似记载很多，都说五月初五是楚国三闾大夫投汨罗江而死，人们划舟拯溺。后来每逢五月初五在汨罗江举行竞渡，纪念屈原，招其魂归。此说是否可信呢？隋代杜台卿《玉烛宝》中称:"或因开怀娱目,乘水临风,为一时之赏,非必拯溺。"闻一多通过许多事实说明龙舟竞渡在屈原之前早已有之,五月初五纪念屈原为后人的附会,此说已成定论。事实上,五月初五纪念屈原是两湖的说法,江浙又有异说,广大旱地关于五月初五又有其他说法。那么,苗族又怎么解释龙舟竞渡呢?此事与屈原之死无关,苗族有以下三种说法。

1. 父为子杀龙传说

相传原来在小红河边老屯村,有兄弟二人,兄称保,弟称雄,以捕鱼为业。保在中年生一子叫九保。后来九保被龙拖下水带到龙宫,保跑进龙宫,子已死。保先以弓箭射龙,不行。又钻木取火把龙烧死,但事后天昏地暗,人类无法生存。龙死后给人托梦,说:"我害了老人的独生子,赔了命,但愿你们行行好,用杉木扎一个龙舟,在清水江游动,天就会降雨,保证农业丰收。"人们按龙的愿望做了,五月初五划龙舟,于是风调雨顺,农业丰收。

2. 鬼谷子与龙斗法传说

苗族认为金角老龙主宰雨水。有一次金角老龙遇到鬼谷子,说:"你能掐会算,今天下雨城内雨大,还是城外雨大?"鬼谷子说:"城内下一滴,城外下三滴。"老龙一想,这种说法与玉皇指令一样。老龙为丑化鬼谷子,有意改变玉皇指令,让城内洪水成灾,城外旱灾严重。玉帝知道后,派天使杀老龙。天使抵王宫后,国王为龙王辩解,又给天使灌酒,有意拖延天使执行命令,但龙王还是被杀了。国王为纪念龙王,在五月初五举行划龙舟活动。

3. 牯牛与龙王格斗传说

平塘有一个龙潭,住着一个犀角龙。村里有一头大水牯牛,经常到龙潭洗澡,并且泅入潭底待很久。有一天,牧童拉着牛尾巴也沉入潭底,发现牯牛与龙格斗,结果牧童被龙撞死了。牧童父亲沉入潭底把龙杀死了,血染龙潭。从此天昏地暗,不得安宁。后来有了划龙舟风俗,人们才过上好日子。

在上述三种传说中,第一、第三种传说基本相同,这些传说都大同小异,其共同点都承认龙是幻想的神,生活于水中,主宰雨水,祭拜龙就风调雨顺,农业丰收,否则灾异四起,难以生存。因此人们以龙舟为龙的象征,用划龙舟的方法祭拜龙神,而与屈原无关。

龙舟的核心是龙,苗族选择泡桐或杉木制作龙舟。选用树木时,必先以肉、酒祭祀。砍伐要占卜,占卜时双眼闭着可砍伐树木,否则不能砍伐。认为砍树是做龙舟,砍树时还说:"我们请你当龙身。"运木料时要说"快到家了",不然龙的灵魂会飞走。做龙舟时要祭鲁班。一个龙舟要用五六十年。类似风俗在汉族地区也存在。

从苗族龙舟竞渡传说看,划龙舟仅仅是一种对龙的祭祀活动,并向龙供献食品,如肉、酒、香、粽子等。其中的龙舟只是龙的化身,目的是祈求风调雨顺,农业丰收。苗族龙舟的龙角上有八个字"风调雨顺,国泰民安",恰恰是划龙舟的目的。

(三)龙舟的起源和发展

关于龙舟的起源,过去有两种说法,一种是吴越地区,一种是两湖地区,实际上都是长江中下游地区。其实,其中有若干问题:

一是龙和龙舟的起源地。龙和龙舟的起源是两个问题,前者在中国多有发现,如辽西发现了8000年前的石堆龙,河南发现了6000年前的蚌龙,山西发现了4000年前的蓝龙,红山文化发现了5000年前的玉龙,江浙良渚文化也发现过龙的形象。上述事实说明,龙在中国的起源是多元的,并不受水乡和旱地的限制。但是划龙舟就没有那么广泛了,它最初应该发生在水乡。

47-2 坐龙舟

一是龙舟的起源地。龙舟的前提应该是广泛使用舟楫。北方住于旱地，兴车马而轻舟楫，南方则习水便舟，这是地理环境决定的，学界也是公认的。在文献中多有记载：

《吕氏春秋·贵因篇》："如秦者立而至，有车也；适越者坐而至，有舟也。"

《越绝书·越绝外传》："以船为车，以楫为马，往若飘风，去则难从。"

《淮南子·齐俗训》："胡人便于马，越人便于舟"，"越人善舟"。

《汉书·严助传》："习于水斗，便于用舟。"

上述记载表明，舟楫乃是南方民族的重要生产和生活用具，与北方的车马有同样作用，人们在节日或其他重大事件时使用舟楫就很自然了。杜台卿《玉烛宝典》卷五："南方民又竞渡……在北舳舻既少，罕有此事。"马缟《中华古今注》上："孙权吴之主也，时号舸为赤龙……言如龙之飞于天。"由此分析，长江下游江浙地区流行划龙舟是肯定的。

如果从考古上看，南方也普遍有划龙舟风俗，佐证甚多。长沙楚墓帛画中

47-3　铜鼓上的划龙舟

就有划龙舟的形象，云贵、广西出土的铜鼓上也有不少划龙舟形象，广西花山崖壁画上也有划龙舟内容，在湖南出土的铜钺上也有划龙舟的题材。其年代最早到春秋时期，最迟到西汉。这些考古事实说明，长江中心也是划龙舟地区，而且年代较早，大多为越人地区。其中铜鼓上的划龙舟令人关注。

对铜鼓上的船纹有种种说法，如航海说、祭祀说、龙舟说。据多方研究，铜鼓上的船纹应与划龙舟有关，原因有几条：

首先，从船的形制看，该船长而狭，两头翘起，不像海船和货船，而与汉族、苗族和傣族的龙舟相似。船上无篙，无帆，说明它不是海船，云、贵两省也不通海，说明船是内河水上工具。在船顶上无篷顶，是露天的，也证明它不是载人、运货的，船桨也较小，舵以长艄代之，可随时调转航行方向，适于赛渡。由此看出，它应该是龙舟类水上工具。

其次，船上人数较多，头戴羽冠，腰下有吊幅，上下外露，不穿衣服，这与以运输为业的运输船不符。在上述人员中又有一定分工，有持羽杖指挥者，有划船者，有掌艄者，有跳舞者，各有一定位置，互相配合，有一定的节奏感。在普驮铜鼓上还有一个椅形平台，显然是鼓手坐的地方，而剖面前的"器皿"实为鼓，是利用鼓手的击鼓形成节奏，从而调节水手的协调动作。执杖起舞者也是指挥者。这种人可能是由大巫兼任的，他们的羽冠、羽杖，也有巫术含义，而每个铜鼓上都有四至六组船纹，这正是若干龙舟竞渡的热闹场面。

龙舟和划龙舟，应该是祭龙、祈雨活动的一部分，可能是在夏初的节日举行，这就是端午节划龙舟的来历。但各地有自己的特点，各民族也有独自的风俗。苗族划龙舟就是一个突出的例子。至于汉族划龙舟，也继承了越人划龙舟的特点。就以端午节划龙舟来说，内容也是不断充实的。有关屈原内容就是两湖地区后添的。《太平寰宇记》一四五引《襄阳风俗记》："屈原五月五日投汨罗江，其妻每投食于水以祭之。原通梦告妻，所祭食皆为蛟龙所夺。龙畏五色丝及竹，故妻以竹为粽，以五色丝缠之。今俗其日皆带五色丝食粽，言免蛟龙之患也。"类似传说不少，都说明若干内容：一、祭龙为先，后祭屈原；二、端午节与祈雨有关，而龙又主雨水。说明尽管祭祀屈原，也未改祭龙的初衷。

（四）划龙舟的社会功能

划龙舟有不少社会功能：

第一是祭祀龙王，祈求丰收。除了上述苗族划龙舟外，在其他划龙舟的地方也如此。如傣族把龙舟视为龙的化身，划龙舟就是祭祀龙王，祈求雨水。浙江舟山地区以捕鱼为业，也要通过划龙舟祭祀龙王。

第二是防毒求安。如果说划龙舟在水乡比较流行，防五毒的风俗就更广泛了，全国各地无不如此。这可能受阴阳家的影响，认为五月为毒月，初五为毒日,二毒在一起就更毒了,号称有五毒泛滥。民间有五毒图,门上要挂艾草、菖蒲。《风土记》:"采艾悬于户上,以禳毒气……以艾为虎形,或剪彩为小虎,帖以艾叶,内人争相戴之。……其后更加菖蒲,或作人形,或肖剑状,名为蒲剑,以驱邪却鬼。"也可贴钟馗。在衣服上,多佩饰,如荷包、小虎、扫帚、葫芦、丝线等,小孩穿五毒肚兜。饮食方面,喝雄黄酒,吃樱桃。端午节也制墨药。

第三是娱乐,唐代曾组织龙舟赛会,各地组织,奖以银碗。先人立之,后人传之,我国直到今天还保留了划龙舟的娱乐性。广东龙舟会上,以村为单位,船头挂旗,指挥以旗为令,中间也有对舞助兴者。

第四是加强交际活动。各地划龙舟时,也是民众集会之时,流行走亲戚,访亲问友,互送礼物。青年都着盛装,结交朋友,苗族的"游方"就是谈情说爱的重要方式,当地流行不少有关民歌,可以看出梗概:

"龙舟转过湾,能看见美丽的姑娘。"

"她的脸像鸭蛋,像河边开的花朵。"

"多谢了,你们送来好多礼物。"

"我们得了礼物,心里十分高兴。"

"姑娘穿着美丽的衣服,戴了很多银饰。"

"今天在一起欢乐,可惜明天就散了。"

"我们是隔坡的画眉,不能倾心交谈。"

四十八、古老的历书

历法是用一定文字记录年、月、日的方法。新中国成立前，我国各地都有一种皇历，相传起源于皇帝颁布的一种历书。该书从年头至年尾，规定每天能做什么，不能做什么，必须遵守一定禁忌。尤其着墨于春种秋实、兴修土木、出行与否等。这种历法或历书是从哪里来的？这是人们最关心的问题。但是有关历法起源资料稀缺，难以解释。笔者有幸在西南少数民族地区调查时发现几种少数民族的历书，形式古老，内容简单，皆以象形文字书写，是一种原始历书。在此把它介绍出来，供研究者参考。

（一）从"算日子书"说起

长期以来，学术界公认纳西族东巴有一种东巴文，而纳西族分支——摩梭人也发明有文字，媒体却宣扬"东巴文是世界上唯一保留下来的象形文字"。事实上，摩梭人祭司达巴也有象形文字，过去曾有介绍。[1]2000年夏天，笔者赴泸沽湖调查，专门寻找达巴的象形文字，结果发现达巴也有象形文本，主要有

---

[1] 杨学政：《摩梭人的达巴卜书及原始符号研究》，《史前研究》1986年第3期。

"三家村抄本"、"利家咀彩绘抄本"、"利家咀黑白抄本"、"屋脚抄本"。基本分为两种类型：一种为简体本或单符本，如"利家咀彩绘抄本"、"屋脚抄本"，只有28个象形文字，一年360天，每天一格，每格一个象形文字；另一种为繁体本或双符本，如"三家村抄本"、"利家咀黑白抄本"。这些经书名曰"算日子书"，简称"卜书"，实际上是一种历书。每册除封皮外，共12张24页，每页15格，每格代表一天，每天有一两个象形文字。因此是一种记录年、月、日的书，也就是历书。现在把我们在泸沽湖所见的两种历书抄本，介绍如下。

2000年夏天，笔者六访泸沽湖，把寻找摩梭文字作为一个重要课题。这次调查我们共去9人，有若干专题，有人调查民间文学，有人调查走婚变迁，有人调查马帮文化，笔者则重点调查达巴有无经书一事。经过半个月的走访，在笔者路过的几个村落都发现达巴有一种卜书。其中在四川盐源县前所三家村发现一本，可称"三家村抄本"；另一本是彩绘的，可称"利家咀彩绘本"；在利家咀村还有一种黑白的"利家咀抄本"；在木里县屋脚村也发现一本，特点是上为摩梭象形文字，下有藏文注释，可称"屋脚抄本"。如果加上杨学政先生所介绍的"瓦拉片抄本"，目前已发现五种抄本，这可为进一步探讨摩梭人的卜书及其象形文字提供有利条件。

正如前面提到的，我们又发现了几个卜书抄本，它告诉我们一个事实，在宁蒗永宁地区卜书已经极为罕见，但在木里县依然流行，而这一地区恰恰是云南学者较少去的地方。

为了详细介绍各种抄本的内容，在此以个案的方式，介绍三个案例。

案例之一：

笔者在四川盐源县前所三家村阿家苦则迟尔手中看到一本经书，该人44岁，读过两年书，他家世代为达巴，服装、法器和经书齐全。该书称"格木"，简称星书。传说达巴去找算日子的书，先找星星，但星星睡着了，没有找到一个月30天的经书，又上天去找，得到了"格木"，一个月28天。该书适用于占卜、出行，但要看每天的具体情形，才能够决定自己的行止。因此这是一本卜书，历书。每天一格，一个月有 28 格，一年 336 格。每个格内有两个象形符号。现在以正月为例，每一日有两符号：

初一：左者读"尼支"，认为是两个星星，或者认为是两个男根；右者读"杂朋布"，为七个喉咙。该日为吉日，可以举行火葬。

初二：左者读"洼格"，为马星；右者读"尼马"，为太阳之意。该日吉，利于出行。

初三：左者读"报快"，以羊性具象征羊星；右者读"答洼"，为月亮，其中的"⊌"为月亮代号。该日吉，适于劳作。

初四：左读"巴吉"，为人的性具，不分性别；右读"扎迷门"，为眼睛。该日不利于眼睛，其他事情无妨。

初五：左读"吉科"，以流水象征水星；右侧为"拉巴"，手掌之意，但为藏语语音，摩梭称手掌为"洛垮"。该日吉祥，适合建仓、灭火。

初六：左为"拔格泼"，水池之意；右为"烹布"，藏语为喉咙。该日吉利，有吃穿，出征能打胜仗。

初七：左为"古扎哭"，意为喉咙星；右为"杂朋友"，意为鼻子。该日属吉日。

初八：左为"古扎古米"，六排星或人体星；右为"杂朋布"。

初九：左为"年火"，火星之意；右为"尼马"，太阳之意。该日为大吉日，做什么事都顺利。

初十：左为"索塔窝"，三星之意；右为"答洼"，意为月亮。该日为吉日。

十一：左为"索塔洛"，意为二星；右为"扎米尔"，意为眼睛。该日为吉日。

十二：左为"索塔搓迷"，意为四排星；右为"拉巴"，意为手掌。该日尚吉，但不能上坟，要关好牲畜。

十三：左为"索塔格朴"，意为白色的星；右为"朋布"，藏语意为鼻子。该日大吉。

十四：左为"胡哥"，意为老鹰；右为"杂朋布"，意为喉咙。该日不可损伤牲畜。

十五：左为"格哥"，意为老鹰；右为"杂朋布"，意为喉咙。该日不可损伤牲畜。

十六：左为"布块"，意为猪头；右为"尼马"，意为太阳。该日不能放猪，也不能卖猪。

十七：左为"布吉"，意为公猪的性具；右为"答洼"，意为月亮。该日为吉日。

十八：左为"布马"，猪油之意；右为"扎米门"，藏语意为眼睛。该日不吉不凶。

十九：左为"布麻"，意为猪的尾巴；右为"拉巴"，意为手掌。该日一般。

二十：左为"日垮"，意为牛角；右为"杂朋布"，意为喉咙。该日对牲畜不利，不能卖牲畜，要看护好。

二十一：左为"日西"，意为牛耳朵；右为"杂朋布"，意为喉咙。该日不吉，不能卖牲口。

二十二：左为"日年"，意为牛的眼睛；右为"杂朋布"，意为喉咙。

该日必须看好牲畜。

⌂ 二十三：左为"日古"，意为牛的身躯；右为"尼马"，意为太阳。该日不吉不凶。

二十四：左为"拉红垮"，意为老虎；右为"答洼"，意为月亮。该日凶，认为虎饥，必伤害人畜。

二十五：左为"蛇支德"，意为虎星；右为"扎米门"，意为眼睛。该日一般。

二十六：左为"要哭"，意为羊的上身，象征羊星；右为"拉巴"，意为手掌。该日不能卖羊。

二十七：左为"麻垮"，意为羊的下身；右为"杂朋布"，意为喉咙。该日吉，但不能卖牲口。

二十八：左为"拍米"，意为人头，代表人的上身；右为"杂朋布"，意为喉咙。

案例之二：

2000年7月26日，本来欲搭汽车去屋脚，但车主索价过高，要300元，有些路段又塌方，行车较危险，我们决定改用马帮，每匹马40元，共6人6马。10点钟我们从温泉乡瓦拉片出发，路过几个彝族村落后开始爬山，路很窄，树林又密，马帮在树林中穿行，把行李都刮坏了。下午5点多钟抵达利家咀村。该村24户，是一个小坝子，但各个院落很大，形如土堡，母系家庭规模也大。我们就住在木帕家，男主人叫木帕多吉，笔者就同达巴住同一房间。晚上月亮升起，我们在场坝环坐，开始调查摩梭人的历书。木帕多吉达巴是我们的主要调查对象，他那年68岁，是屋脚乡著名的达巴。我们问："本村达巴有经书吗？"他说："有，是看日子的书。"说完他就去找书了。我们兴奋不已，但拿来一看，是用笔记本抄写的，不是原件。不过为了弄清楚该书的内涵，我们照样调查，围绕该书，逐一解读，达巴说一句，我们记一句。其内容如下：

初一：左读音"尼支"，为男人性具，代表星星；右者读"杂朋布"，为七个喉咙。该日为吉日，可以举行火葬，不宜祭祀。

初二：左读"尼支"，意为马；右读"尼马"，太阳之意。该日为吉日，可祭水龙王，利于出行。

初三：左读"洼乔"，羊性具；右读"答洼"，为月亮。该日可命名，不能卖牲口。

初四：左读"博垮"，为牲口的性具；右读"扎尼耳"，为眼睛。可做法事，但不敬龙王，不能伤眼睛。

初五：左读为"击格"，流水，象征水星；右为"拉巴"，手掌之意。吉日，不敬龙王，不能杀牲和卖牲口。

初六：左为"波哥泼"，以圈圈象征水塘；右为"扎古迷"，一种动物被砍，落入水中，又复原了，又称喉咙。该日吉，什么事都可办。

初七：左为"括扎括"，喉咙星；右为"扎大加布"，大地、世界。该日属吉日，办事顺利。

初八：左为"古扎古米"，六排星；右为"丁巴"，与初一右图一样。该日吉，可办诸事，但不敬龙王和山神。

初九：左为"叟塔窝"，火星之意；右为"尼马"，太阳。该日为吉日，可敬龙王、山神和水井。

初十：左侧为"叟塔罗"，三星；右为"答洼"，月亮。该日为吉日。

十一：左侧为"叟塔窗迷"，为三星身躯；右为"扎尼耳"，眼睛。该日为吉日。

十二：左侧为"叟塔灭伙"，三星之目；右为"拉巴"，手掌。该日吉，但不便进坟山。

十三：左侧为白色的星；右侧为"洛蒂"，喉咙。该日吉，可办大事。

十四：左为"虎哥"，野鸡头；右为"扎大加布"，大地。该日吉，利于训练小牛耕地。

十五：左为"哥格"，老鹰；右为"丁巴"，喉咙。该日凶，要看好牲畜。

十六：左为"布垮"，猪嘴；右为"尼马"，太阳。该日凶，能卖牲口，不能放猪，也不能祭祀。

十七：左为"布莫"，猪的性具；右为"答洼"，月亮。该日吉好，但不利于祭祀。

十八：左为"布吉"，猪尿包；右为"扎尼耳"，眼睛。该日平平，不吉不凶。

十九：左为"好曼"，猪的尾巴；右为"拉巴"，手掌。该日一般。

二十：左为"日垮"，牛角；右为"扎古迷"，喉咙。该日凶，不卖羊，不杀牲。

二十一：左为"子西"，山羊耳朵；右为"扎大加布"，大地。该日不吉。

二十二：左为"日娘"，羊的眼睛；右为"丁巴"，喉咙。该日凶，不能做事。

二十三：左为"日古"，牛的身躯；右为"尼马"，太阳。该日不吉不凶。

二十四：左为"兰红垮"，虎头；右为"答洼"，月亮。该日不吉，防止损失牲口。

二十五：左为"蛇支头"，肉或虎身；右为"扎尼耳"，眼睛。该日一般。

二十六：左为"别垮"，羊角；右为"洛蒂"，喉咙。该日不吉，不能卖羊。

二十七：左为"妈垮"，羊尾；右为"扎古迷"，喉咙。该日不吉。

二十八：左为"哇哥"，人的上身；右为"扎大加布"，大地。该日不吉不凶。

案例之三：

我们2000年7月27日离开利家咀村，到屋脚村调查，并计划8月5日离开屋脚，直返温泉。但是出发前突然听到一个消息，8月4日利家咀村有一位老人去世，并举行洗马仪式，屋脚村有不少民众都要前往送葬。这对我们从事摩梭文化调查的人来说，是很难遇到的机会，因此只好改变行程。有些人乘汽车直接回温泉，我与一些学生骑马走原路，再访利家咀村，调查丧葬仪式，然后再去温泉会合。

8月3日早晨，我们吃过饭就出发了，这是一个阴雨天，幸而时下时停，没有给我们的旅行造成多大的困难。我们抵达利家咀后，依然住在木帕家，但没有住在室内，而是在场院搭两个帐篷，一男一女，出入方便，空气也十分新鲜。过去我曾多次参加过摩梭人的葬礼，但没有看过洗马仪式。这次在利家咀不仅看到了丧葬过程，还看到了洗马仪式和跳牦牛尾巴舞，加深了对该族丧葬文化的认识。第三天早晨，我们又要离开利家咀村。其间认识一位民办教师，笔者问他："您村有图画历书吗？"他说："有，我们家就有一本，我给您拿来看看。"果然拿来了，笔者一看兴奋不已，因为它是一本老抄本，还是彩绘的。这本书还有一个特点，每天都绘一格，每格只有一个象形字，一共也有28个象形字，但与其他抄本有些不同。现在以正月二十八天为例加以说明。

初一：仅有一个符号，呈菱形，每个内角各有一圆弧，四个外角也有圆圈；该图读音"尼支"，认为是两个男根。该日为吉日。

初二：也有一个图案，分为上下两组，每组为两个圆圈，但彼此相连，认为是两个马星，读为"洼格"。该日为吉日。

初三：绘一青蛙。该日为吉日，因为青蛙是神，有神保佑，办什么事都顺利。

初四：也绘一个符号，形如人的性具，读音"巴吉"。该日尚吉。

初五：绘一泉，往外流水，象征水星，读音"拉巴"。该日吉利，宜建房、灭火。

初六：绘一水池，读音"拔格发"，象征吉利。

初七：绘一颗星抱四小星，读音"古扎哭"，汉意为喉咙星。该日为吉日。

初八：绘有一组六个星星，读音"古扎古米"，汉意为六排星。该日吉，但不能祭龙王。

初九：绘有一海螺，读音"年火"，即火星之意。该日为吉日，可做任何事情。

初十：绘一组三星，读音"索塔窝"，三星之意。该日为吉日。

十一：绘两个相连的星星，读音"索塔洛"，意为二星。

十二：绘一组四个星星，读音"索塔搓迷"，意为四排星。该日为吉日，但不能进坟地。

十三：绘有一星，读音"索塔格补"，意为白色的星。该日为大吉之日。

十四：绘一只野鸡，读音"胡朋"，野鸡之意。该日吉，适合耕地。

十五：绘一只老鹰，读音"格哥"，意为山中之鹰。该日不吉不凶，防止损伤牲畜。

十六：绘一猪头，读音"布块"，意为猪头。该日吉利。

十七：绘一猪的生殖器，读音"布吉"，意为公猪性具。该日为吉日。

十八：绘一块猪油于盘中，读音"布马"，意为猪油。该日不凶不吉。

十九：绘四个圆圈，以线交叉相连，读音为"布麻"，意为猪尾。该日不凶不吉。

二十：绘一牛角，读音"日垮"，为牛角之意。该日不吉，不能买卖牲畜。

二十一：绘一牛耳，读音"日西"，意为牛耳朵。该日不吉，对牲畜不利。

二十二：绘有一对眼睛，读音"日年"。该日凶，不能买卖牲畜，防止丢失。

二十三：绘一牛身，读音"日古"，意为牛的躯体。该日不吉不凶。

二十四：绘一虎头，读音"拉红垮"，意为虎头日。该日凶，虎必伤人。

二十五：绘一箭头状物，读音"蛇支德"，意为虎星。该日一般。

二十六：绘三圆圈，下为一对羊角，读音"要哭"，意为羊上身。该日不能卖羊。

⬚ 二十七：绘三圆圈，上为一对羊角，汉意为羊下身。该日不凶不吉，但不能卖羊。

⬚ 二十八：绘一人头，读音"拍米"，为人头之意。该日一般。[1]

以上所介绍的三本卜书抄本，其共性都是一年分 12 个月，每月 30 天，每天一格，内有一或两个象形文字。以"三家村抄本"一月为例，其中又分三类：一类是吉日或大吉日，有 13 天；一类为吉日，有 12 天；一类为凶日，有 5 天。每天都以一定的象形文字表示。上述卜书大同小异，汉意相同，但每个达巴读音不同，或者音同意不同，说明当地达巴各自为"政"，互不统一，反映了达巴信仰的分散性。所以上述卜书具有原始历书的性质。

摩梭人达巴的卜书并不是孤立的现象，在其他比邻的民族共同体中也有类似的卜书或历书，如耳苏人沙巴的《母虎历书》[2]、纳木依人帕比的卜书[3]、普米族汉规的卜书[4]等等。它们都是祭司用象形文字写的，在形制和用途上基本相同，表明卜书或历法相当流行。

（二）象形文字历书

以上介绍的历书，有一个共同的特点，都是用象形文字写成的。这对文字起源研究有重要意义。

在文字产生之前，人类用刻木、结绳和刻画符号记事，但是这些方法比较简

---

[1] 见拙文《摩梭人的达巴教与达巴文》，《民族学报》第 4 辑，北京民族出版社 2007 年版。
[2] 刘尧汉等：《一部罕见的象形文历书——耳苏人的原始文字》，《中国历史博物馆馆刊》1981 年第 1 期。
[3] 见拙文《耳苏人的图画巫经》，《东南文化》2003 年第 10 期。
[4] 见拙著《会说话的巫图》，学苑出版社 2004 年版，第 76 页。

单，与我们的汉字缺乏必然联系，怎么解释上述关系呢？我国西南地区有两种很流行的记事方法：一种是图画，如摩梭人、纳西族、普米族、羌族、耳苏人、纳木依、白马藏人都用绘画著作经书。它有点像连环画或小人书，祭司看图诵经。这种记事方式与结绳、刻木、刻画符号不同，它的文化含量大，能绘声绘色地描述历史、故事，能比较完整地记述经典，因此出现了不少图画式经书。它应该是最早出现的巫经形式，与岩画、地画是一致的。据学者研究，古代《山海经》也可能来自巫图，因为"最初没有文字，只有图画，其巫辞也只是口传；后来有了文字，才由识字的巫师写下来，成为有图有文的用于巫事活动的巫术"[1]。另一种是象形文字记事。人类在图画记事的基础上，又从中提炼、选择一些形象，简化为象形文字，作为新式的象形文字，这应该是文字产生的标志。

我国大汶口文化已经有象形文字，距今 5000 年左右。巴蜀为氐羌后裔，在其铜印、铜器上既有图画记事，又有象形文字。[2]再次证明图画记事、象形文字记事是并存的，两者有发展上的联系。

象形文字在中国文字发展史上具有划时代的意义，有承上启下的作用。承上就是它是在前面的记事方式基础上产生的。过去常以为刻画符号是象形文字的先河，但民族志的刻画符号并没有导致象形文字的产生[3]，图画记事却对象形文字的产生起过举足轻重的作用。启下指中国汉族的方块字是由象形文字发展来的，甚至在汉字中还残留不少象形文字，甲骨文字就是突出的例证。

中国曾流行过象形文字。随着文字的发展，汉字已经相当复杂，单纯的象形文字已经被淘汰了，但在我国西南民族地区还有一条象形文字链[4]，其中以纳西族东巴象形文字最为丰富，耳苏人、纳木依、普米族、白马藏人的象形文字次之。不过，这些民族都以象形文字写卜书或历书。由此推想，商周

---

[1] 马昌仪：《古本山海经图说》，广西师范大学出版社 2007 年版，第 17 页。
[2] 邓少琴：《巴蜀史迹探索》，四川人民出版社 1983 年版，第 32 页。
[3] 见拙著《中国远古文化》，宁波出版社 2004 年版，第 491 页。
[4] 见拙文《西南民族象形文字链》，《西北民族研究》2010 年第 3 期。

时期也应该有一种用象形文字写的历书，可惜还没有发现，这有待考古事业的发展。

（三）历法的起源

运用文字记录历法，可能来源已久，中原最迟不晚于商代甲骨文的应用，但是目前还缺乏考古实证。然而在西南少数民族地区却有一种原始历法，对探讨历法起源有重要帮助。

一项社会文化的发明，一要有强烈的社会需要，二要有创造它的条件。

首先看看社会需要。在远古时期，生产力极其低下，仅知采集和渔猎而已。自农业产生之后，才对历法有一定要求。但是当时还没有文字，只凭人们的记忆，代代相传。"日出而作，日没而息。"说明当时还没有产生历书的条件。到了史前时代晚期和文明时代初期，巫觋有很大变化，有些巫还停留在神灵附体阶段，但是有些巫已上升为大巫，即祭司。祭司除掌握一般宗教活动外，已具有一定的天文、历算、文学、历史和习惯法知识，成为传承文化的关键人物。他们为了预测每一天的吉凶祸福，人们能否生产、出行，何时可以婚媾，哪天可以"日中为市"，必须经常占卜，算日子，从而形成一种社会需要。

其次看看产生历书的条件。在漫长的史前时代，文化传承基本是口头传授，一代代传下来的，当时的结绳、刻木还不能记录历法，史前时代晚期，祭司和文字先后出现，才出现了历书。据民族学调查得知，我国西南民族的祭司有两种经书：一种是图经，一种是象形文字经书，后者仅限于历书或卜书。由此可知，历书是在象形文字产生后产生的，起初可能书写在丝绸、木、竹和骨骼上，有了造纸术后，才产生纸写的历书。

起初巫觋念的经文皆为口传心授，没有文字，也没有经书。后来从巫中分离出一种高级巫，也就是祭司。这些祭司懂民间信仰，也掌握一定的天文历算、历史文化知识，又善于表演。在古代他们是王权的一部分。《本教源流》说："为王师者称喇辛，侍王左右者称古辛。""王极重本辛之言，辛未发言，王不能发布旨意。"民族学资料中也不乏此例。像彝族的毕摩、纳西族的东巴、普米族的汉规、羌族的释比、耳苏人的沙巴等等，都是如此。他们是民族文化的执行者，又是传承者。在带徒弟的过程中，他们实行口授，也以身传授，还让徒弟读一种"图语书"，从中掌握绘制图画和认识象形文字的能力。所以，认识和使用象形文字是祭司传承的重要内容。卜书或历法必列在其中。

西南少数民族的原始历书是哪来的呢？有两种看法：一种认为来自藏传佛教，一种认为来自本教。对此应作一个分析。

藏族原来信仰本教。在吐蕃时期，文成公主、金城公主入藏前，当地实行一种原始历法，运用十二生肖纪年，一年分四个季节，共有360天，当时还没有成文的历书，仅在民间传承。文成公主、金城公主带去了中原的历日谱，藏族从而接受了中原历法文化。公元9世纪吐蕃政权崩溃，此后400年间藏族内部分裂。五代至宋辽金时期中原也未形成强大的政权，与西藏联系较少。不过，此时卫、藏、阿里地区与印度交往较多，印度佛教文化北传，其中就包括《时轮经》，内容有推算日月的历算、无上瑜伽，时轮历就是在这种情况下传入的。

前面所介绍的原始历，最大的区别是用什么方法纪时。藏族的时轮历，是比较进步的历法，用喜、善、胜、空、满等纪日，使用完毕再轮回。很显然这是比较后起的历法，与西南少数民族的原始历不同。藏族本教的纪时方法是利用生肖纪年、纪月、纪日，其中单月用虎为岁首，双月以猴为正月，每两个月轮回一次。每月30天，没有闰月，也无大小月。这些特点与西南少数民族的原始历不谋而合。如耳苏人是藏族的一支，尽管两者关系存在争论，但耳苏人继承了藏族早期的本教文化。他们的历书为《母虎历书》，书封面上有四组图，每图上有一虎和地球，但两者关系不同，表示不同季节。每月前有一生肖，说明耳苏人以生肖纪月。每天又有一生肖，内有两三个象形文字，

48-1 《母虎历书》封面（耳苏人象形文字）

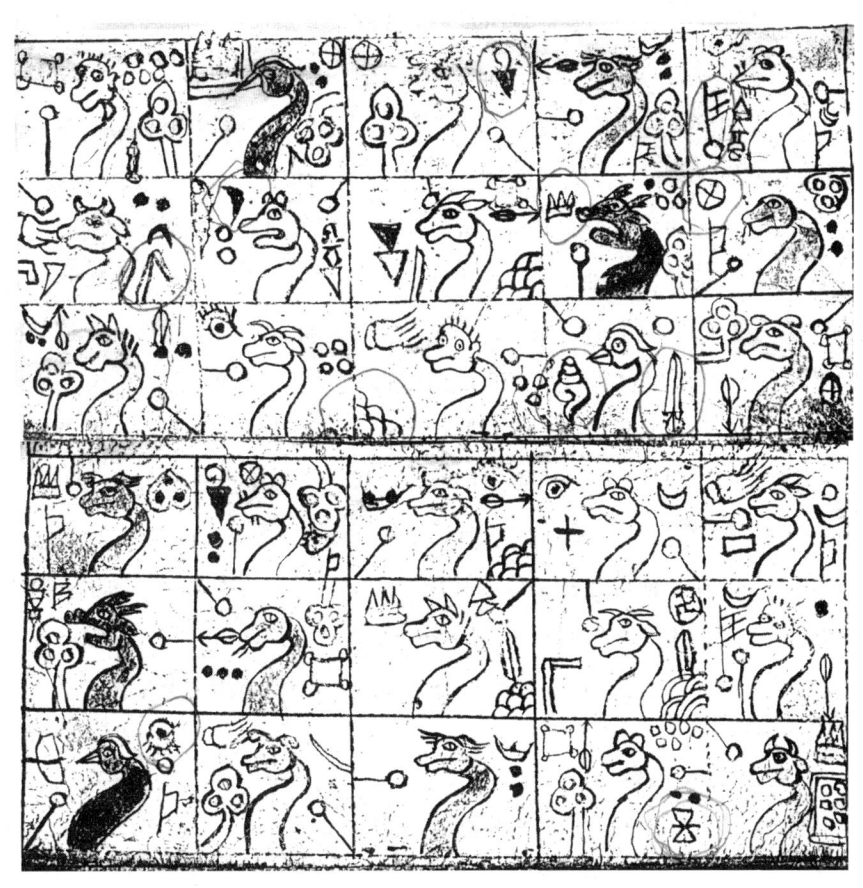

48-2 《母虎历书》内容（耳苏人象形文字）

可知耳苏人又以生肖纪日。这些特点，正说明耳苏人历书是本教历书，而非来源于藏族时轮历。

（四）结论

通过以上对原始历书的介绍和分析，我们得出以下三个结论。

第一，世界上有三种历法：一种为阳历、太阳历、西历，它以地球围绕太阳转一周为一年，每周 365 天或 366 天。我国辛亥革命后采用之。一种为阴历，又称太阴历，以月球绕地球转一周为一个月，一般大月 30 天，小月 29 天，一年 354 天。如伊斯兰历就如此。一种为阴阳历，以地球绕太阳转一周为一个月，但置闰月，如我国农历，就是其中的一种。上述所说的原始历，也是阴阳历。

第二，历法和其他科学知识一样，都是从简单到复杂，从原始到先进。最初的历法比较简单、幼稚，一年仅有 360 天，没有大小月，也不设闰月，其中占卜为主要内容。我们所介绍的西南少数民族的原始历，就是如此，这是应该认真研究的。后来经过各地不断充实、改进，才有了先进的历法。

第三，在远古时代晚期和文明初始时代，还没有知识分子，当时掌握较多知识的是祭司，他们是受社会尊重的，在卜医中有不少杰出人物。《史记·日者列传》引贾谊的话说："吾闻古之圣人，不居朝廷，必在卜医之中。"当时从事卜医的就是祭司，他们起初是部落首领的谋士，后来成为君王的助手。出于宗教的需要，他们用图画绘制经书，后来又发明了象形文字，写经，编卜书，自然发明了历法。可以说，祭司是民间文化知识的整理者和传播者。

四十九、史前萨满遗迹

长期以来，中国史前考古所发现的宗教遗迹较少，研究工作也较滞后。近一二十年情况大为改观，考古发现的宗教遗迹层出不穷，多数与萨满信仰有关，现在研究的人也多起来，成为当前中国考古学和宗教研究的热点之一。

（一）考古发现的萨满遗迹

在中国的考古工作中，发现了近万处石器时代遗址，遗物极其丰富，其中也有不少萨满信仰的遗迹，主要有以下四类。

1. 灵魂信仰

从中国所发现的考古资料看，灵魂信仰是最早出现的，发现的有关资料也最多。在北京周口店山顶洞旧石器时代遗址已经有了埋葬风俗。该遗址分上、下两室，上室住人，下室埋葬死者，在遗骨附近还撒有赤铁矿粉末，随葬有死者生前的装饰品。[1]可知当时已经安葬死者，把生者和死者分开。上述

---

[1] 见拙著《原始社会史》，文物出版社1983年版，第125页。

49-1 瓮棺

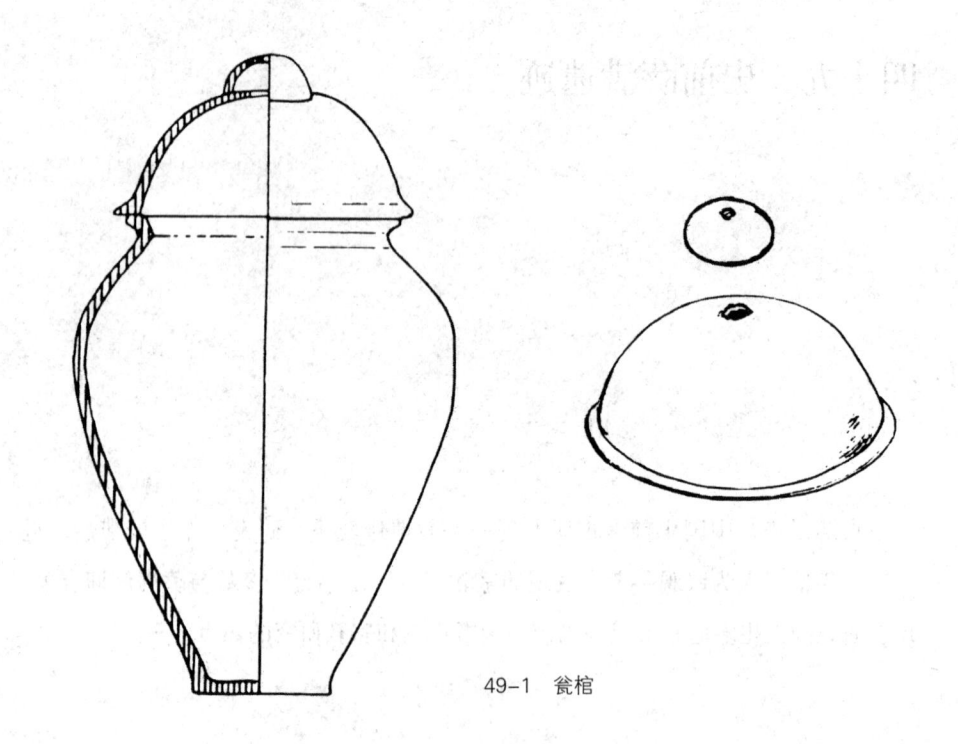

风俗到了新石器时代有了新的发展，在村落附近出现了氏族公共墓地，有一定的随葬制度，如西安半坡、临潼姜寨等仰韶文化遗址就是典型代表。甘肃永靖大何庄齐家文化墓地还有供墓祭使用的祭坛，即石圆圈。[1] 在甘肃省天水大地湾仰韶文化遗址的一座房基上还有一幅地画，是房子废弃后临时绘的图，内容有夫妇合葬墓，旁边为两个跳舞者，此画可能是为死者跳送葬舞，然后主人迁居他处。[2]

当时信仰人死只是肉体消失，灵魂依然存在，包括小孩在内。西安半坡仰韶文化将婴儿尸体置于瓮棺内，瓮棺上以精美的彩陶盆为盖，且穿一孔。[3] 河南临汝阎村遗址所用的瓮棺，原来是陶鼓，后来改为瓮棺，且瓮棺盖上也穿一孔，

---

[1] 黄河水库考古队甘肃分队：《临夏大何庄、秦魏家两处齐家文化遗址发掘简报》，《考古》1960 年第 3 期。
[2] 见拙文《室内地画与迁葬之习》，河南省考古学会：《论仰韶文化》（内刊），1987 年。
[3] 中国科学院考古研究所、陕西省西安半坡博物馆：《西安半坡》，第 166 页。

供亡灵出入。成年人也有用瓮棺进行二次合葬的现象，如河南汝州洪山庙仰韶文化遗址一个土坑内有 136 座瓮棺，分 11 排，都是二次合骨葬，说明原来分葬于各处，后来出于一定原因，又合葬于此。从民族学资料分析，原始人有死后回归祖居地的习惯，不管氏族成员死于何处，都要把亡灵送到祖居地，与祖先亡灵团聚，洪山庙瓮棺葬可能渊源于此。当然，也有因迁徙、灾害而进行二次合葬的情形。洪山庙的瓮棺上多有彩绘图案，有人物、狩猎、天象和生殖等形象，这些内容与亡灵在另外一个世界的生活有关。

当时信仰的核心是二界信仰，即把世界分为两部分：活人世界与死人世界，人活着在人世，人死后进入鬼世。其实，鬼世也是按人世的模样创造的，人活着需要衣食住行，人死后也需要衣食住行，于是有一套随葬制度。在群婚和氏族制度下，以母系血缘为纽带，讲究氏族合葬，骨肉团聚，男女分列。单偶婚出现后，也出现了夫妇合葬，甚至以妻妾殉葬，如大汶口文化[1]、龙山文化、良渚文化和齐家文化都有这种夫妇合葬墓。[2] 在这种墓地上，不仅出现了婚姻关系，也产生了男女不平等，说明父权开始崛起。

2. 祖先偶像

过去中国史前考古出土偶像甚少，西方学者就认为中国雕刻艺术落后，不流行神偶。近一二十年各地出土神偶很多，尤其在辽河、黄河流域发现最多，从而结束了中国史前没有神像的论断。

最早的是在内蒙古东南部兴隆洼文化发现的，皆为石雕人像，乳房突出，腹部略鼓，双手扶于腹部，下边呈尖状，一般插于室内火塘附近，距今七八千年。[3] 陕西扶风案板仰韶文化遗址出土一件陶塑裸体女像。[4] 河北滦平后台子遗址出土 6

---

[1] 见拙文《我国私有制出现的重要例证》，《光明日报》1975 年 5 月 6 日。
[2] 见拙文《我国阶级的起源问题》，《史学月刊》1984 年第 3 期。
[3] 王刚：《兴隆洼文化石雕像》，《中国文物报》1993 年第 47 期。
[4] 王建新：《陕西扶风案板出土的陶塑人像》，《文物天地》1992 年第 5 期。

件石雕女神像。[1]在辽河流域的红山文化遗址出土不少女神像,有陶、泥、玉、骨、石之分,也为大乳、突腹、抱腹等特征。同时还有女神庙、祭坛、祭器等发现。[2]

此外,在红山文化曾出土一种男女合体的陶像,形象与女神像相若,但男女连体,这应该是一种男女祖先合体神偶。另外,在青海乐都柳湾出土一件阴阳人陶壶,在内蒙古河套地区大口文化遗址出土了一件陶缸,其上也有一个男女合体的浮雕,这些也是在祖先崇拜的影响下产生的。

以上诸像应该是祖先的神偶,而祖先崇拜是灵魂信仰的延伸。但是从民族学资料分析,红山文化遗址出土的人像并不全是神偶,有些则是巫术道具,如某些小型残破的孕妇陶人。神像与巫术道具的差别是:(1)制作方法不一,神偶比较细致,具有庄重性;巫术道具比较粗糙,随意性强。(2)神偶或站或坐,便于供奉;巫术道具则缺乏上述特征。(3)神偶较完好;巫术道具全部被打坏,很难复原。因此,考古发现的人形物,未必都是神偶,有些可能是巫术的产物。[3]这要区别对待,具体人像具体分析。

3. 生殖信仰

在考古中发现男性神偶不多,但是出土不少男子性具,最早发现于河南郏县水泉裴李岗遗址,有两件陶祖。其他新石器时代遗址多有发现,有石、陶、玉之分。在河南汝州洪山庙出土的四件瓮棺上也有类似形象,其中在三件瓮棺上有两个男子性具对连的图案,另一件是一男子下身有一个浮雕的男子性具。

过去对陶祖有两种解释:一种认为是祖或祖先,一种认为是生育信仰。其实性具信仰是很复杂的,性质和功能都不一样。据对民族学资料观察,有几种情况:一种认为是辟邪物,如西藏门巴族在房檐上吊有木性具,在房后的菜地里也放置一个大的木雕男女性具,认为它可保护主人,促使蔬菜生长。云南傣

---

[1] 汤池:《试论滦平后台子出土的石雕女神像》,《文物》1994年第3期。
[2] 见拙文《中国远古的女神》,《寻根》1995年第2期。
[3] 见拙文《原始巫术的物化形态》,《民俗研究》1999年第1期。

族用木雕成性具、男女交合像，家人出行必佩带在腰上，具有护身作用，否则会带来灾难。一种认为是一种替身，如云南哈尼族、福建某些汉族，在妻子死后，往往以泥或木料做一个男子性具，象征死者的丈夫，为死者随葬，或者供在死者灵牌旁边，认为这样死者不孤单，不会干扰生者。还有一种石祖本身就是一种崇拜物，是求育的对象。摩梭人在野外的山洞内供有石祖，不育妇女多前往烧香、上供，并在石祖上坐一下，吸石祖上的水，然后在洞内的水池中洗澡，认为这样就会怀孕、生育。[1] 类似信仰在藏族、白族、普米族等地区也存在。由此看出，考古发现的性具具体性质不能一概而论，应该分类进行研究。

4. 龙的多样性

在中国不少地方都发现了龙，有两种类型：一种是大型龙，如辽宁阜新查海遗址出土一件以石块摆置的石龙，长达19.7米，距今七八千年，是中国目前发现的最早、最大的龙。在龙附近有祭坛、住址，龙位于村落广场上。在河南濮阳出土以蚌壳组成的龙，有的龙虎结合，有的龙虎鹿结合，有的是人骑龙。[2] 在内蒙古清水河出土一个以黄土雕成的龙，距今也有6000年之久。另一种为小型龙，如红山文化遗址出土的玉龙、猪龙等。在山西陶寺龙山文化遗址出土一件陶盘，其上也绘有一条龙，呈蛇状。[3]

上述龙的出土，说明两个问题：第一，龙的信仰由来已久，可追溯到七八千年前，而辽河流域是龙的最早发源地；第二，各地出土的龙形象不一，说明其起源的多源性，商周之后龙的形象才趋于统一。至于龙的性质，应该是一种神物，但具体管什么，至今还不太明确，这是要进一步研究的。

考古出土的萨满信仰资料，不限于以上四种，还有占卜工具、祭祀、法器、乐器等，此不赘述。

---

[1] 见拙文《原始社会的石祖崇拜》，《世界宗教研究》1983年第1期。
[2] 吴诗池：《中国原始艺术》，紫禁城出版社1996年版，第476页。
[3] 徐殿魁：《龙山文化陶寺类型初探》，《中原文物》1982年第2期。

（二）沟通人神的巫觋

原始的鬼神由谁供奉？占卜、祭祀由谁主持？这是有专门人员进行的，他们就是巫觋。《春秋公羊传》隐公四年"钟巫之祭"。何休注："巫者，事鬼神，祷解以治病请福者也。"所谓"事鬼神"，就是通鬼神，沟通人与鬼神的联系，祈求诸神保护。

1. 巫觋

自从原始社会中晚期宗教产生以来，有信仰者，就有宗教执事者。最初，人人都信仰神鬼，个个都是宗教活动的执行人，谁都可以同鬼神打交道，尚无专门的宗教人员。不过，重大的宗教活动则由氏族首领主持。随着宗教的发展，祭祀、占卜、巫术的复杂，再由氏族首领兼任已不适合了，而在日常宗教活动中出现了一些善于从事宗教活动的人，从而出现了专门的宗教主持人——巫觋。

（1）巫觋

最早的巫为女性，《说文》："巫，祝也。女能事无形，以舞降神者也。"女巫的产生可能起源于母系氏族时代，与女氏族首领有密切关系。我国有不少民族都有女巫，其历史是很悠久的。父权制崛起之后，才出现了男性主持人——觋。《说文》："觋，能斋肃，事神明也。在男曰觋，在女曰巫。"徐锴注："能见神也。"所谓"事无形"，指看不见、摸不着的鬼神。原始宗教信仰认为，鬼神也同人一样，也有七情六欲，也就是说鬼神也要吃穿，而且喜欢吃好的，穿漂亮的。所以祭神通鬼时，务必供奉牺牲，还要以歌舞取悦于神。《尚书·伊训》："敢有恒舞于宫，酣歌于室，时谓巫风。"疏曰："以歌舞事神，故歌舞为巫觋之风俗也。"巫觋既为神职人员，又是歌舞能手。

巫觋具有两重性：一方面是人，是社会的一员，从事生产劳动，与家庭成员共消费；另一方面，专事鬼神，平时为人，神附体后为神，亦人亦神，一身二任。民间有"又做师娘又做鬼"之谚，就是指此说的。所以，巫觋具有上述民意、下传神旨的社会功能。

在我国考古资料中，保留不少有关巫觋的形象，如有些学者认为西安半坡仰韶文化彩陶盆上的人面鱼纹就是巫觋的形象。在内蒙古、宁夏、广西、新疆等地的岩画上，也有不少巫觋以舞悦神的场面。这种巫觋在民族学资料中也屡见不鲜，如南方的巫觋、北方的萨满。他们通鬼神的方式有两种：一种是请神附体，一旦神灵附体，巫或萨满就是神鬼的象征了，可代神言，与求神者对话、交流；另一种是灵魂出窍，即巫或萨满的灵魂可以离开躯体，进入鬼神世界，也可同求神者交谈。锡伯族、满族、鄂温克族的萨满，都具有上述两种通神的功能，汉族的女巫也是如此。他们通神后，往往昏昏沉沉，如痴如醉，处于"无我"状态。[1] 这是原始性的巫，北方称萨满。

（2）祭司

原始社会晚期在巫觋中分离出来一批大巫——祭司，如江苏武进寺墩3号墓墓主是一位20岁的男子，随葬品100多件，除少数石器、陶器外，绝大部分为玉器，其中玉璧24件、玉琮33件、玉钺多件。玉璧、玉琮、玉钺为神职人员的礼器，说明他是一位年轻的祭司。祭司地位较高，仅次于王，有的本身就由王兼任。《元史·地理志》西南夷"其酋世为巫"，指的就是这种情形。王利用神权，也控制神权。祭司是宗教的主持，也具有丰富的科学文化知识，是高级的巫觋。

2. 法器和乐器

从民族学资料看，任何民族的巫觋，都有自己的神像、卜具、法器、神杖和乐器，祭司还有经书。我国原始社会的巫觋、祭司也有自己的法器，大体分为以下几类：

---

[1] 见拙著《巫与巫术》，四川民族出版社1989年版，第70页。

(1) 法器

巫觋对神是恭维的,对鬼则是驱赶,因此巫觋必须装备法器。从民族学资料看,巫觋最简单的武器是棍棒、钺、刀、斧、矛,其实多为实用工具、武器,后来逐渐有了专门的巫觋武器,如鄂伦春族用"档士"(神杖),摩梭人用神杖,土家族祭司用环首刀,黎族巫觋用树枝和匕首,凉山彝族巫觋用法扇。由此推知,我国原始社会的石、玉制的斧、刀、矛、钺、匕首,就具有巫觋武器的作用。大汶口文化的獐牙器,良渚文化的玉钺、玉琮、玉璧,既不是实用工具,又数量很少,为少数人所有,当为巫觋的武器、法器。

(2) 乐器

原始乐器很多,目前发现有陶号、骨哨、鼓、铃、响球、骨笛等,其中有些就是巫觋的用具。因为巫觋为了取悦于鬼神,必须能歌善舞,歌舞是有节奏的艺术形式,必须有一定的乐器伴奏,所以巫觋是离不开乐器的。最简单的乐器是摇铃而舞,如藏族女巫、彝族男巫请神就是摇手铃,或诵经,或跳舞。我国原始社会留下不少陶铃、陶球,有些陶球内装有砂粒,摇之鸣响。山东大汶口文化遗址出土一种陶角号,作用来自牛角号,我国彝族、土家族的巫觋均以牛角号为乐器,用以请神送神,可知陶角号也是巫觋的乐器。当时最大的乐器是鼓,基本有三种形制:一种是陶腰鼓,流行于甘青地区,可悬挂在腰际,巫觋边击边舞。我国壮族、海南苗族巫觋至今还使用陶制的腰鼓。一种是独木鼓,包以鳄鱼皮,故称鳄鱼皮鼓,流行于中原龙

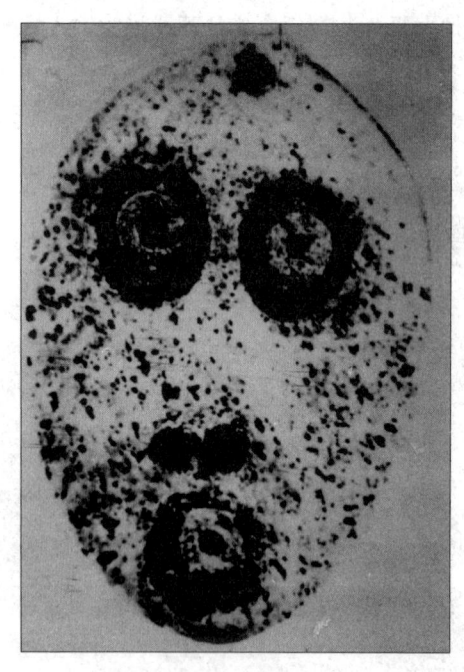

49-2 石面具

山文化，这种大鼓是悬挂或架起来使用的。此外还有一种筒状陶鼓，仿独木鼓制作，形体略小。这些是巫觋伴奏歌舞的乐器，也是通神的工具。如佤族把独木鼓视为神的化身。苗族认为一旦敲起木鼓，神灵就苏醒了，会闻鼓声而来到亲人跟前，与族人同乐，接受子孙的奉献。

（3）面具

巫觋为了增加自己的神秘感，强调人与鬼神的界限，往往佩戴一定的面具，如黎族巫用树皮为面具，西番人以羊皮为面具，原始社会的巫觋也有面具，如红山文化的陶面具。

3. 占卜

原始人相信万物有灵，到处都有鬼神，经常威胁人类的生活。人们为了免遭不测，减轻恐惧感，往往试探鬼神的态度，从而决定自己的行止，于是产生了占卜。

最早的占卜工具是随占随取，并没有专门的占卜工具，如木棍、草叶、石头等。后来才有专门的占卜工具。如凉山彝族的木卜、鸡卜，黎族的石卜和鸡骨卜，土家族的竹卜，苗族的螺蛳卜等。正如《史记·龟策列传》所说："蛮夷氐羌，虽无君臣之序，亦有决疑之卜，或以金石，或以草木，国不同俗。"在内蒙古富河沟门文化、龙山文化和齐家文化遗址都出土过骨卜，它们是在羊、猪、鹿肩胛骨上灼烧，然后根据上边的裂纹多少、方向判断吉凶。西南的彝族、纳西族至今还保留以羊、牛肩胛骨占卜的习俗，包括选料、粘绒草、灼烧和释兆四个步骤。在山东泰安大汶口文化第47号墓出土有龟甲，内贮很多石子，大如樱桃，小如豆粒，当为占卜工具。

传说伏羲氏发明了八卦。《易·系辞》："古者庖羲氏之王天下也，仰则观象于天，俯则观法于地，观鸟兽之文与地之宜，近取诸身，远取诸物，于是始作八卦。"伏羲为神话传说人物，古书上还保留下来了伏羲八卦图。所谓八卦，指四正、四隅，四正为东、南、西、北四个方向，四隅为东南、西北、东北、西

49-3 方心玉板

南四个方向，两者合一，形成八方，即原始的八卦。这种原始八卦在原始社会的图案中屡见不鲜。西安半坡仰韶文化遗址出土的不少彩陶盆上，内壁无论是画鱼、鹿、龟还是别的，都是四个，代表四正，在口沿上则刻有八个等距离的符号，正好代表四正、四隅八方。在红山文化的玉祖上也有一个米字形图案。山东龙山文化遗址出土一件扁平琮形器，四角代表四隅，每个侧面正中有一缺口，象征四正。很明显这是一个原始八卦板。[1]

在安徽含山凌家滩新石器时代遗址出土一件方心玉板，中央的方心代表四方，外边的圭形箭斗代表四正、四隅，这是比较复杂的八卦图。在方心玉板出土时，正好放置在玉龟的背甲与腹甲之间，说明当时已把八卦与龟灵联系起来，可以推知，八卦起源于龟卜。

---

[1] 林声：《记彝、羌、纳西族的"羊骨卜"》，《考古》1963 年第 3 期。

（三）祭司与文明的起源

任何一个国家的建立与形成，除了依靠军事暴力之外，还要借助于宗教，这是古代社会的两大支柱。从巫觋分离出来的祭司，在文明起源的过程中，作出了重要贡献。

1. 掠夺战争的兴起

从距今 5000 年前后开始，中国原始社会发生了巨大变化，当时由于耜耕农业的发展、畜牧业的扩大、专门手工业的出现，社会生产力有了长足的进步，一个人劳动所获的产品，除维持自己最基本的需要之外，已能有一定的剩余。这为私有制的产生提供了物质前提。氏族部落首领、军事领袖和祭司等头面人物，利用公职之便，在产品分配、战争和商品交换过程中，化公为私，占有较多的财产，成为氏族的显贵，出现了富人与穷人。以山东泰安大汶口文化遗址为例，该墓地有 133 座墓，其中随葬猪头、猪下颌骨的大墓 45 座，占 34%，有一般随葬品的墓 80 座，占 60%，无随葬品的墓 8 座，占 6%。由此看出，大汶口文化已出现了贫富分化——富人不多，穷人更少。在龙山文化、良渚文化、屈家岭文化、齐家文化中，贫富分化有了较大发展，出现了明显的等级差别。

如果说人类的初期是以求生存作为社会发展的动力，那么到了现在，私人占有财产开始刺激人们的贪欲，开始追求权势。在这种社会背景下，不仅出现了私有制、阶级，还出现了以掠夺为目的的征战。传说时代的炎黄之战、黄帝战蚩尤，就是著名的战例。在考古发掘中，发现了大量的骨或石镞、石矛、石钺、玉钺、玉戈、匕首等武器，在江苏、云南一些新石器时代墓葬中还发现有的死者遗骨上钻刺有箭头，说明弓箭有很大的杀伤力，能穿入骨骼。在陕西宝鸡北首岭仰韶文化遗址发现一座墓地，死者无头，以陶罐代之，显然是阵亡战士的墓穴，或者是在征战中被猎头的。

当时的战争，不仅在各地区文化内部发生，也发生于不同地区不同文化之间，如苏北新沂花厅遗址清理 62 座墓葬，其中有 8 座大墓有人殉，既随葬大汶口文化的陶器，也随葬长江流域良渚文化的玉器、陶器。这种历史现象，不单纯是文化交流的结果，也与战争有关，即大汶口人已远征苏南的良渚人，把所获的战利品用于随葬。

频繁的战争，导致防御的改善，也影响城堡的发展。《山海经·海外南经》："羿与凿齿战于寿华之野，羿射杀之。在昆仑虚东，羿持弓矢，凿齿持盾，一曰戈。"大汶口文化盛行拔牙，可能是凿齿民的文化遗迹，他们已应用盾进行防御。这时出现了较大的中心聚落，管辖周围的若干聚落，在若干中心聚落之上，又出现了规模更大的城堡，成为当地政治、经济的中心，也是军事中心。目前，考古学家已发掘不少古城遗址，如寿光双王城，分内外城，内城 1 万平方米，外城 5.7 万平方米，设四门，城基有基坑，保留有人和牲口的遗骸。章丘城子崖地处高台之上，有围城，外有沟渠环绕，城内有大路、水井、陶窑。此外还有邹平丁公城、淮阳平粮台城、石家河城、石首走马岭城、澧县城头山城、荆州马家垸城等。在这些城址中，建城后不仅防洪，也是军事堡垒，王权的象征。每座城周围都有大小几十处聚落遗址，如城子崖 25 公里的半径内，有 40 多处聚落，当为该城的辖口。

随着当时掠夺战争、征服和兼并的加剧，各方的损失都是很大的，斗争各方为了不至于在无休止的、野蛮残暴的厮杀中同归于尽，不得不出现一种王权，而充任王者，正是在各部落中最强大者。弱肉强食，能者为王。他以强大的权力凌驾于斗争各方之上，貌似公允，强制性地建立新的社会秩序。传说的五帝——太昊、炎帝、少昊、颛顼以及黄帝，就是最初的王。《孟子·万章下》："舜尚见帝……迭为宾主。"说明这些王不仅是依靠强权登上王位，还是通天之王。

王不仅以强大的军事力量从事统治，还利用宗教、礼制维护新的社会秩序。在石家河城内有建筑遗存和居民区，西北部为宗教中心，南部也有两处宗教祭坛。

2. 祭司阶层的出现

正如前面所说，到了原始社会晚期，社会上出现了贫富、等级、王权，反映在宗教领域也出现了高贵低贱的差别：神是高贵的，住在天上；鬼是低贱的，住在阴间；人类处于神鬼之间，住在广阔的大地上。过去巫觋都可以通鬼神，通天地，现在也发生了变化，在巫觋中出现一种地位显赫的大巫——祭司，他是氏族显贵或王族之巫，有些祭司直接由氏族部落首领或王族成员担任，主持重大的宗教活动，成为群巫之首。

祭司阶层的出现是一件大事，引起群巫的抵制，在传说时代有一个帝王颛顼氏，受命于天，进行宗教改革。《周语·楚语下》："颛顼受之，乃命南正重司天以属神，命火正黎司地以属民，使复旧常，无相侵渎，是谓绝地天通。"过去人人通天的旧规已经成为巩固王权的障碍，颛顼"依鬼神而制义"，禁止一般巫觋通天，而由祭司通天。这些祭司是王权的一部分，由王权控制，变成王权的附庸。

在我国发现不少祭司的形象和遗迹，如在山东龙山文化、浙江良渚文化的玉器上就有一些祭司的形象，玉钺、祭器、占卜工具等则是祭司的用具。民族学资料也说明，在比较原始、落后的民族中，只有巫觋或萨满，没有祭司，在开始跨入文明时代的民族则出现了祭司，如景颇族巫觋为"西早"，祭司为"斋瓦"，他懂历史、诗歌，能通天，数量少，每一万个人中才有一个"斋瓦"。他社会地位高，为贵族统治百姓的支柱。凉山彝族巫觋为"苏尼"，由男性充任，不识彝文，不明历史，会跳神，招魂送鬼，女巫为"么尼"，也能灵魂附体；该族祭司为"毕摩"，懂彝文，有丰富的文化知识，有经典，主持重大占卜、祭祀和巫术活动，地位在部落首领之下、百姓之上，有一定特权。纳西族的巫为"沙尼"，不识东巴文，主持占卜、巫术；祭司为东巴，集吹、唱、画、舞于一身，是能工巧匠，掌握东巴文字，也有经典，主持重大的宗教仪式。

无论从考古学还是从民族学资料分析，由于当时社会已经出现一定剩余产品，使祭司可以脱离社会生产劳动。他们除了从事重大的宗教活动外，也从事与宗教活动有关的天文历法，讲述历史经典，解释习惯法，发明文字，从事歌舞，制作玉、石、木的神偶和礼器。他们具有丰富的文化科学知识，是知识分子的雏形。《史记·日者列传》引贾谊的话说："吾闻古之圣人，不居朝廷，必在卜医之中。"肯定地说，在社会生活中，祭司是大巫，是宗教首领，又是继承、传播文化的智者；在政治上，祭司是部落首领或王者的助手，参与决策，起军师作用，有的大巫就是由贵族成员担任的，或者集王与祭司于一身。但是在我国远古时代，王权高于神权，王为主，祭司为臣，祭司是王权的附庸，原始宗教的这种蜕变，既是宗教发展思想的转折点，又是中国古代宗教的特点之一。

祭司生前有崇高的社会地位，占有较多的财产，死后也得到厚葬。如不少祭司都随葬大量的玉器、陶器，在浙江余杭反山良渚文化遗址祭坛上，还有一处祭司墓地，这是祭司阶层出现的物证。

3. 祭司在文明起源中的作用

在文明起源的过程中，祭司积累了私人财产，提高了自己的社会地位，成为统治阶级的主要成员，还对文明时代的早日来临起了催生作用。从这个角度说，祭司是文明起源的催生婆。

（1）战争的吹鼓手

在漫长的原始社会里，战争是在边界偶然发生的，带有氏族自卫和复仇的性质，到了原始社会晚期，战争频繁了，斗争形式残酷了，其目的主要是掠夺财产，扩大奴隶来源。因此当时的战争是司空见惯的，是男子的职业，是人们光荣的追求，又是王权的支柱之一。《左传·成公十三年》："国之大事，在祀与戎。"祭祀、征战都是国家的大事。在这些战争中，起着决策作用的是三种人：王、军事首领和祭司。祭司在战前是占卜师，借助神权决定征战与否，也是战争进程中的军师、谋士；战争开始时，祭司要利用宗教形式，讲历史、述冤仇，鼓舞士气，煽动血族复仇；在征战中，与军事首领、王合作，研究对策，祭司要以巫术的形式，置敌方于死地；战后，祭司要主祭战神。当一个部落征服另一个部落时，不仅要掠夺财产，还要从宗教上毁灭其宗庙。《国语·周语》："夷其宗庙，而火焚其彝器，子孙为隶。"这既是巩固政权，加强对异部落的统治，也是打击异部落的宗教信仰，统一神权。

（2）法律的执行人

过去氏族间的矛盾、冲突，是依靠习俗调解和战争解决的，后来由于私有制和贫富分化的出现，社会矛盾空前增加，既有各氏族部落间的矛盾，也把冲突延伸到氏族内部。这时仅仅依靠氏族部落首领调解已经不够了。当时有两种势力对处理社会冲突起重大的作用：一是王权、暴力；二是神的威慑力。因为神权是至高无上的，王权也借助神权为自己服务，出现了神判，如占卜、诅咒、沸水捞石斧等。梁任昉《述异记》："獬豸者，一角之羊也。……性知有罪，有罪则触，无罪则不触。"随着文明的起源，逐渐出现了专门的执法人员，也沿用于办案。《论衡·是应篇》："皋陶治狱，其罪疑者，令羊触之，有罪则触，无罪则不触。"该兽又称法兽，在汉代画像石上常有表现。后世执法官吏戴一种獬豸冠，即渊源于此。在我国少数民族地区还残存不少神判方法。在战争中也有通过调解讲和的，此事多由祭司主持，如彝族的钻牛皮、喝血酒，就是神判的遗风。[1]

（3）促进礼制的形成

在氏族社会时代，是以风俗维持社会秩序，随着文明时代的来临，在原来宗教风俗的基础上又产生一种礼制。概括地说，礼制是以名分、地位、礼仪、礼器、葬俗等形式，规定或限制社会各阶层的地位、行为规范，协调各阶层的冲突和关系。《史记·礼书》："礼由人起。人生有欲，欲而不得则不能无忿，忿而无度量则争，争则乱。先王恶其乱，故制礼义以养人之欲。"乍看起来，礼制与法律一样，对所有的社会成员都是公允的，其实不然，它正是因社会出现不平等而产生，又为调节不平等而发展，其核心是对贵族阶级整体利益的保障，保障以王权为轴心的正常运转，维护社会秩序。因而礼制是文明起源的标志，

---

[1] 见拙文《神明裁判与法的起源》，《广西民族研究》1987年第3期。

又是文明社会的特征之一。

从考古发掘的实证看，原来是没有礼制遗物的，仅有陶器和装饰品，而这只是作为一种财产为人们所占有。但是距今5000年以来，出现了礼制遗物，大量玉制礼器的出现，各种乐器的产生，不同葬制的兴起，都是新生事物，说明礼器是礼制的物化形式，是政治地位的标志。山西定襄陶寺山文化墓地，共发掘700座，其中有三类墓：大型墓以朱砂铺地，木棺，随葬品丰富，有工具、武器，还出土有土鼓、大石磬、玉器等礼器。每座大墓出土随葬品少者100多件，多者200多件。这种墓占当地墓葬总数的10%。中型墓占12%，随葬品一二十件，包括象征家畜的猪下颌骨。小型墓占78%，墓坑仅能容尸体，没有或仅有极少的随葬品。社会成员在葬制上的分野，恰巧说明礼制业已生产，并且渗透到宗教领域。至于良渚文化遗址出土的大量礼制玉器，如琮、璧、璜、杯、冠形饰、钺等，也是当时礼制趋向成形的标志。

（4）发明了文字

文字是文明起源的标志之一，而文字的发明同祭司有着密切的关系。人类起初以结绳、刻木记事，在青海乐都柳湾遗址曾出土一些带刻口的骨片，与少数民族的刻木记事如出一辙，是当时记事的产物。在陕西、甘肃和青海出土的彩陶壶上，也刻有各种符号。从民族学调查得知，这些符号肯定是记事用的，但比较简单，如记方向、大小、数量，标志山、水、树、太阳等。可见刻画符号是比较进步的记事方法。民族学资料还说明，耳苏人、西番人（藏族支系）、纳西族都有象形文字，这是文字的雏形，对印证考古资料有一定借鉴。如距今5000年前后的大汶口文化，已经出现了方块式文字，规划整齐，有的绘彩，分布在千里之内，说明它是在一定范围内通行的文字，作为传递社会信息或宗教意念的符号。这些文字都刻在祭器陶尊上，说明文字与祭司有关。事实上，祭司为了记录历史、族谱，进行宗教活动，不仅精于绘画、雕刻，还发明了自己的文字。我国少数民族的原始文字皆出自祭司之手，商代甲骨文也是祭司文字，说明祭司是文字的发明、应用者，到了龙山文化时期已出现了与甲骨文相近的陶文。

五十、人面尖桩神像

在考古工作中，曾发现一些人面木牌，实为尖桩或尖底人偶，或称人面尖桩人偶，但人们对此却有不同的解释。

一种认为尖桩人偶是支撑帐篷的木桩。因为游牧民族逐水草而居，迁徙不定，住所都是简易的帐篷，为了防止风雪袭击，必须用绳索固定，拴在木桩上并钉在地上。不过，帐篷所用的木桩仅仅是一根短小的尖木棒，没有任何装饰，更不会绘人面等图案，由此看出考古发现的人面木桩不是拴帐篷用的，而另有他用。

一种认为人面尖桩是支撑火炬的。所谓火炬即火把，是可以移动的火种，但火把是由木柄和火炬组成的，其中的木柄并不需要特殊的装饰，仅仅是一根木柄而已，它与木桩也是不同的。

还有一种看法认为人面尖桩是

50-1　汉代人面神像

作迷信用的，其中以汪宁生先生的看法最为明确，认为是一种"祭祀对象"，它与纳西族的"课标"（本牌画）一样，当起源于我国西北地区，是羌人的文化特征，这是"纳西族源于羌人之新证"[1]。

在上述三种看法中，前两种是难以成立的，确认它为"祭祀对象"是比较合理的，但是还有待商榷的问题：第一，人面尖桩是否是羌人的文化特征？从考古学资料看，人面尖桩不仅出土于西北古羌人居住区，在其他地区也有出土，而且还有年代更早者；第二，从民族学资料看，人面尖桩不仅为羌族后裔诸民族所保留，在其他民族中也是存在的，也就是说，人面尖桩不为纳西族所独有，在其他民族中也流行过。这就提出一个问题：人面尖桩可能是一种更加古老的信仰偶像，它可能是一种神像，是"祭祀对象"，也可能是一种巫术道具，即鬼偶。

（一）纳西族的木牌画

为了具体了解人面尖桩的结构和功能，让我们先看看纳西族的木牌画。

云南丽江纳西族的东巴，不仅是当地从事民间宗教活动的祭司，也是传统文化的传人。他们善于绘画和书写象形文字。该族称东巴象形文字为"森究鲁究"，"森"为木，"鲁"为石，"究"为痕迹，意为"木石上的痕迹"。说明纳西族的象形字起源于木石上的绘画或刻画符号，至今在纳西族的木楞房上还有刻画符号[2]，四川木里地区纳西族在玉石上刻有东巴文[3]，这可能是最早的书写方式。后来，东巴将其发展为东巴画和东巴文字。在东巴画中有一种"课标"，汉意为木牌画，该画是把松木劈为长条薄片，但下边皆削成尖桩，并在一面绘成鬼神形象，有的还书写几个东巴文字，注明其上鬼神的名称。

---

[1] 汪宁生：《纳西族源于羌人之新证》，《思想战线》1981年第5期。
[2] 见拙著《走婚的人们》，团结出版社2002年版，第127页。
[3] 见拙著《巫与巫术》，四川民族出版社1989年版。

据有关专家研究，木牌画有尖顶、平顶之分，且有性质之别，认为尖头木牌画较大，长一二尺，宽三五寸，有彩，绘有日、月、龙王、阳神、阴神、狮子、大鹏、十二生肖、八宝等神偶和吉祥物，一般挂在祭柱或插在祭台上。平头木牌画较小，长一尺二寸，无彩，绘有各种鬼、牺牲，通常插在地上。[1] 上述看法是有一定道理的，因为该族敬神而厌鬼，木牌画用料在大小、颜色和形象上有区别也是必然的，但也不尽相同，如祭风所用的木牌画，其中的地震鬼、雷击鬼、烧死鬼皆为平头木牌画，而山神龙王、西方鬼王勒钦司普则为尖头木牌。[2] 也有的专家从宗教信仰内容上划分，把木牌画分为五类：一种是神牌，皆画神像，制作精良，上端常画祥云、八宝，中间画神像；一种是鬼牌，中间画鬼，平头木牌，制作粗糙，多素色；一种为门牌，因有鬼门和神门的差别，用色也不相同；一种为债牌，实为绘有供品、牺牲的木牌；一种为诅咒牌，又称仇人牌，属于巫术道具。[3] 上述分类是比较合理的。

四川木里县俄亚地区纳西族还保留了较古老的东巴信仰，当地举行葬礼时，要摆祭坛，分上中下三界，其中的下界为鬼域，内有仇鬼寨，就插有平头木牌，共五件，分别绘有五方仇鬼，西方为獐头人身，东方为猪头人身，南方为牛头

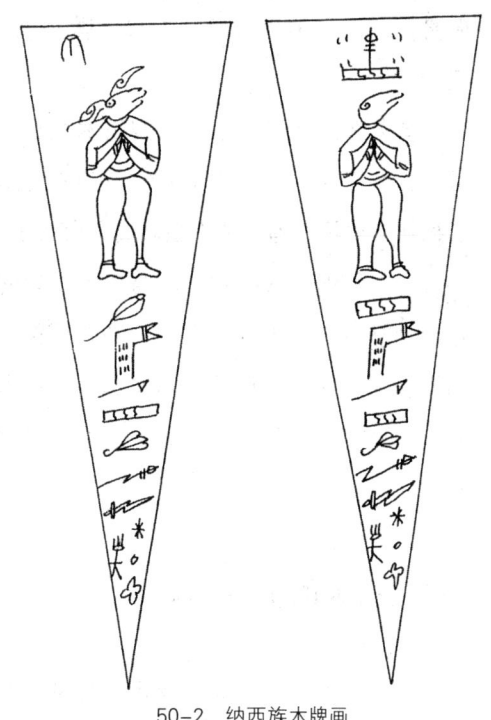

50-2　纳西族木牌画

---

[1] 兰伟：《东巴画的各类及其特色》，《东巴文化论集》，云南人民出版社1985年版，第418页。
[2] 和志武：《祭风仪式及木牌画谱》，云南人民出版社1992年版，第84页。
[3] 赵世红等：《东巴艺术》，云南人民出版社2002年版，第52—53页。

人身，北方为羊头人身，中央为鸭头人身，象征木、火、铁、水、土等五方、五行。[1]

笔者在云南宁蒗永宁和四川木里县俄亚、屋脚等乡调查期间也多次看到木牌画，东巴在送葬、驱鬼时常常削木为木牌画。其上或画神像，或绘鬼图，然后插在火葬场周围，或者丢在野外荒山上。

如果将纳西族的木牌画与考古发现的人面木牌作一个比较，就会发现，两者形制基本是一样的，说明木牌画还保留了古代人面木牌的古风，但是古代人面木牌比较简单，仅绘人面而已，东巴木牌画不仅绘鬼神全身，还有祥云、八宝和东巴文字，就内容含量而言显然是比较进步的。

（二）猎人的尖桩神偶

有一种说法，认为人面木牌唯见于纳西族，其实并不尽然。在其他民族中也有保存。如与纳西族比邻的普米族在葬礼中就削制木牌画；景颇族有一种地鬼桩，而且分公、母桩，其上绘鬼像，下呈尖桩，可插于祭坛上。[2] 四川大小凉山彝族巫师毕摩在祭坛上以插树枝的形式布置祭坛，置鬼神、牺牲，种类繁多，花样翻新，这应该是木牌画的前身。[3] 其实，保留人面木牌最多的是生活在东北、内蒙古地区的渔猎民族，现在以鄂伦春族为例加以说明。

鄂伦春族分布在黑龙江省和内蒙古自治区，世代生活在大兴安岭的密林中，以狩猎为生，住帐篷，迁徙不定，食肉衣皮，信仰萨满教。萨满平常为猎人，请神时为人神之间的媒介，他是通过神灵附体和过阴等方式同鬼神打交道的。

---

[1] 鲍江：《象征与意义——叶青村纳西族宗教仪式研究》，中央民族大学民族学博士学位论文，2003 年，第 70 页。
[2] 杨兆麟：《原始物象》，云南教育出版社 2000 年版，第 35 页。
[3] 凉山州文化局：《凉山彝族民间美术》，四川民族出版社 1992 年版，第 152 页。

该族已经有神偶，以质地划分，具体有三种形式：一种是"毛奠帖"，意为木雕神像；一种为"舍卧克"，意为毛皮神像；还有一种是布绘神像。前两种是本民族固有的，后者是从外族传入的，多由达斡尔族、满族萨满绘制。[1]

鄂伦春族的木雕神像都是写实的，如龙神雕成龙形，鸟神雕成鸟形，蛇神雕成蛇形，马神雕成马形，祖先则雕成人形。在祖先神像中有两种形式：一种为拟人形，有头、身躯、四肢，包括始祖神、男女祖先。另一种是尖桩人形，呈条状，上为人头，有五官，胸部有供拴系的孔，下端为尖桩，祭祀时可插在地上。[2]这种祖先神偶与考古发现的人面木牌如出一辙。

鄂伦春族的尖桩神偶并不是孤证，在其他渔猎民族中也普遍存在。内蒙古鄂温克族萨满供奉的雷神、鸟神、鱼神、狼神，上部为神偶形，下部为尖桩状，也便于插在祭坛上。[3]赫哲族的神偶也有两大类：一类便于携带和悬挂，如马神是木雕的，许多马神串成串，祭祀时挂在祭坛的树上。另一类为人形，下呈尖桩，如麻木神。[4]在俄罗斯境内居住的那乃人（赫哲族）也有尖桩神像，如有一件长31厘米，宽10厘米，其上绘有太阳、树、马、虎和豹，板上有一孔，可拴绳提拿，绳上还拴三个木刻的吉尔基神，其中有两件就是尖桩神像。[5]

以上渔猎民族的尖桩神像告诉我们，所谓人面木牌是很普遍的，并不为纳西族所独有，而且越后进的游居民族，越流行尖桩神像。猎人的尖桩神像有三个特点：(1)体型较小，以便贮存在桦皮盒或皮口袋中，以适应游居生活的需要；(2)为了便于携带，神像皆有孔，可拴绳，并且可挂于祭坛的树枝上；(3)下端呈尖桩状，在祭祀时可插于祭坛上或地上。至于尖桩人偶的性质，并不都是神像或"祭祀对象"，民族学资料说明其中有些是神像，多为祖先，同时也有些是巫术替身、鬼偶。

---

[1] 见拙著《最后的捕猎者》，第328页。
[2] 白英：《萨满教神偶发现记》，《文物天地》1994年第1期。
[3] 苏日台：《鄂温克族民间美术研究》插图，内蒙古文化出版社1997年版，第203页。
[4] 郭淑云：《原始活态文化——萨满都透视》，上海人民出版社2001年版，第304、516页。
[5] 郭运来：《黑龙江流域民族的造型艺术》，天津古籍出版社1990年版，第189页。

(三) 源远流长的灵物

原始宗教研究者认为巫术早于祭祀，先有神灵后有偶像。神偶的出现是原始信仰的一大进步。

最初的神偶都是拟人形的，世界各地出土的女神偶就是物证。其中有泥塑、陶制的，也有木雕、石刻的，那么，神偶出现以后，人们怎么放置它呢？乍看它是一个小问题，但它对认定某些神像有着重要意义。据民族学调查，基本有三种摆放神偶的方法：

一种是挂起来，如鄂伦春族、鄂温克族、赫哲族，平时把神像都放在桦皮盒、皮口袋内，挂在住地帐篷后边，家家户户都如此。由于各户是并列搭帐篷的，其后的神盒也挂成一排，小孩和妇女不能靠近。祭祀时，萨满再把神像取出来，挂在帐篷内正面的木柱上，朝向门口。如果外出狩猎，则携带到森林中，祭神时插在地上或者挂在树上。

一种是插在祭坛上，在祭坛插神像是比较流行的，大小凉山彝族巫师进行祭祀、驱鬼时均在地上插五花八门又颇有规律的树枝，其中包括祭坛、神像、鬼偶和各种牺牲。鄂温克族、鄂伦春族在狩猎期间祭神也在野外临时性的祭坛上插祖先像，祈求祖先保佑狩猎丰收。纳西族、摩梭人也喜欢在祭坛或野外插木雕神像、鬼偶。

一种是摆在祭坛上，如黎族把土地神偶摆在村边的大榕树下；壮族的社神还有一个石砌的小庙，也摆在村边；侗族的石雕寨神则摆在村口，作为村寨的守护神。笔者在凉山美姑县看到，毕摩扎的草鬼多放在村外松树旁，他们用泥塑的蛇鬼、难产鬼则摆在祭坛旁边，随着驱鬼仪式结束，把这些泥鬼砍烂丢弃。

上述神像摆放方式对解释考古器物是颇有帮助的，如民族学资料保留的尖桩神像，其所以有尖尖的底座，是为了便于插在祭坛上，有些神像是平底的，则适合平放或摆放在祭坛上，有些神像上部有孔，显然与拴绳、悬挂或携带有密切关系。这对印证考古资料是有帮助的。

首先，考古出土了不少人面木牌，如20世纪初斯坦因在敦煌汉代烽燧遗址发现了"人面形木牌"，平顶，下呈尖状，上面绘有男性人头。[1]接着西北科学考察团在居延汉代遗址也发现了"人面形木牌"，皆平顶、绘人面，下为尖桩形。[2]后来也有一些考古发现。[3]汪宁生先生认为："我国西北地区出土'人面形木牌'应和纳西族'课标'一样，是祭祀时插在地上作祭祀之用的，其上所绘人面形，即代表祭祀之对象。"[4]"人面形木牌"肯定是"插在地上作祭祀用的"，是无可怀疑的，但是它是祭祀的神像，还是驱鬼时的替身，还有待进一步研究。因为从民族学资料看，两种情况都存在。

其次，考古也出土一些类似石像。最早的人形石神像见于内蒙古兴隆洼文化遗址，上为人头，下呈尖桩，据发掘者称皆插于火塘边的地上，是女神或女祖先像。[5]在东北和内蒙古小河沿文化遗址出土一件石雕神偶，呈方柱形，上为尖头人面，仅刻双目和嘴，但颌部内凹，既象形，又便于拴挂。下端为尖桩，也便于插在地上。[6]其形制与鄂伦春族的木雕祖先像相似。

此外，安插式神像对后来神偶和陶俑的造型有相当影响，如1972年新疆阿斯塔那230号唐墓出土一些泥塑彩绘俑，下端皆安有木桩，应该是插在墓内的随葬品。[7]又如广西出土不少大石铲，有些人认为是生产工具，但说它是石铲太大，又无刃，无使用痕迹，从而排除了作为生产工具的可能性。该具的最大特征是在下边中央有一个舌头，相当于木器中的榫，也相当于人面形木牌下边的尖桩，它正是安插在某种底座上的部件。由此推知，大石铲应该是一种祭祀对象，可能是土地、社神或祖先牌位。

---

[1]〔英〕斯坦因：《西域考古记》图版LII，牛津：1921年。
[2]〔瑞典〕索马斯特罗姆：《内蒙古额济纳河流域考古研究》图21、179，斯德哥尔摩：1956年。
[3] 甘肃居延考古队：《居延汉代遗址的发掘和新出土的简册文物》，《文物》1978年第1期。
[4] 汪宁生：《纳西族源于羌人之新证》，《思想战线》1981年第5期。
[5] 见拙著《巫与巫术》，四川人民出版社1989年版，第71页。
[6] 见拙著《中国风俗通史·原始卷》图41，上海文艺出版社2001年版。
[7] 中国历史博物馆等编：《天山古道东西风》，中国社科出版社2002年版，第196页。

通过以上分析可以得出以下三点结论：

第一，考古发现的人面木牌是一种宗教信物，从民族学资料看，它是神偶或巫术替身，都是以人为本的，每件文物具体如何要对人像具体分析。

第二，人面尖桩神偶的历史不仅流行于古羌人时期，史前时代寺洼文化、小河沿文化均有类似出土，但在古代羌人中较流行，在北方渔猎、游牧民族中延续很久。

第三，人面尖木桩的形制，其上部绘有或者雕成人面或人形，皆以人为本，呈尖桩，其所以如此，是为了便于插在地上。这种放置方法，同游居生活是紧密相连的，因此它在渔猎民族、游牧民族中有较强的生命力。